THE DISSEMINATION

OF THE

WEALTH OF NATIONS

IN FRENCH AND IN FRANCE

⁕

1776–1843

ADAM SMITH.

Né à Kirkaldy en 1723. mort à Edimbourg
Agé de 67. ans.

Engraved portrait of Adam Smith. Frontispiece to the Germain Garnier
translation of the *Wealth of Nations* (1802).

THE DISSEMINATION
OF THE
WEALTH OF NATIONS
IN FRENCH AND IN FRANCE

1776–1843

by

KENNETH E. CARPENTER

NEW YORK

The Bibliographical Society of America

2002

LIBRARY OF CONGRESS
CATALOGING-IN-PUBLICATION DATA

Carpenter, Kenneth E., 1936–
  The dissemination of The wealth of nations in French and in France, 1776–1843 / Kenneth E. Carpenter.
    p. cm.
  Includes bibliographical references and index.
  ISBN 0–914930–17–6 (alk. paper)
  1. Smith, Adam, 1723–1790. Inquiry into the nature and causes of the wealth of nations French—Bibliography. 2. Economics—France—History—18th century—Bibliography. 3. Economics—France—History—19th century—Bibliography. I. Title.
Z8820.2 .C37 2002
[HB163]
016.33015'3—DC21   2001043613

COPYRIGHT © 2002 BY KENNETH E. CARPENTER

Published with support of The Lathrop Colgate Harper, Litt.D., Trust Fund.

CONTENTS

LIST OF ILLUSTRATIONS	VII
PREFACE	IX
EDITORIAL METHODOLOGY	XVII
LIST OF LOCATIONS	XIX
FRENCH TRANSFORMATIONS OF THE *Wealth of Nations:* FROM MARGINALITY TO CENTRALITY TO CANONICITY	XXI
1776. Morellet, Unpublished Extract and Unpublished Full Translation	1
1776. Review of English Edition in *Journal encyclopédique ou universel*	4
1777. Review in *Journal des savants*	13
1778. Reverdil, Translated Extract (Lausanne and Basel)	16
1778–1779. Anonymous [Translation by M***] (La Haye: publisher unknown)	20
1779–1780. [Blavet], Translation Serialized in *Journal de l'agriculture*	24
1781. [Blavet], Offprint from *Journal de l'agriculture* (Paris)	32
1781. [Blavet], Reprint of Serialized Translation (Yverdon: [De Felice])	34
1782. Comte du Nort, Translation in Manuscript	39
1784–1788. [Blavet], Translated Extracts in *Encyclopédie méthodique. Économie politique et diplomatique* (Paris)	40
1786. [Blavet], Reissue of Yverdon Edition (London and Paris: Poinçot)	53

1788. [Blavet], Translation (London and Paris: Duplain)	57
1789. Anonymous, Reissue of La Haye Edition of 1778–1779 (Amsterdam: publisher unknown)	79
1790. [Roucher and Blavet], Summary in *Bibliothèque de l'homme public*, vols. 3 and 4 (Paris: Buisson)	80
1790–1791. Roucher, Translation (Paris: Buisson)	86
1791. English-Language Edition (Basel: Tourneisen and Legrand)	116
1791–1792. Roucher, Reprint of Translation (Avignon: Niel)	117
1792. Roucher, Reprint of Translation (Neuchâtel)	127
1794. Roucher, Revised Translation (Paris: Buisson)	131
1800–1801. Blavet, Revised Translation (Paris: Laran)	150
1801. Garnier, Preprint of Frontmatter (Paris: Agasse)	169
1801. English-Language Edition (Paris and Basel)	173
1802. Garnier, Translation (Paris: Agasse)	175
1806. Roucher, Reissue of Revised Translation (Paris: Bertrand)	219
1808. Guer, Commentary in *Tableaux comparatifs* (Paris)	220
[1810 or later]. Garnier, Reprint of Translation (Paris: Agasse)	223
1818. Sénovert, Manuscript Commentary	228
1822. L. A. Say, Commentary in *Considérations* (Paris)	233
1822. Garnier, Reprint of Translation, with Revised Notes (Paris: Agasse)	234
1843. Garnier, Reprint of Translation, with Notes by Others (Paris: Guillaumin)	242
INDEX	250

LIST OF ILLUSTRATIONS

Unless otherwise specified, illustrations are courtesy of the Kress Collection of Business and Economics, Baker Library, Harvard Business School.

Engraved portrait of Adam Smith. Frontispiece to the Germain Garnier translation of the *Wealth of Nations* (1802)	*frontispiece*
The first French translation of the *Wealth of Nations* (1778–1779)	21
The Yverdon, Switzerland, edition of Jean-Louis Blavet's translation (1781)	35
Parisian reissue (1786) of the Yverdon edition	55
The first Parisian edition (1788) of Blavet's translation	59
First edition of the Jean-Antoine Roucher translation (1790)	86
The Avignon piracy of the Paris (1790) Roucher translation	118
The second, authorized edition (1794) of the Roucher translation	130
Engraved portrait of Jean-Antoine Roucher. Frontispiece to *Consolations de ma captivité ou correspondance de Roucher* (Hambourg et Brunswick: Chez P. F. Fauche et compagnie, 1798). Courtesy of the Houghton Library of the Harvard College Library	135
The revised translation of Jean-Louis Blavet (1800–1801)	151
First edition of Germain Garnier's translation (1802)	177
Volume 2, page 5, of the 1802 Garnier translation	224
Volume 2, page 5, of the counterfeit edition [1810?] of Garnier's translation	225

PREFACE

WHEN IN the early 1970s I began to study which economic texts had been translated in Europe in the period before 1850, French translations of Adam Smith's *Wealth of Nations* (WN) were only some among the many publications I examined. I aimed to show patterns—what was translated from and into the various languages—and I also hoped to describe significant additions and deletions made to the original texts. Those changes would show, I expected, distinct patterns. That effort turned out to be unexpectedly fruitful in casting new light on lines of influence, for numerous translations were clearly translations from translations.

I had begun this work while curator of the Kress Collection of pre-1850 economic literature at Baker Library, in the Harvard University Graduate School of Business Administration. In the 1970s a librarian would not ordinarily have acquired translations, but I had begun to see instance after instance in which a translation differed markedly from the original. It was not a case of merely the inevitable transformation that a text undergoes in its transmission from the garb of one language to another. I could see that translators, editors, and publishers altered the original in accordance with their perception of the needs of their culture. Indeed, translations could often be called original works, and I began eagerly to acquire these neglected books for the Kress Collection.

The Kress Collection owned French editions of WN, but they appeared to be essentially "straight" translations and, consequently, not particularly interesting. Because I was focused on changes made to the originals, I was not drawn to describing translations of the foundation treatise of modern economics. Instead, I began with German translations of much more obscure works. This was during the academic year 1975–1976, when I was on leave to help catalog the Burt

Franklin Collection of early economic literature at Hitotsubashi University in Tokyo. Hitotsubashi also housed the library of the Austrian economist Carl Menger, and the Menger Collection was rich in German translations that I had never seen—and feared I never would again—so I began to snatch moments to make bibliographical descriptions of translations from and into the various European languages. Upon returning to Kress, I prepared a substantial catalog of an exhibition of translations to and from German. In the early 1980s I presented a paper on the bibliographical description of translations before the Bibliographical Society of America and worked on Italian translations as a co-compiler of a catalog of the Kress's collection of Italian economic literature. A grant from the Swedish-American Foundation made possible a month in Stockholm, where I finished a still-unpublished bibliography of translations into Swedish.

In this bibliographical work, entries were made only for separately published books, and the books themselves were the sole evidence drawn upon, apart from reference tools identifying authors and translators and other editions. As a bibliographer, I collated the books and sought to distinguish among editions and issues, a procedure that seemed to fit my original goal of accurately showing lines of influence.

Although I thought that looking at the books in that fashion was the equivalent of undertaking a publishing history, I now realize that my effort approached that level only to a modest extent. In any case, publishing history, however defined, was not my main goal. Gradually, though, the overall project was left behind. After I left the Kress Collection in mid-1980 and became engaged in other work in the Harvard University Library, the task of completing the bibliography, which necessarily required much travel, seemed insurmountable. I decided, quite consciously, not to beat my head against a wall that I could neither batter down nor surmount.

Then, in the academic year 1991–1992, Professor Cheng-Chung Lai, an economist from Taiwan and a visiting scholar at the Harvard-Yenching Institute, came by my office for a talk. Professor Lai, who was working on a book of essays on the influence of Adam Smith

PREFACE

throughout the world, inquired about publishing in English my essay on the French translations that had appeared only in Japanese, as well as my unpublished essay on the more general topic of Adam Smith's influence on the Continent. The Japanese essay had accompanied a facsimile of the first English edition that the Tokyo firm of Yushodo had published in 1976, and the passage of fifteen years led me first to want to review what I had then written, even if that meant returning to a field of bibliographical work that I had abandoned. I agreed to do so primarily because Professor Lai's enthusiasm was contagious. Indeed, the cliché that he would not take no for an answer was almost literally true. My scholar-wife also strongly supported my returning to this bibliographical work, albeit with a narrower focus.

I found that I had correctly identified the different versions of the French translations and had, so far as I could tell, sorted out the various editions and issues. My work, it might be said, had been one of classifying, and it had been carried out with fair sophistication and accuracy. Still, I was uneasy. It seemed to me that my bibliographical approach was insufficient, that it had been more an end in itself than a tool toward a broader understanding.

By the early 1980s bibliographers and textual editors were no longer the only students of the book, not even of the physical object. Historians, too, were studying books in all their aspects. In fact, the split, often noted in the early years of "histoire du livre," between those who studied the object of the book and those who primarily used other evidence—and for broader purposes—was ending. Thus, I decided to look at other evidence. First, I read through (and transcribed for further reference) the prefaces of the translations. Second, I began to hunt for reviews and to look into aspects of French publishing history. I immediately found that I was fortunate in this respect, for Carla Hesse, in *Publishing and Cultural Politics in Revolutionary Paris, 1789–1810* (Berkeley, 1991), had painted a clear and detailed picture of publishing during a period in which many French translations of WN appeared.

As my examination progressed, another strand of scholarship began to loom larger, namely, the history of reading. Ironically, the desire to study that elusive act leads to the book as a physical object, for the materiality of the book, scholars have realized, shapes its reading. The words themselves have "no stable, universal, fixed meaning," as Roger Chartier put it in the preface to *The Order of Books: Readers, Authors, and Libraries in Europe between the Fourteenth and Eighteenth Centuries* (Stanford, 1994). The materiality that the text must assume in order to be communicated necessarily ensures interpretation, and I was led by the work of D. F. McKenzie and Chartier to consider whether WN had a fixed or shifting meaning.

The desire, then, to participate in the wider dialogue about the history of the book led me back to the books again, for the earlier bibliographical descriptions needed to be supplemented by close examination of the title pages, of the books' appearance, their typography, their size. In Gérard Genette's *Seuils* (Paris, 1987) I found a theoretical basis unifying the kinds of information that I had begun to gather from the books themselves, from periodicals of the time, from published correspondence, and from secondary works of scholarship.

Just as new intellectual currents made it possible to conceive of this study, advancing technology made it possible to carry out the work. A scholar of an earlier generation might possibly have been able to see all of the editions and contemporary materials that I have, even though a great deal of travel would have been required. But even then, it would have been virtually impossible to have brought together and presented so complete a picture of the publishing and reception of a work with so complicated a history. In the 1980s and 1990s microfilm and the technology for obtaining paper copies from film made it possible to have one's own file of the relevant portions of the editions. Moreover, thanks to digital technology, it was possible to build up files of information that could be looked at and analyzed again and again.

The data that immediately went into those digital files were the materials I had gathered in the years when I had worked with different goals. I had seen copies of the French translations on visits to the New York Public Library and to the Howey Collection in the Kenneth Spencer Research Library at the University of Kansas. I am grateful to Alexandra Mason of the Spencer Library, now retired, who enabled me to work longer hours than usual and under ideal conditions. A month in Paris in the summer of 1985 was made possible by a Travel to Collections Grant of the National Endowment for the Humanities. There, as in other libraries, I also worked on translations of economic literature besides those of Adam Smith, going through a large number of books daily. Marie-Louise Bossuat, director of the Department of Printed Books, understood the special needs of the bibliographer and gave me appropriate space and a typewriter.

I had also been able to consult relevant material in the Edinburgh University Library, and shortly after turning to Adam Smith I had used my vacation to work in the British Library and the Goldsmiths' Library at the University of London, where Angela Whitelegge enabled me to make the best possible use of my time. I have been truly fortunate in the assistance that I have received again and again from librarians.

There are also other European libraries in which I had worked and examined copies of WN in translation. I had been able to do this because in the late 1970s John McArthur, then of the Division of Research at the Harvard Business School (and later dean), made available funds for me to travel to Europe to work on translations of economic literature. McArthur was truly unusual in encouraging both an individual and a project that did not fit the mold, and that support was crucial to my regarding myself as a scholar. I emphasize this grant because, if our libraries are to have in them people who understand firsthand the scholar's needs, it is important that means be found to support librarians of a scholarly bent who wish to carry out research in disciplines outside librarianship.

Fortunately, to take up work on the French translations of Adam Smith, I was located in the best possible place in the world. The Homer B. Vanderblue Collection of Smithiana in the Kress Collection contains almost all forms of the early editions. Acquired over decades by Professor Vanderblue and by curators of the Kress Collection (particularly Dorothea D. Reeves) and primarily by purchase from the Parisian bookseller Michel Bernstein, the holdings are incomparable.

PREFACE

For facilitating my ongoing use of them, I am indebted to librarians in Baker Library, and especially, at the beginning of my work, to Ruth Reinstein Rogers, Florence Lathrop, and Al Bartovics (who brought to my attention a crucial—and uncataloged—prospectus). In recent years the Kress Collection has been in the capable hands of Laura Linard and Karen Bailey, and they and their colleagues have created an atmosphere of caring for books, manuscripts, and readers that makes it a delight to work in Baker on historical materials.

Equally crucial to this project have been the holdings of Harvard's Widener Library. Perhaps no major library in the world is so easy to use. There, I could browse long runs of periodicals, including eighteenth-century ones, for relevant material, particularly contemporary comments on the editions. The vast majority of the contemporaneous and modern materials was available at Harvard—and on open shelves. Without so much immediately at hand in my home institution, I would have found it very difficult to finish this work.

I was also well situated to put my work before scholars and to benefit from their comments. By chance the History of Economics Society annual conference in 1994 was nearby at Babson College; and after presenting there a paper on the French translations, I was urged to submit it for publication in a French economics journal. Also, in 1994, at the invitation of J.-J. Hamm, I gave a paper at a colloquium on "The Book," sponsored by the Department of French Studies of Queen's University, Kingston, Ontario. The Eighteenth-Century Studies Seminar of the Center for Literary and Cultural Studies at Harvard also enabled me to try out this work, as did a seminar at the Institut national d'études démographiques, Paris, thanks to an invitation from Jacqueline Hecht.

My gratitude also goes to Carla Hesse, not only for her work on French cultural politics, which I cite so frequently, but also for the additional information she offered on several points, drawn particularly from her work in archival sources. Dorothy Medlin has both saved me from a number of errors and contributed crucial information. Both of these scholars read an earlier version of the preliminary essay that was published in *Économies et sociétés*, Œconomia, Histoire de la pensée économique, série P.E. no. 24, 10 (1995): 5–30. Wallace Kirsop has also read a version of the preliminary essay to this volume and provided good advice.

Other scholars who have helped enormously are the members of the Publications Committee of the Bibliographical Society of America. Highly critical in the best sense, they provided the impetus that enabled me to clarify my presentation of a large amount of data, and they saved me from a number of errors. The current publications committee has also been immensely helpful, as has been Gretchen Oberfranc, whom they engaged to edit the manuscript. With great skill and tact, she has edited this editor and significantly ratcheted up the quality of the final product. Roger E. Stoddard has repeatedly provided encouragement, even a push now and then, as has Hope Mayo.

In Paris, the bookseller Jean-Jacques Magis has been important to this work in a variety of ways, not least of which was his invitation to dine with Paulette Taieb of the University of Paris. She was just completing a French translation of WN as I was finishing an earlier version of this book, and she has improved so many aspects of this work and has so supported my completion of it that she feels to me like a French guardian angel.

Both Paulette and I value this French and American collaboration, and I would like to dedicate this book to the memory of two people who would have approved and to whom we owe a great debt: Fernand Taieb and Stephen Girard.

KENNETH E. CARPENTER
Newton Center, Massachusetts
May 1, 2001

EDITORIAL METHODOLOGY

The text and punctuation of title pages have been transcribed in full but without any attempt at reproducing the title pages in quasi-facsimile transcriptions. Words in capitals and italics have been rendered in roman upper and lower case in a manner consistent with eighteenth-century practice. The text of half-titles has likewise been transcribed in full, as have the headings of tables of contents.

Relevant statements added by translators, publishers, or editors have been transcribed as accurately as possible, with the original spelling, capitalization, and punctuation retained. Omissions are indicated by means other than ellipses, which are recorded here exactly as they appear in the original.

The same practices have been followed in the transcription of reviews and notices, which means that quotation marks sometimes appear outside the punctuation and sometimes within, consistent with the original, not with current practice. Reviews that appeared in the *Gazette nationale, ou le Moniteur universelle* are transcribed from the original rather than from the 32-volume *Réimpression de l'Ancien moniteur...depuis la réunion des États-Généraux jusqu'au Consulat (mai 1789-novembre 1799)* (Paris, 1840–1863).

Reviews in eighteenth-century French journals emphasize certain elements through their typography, perhaps most noticeably in the heading, containing the title and imprint of the book reviewed. As an experiment, some of these typographical features (small caps, etc.) have been reproduced here. All reviews that have been identified are reproduced.

Leaf measurements are given of the largest copy seen, in the order of height first and then width. In the pagination and contents statements unnumbered preliminary pages are rendered in italicized roman numerals. The pagination statement records the last numbered page and then the number of remaining pages in brackets. Inferred pagination at the end of the text is supplied in arabic italics, but not in the main text, that is, the "text of the translation." There, blank pages, chapter divisions, even errors in pagination are not recorded, only the pagination of the beginning and end of the text, which can be assumed to be entirely the work of Adam Smith, unless otherwise stated, either in contents or in the commentary. Only copies actually examined are noted in the list of locations, which, therefore, cannot be considered a census of copies.

LIST OF LOCATIONS

Bibliothèque de l'Arsenal, Paris

Bibliothèque de l'Institut de France, Paris

Bibliothèque nationale de France, Paris

Boston Public Library, Boston, Massachusetts

British Library, London

Duke University Library, Durham, North Carolina

Edinburgh University Library, Edinburgh

Goldsmiths' Library, University of London, London

Hitotsubashi University Library, Tokyo

Indiana University, Bloomington, Library

John Carter Brown Library, Brown University, Providence, Rhode Island

Kress Collection of Business and Economics, Harvard Business School, Boston, Massachusetts

Médiathèque d'histoire des sciences, fonds ancien, Paris, Porte La Villette

New York Public Library, New York

Princeton University Library, Princeton, New Jersey

Stadt- und Universitätsbibliothek, Bern

University of Wisconsin, Madison, Library

Widener Library of the Harvard College Library, Cambridge, Massachusetts

FRENCH TRANSFORMATIONS OF THE
WEALTH OF NATIONS:
FROM MARGINALITY TO CENTRALITY

TO CANONICITY

ADAM SMITH'S *Inquiry into the Nature and Causes of the Wealth of Nations*, to give its full title, was first published in England in early March 1776 and was soon recognized on the Continent as a great work. Reviewers of the English edition said so in two leading journals, the *Journal encyclopédique* (Bouillon) and the *Journal des savants* (Paris). Hence, it is not surprising that there was an extract published in French in 1778 and a full-scale translation in 1778–1779, plus another translation published in a journal in 1779–1780. In the 1780s, there was a 1781 edition and another in 1788. Then came the French Revolution, and there were editions in 1790–1791, 1791–1792, 1792, and 1794. In the next decade there were also others, 1800–1801 and 1802, followed by new editions in 1822 and 1843.

These are the facts that an intellectual historian might deduce solely by pulling together catalog entries from various libraries and databases. He or she might well then conclude, even without mistaking issues for new editions (some are described here), that the *Wealth of Nations* (WN) sold well in France and that from shortly after its publication in English it was part of the intellectual equipment of those who sought to understand the functioning of societies. And there would be no reason to question this conclusion, for the major intellectual achievements in the English language commonly became available in French. Indeed, Adam Smith's *Theory of Moral Sentiments* (1759) had earlier appeared in a French translation by the abbé Blavet.

Yet the intellectual historian would be only partially correct, for the existence of French translations does not mean that they were available within France.[1] Moreover, a mere listing of editions (and issues and reissues) would reveal little about the dissemination of this text. Why did editions appear when they did? What is the significance of the place where an edition was published? To whom did the books sell, and why? Were there other forms in which WN was disseminated in France other than translations published in book form? Did the editions vary? What messages did the reader take away from the work? Such questions are pertinent to all texts, but they must especially be asked of translations.

When the translations of WN are examined in detail, a much richer picture emerges. In outline, it is clear that a Swiss and two French men of letters began work on separate translations of WN not long after publication of the original, and by 1782 there was a translation by a third French subject. Yet, despite the reputation of WN and the number of translations, no separate edition in book form was published in France until 1788, very near the end of the monarchy.

Although a translation did appear in France before 1788, it was buried in a periodical with low circulation.[2] In contrast to the two elegant, quarto volumes of the 1776 English edition, the first French translation, that of 1778–1779, was a particularly inexpensive-appearing set of volumes, filled with obvious errors. No publisher or translator is named, and the place of publication on the title page, La Haye, is almost surely false. The 1781 translation was a better example of book making, but it too lacked the name of a translator. Even to potential

[1] Daniel Roche, in his wonderful *France in the Enlightenment*, trans. Arthur Goldhammer (Cambridge, Mass., 1998), 154, 205, notes that WN "was immediately translated into French," clearly implying availability in France.

[2] No evidence exists that the 1778–1779 edition was distributed in France; but copies of the 1781 Yverdon edition did clearly reach Paris, though to what extent they were disseminated is not known. The archives of the Parisian bookseller Desaint exist; and although, as of May 1999, the archives had not yet been processed by the Bibliothèque historique de la ville de Paris, I was permitted to examine a register that covered sales outside of Paris during the years 1778–1787. No sales or purchases of editions of the *Wealth of Nations* were noted.

buyers outside of France the editions of 1778–1779 and 1781 would have seemed marginal. Some evidence exists that these editions did sell; but, despite what must have been relatively modest prices, they failed to sell out, as is demonstrated by the existence of reissues.

Within France, even if these editions had been available, they would have seemed marginal in the sense that the books themselves did not proclaim importance. In contrast to this early period, however, WN became a central text during the revolutionary era from 1790 to 1795.[3] Jean-Antoine Roucher, a prominent poet, translated WN and attached his name to the work, and two pirated editions were published on the periphery, in Avignon and in Neuchâtel. A second edition of Roucher's translation appeared at the very end of 1794. It was not only the prominence of the translator and the existence of piracies that signaled a new era; a volume of commentary from the pen of the marquis de Condorcet was promised. Extensive extracts were published, and numerous reviews and notices appeared, some of which told readers that it was their duty to buy and read this work. In addition to these contemporary signs of central importance, it was afterwards stated, at the beginning of the 1800s, that WN had played a crucial role during the revolutionary era.

A third period, when WN became a canonical text in France, began in 1800 and was signaled by a review article in *Mercure de France*, which stated that three new translations had been announced. One of them must have been the 1794 Roucher translation, which the publisher was perhaps attempting to market anew. Copies were definitely on hand. The second had to have been a revised edition of the Blavet translation, which in 1779–1780, 1781, and 1788 had been published anonymously. This edition, with expanded prefatory material and an index, moved WN toward canonicity. Moreover, the primary pub-

[3] The 1788 Parisian edition, without a translator's name, is intermediate between the editions published in the years of the monarchy and the revolutionary-era editions. Members of the book trade would surely have known that it represented an act of what might be termed legalized piracy. There is no evidence that the public so saw it, and the type was set so tightly that it would not have been regarded as an important work. Nonetheless, the publisher's timing was right, and the book received notice in the press, albeit often critical of the translation.

lisher, Laran, was ideally located in Paris for sales to students, especially law students.

The third of the editions to which the review referred was one that we know to have been in the works in 1800, though it did not appear until 1802. This edition, translated by Germain Garnier, had the aura of the classic, of the canonical. It offered additions that transformed *Richesse des nations* (RdN) from a work of the moment into a scholarly text. No longer was RdN a handbook for valets and seamstresses, a tome to be meditated upon; it became a text to be studied.

Then, in 1843, Garnier's translation underwent a different kind of canonicity. Through the addition of notes drawn from a large number of writers on economics in various cultures, RdN became a foundation piece in the professionalization of the science of economics.[4]

The progression of the *Wealth of Nations* in France from marginality to centrality and then from one kind of centrality to another— that is, from currency to canonicity and then to a variant of canonicity—shows that a learned text can at various times be directed at different publics, who read it differently. That this should be so is no longer surprising, even if there are still few bibliographical case studies demonstrating the transformation of a text.

That typography can change meaning is an approach first demonstrated and theorized by D. F. McKenzie.[5] Other scholars have, of course, taken up this approach, notably Roger Chartier, who has traced the dissemination of a work from elite readers to a popular audience.[6] Chartier has also reviewed McKenzie's work and pointed to the scholarship of others who have pursued similar studies,[7] and

---

[4] The edition of 1843 fixed the text of RdN for French readers for the next 150 years. Not until the translation of Paulette Taieb, *Enquête sur la nature et les causes de la richesse des nations*, 4 vols. (Paris, 1995), was there a new translation.

[5] McKenzie, *Bibliography and the Sociology of Texts* (London, 1986).

[6] Chartier, "The *Bibliothèque bleue* and Popular Reading," in Chartier, *The Cultural Uses of Print in Early Modern France*, trans. Lydia G. Cochrane (Princeton, 1987).

[7] Chartier, "Texts, Forms, and Interpretations," in Chartier, *On the Edge of the Cliff: History, Language, and Practice*, trans. Lydia G. Cochrane (Baltimore, 1997).

elsewhere he has advanced McKenzie's powerful idea of the materiality of texts conveying meaning.[8]

Analyzing differences in typography has been the basic methodological approach of this kind of scholarship, and that has primarily meant studying typefaces, layout, and general appearance. Textual transformations have also been considered, as in the study of the texts published in the *Bibliothèque bleue*. Yet there are elements shaping the meaning of printed texts that go beyond changes in semantic content and are only partially covered by what is customarily encompassed by the word "typography." These are part of what Gérard Genette terms the "paratext." As Genette points out, the paratext presents the text, that is, makes it present in the world. For Genette, the paratext is made up of two elements. Those that are in the book are called the "peritext" or "publisher's peritext." That is the name given to "the whole zone of the peritext that is the direct and principal (but not exclusive) responsibility of the publisher (or perhaps, to be more abstract but also more exact, of the *publishing house*)—that is, the zone that exists merely by the fact that a book is published and possibly republished and offered to the public in one or several more or less varied presentations."[9] The peritext is made up of format, running heads, tables of contents, and indexes. Prefaces and introductions and, of course, added notes are part of the peritext. So is the treatment of the author's name and the relative emphasis devoted to various parts of the title page. These elements, by their form or presence or absence, tell the potential reader explicitly or implicitly what to expect of a book.

But it is not only the peritext that presents a book to a reader. Because potential readers have often had some acquaintance with a book before buying it, Genette considers elements outside the book to be paratextual as well. For these, he uses the term "epitext." The epitext encompasses whatever form of publicity might be employed,

---

[8]Chartier's "Libraries without Walls," in *The Order of Books: Readers, Authors, and Libraries in Europe between the Fourteenth and Eighteenth Centuries* (Stanford, 1994), was reprinted in *Future Libraries*, ed. R. Howard Bloch and Carla Hesse (Berkeley, 1995), with an addition that draws on McKenzie's concept.

[9]Gérard Genette, *Paratexts: Thresholds of Interpretation* (Cambridge, 1997), 16.

including private means, such as a letter, and media other than print, for example, a television interview. In this study, the primary elements of the epitext are announcements and reviews.

By linking the peritext and the epitext into the common term paratext, Genette has made clear that these elements are all part of the threshold of a book ("thresholds," "seuils," was the title of the original French). As thresholds, like clothes, convey vitally important first impressions, Genette, in attaching names to the elements, fosters their systematic use in demonstrating that an author's words have "no stable, universal, fixed meaning," as Roger Chartier has put it.[10]

In the case of RdN, reviews are the most common element of the epitext. But there were numerous others, all of which served to influence the potential reader, among them:

Reviews of translations.

Extracts published for a particular purpose as part of a review of the original; a separately published extract.

Extracts published in an encyclopedia.

A summary published as part of a series.

Three more or less extended commentaries on WN, two published, with mention (though brief) of WN on the title page. A manuscript analysis of WN, which, though intended for publication, remained unpublished.

A preprint of prefatory material.

These items all fit very well into the concept of the paratext as laid out by Genette, but this study also suggests other elements that can, in the context of late-eighteenth-century France, be included in the epitext. The difficulty of getting a translation of WN accepted for publication in France makes a review of the original edition paratextual, since it can be seen as an effort to stimulate interest in a translation on the part of a publisher. Likewise, publication of a translation in a journal, and an offprint of that translation, were also efforts to stimulate interest in book form publication. It is also clear that at least one of the manuscripts had some circulation; and even though it was not published, it can be considered part of the paratext for the published

---

[10]Chartier, preface to *The Order of Books*, 9.

French translations of WN. There are also editions published in the original but in the cultural area of the language of the translation. These various paratextual elements are all covered in this study.

Although McKenzie, Chartier, and Genette are all interested in the meanings of texts, typography and the elements of the paratext also contribute to our understanding of the basic facts of publication, as do, of course, the descriptive and analytical tools of the bibliographer. Indeed, part of the utility of the paratextual elements has been the information they provide about publication. For example, a review can provide facts about publication available from no other source.

To typography, to the paratext, the book historian ideally is able to add information about the legal structure of publishing, the organization of the book trade, the economic condition of the book trade, and political events. All enter into the task of piecing together an understanding of books, certainly in the case of these translations. Translators and publishers were not autonomous agents; they acted within a political, economic, and social context that led them to produce certain books in particular ways. Data about those factors and their effects on publishing are often concrete. A particular law and its enforcement may have affected publishing just as much as the economic conditions that Carla Hesse documents.[11] Membership in a literary or other circle may be traced, perhaps through correspondence. Political events also provide specific data.

In addition to the factors that shape the content, publication, and reception of books should be added the influence of contemporary intellectual currents, and it can be argued that the bibliographer should draw on the evidence of intellectual trends as an explanatory cause. Yet, I have chosen not to do so. Thus, I have not explained the absence of editions published in Paris before 1788 by stating that the Physiocrats were out of favor or that the burning question was finances, not the economy in general. In part, the reason is that I am neither a historian of France nor a historian of economic thought. It is perhaps not inappropriate for a bibliographer working on Adam Smith to state the

[11] Hesse, *Publishing and Cultural Politics in Revolutionary Paris, 1789–1810* (Berkeley, 1991).

case for a division of labor on purely practical terms. It is important to bring to a bibliographical study data external to the physical objects, but it also seems important not to place too high the bar to this kind of scholarship.

There is another reason for caution in the choice and use of evidence. To seek to explain these books in terms of intellectual currents is to go in a circle. Instead, this study starts with the books and brings in other evidence only insofar as it is very specific. Thus, this study might be said to be the organized presentation of source material for others to use. What was formerly apart, isolated, and basically meaningless now is presented in such a way that historians can draw on it and tease out its implications for the history of the French Revolution and the history of economic thought in France.

LA RICHESSE DES NATIONS AS A MARGINAL TEXT

THE *Wealth of Nations* (WN), a quarto in two volumes (vol. 1 with 510 pages; vol. 2 with 588 pages), was published in London on 9 March 1776.[12] Although Adam Smith would have received no financial benefit from a French translation, he might nonetheless have taken steps to encourage one. Two subsequent translators asserted that he did so by sending each of them a copy—and it would have been in their interests to make this claim—but there is no supporting evidence.[13]

---

[12] Adam Smith, *An Inquiry into the Nature and Causes of the Wealth of Nations*, R. H. Campbell and A. S. Skinner, general editors, W. B. Todd, textual editor, 2 vols. (Oxford, 1976; rpt. Indianapolis, 1981), 1:61. The publication date of the English first edition comes from Todd's essay, "The Text and Apparatus." References hereafter to passages in WN use the numbering of this edition.

[13] The abbé Blavet, when under attack for the quality of his translation, replied in the *Journal de Paris*, 5 November 1788, with a letter dated 29 October 1788, in which he claimed that Smith not only sent him a copy of the English edition but also stated his desire that Blavet be the translator; see the entry under 1788. That claim was not repeated in Blavet's 1800–1801 edition, in which he published a translation of a letter in which Smith thanks him for the copy of the Paris, 1781, offprint and expresses pleasure in the quality of the translation. The abbé Morellet wrote in his *Mémoires* that Smith sent him a copy of the English edition, but this assertion is contradicted by evidence that Morellet initially borrowed a copy.

Even without Smith's active intervention, WN soon began to receive public notice on the Continent in French-language periodicals. A lengthy review of nearly 4,700 words in the 1 October 1776 issue of the *Journal encyclopédique ou universel* widely disseminated a summary of Smith's work. To the reviewer, the book's central point was that wealth consists not in a large quantity of precious metals but rather in the cultivation of the soil, in industry, and ultimately in work being distributed among the members of society. Then the reviewer progressed chapter by chapter, with an emphasis above all on the question of money. At several points the reviewer further used Smith to demolish the idea that wealth should be measured by precious metals. The reviewer did a workmanlike job, albeit with the emphasis on one particular point, a point that made Smith a hammer to pound a final nail into the coffin of an old theory of wealth. The reviewer did not greatly praise Smith and, in fact, left the reader on a negative note: Smith had not found the answer to the problem of national debt. Smith's WN was not at this time what it later became: a tool for the creation of a new society.

In February 1777 a much shorter review appeared in the *Journal des savants*, a journal so popular that it was pirated and hence widely disseminated. The review, except for the first two paragraphs, consists of a translation of Smith's introduction, in which he lays out the plan of the work. This review is particularly crucial to understanding the publishing history of WN in French, for, after calling WN a great work in which one perceives the superiority of genius, the reviewer speaks of the possibility of translating WN. Some of our men of letters, he says, argue that no private person would want to bear the costs of printing because of uncertainty about sales; a bookseller would be even less willing to take it on. The review was anonymous, but the text of the introduction, with revisions, was published in the abbé Blavet's translation.[14]

The same concern about publishing a translation of WN arises in a letter from the abbé André Morellet to Anne-Robert-Jacques Turgot, who was controller general and minister of finance from 1774 to 1776.

---

[14]Of course, the publication of this text in Blavet's translation does not constitute definitive proof that he was responsible for the review.

FRENCH TRANSFORMATIONS OF THE *WEALTH OF NATIONS*

Morellet states that he has done everything Turgot could wish to win official approval for printing the extract he had translated.[15] Morellet proposed in this letter that Turgot ask the king for 2,000 crowns in payment for a translation.

In a letter to Turgot of 30 March 1776, Morellet returned to the topic of the translation and stated his belief, based on consultation with booksellers, that only the royal printer could undertake publication of a translation of WN. This is because publication could be stopped after printing, despite prior approval, as is shown by Dalrymple and other cases.[16] The Dalrymple work referred to is John Dalrymple's *Memoirs of Great Britain and Ireland* (London, 1771–1773), which had been translated as *Mémoires de la Grande Bretagne et d'Irlande depuis la dissolution du dernier parlement de Charles II jusqu'à la bataille navale de la Hogue* (2 vols.; London, 1775–1776). Distribution of this multivolume work, translated by Blavet, had been stopped after it had been printed.[17] The risk of similar treatment was clearly too much for potential Parisian publishers of translations of WN, despite the laudatory notices of the English edition.

---

[15]The editors of Morellet's correspondence date the letter 22 February 1776, which means that it precedes the 9 March 1776 publication date of the *Wealth of Nations*. See *Lettres d'André Morellet*, ed. Dorothy Medlin, Jean-Claude David, and Paul LeClerc (Oxford, 1991), 1:309–310. I have corresponded with Dorothy Medlin, who reports that she and her colleagues stand by their dating, even though an earlier edition of some of Morellet's correspondence assigns the year 1777 to the letter. In any case, the letter's crucial importance lies not in its date but rather in its revelation—as confirmed by the letter of 30 March, cited in the next paragraph—of the difficulty in getting agreement for publication of a translation of WN. Morellet's manuscript translation of the extract was taken away by the police.

[16]*Lettres d'André Morellet*, 1:330.

[17]Dalrymple's work is identified in *Lettres d'André Morellet*, 1:333 n.2. Robert L. Dawson notes that government intervention was always a possibility, despite a permit: "Before a book was actually put up for sale, further checks were required. Finally, the work was published, and, even then, if an individual or an institution of sufficient importance complained, it might have to be pulled from the market." Dawson, *The French Booktrade and the 'permission simple' of 1777: Copyright and Public Domain with an Edition of the Permit Registers*, Studies on Voltaire and the Eighteenth Century, 301 (Oxford, 1992), 3.

The content of WN would very likely have heightened fears that a translation might meet the same fate as Dalrymple. Not only did WN deal with sensitive subjects, political and even religious, it did so in great detail, offering numerous passages to which offense might be taken. Thus, even with some prior deletions, a French translation of WN would have seemed a risky publishing venture, not just in France but also for Francophone markets abroad.[18]

The most problematic section was "Of the Expence of the Institutions for the Instruction of People of all Ages" (V.i.g.). An example of a passage likely to be particularly offensive to authorities is the beginning of the second paragraph: "In the church of Rome, the industry and zeal of the inferior clergy is kept more alive by the powerful motive of self-interest, than perhaps in any established protestant church." This passage was omitted in the La Haye edition (1778–1779), although the entire forty-two-paragraph section, including the sentence quoted, is included in the Blavet translation published anonymously in 1779–1780 in the *Journal de l'agriculture*. There, however, a footnote asks the reader not to forget that it is an Englishman and a Protestant who speaks.[19]

Publishers' concerns about risks may have been magnified by a translator's financial demands. Both Morellet and Blavet disavowed any interest in financial return,[20] but such claims are certainly ques-

---

[18] As Robert Darnton makes clear, there were degrees of illegality, with some "not permitted books" judged to be so harmless that, after confiscation by the authorities, they were returned to the sender. Darnton, *The Forbidden Best-Sellers of Pre-Revolutionary France* (New York, 1995), 3–4.

[19] More reminders strategically placed throughout that edition offer similar advice. Additional details about these and other changes appear in the entries for the La Haye, 1778–1779, edition and the *Journal de l'agriculture*, 1779–1780, serialization. Other changes made to soften critical remarks about France and its institutions may well have been made, but I have not undertaken a detailed comparison of the texts of the translations vis-à-vis the original, and certainly not a comparison among the translations and the editions of them.

[20] In his *Mémoires*, 2d ed. (Paris, 1822), 1:245, Morellet claimed that no publisher was willing to take on the translation, even after he offered to give it away gratis. Blavet, another translator with a public posture of disinterestedness to maintain, claimed in

tionable in the case of two individuals who seem to have relied on translations for at least part of their livelihoods. It may well be that they made demands considered excessive by potential publishers.

In any case, both translators and publishers would have shared a concern over the possibility of competing translations. One tactic for dealing with this situation was to obtain the author's blessing. As noted earlier, Morellet claimed many years after the fact that Smith had sent him a copy of WN; and so did Blavet, who added that Smith had expressed a wish that Blavet undertake the translation. Blavet never published this letter, although later, in the 1800–1801 edition, he included a letter of thanks from Smith, dated 23 July 1782. That same letter mentions that the comte du Nort had sought to submit a translation for Smith's judgment. The approval of the author seems to have mattered, but there was another means of laying claim to a work and discouraging competition.

Three of the early translators—Morellet, Blavet, and the Swiss Élie Salomon François Reverdil—published, or attempted to publish, an extract. Blavet managed to get a brief but important extract printed, and Morellet tried to do the same. A long extract in French by Reverdil appeared in Lausanne and Basel in 1778. In addition Reverdil presented, in just a couple of paragraphs, a summary of the entire work, which he too wished to see translated. He stated that he hoped his extract would awaken among French readers a demand for the entire work and would stimulate someone more patient and capable than he to translate it. His modesty may have been sincere; more likely, judging from a similar statement by Blavet later, it was a conventional formula.[21]

---

a letter printed in the *Journal de Paris*, no. 310 (5 November 1788), 1319–1320, that the publisher of his translation had printed it only "au défaut de celle de M. l'Abbé *M.*, avec lequel il n'a pas pu s'arranger pour le prix."

[21] Élie Salomon François Reverdil (1732–1808) would clearly have been an appropriate translator. He had been the tutor of the future Christian VII of Denmark and a close advisor after his accession to the throne. Reverdil returned to his native Geneva in 1772. His papers are in the Bibliothèque publique et universitaire de Genève, but Philippe Monnier of that library reports in a letter of 14 July 1994 that an extensive search, turned up no information about the translation from Smith.

Three extracts, with the two published ones summarizing the entire work, constitute a patterned response to the possibility of competing translations. That Morellet, in the case of an earlier book, published an extract, further suggests that to do so was a means of laying claim to a text.[22] Each extract could also have been, in part, an effort to provoke interest in a translation. That, in any case, is what the authors of the two published extracts claimed, though how that interest would manifest itself is not clear.

Englishness, too, was a problem. In part, this was a matter of different national styles. Concreteness of language gave offense to French readers, who, it was claimed, preferred abstract expressions. French translators did in fact sometimes transform an English economic text. An example is the French translation (1775) of Arthur Young's *Political Arithmetic* (1774). The English "fewer cloaths, hats, shoes, stockings, &c." became in the French simply "moins manufactures de tous genres." In England a pig was a "pig"; in France it was a "domesticated animal."[23] And in Adam Smith there are lots of pigs, so to speak.

There was also the question of whether an English work dealing with economic questions was truly relevant to France. This concern was made explicit in connection with the possible translation of another lengthy work of political economy, Sir James Steuart's *Inquiry into the Principles of Political Economy* (1767). For a number of years, it seems, the wealthy Parisian publisher Pierre-François Gueffier had considered bringing out a translation by Goguel. In a letter to Goguel dated 20 May 1783, Gueffier wondered "si ce qui est bon pour la Con-

---

[22]In the *Gazette littéraire de l'Europe* 5 (March, April, May 1765), 209–215, is a review of the third edition of Beccaria's *Dei delitti e delle pene* (Lausanne, 1765). It includes the "Introduction" and "Plan du Livre" (211–215), introduced by the following statement: "Ce bel Ouvrage méritoit d'être traduit dans notre Langue par une main habile; un de nos meilleurs Ecrivains s'est chargé de ce soin; sa Traduction est achevé & prête à paroître. Il a bien voulu nous la communiquer, & nous a permis d'en insérer le morceau suivant qui contient l'Introduction & le Plan du Livre." Morellet subsequently did publish the translation in 1766. Adam Smith's "The Introduction and Plan of the Work" is also what was translated and published in the *Journal des savants*, with text of the translation being close to that subsequently published by Blavet. I owe the reference to Morellet to Dorothy Medlin.

stitution angloise convient à la nôtre dans cette partie politique, si le ministère en permettra l'impression et la publicité en France." More than a question of relevance was involved, however. Did French "frivolité" inhibit publication? Goguel explained to Steuart's widow in a letter of 23 August 1783 that Gueffier was also concerned that her husband's work, though greatly esteemed in England, would have few readers in France because of the difficulty of the subject.[24]

Many factors thus stood in the way of a translation of WN in book form in France. The possibilities of post-printing confiscation, of competing editions, of significant translators' fees—not to mention the possible lack of purchasers for a complex, lengthy work of political economy—all explain the reluctance of publishers to take the risk of putting into type a French translation. A multivolume work like WN would have to sell at a high price, presumably to a limited market.[25] The example of the never-published Steuart translation shows the strength of such factors.[26]

---

[23] See Kenneth E. Carpenter, "The Bibliographical Description of Translations," *Papers of the Bibliographical Society of America* 76 (1982), 256–258.

[24] Both letters, in the Coltness Papers, Edinburgh University Library, are cited in Manuela Albertone, "L'accueil difficile de Sir James Steuart en France au XVIIIe siècle," *Économies et Sociétés*, Série P.E., no. 27, 11–12 (1998), 67. Albertone quotes from a letter of Goguel to Lady Frances Steuart Denham. The preface to the 1781 Yverdon edition of WN specifically mentions "frivolité": "Lorsque ces recherches parurent en Angleterre, on les annonça à Paris, dans le journal de savans, sans oser se flatter que quelqu'un eût le courage de les traduire, & moins encore celui de les publier. C'est trop accuser notre malheureuse frivolité; le mal, pour être épidémique, n'atteint pas tout le monde."

[25] Robert Darnton, *The Business of Enlightenment: A Publishing History of the Encyclopédie, 1775–1800* (Cambridge, Mass., and London, 1979), has shown that a reference work could sell very well. But a reference work is very different from a work that is meant to be read through. In fact, the large size of a reference work can be a business advantage if it locks in purchasers to buying one volume after another.

[26] The same factors did not apply to the same extent to the German cultural area; the first volume of a German translation of WN appeared in 1776, with the second following in 1778. A Danish translation was only slightly behind the French translation (vol. 1, 1779; vol. 2, 1780).

The risks were obviously greater for a Parisian publisher—too great. The first French-language edition of 1778–1779 (the first two volumes were dated 1778 and the last two 1779) had the imprint La Haye and no publisher's name. It was printed outside France, but the place has not been determined. Nor is there any evidence that the edition reached Paris. In fact, what evidence exists suggests that it did not, as a reviewer noted in the *Mercure de France* (22 March 1788): "En 1778, il se fit hors de France une Traduction de cet Ouvrage, qui, quoique destinée pour Paris, n'a pu y parvenir, par l'empressement des Etrangers à l'enlever." To be sure, the reviewer gets the date partially wrong (only vols. 1 and 2 were dated 1778), and in the next sentence makes more substantial errors; but the very fact of the errors suggests the essential unavailability of the edition.[27]

Even if the volumes had reached Paris, their physical attributes would not have conveyed the impression that WN was an important work worthy of attention. The books bear the signs of a purely commercial and hasty venture. The absence of elements that could be expected might also be termed part of the paratext, for their lack conveys meaning. No translator's name on the title page, for example, suggests that the translator was unknown. In an era in which added notes were common, none appear; and only five of Adam Smith's own thirty-five notes were printed. Added frontmatter was absent. In other words, there was no mediation of the text, nothing to proclaim its importance and relevance to the culture of the language of the translation.

Other translations did provide these additional marks of value. To be sure, the sample is small, for only two other English economic works were published in French translation between 1775 and 1788 (plus a couple of minor pieces of the moment). One was *Arithmétique politique*, by Arthur Young, published in octavo with the imprint: La Haye, Chez Pierre-Frederic Gosse, 1775. The translator was identified as "M. Freville," who added notes to the translation of Young, and Young's treatise was accompanied by a second volume containing two other works. In addition, there was a dedication by the publisher and

[27]In *The Corpus of Clandestine Literature in France, 1769–1789* (New York, 1995), Robert Darnton does not record that RdN was confiscated.

an "Avertissement" by either the publisher or the translator. The other translation of an English text appeared in Paris in 1788. George Craufurd's *An essay on the actual resources for reestablishing the finances of Great Britain* (1785) was also translated by an individual named on the title page, who also made additions to the original text.

Mediation continues to be customary for scholarly works. Here are some examples, chosen at random. Jacques Solé, *Questions of the French Revolution: A Historical Overview* (New York, 1989), is identified as "incorporating work by Donald M. G. Sutherland...with a foreword by Eugen Weber." Daniel Roche, *The People of Paris* (Leamington Spa, England, 1987), has a "Foreword to the English edition" signed by the author. Gérard Genette, *Paratexts* (Cambridge, 1987), announces on its title page a "Foreword by Richard Macksey." All of these also place the name of the translator on the title page, and sometimes the translator even gets billing on the cover or the dust jacket. Thus, the original work is mediated in its entrance into a new world; it is issued forth with signs that convey to the buyer and reader that the work is important for the culture into which it is entering.

Other elements of the paratext of the La Haye edition signaled unimportance. Despite the errors, there was no accompanying errata list. Here was not a careful job of presenting a difficult text, the reader was told. Numerous page numbers were wrong. Even something so mundane as the running head was handled as inexpensively as possible. The identical text—*Recherches.*—appears on both rectos and versos, whereas ideally the recto would have recorded the book and chapter numbers. The format was duodecimo, with a typeface and leading that were economical of space. Although some of these methods of cutting costs would, of course, have been obvious to potential buyers, many in Europe may well have preferred the tradeoff of inexpensive production and lower price.

The next French translation appeared not in book form but in the periodical *Journal de l'agriculture, du commerce, des arts et des finances*. It was serialized regularly in issues published from January 1779 up through December 1780, and took up approximately half of the journal's pages during that period. It is not possible to determine how many copies of each issue were printed. Not long before this serialization began, the journal was clearly in straitened circumstances, having been revived in 1777 under the editorship of Hubert-Pascal Ameilhon after a lapse of three years.[28] Ameilhon was removed from the editorship at the end of 1781; it seems that the translation of WN did not result in a sufficient increase in the number of subscribers.[29]

The translator was the abbé Jean-Louis Blavet (1719–ca. 1809). Blavet seems to have been one of those individuals who struggles to make a living through a variety of intellectual endeavors. A Benedictine, he was the librarian of the prince du Conti, and for a time in the 1780s he was a censor.[30] As already noted, he was the translator of Adam Smith's *Theory of Moral Sentiments* and of the ill-fated Dalrymple edition. Thus he well understood that a publisher would be reluctant to take on a multivolume translation, even if he had received a privilege for it. Publication in a journal was an alternative, perhaps the only viable one for Blavet.

In a letter published in the *Journal de Paris* in 1788, he asserted that he undertook the translation solely for his private use, with no thought of publication. But in a casual chat one day with Ameilhon, he learned of the *Journal de l'agriculture*'s need for articles and obliged by permitting Ameilhon to publish his translation in serial form.[31] Blavet also

---

[28] Claude Bellanger, Jacques Godechot, et al., *Histoire générale de la presse française*, vol. 1, *Des origines à 1814* (Paris, 1969), 312, citing D. A. Azam, "La presse à la fin de l'Ancien Régime," *Cahiers de la presse* (July 1938), 436.

[29] On Ameilhon, see Hélène Dufresne, *Le Bibliothécaire Hubert-Pascal Ameilhon (1730–1811): Erudition et esprit public au XVIIIe siècle* (Paris, 1962).

[30] Blavet, with his dwelling noted as "au Temple, hôtel de Guise," is recorded as a *censeur royal* in the *Almanach royal* for the years from 1786 to 1790. A biographical sketch of Blavet is in the *Dictionnaire de biographie française*, 1:654.

[31] Ameilhon did have a need for articles. The "Avis de m. L'abbé Ameilhon, concernant le Journal d'agriculture, commerce, &c.," which appeared in the January 1780 issue (pp. 3–6), notes that his predecessors had had difficulty in filling the journal, which led sometimes to disagreeable delays. He wrote that he would seek to obtain enough material by giving an account of all writings that appeared on agriculture, commerce, the arts, and finance, without omitting even those that dealt indirectly or

asserted that the abbé "M." (Morellet) and other worldly-wise individuals—a category that he claims did not apply to himself—had told him that the work would not prosper in France because it required too much application and study. That very statement reveals that Blavet had in fact looked into options for publishing the translation. A contemporary publisher also suggested as much. In the Yverdon, 1781, reprint of the translation (in book form), the "Préface de l'éditeur" states that the publisher is seconding the efforts of an enlightened man of letters by bringing together the different parts of the work that he had been forced ("forcé") to publish separately, that is, in serialized form. It is likely that Blavet, who made his living through various kinds of intellectual work, perceived that his only hope of salvaging something from the arduous task of translating the large and difficult work of Adam Smith was to turn it over to Ameilhon—in return, one must assume, for a fee or some kind of personal benefit.

A sign of financial involvement does exist. Twenty copies of the text were printed as a three-volume set, with special title pages bearing the imprint "Paris. 1781." Such an offprint would have been very expensive to produce. It was not simply a case of printing an overrun or of changing the pagination and the running heads and then running off copies. The breaks in installments were determined by Adam Smith's divisions, not by the ends of signatures. So all the type, which was kept standing, had to be rearranged, pagination and running heads had to be altered, and the whole had to be reimposed. In other words, the three-volume publication printed from the type of the *Journal* serialization was no afterthought and may well have been Blavet's compensation.[32]

What use did Blavet have for twenty copies? One copy—one of the two known to exist—was sent to Adam Smith, and one was almost certainly retained by Ameilhon. Did Blavet use the others to promote

---

occasionally with these subjects. He added that he would also seek to make known works appearing abroad on these subjects.

[32] Goguel, whose translation of Sir James Steuart was never published, hoped to receive fifty copies as part of his compensation from any publisher. He also wanted payment of "100 ou 150 louis." See Albertone, "L'accueil difficile de Sir James Steuart," 65 n.4.

a book? We do know that he made a public appeal to publishers in the December 1780 issue of the *Journal de l'agriculture*, though without signing his name either to the appeal or to the translation. In a letter to the editor, he urges that someone publish a new translation—one more worthy of the original—or that a publisher reprint his after having it gone through by someone more versed in economics than he.

No publisher in France took up the work. Instead, the next edition, in book form, appeared on the periphery of France, in Yverdon, Switzerland, in 1781. It is possible that Blavet and Ameilhon had a hand in this edition. Suggestive is that its reissue in Paris in 1786 was by a bookseller who is known to have had, at least later, a tie with Ameilhon. Also suggestive is that some minor textual changes were made in the Yverdon edition. Changes exist in manuscript in a copy of the *Journal de l'agriculture* and in two copies of the Paris, 1781, offprint, though the same changes are not marked in each. If there existed a copy belonging to Blavet that had all of the changes, and only the changes, made to the Yverdon edition, that would be evidence of his involvement. Such is not the case, which is why the existence of some changes is only suggestive.[33]

The title pages of the six volumes give only the place of publication and the date of 1781, but the publisher was F. B. De Felice. This edition is a duodecimo, with the type densely set and with even less white space than the La Haye edition. The end of each chapter is followed by a double rule and then the start of the next, whereas the earlier edition began each chapter on a new page. Rectos do give the book and

---

[33] Note that Morellet attempted to publish his own translation in Switzerland. On 3 July 1782, in a letter to Frédéric Samuel Ostervald of the Société typographique de Neuchâtel (STN), Morellet contrasted Sir James Steuart's *Inquiry into the Principles of Political Economy* with Smith's *Wealth of Nations*. The letter indicates that STN was interested in publishing the Steuart translation and was asking Morellet's advice. He was not in favor of it, claiming that the work was mediocre, and he noted that he had earlier proposed a translation of WN. I am grateful to Dorothy Medlin for informing me of this letter, the content of which is in part quoted in Charavay, *Bulletin d'Autographes*, no. 804 (February 1993), 42. The letter is in the Bibliothèque publique et universitaire in Neuchâtel. It has not been possible to learn whether the STN archive contains letters from Blavet.

chapter numbers, assisting the reader to move around the text. Moreover, the notes of Adam Smith are included, along with a few notes by the translator. In addition, a "Préface de l'éditeur" was added. Yet, although there is some mediation of the text, the paratext does not proclaim an important work.

A crucial bit of evidence suggests that De Felice had outlets for his books throughout most of Europe. In 1780 he and the Prague bookseller Gerle entered into an agreement whereby Gerle would take a hundred copies at a time of certain new publications in return for favorable terms that included exclusive rights in German-speaking Europe. A hundred copies was a substantial portion of an edition that very likely numbered no more than a thousand.[34] De Felice also had contacts in Italy, but he seems to have had little access to publicity in journals. His edition of WN, like the La Haye translation, appeared without accompanying reviews and notices. Perhaps this is one reason both editions failed to sell out and had to be reissued.[35]

The two reissues show that the WN translations did not sell out. Thus the review quoted earlier from the *Mercure de France* (22 March 1788), stating that the La Haye edition had not reached Paris because of the eagerness with which foreigners carried it away, would seem to need qualification. A 1789 reissue of those sheets carries a new title and no reference to Adam Smith. Sheets of the Yverdon edition were reissued in Paris in 1786 by the publisher Poinçot. Some significant number of copies may even have been available, for a marketing effort was

[34] On edition sizes, see Henri-Jean Martin, "Comment mesurer un succès littéraire. Le problème des tirages," in *La Bibliographie matérielle*, ed. Roger Laufer (Paris, 1983), 25–42; and Philip Gaskell, *A New Introduction to Bibliography* (Oxford, 1974), 160–163.

[35] In fact, translations could be good business. The Dutch firm of Pierre Gosse and Daniel Pinet in The Hague specifically requested translations of the Société typographique de Neuchâtel (STN). In a letter of 5 November 1771 they frankly urged the STN not to produce pirated editions of Paris imprints, for they arrived only after the Parisians had already satisfied the Dutch and English markets. Instead, they preferred to take large numbers of copies of new or good translations from German and English. See Jean-Pierre Perret, *Les imprimeries d'Yverdon au XVIIe et au XVIIIe siècle*, Bibliothèque historique vaudoise, 7 (Lausanne, 1945), 160.

made, as is shown by the existence of a review in the *Journal historique et littéraire* (March 1787). That short and unfavorable review in a Luxembourg journal produced by members of an outlawed order of Jesuits was, however, certainly not a sign of Adam Smith's central importance for the French-speaking world, although a Paris imprint indicated that WN was literally moving to the center.[36]

LA RICHESSE DES NATIONS AS A TOOL FOR CREATING A NEW SOCIETY

ADAM SMITH's WN did not reach Paris by means of a translation that was handsomely printed, widely reviewed, and mediated by a prominent translator or editor. Had there been such an edition, RdN would have moved in one stroke from being a text published on the periphery in a peripheral form to one whose importance was proclaimed to French readers. Instead, RdN moved to that point by steps.

The first was the Poinçot reissue of 1786. To be sure, this made the French text available in Paris, but through a minor bookseller who did not gain for it reviews in major journals.

The next step was publication of extracts in volumes 2–4 of *Économie politique et diplomatique* of the *Encyclopédie méthodique* (Paris, 1786–1788). (Volume 1, 1784, had no translations from WN.) In these articles Adam Smith is usually referred to simply as "Smith"; sometimes he is not mentioned at all. The *Encyclopédie méthodique* was an enormous publishing venture carried out by Charles-Joseph Panckoucke, France's greatest publisher. Sales were between about 5,500 and 4,000 copies; even the lower figure, which resulted from a dropping of subscriptions, was substantial.[37] The buyers, who tended to be among the elite, had access to approximately half the text of WN, but extracts in an encyclopedia, even extensive extracts, do not permit the reader to see the development of an author's ideas.

---

[36] I do not know whether there are other instances of reissues in Paris of books that were published abroad, and hence without approval in France.

[37] See Suzanne Tucoo-Chala, *Charles-Joseph Panckoucke & la librairie française, 1736–1798* (Pau and Paris, 1977), esp. 323–344. Information on the number of subscribers is on p. 341. For generalizations about who the subscribers were, see pp. 402–403.

FRENCH TRANSFORMATIONS OF THE *WEALTH OF NATIONS*

A much larger step in making WN available at the center of French culture was an edition of the Blavet translation published by Pierre J. Duplain in Paris in late 1787, though postdated 1788. It was, however, an intermediate edition, inexpensive in appearance and without significant additions either made or promised. Still, it was in octavo format, which was more pleasing to Parisians; and it pointed, literally, to the start of a new era of centrality for WN, since it was a Paris edition.

Duplain's edition found readers, for the writer of a letter to the *Journal de Paris* (9 October 1788), almost certainly Constantin de Volney, could claim that all of France, duchesses and hairdressers alike, had become readers, that they had begun with novels but had moved on, or would move on, to "works of administration and legislation." The Duplain edition had stimulated the letter, so WN was clearly among the "works of administration and legislation" that everyone was or would be reading. Even though the taste for novels did not end, the writer was correct about Adam Smith's *Recherches sur la nature et les causes de la richesse des nations*. The year 1788 marked the start of its success, and in the next seven years this English work in French garb (or garbs) became the most frequently published economic treatise of the French Revolution.[38]

---

[38] French translations of WN were also one of the most frequently published economic treatises of all French history. The only works that probably or definitely went through as many editions in French are: Boisguillebert, *Le détail de la France* (1695); Vauban, *Projet d'une dixme royale* (1707); Melon, *Essai politique sur le commerce* (1734); Mirabeau (Victor de Riquetti, marquis de), *L'ami des hommes* (1756); Necker, *Sur la législation et le commerce des grains* (1775); Necker, *Compte rendu au roi* (1781); Necker, *De l'administration des finances de la France* (1784). See Kenneth E. Carpenter, *The Economic Bestsellers before 1850*, Kress Library Bulletin, 11 (Boston, 1975). Ironically, Gérard Rimbaud fails to include a French translation of Smith in his bibliography of works published between 1788 and 1794: Rimbaud, "Bibliographie," in *Idées économiques sous la Révolution, 1789–1794*, ed. Jean-Michel Servet (Lyon, 1989), 463–477. I have read through the catalogs for this period at the Kress Library of Business and Economics at the Harvard Business School and the Goldsmiths' Library at the University of London, both of which are rich in French economic literature. See also *La Pensée économique pendant la Révolution française*, ed. Gilbert Faccarello and Philippe Steiner, Actes du Colloque International de Vizille, 6–8 September 1989 (Grenoble, 1990). In their introductory essay, the editors are aware of

Smith's WN came to be regarded as a tool for creating a new society, particularly after the Revolution made it possible for any Frenchman to become a member of a legislative assembly. *Richesse des nations* was marketed as a work that citizens were duty-bound to read. The central importance of WN is also affirmed by the publication of editions for different markets: people literally in the center, that is, Parisians; people in the provinces (the Avignon edition, 1791–1792); French émigrés and other French readers in Europe (the Neuchâtel edition, 1792); plus an extensive summary for those who wanted to get by without reading the voluminous work in its entirety. These various editions, while they had mediating signs, were also mostly unencumbered by apparatus. WN was a book to be meditated upon, and that mode of reading is what some reviewers called for.

The Duplain Edition of the Blavet Translation

The Duplain edition, the first actual Parisian edition as opposed to a reissue, was brought out at a good time to attract buyers. The Assembly of the Notables had met in February 1787. Initially compliant, it turned to opposition; and then in the midst of the creation of provincial assemblies, at the end of October 1787, Duplain brought out his two-volume edition. (It was postdated 1788.)

Duplain received a *permission simple* on 25 May 1787 for a six-volume octavo, of which one thousand copies were to be printed. Simple permissions were given for works whose privilege had expired or ones that had never had a privilege. The Yverdon edition of 1781, which served as copytext, was such a work, since it had been published outside the borders of France. In seeking a simple permission, however, Duplain was violating the code of the Parisian book trade, which opposed the new practice because the simple permission in effect legalized provincial editions of many books the Parisian publishers considered to be their property.[39] Duplain was engaged, one might say, in

the Smith translations, but the focus of the collection is on the French contribution to economics during the Revolutionary era.

[39] Dawson, *The French Booktrade*, entry 702, pp. 584–585. See the introductory matter for an account of the simple permission.

legalized piracy, and without, according to Blavet, the approval of the translator.

In addition to the savings inherent in a work published with a simple permission—no translator's fee and a clean, printed text as copy for typesetting—Duplain found another way to save on costs. Instead of the six-volume set for which he had received the simple permission, he published the edition in two volumes, which meant immediate savings in binding and paper for wrappers. The type was also set very tightly, with a minimum of white space, which meant that Duplain's two octavo volumes consumed only 63 sheets of paper per copy, as opposed to 81⅓ for the six-volume Yverdon duodecimo edition. At the same time, Duplain's larger-size format was more elegant and more in keeping with Parisian taste.

The potential buyer who opened to the title page could not help but see the advertisement listing other books available from Duplain, the oldest being a 1752 translation of *Don Quixote*. Most of the titles were medical or law books, though Rousseau's complete works in twelve volumes occupied the middle of the page. Thus, *Richesse des Nations*—and here, pursuing a sound marketing strategy, the crucial words of the title are presented for the first time on one line—was an ordinary object of trade. There was nothing forbidden about it—and no reason why it should not be purchased by the valet or the hairdresser.

The reader who turned over the title leaf would find the publisher's preface, which was reprinted, with some changes from the Yverdon edition. Duplain omitted two initial paragraphs and began with the third. The deletion removed one easy excuse not to buy the volumes, for there was no longer a reference to the "unhappy frivolity" that was "epidemic" among the French. The deletion also took away another excuse by making Englishness a virtue. By referring in its initial sentence to the merits of English authors on political economy, the altered preface confronted the reader with the fact that this was an English work and that English authors were the first to put forth their views on the public welfare.

The Englishness that is emphasized is also commented upon in reviews of the edition at that time. A long review in the *Journal encyclopédique* (15 March 1788) begins by stating that Smith is walking here in the footsteps of his compatriots, referring to other English works on economics. A review a week later in the *Mercure de France* (22 March) emphasizes the high esteem in which the work is held in England, being almost unanimously ranked with Montesquieu's *Esprit des loix*. Indeed, the Englishness that is emphasized is less that of an individual than of a nation, and the *Mercure de France* review suggests that the work transcends nationality. It does honor to the century and to the human spirit.

Commonly, English works were made French in the process of their transmission into French culture; and, indeed, only in the instance of the Duplain edition of 1788 was Englishness an unadulterated virtue. The great strengths of the English, for which they were admired, were their political system, their parliament, and their freedom. It is not surprising that Englishness was a virtue in a country whose people viewed their government as despotic. No longer was Adam Smith's work read primarily as an argument against the old idea that wealth resides in quantities of precious metals. Instead, it was being interpreted as an examination of the organization of civilized societies. It was a work with broad relevance to French readers of 1788; and, indeed, the reviewer in the *Mercure de France* concluded by expressing his hope that, given the present situation of France, the book would find readers capable of profiting from it.

Criticism came, but it was directed at the translation itself, not at Adam Smith's ideas. These were not always accurately presented, and that was the problem, said reviewers. Accurate translation was important, because it was "desirable that Smith be read, studied, and meditated on at this point when all minds, directed toward matters of administration, are producing more heat than light." All of these three different modes of interacting with a text—reading, studying, and meditating—are desirable in the case of this text at this time, said the critic in the *Journal de Paris* (11 October 1788).

Duplain did well with his legally pirated edition, according to Blavet, who stated in the preface to his own 1800–1801 edition that the publisher sold a rather large number of copies. Even if the edition had sold out, the public criticism of the translation meant that Duplain could not very well keep on reprinting. Revisions were required. It is possible that the revised Blavet translation published years later was initially intended for Duplain, but no evidence of a tie between Blavet and Duplain is known. Quite the contrary, wrote Blavet later, there was none.

The Buisson Edition of Roucher's Translation

Whatever impetus there might have been to revise and publish a new edition of the Blavet translation would have been diminished by the appearance in 1790–1791 of a translation by the well-known poet Jean-Antoine Roucher (1745–1794). Though of humble origin, Roucher participated in elite government and intellectual circles. Turgot himself introduced Roucher into the salon of Mme Helvétius.[40] In a group that included Turgot, Benjamin Franklin, Condorcet, Morellet, and Destutt de Tracy, even a poet would have had to become engaged with political economy, and his biographer notes that Roucher did indeed have works of political economy in his library.

He is said to have been deeply affected by the Revolution and to have given up poetry in favor of politics. A translation of Adam Smith was a way of using his talents in service of the cause of an enlightened citizenry, as he wrote in the "Avertissement du traducteur." His translation, he explained, would make the disciples of Smith more numerous because it would reunite fidelity with elegance, and its moderated or moderate precision (*précision modérée*), far from destroying clarity, would make Smith's ideas more accessible.

Blavet offered a different characterization of Roucher's translation and motives. In the hands of the esteemed poet, the abbé states in the preface to his revised translation of 1800–1801, Smith became entirely unrecognizable. Blavet goes on to express compassion for poor men of

[40]On Roucher, see Antoine Guillois, *Pendant la Terreur: Le poète Roucher 1745–1794* (Paris, 1890). Roucher was guillotined on 26 July 1794.

letters reduced by need to employing their talents in a fashion unworthy of their profession. Roucher, he claims, had been driven to translation by the bankruptcy of a publishing firm for which he worked. Roucher's revised edition, published at the end of 1794, was an effort to relieve the boredom of imprisonment, Blavet sighs, but one could not really touch up what was unsalvageable. Nevertheless, he adds charitably, Roucher is less to be blamed than to be pitied as one of the illustrious victims of the most horrible tyranny.

The 1790–1791 edition of Roucher's translation was announced with great éclat. Much was made of the name of the translator, and his acclaim translates to the title page. The name "Roucher" appears prominently in letter-spaced full capitals, while "Smith" is set in much smaller type, with an initial large capital followed by small capitals. The Englishness that was required in 1788 was replaced by efforts to make *Richesse des nations* a French work, and the title page presents only one of the signs.

Though a positive attribute, Englishness was nevertheless something to be tempered or adapted. Roucher's was the "French translation" that reviewers had long called for, with "French" meaning not just language but also transformation into the style and the culture. The theme of transformation between France and England was present in other ways. Whereas the French *économistes* had given the impetus to research on the practical truths of political economy, England had "given to the world a complete system of social economy."[41]

The title page of each of the four volumes proclaimed that there would be an added volume of notes by Condorcet.[42] Title pages and

---

[41] "Angleterre a sur nous l'avantage d'avoir donné au monde un système complet de l'économie sociale". From the "Avertissement du traducteur" to the Roucher translation of 1790–1791.

[42] The volume of notes never appeared, and there is some question as to whether Condorcet even intended to write it; see Gilbert Faccarello, "Économie. Présentation," in *Condorcet, mathématicien, économiste, philosophe, homme politique*, Colloque international sous la direction de Pierre Crépel, Christian Gilain (Paris, 1989), 123–127. The promise of a volume of notes might also have been an effort to prevent a counterfeit edition.

notices and reviews all mentioned his membership in the Académie française, as well as his position as Perpetual Secretary of the Academy of Sciences. Condorcet's name was crucial in mediating WN for French readers. Readers, who had in Roucher's preface been advised not to read in "pure agreement," solely for the pleasure of reading, were told that Condorcet's volume of notes would show the relevance of Smith's work for France and in so doing extend the thinking of a "Great man."[43]

That Smith was relevant to France and would, indeed, contribute to the formation of a new society, was indicated by the dedication. Occupying a page all to itself, it was to the memory of Charles Marguerite Jean Baptiste Mercier Dupaty (1746–1789). Dupaty was well known in 1790. Arrested in 1770 for what were considered to be "insolent remonstrances to the king," Dupaty saw himself as the moral heir to Voltaire; and he was in fact much esteemed by reformers.[44]

The name of Buisson, the publisher, also suggested that this was a text for the new era. His bookshop was given as the address for subscribing to Brissot's *Patriote françois*, a journal that in defiance of the authorities explicitly aimed at providing people with political enlightenment.[45] Buisson was also the publisher of the ultra-revolutionary *Annales patriotiques*. He was an anglophile, especially interested in political economy, and by Thermidor "one of the two largest pub-

---

[43] The prospectus, issued in February 1790, stated: "Pour donner un nouveau mérite à cette traduction, M. *le Marquis de Condorcet*, (nommer ce savant Académicien, c'est faire son éloge) a bien voulu l'enrichir d'un volume d'Observations relatives aux objets importans d'Agriculture, de Commerce, de Finances, de Législation, etc. dont l'Ouvrage de SMITH pouvoit avoir besoin pour nous, comme dernier développement des pensées d'un Grand homme."

[44] For a brief sketch of Dupaty, see *Dictionnaire de biographie française*, 12:318–320. For a longer study, see Jean Prouteau, *Charles Dupaty* (Rochefort, 1989).

[45] See Jeremy D. Popkin, "Journals: The Face of News," in *Revolution in Print: The Press in France 1775–1800*, ed. Robert Darnton and Daniel Roche (Berkeley, 1989), 160; and Hesse, *Publishing and Cultural Politics*, 87. See Hesse, 186–191, for most of the other information on Buisson.

lishers of serious enlightened philosophy and literary culture in the capital."[46]

Just as the above-mentioned names suggested that this edition of *Richesse des nations* was important and a work of the times, so did the typeface proclaim that this edition was of the new era. The text was set in a Didot typeface, as noted in the prospectus issued around 2 February 1790 ("imprimés sur beau caractere Didot").

The translation received an enormous amount of publicity, some of which suggested—as did the prospectus, the translator's preface, and the notices and reviews (for example, those of 4 June 1790 and 24 August 1790)—not only that everyone should read *Richesse des nations* but that all should meditate on it. The translator, in his preface, flattered the reader by observing that the work called for "heads accustomed to meditating on the great objects relating to the order and happiness of society."

Man had become "public man," and the best writings on issues of society, or at least an elementary notion of them, had become appropriate for all classes, even a kind of necessity. This belief shaped another publishing venture of Buisson's, the *Bibliothèque de l'homme public*, in which a summary of WN appeared. The first number of the *Bibliothèque de l'homme public* was published on 1 February 1790, whereas volumes 1 and 2 of Roucher's translation appeared, it seems, in March 1790, with volume 3 coming out in October, and volume 4 in the late spring of 1791. This was a long interval between volumes, and

---

[46]Hesse, *Publishing and Cultural Politics*, 188. During the period 1793–1799, Buisson was one of the fifteen largest book publishers in Paris, the largest if one excludes two who specialized in the theater and whose output must have consisted of rather small works; see Hesse, appendix 5, 257. The publisher of Garnier's translation in 1802, Henri Agasse, was the largest Paris publisher. I have been unable to learn anything about Laran, who published the revised edition of Blavet's translation in 1800–1801. Buisson and Agasse stand in marked contrast to those Parisian publishers involved in earlier editions. Both Poinçot and Duplain were among the cluster of guild members who were at the low end of the scale in wealth, according to the 1788 head tax records; see Hesse, 60. They also went bankrupt in 1790. Thus, the importance of the publisher is another sign of the movement from marginality to centrality.

the reason was in part that the Roucher translation was not ready in the early months of 1790. We know this because the summary of WN in the *Bibliothèque de l'homme public* uses text from only the first two volumes. Most of the rest came from the Blavet translation.

The fact that Buisson did not wait for Roucher to complete his translation before going ahead with the printing and publication of volumes 1 and 2 reflects the circumstances of the book trade during this time. The year 1790 was a period of severe financial crisis in the book trade, the effects of which were contained only because both the crown and the National Assembly made large subsidies to members of the guild. Even then, thirteen publishers went bankrupt, the highest number since 1771, when there had been five bankruptcies.[47] The interlocking financial and personal relationships within the trade also meant that many members who did not actually declare bankruptcy were in straitened circumstances. In such conditions it made sense to go ahead with volumes 1 and 2 of *Recherches sur la nature et les causes de la richesse des nations* in March 1790, for it was a work of the new culture and had financial value for a publisher. As the Revolution swept aside a way of life, it destroyed the value of the book stock that had been part of that old regime. Works of jurisprudence, schoolbooks, religious tracts, standard histories—all had lost their markets.[48] Works appropriate to the new political situation were especially needed, and this situation would have provided an impetus for Buisson to go ahead as soon as possible.[49]

Other factors may also have been involved. Immediate publication might have hindered the possibility of a revised Blavet translation. Partial publication might also have provided a means of reducing the damage from piracy. Although the old mechanisms for policing the book trade—the Administration of the Book Trade and the Paris

[47]See Hesse, *Publishing and Cultural Politics*, 73–82.

[48]Ibid., 80.

[49]I do not know whether there was a standard practice with respect to multivolume works of individual authorship, as opposed to reference works, but it is logical that a publisher would ordinarily seek to limit the damage to reputation that would result from publishing only parts of multivolume works.

Book Guild—had both been suppressed, local police authorities did take up the task. They sought to uphold property rights, but Carla Hesse points out that "in the absence of guild surveillance, pirating was easy and prosecution both difficult and costly. Proof was hard to produce, and by the time the courts ruled in favor of the author or publisher the financial losses were already great."[50] One Paris publisher, Jean-François Royer, discussed this question in his *Avis intéressant aux gens de lettres et aux amateurs de bons livres et des bonnes éditions*, a pamphlet published without date but, according to his later statement, written in the summer of 1790. Royer said that book publishing in Paris had come to a virtual halt and that "pirate editions are one of the principal reasons for the losses in the publishing business." The authors of serious works could no longer find a French publisher, let alone a Parisian one, willing to assume the risk of book-length works. Parisian publishers were being driven into ephemeral and periodical literature. "Our neighbors are making the first profits from our immense book trade," he complained.[51]

Another reason for Buisson's decision to rush ahead with the first two volumes may have been a desire to market them as extensively as possible before bringing out the others. It is even possible that he delayed the fourth volume in order to sell more of the first three volumes, since there would be guaranteed customers for the final volume and the promised volume of notes.[52]

Avignon and Neuchâtel Piracies of the Roucher Translation

Pirates there were. On 22 December 1790—just after volume 4 of Buisson's edition was to have appeared—the publisher J. J. Niel of

---

[50] Hesse, *Publishing and Cultural Politics*, 92. See also pp. 83–100.

[51] Ibid., 98.

[52] One piece of evidence that suggests Buisson's concern with piracy is that the only table of contents appears at the end of the final volume, thus making buyers slightly more dependent on purchasing succeeding volumes from him. Indeed, this practice meant that Buisson could have issued a small supplement to an earlier volume if a pirated edition had appeared.

Avignon issued an eight-page advertising circular for two works, one of them an edition of RdN. It concluded: "This work is in press; the first volume will appear on 15 January next, and the four later volumes will rapidly follow, volume by volume and by subscription."

This Avignon edition was clearly intended for the provincial market: "In spite of the considerable additions that enrich it, this edition will be less expensive than that of Paris; and we beg leave to assert that no printer's errors will disfigure it. We are even removing some rather serious errors that have escaped the printer in the capital." By "considerable additions," Niel meant a preliminary discourse, added notes, and a complete translation of Xenophon's *Oeconomicus*. The title page typographically emphasized the newness of this edition by noting the additions in italic type rather than roman. Thus, the publisher whose edition physically resembled that of Paris competed with it by offering more for less.

Even though the notes are few and the prefatory material, including the Xenophon translation, not a significant addition, the changes and additions served to attach to this edition a prominent local name, the marquis Fortia d'Urban, and, as well of course, a prominent classical name, Xenophon. Along with being a competitive tool, the changes and additions might also have been thought by the publisher to strengthen his position in case of a legal challenge. A reference to the 1781 Swiss edition, without mention that it was by a translator other than Roucher, might also have been inserted to suggest that the text was in the public domain.

But Niel had additional reasons to try to emphasize that his was a new edition. The work advertised along with *Recherches* was a collection of decrees of the National Assembly: "Il importe à tous les Français de connoître & d'avoir sous les yeux les Décrets de l'auguste Assemblée Nationale. Ces loix, dictées par la sagesse, doivent être gravées dans la mémoire & dans le cœur de tous les individus." Thus, he was issuing *Recherches*, a work that he termed the "second torch of liberty," as part of what might be called a publishing program in support of the Revolution. And, indeed, *Recherches* was regarded as such by the government. In May 1793 the Committee of Public Safety agreed that a copy should be given to each of the "Commissaires observateurs" who were being sent to various regions to report on economic matters and the state of public opinion.[53] Governments have nothing to gain from interfering with the distribution of works that support their ideology.

Niel was not the only publisher outside of Paris to bring forth an edition of this work of the moment. In 1792 a five-volume duodecimo edition came out in Neuchâtel, Switzerland. In one form, it has the dedication to Dupaty and an imprint that merely gives the place, Neuchâtel, along with the date 1792. In a second, the imprint is Neuchâtel, Fauche-Borel, and "Hambourg & Leipsig, Chez F. Fauche, Wosse & Leo," 1792. Here the dedication to Dupaty has been replaced by one to "Monsieur J. D. Prince." Although I have not been able to identify the dedicatee, the change is consonant with Abraham Louis Fauche-Borel's changing political beliefs.[54] The small format of this edition, by demonstrating through its physical form that it was not in direct competition with Buisson and Niel's editions, further indicates that it was aimed at a market outside France, one that Fauche-Borel was helped to reach by family connections.[55] To some extent,

---

[53] Jean Gaulmier, *L'idéologue Volney, 1757–1820* (Beyrouth, 1951), 265–268.

[54] Fauche-Borel, though initially hostile to the Old Regime, became a monarchist after the arrival of refugees in Neuchâtel; see *Dictionnaire de biographie française*, 13:651–655. He proudly records in his *Mémoires* (Paris, 1829), 1:123–124, the ways in which his publishing reflected his politics: "J'imprimai aussi, en grand nombre, un almanach, ou Messager boîteux fort curieux. M. Fenouillot l'avait rédigé. On y lisait tous les détails du martyre de Louis XVI et de sa famille. J'y compris le sublime Testament du Roi-martyr.... Je profitai ... de toutes les occasions qui se présentaient pour introduire, par tous les endroits accessibles de la frontière, le plus que je pouvais de livres de piété.... C'est précisément à cette continuelle distribution de bons écrits qu'on fut redevable de la conservation des principes religieux et monarchiques dans toute la Franche-Comté."

[55] Another piece of evidence of distribution outside France—one that also raises the possibility of a later issue—is a listing in Christian Gottlob Kayser's *Vollständiges Bücher-Lexikon enthaltend alle von 1750 bis zu Ende des Jahres 1832 in Deutschland und in den angrenzenden Ländern gedruckten Bücher*, vol. 3 (Leipzig, 1835), 262. It reads:

that market was composed of French émigrés, and Fauche-Borel, by changing the dedication, transformed his edition from a work of Revolution to one of counterrevolution, thus making it appropriate for *émigré colporteurs* to sell.

The Second Edition of the Roucher Translation

Just as Fauche-Borel transformed his edition by replacing the dedication, so did Buisson present the Roucher translation in a new mode when in December 1794, at the earliest, he brought out a "second edition," "revue et considérablement corrigée." To it he added an index, which, as indexes do, served to make the work one that could be easily consulted. The index was thus a step toward transforming WN in France into a treatise for scholars, a canonical text.

LA RICHESSE DES NATIONS AS A CANONICAL TEXT

CONDITIONS in the French book trade remained awful throughout the 1790s. Whereas from 1786 to 1788 the number of new books exceeded 1,000 per year, output of full-length, serious works plummeted under the freeing of the press, as publishers turned to journals and to ephemera devoted to the burning questions of the day. When legal deposit at the Bibliothèque Nationale resumed on 19 July 1793, only 69 works were registered between then and the end of the year, and for many years government subsidies were required to keep up even low levels of production. Not until 1802 did the output of full-length books exceed the level of 1788.[56] When conditions did begin to turn around, two translations of WN were published. The second

---

"Recherches sur les richesses des nations trad. de l'Anglois. V. Vols. 12. Bern 1797. Typ. Soc." The only duodecimo edition in five volumes is that of Neuchâtel; if a French edition exists with a Bern imprint, it would have to be a reissue of that one edition. On Fauche-Borel's uncle, see "Notes sur la famille Fauche-Borel," *Musée neuchâtelois* 31 (1894), 19.

[56]Robert Estivals, *La statistique bibliographique de la France sous la monarchie au XVIIIe siècle* (Paris and La Haye, 1965), 405, 415; Hesse, *Publishing and Cultural Politics*, table 3, p. 202. Hesse notes (177 n.) that she cannot explain the variation between her figures and those in Estivals.

immediately became the canonical text and, indeed, heralded itself as such from the start, both in its physical attributes and in the reviews.

Blavet's Revised Edition of 1800–1801

Blavet's revised edition of 1800–1801 came out under the imprint of Laran and Company, but with a half-title identifying it as a publication of three firms: Laran, Debray, and Fayolle. Although this edition appeared at the end of 1800, its preparation had begun as early as the late 1780s.

After Duplain's edition (1788) of Blavet's translation had been attacked in the *Journal de Paris*, Abraham Guyot of Neuchâtel wrote to Blavet to say that he had read the Yverdon edition and had demonstrated to various people that the most lamentable errors in it were those of the printer, not the translator.[57] Guyot offered to help Blavet with a revision, and the abbé accepted. Blavet acknowledged that he owed to Guyot a large number of corrections made in more than half of the translation, before Guyot's affairs deprived him of the opportunity to do more.[58]

The revision was completed by 1795, if not much earlier. On 6 July of that year the Committee on Public Instruction of the National Convention considered a letter from Blavet in which he attempted to demonstrate that his translation was superior to that of Roucher. Blavet asked that his translation be republished. The letter was referred to the Executive Commission, which issued a report in September (which I have not seen). At this same time, however, the family of Roucher was being compensated by the Convention for his execution during the Terror.[59] Whatever the merits of Blavet's case, it would

[57] Guyot, who was referred to by Blavet only as "M[r]. Guyot Neufchatelois," identified himself as a friend of Dugald Stewart in a letter printed by Blavet in the 1800–1801 edition. He must be Abraham Guyot, for there are several documents relating to him in the Edinburgh University Library.

[58] A copy of the 1781 edition that is annotated only in part, and therefore seems to be Guyot's, is in the Edinburgh University Library.

[59] M.-J. Guillaume, ed., *Procès-verbaux du Comité de l'Instruction Publique de la Convention Nationale*, vol. 6 (Paris, 1907), 628.

have been awkward for the government to subsidize a competing translation.

Although the delay in publishing Blavet's translation seems ascribable to the lack of a subsidy, it is not clear why the translation appeared when it did. There were three significant bankruptcies among publishers in 1799, and many firms were clearly shaky, as is shown by three more bankruptcies in 1802, followed by twelve in 1803, and seven more in 1804, with a total of at least forty-two bankruptcies between 1799 and 1806—almost one-fifth of the total number of publishers in Paris.[60] Given the difficulties of the times, it was perhaps possible to publish an expensive multivolume work only by spreading the risk among the three firms of Laran, Debray, and Fayolle. They all avoided bankruptcy.

Even without other evidence that this edition had long been ready for the press, the book itself testifies that it might well have been. It is the only new edition of WN without additions, save for self-justificatory frontmatter. Times had changed. WN was no longer a work of the moment; it had become a learned text. The translation by German Garnier that was about to appear would represent this transformation through its additions, but so did the Blavet translation in its own way. Laran's firm was located at the Place du Panthéon, at the former schools of law. His leading role in the edition suggests that the revised Blavet translation was directed at students, as does the price, a modest 14 francs, in comparison with the 25 francs that the Garnier translation would cost.

The Garnier Translation of 1802 and Its Editions

Publication of the revised Blavet edition seems to have hastened the appearance of the translation by Germain Garnier (1754–1821), the one since regarded as a classic. It was published in 1802 by Henri Agasse, son-in-law of the great Panckoucke, who took over the firm in 1794.

---

[60]Hesse, *Publishing and Cultural Politics*, 205–207.

Garnier emigrated to Switzerland in 1792 and there devoted himself to literary labors, including reading and translating English. In 1796 he published *Abrégé des principes de l'économie politique* with Henri Agasse. His support of Napoleon in the coup d'état of 18 brumaire (9 November 1799) brought Garnier the post of prefect of the department of Seine-et-Oise. Given the status of the translator, who added to his work an entire volume of notes, the 1802 translation had immediate importance and very likely something of a guaranteed sale. Nonetheless, circumstances had prevented it from being published earlier, according to an article in the *Gazette nationale, ou le Moniteur universel* (8 prairial an 9, no. 248, pp. 1034–35) by Félix Faulcon, a member of the Corps législatif.

Those circumstances were not spelled out, but a notice of the published work in the *Gazette nationale* on 4 germinal an 10 (25 March 1802) explicitly stated that the translation would have appeared five years earlier had not the personal circumstances of the publisher delayed publication. It cannot be determined to what extent the work that was supposedly ready five years earlier would have been the same as that published in 1802, but the 1802 Agasse edition of Garnier's translation had the marks of a canonical text, as will be described in detail below. One of those signs was that Garnier added an entire volume of notes, which served to make the work into what might be called a summary of economic thought from a French angle.

Garnier's notes necessarily could not be a systematic summary. That is what Jean-Baptiste Say produced with his *Traité d'économie politique* (Paris, 1803), which was followed by French editions in 1814, 1817, 1819, 1826, and two Brussels editions of 1827. Hitherto it could be assumed that Say's treatise captured the market for a wide-ranging work of economic analysis, and that it was the reason why no further edition of Garnier's translation of WN appeared until 1822, twenty years after the first edition.

In fact, though, Say did not have the market entirely to himself, for the 1802 Garnier translation exists in two editions—that is, printings from different type settings—both dated 1802. In one, the errata have been corrected, but otherwise the two are textually the same, except for variations that are almost surely unintentional.[61]

Although there was an extensive amount of piracy during this period,[62] the physical and other evidence indicates that the concealed edition was produced by Agasse. Both are typographically similar, and each has the same engraved frontispiece. Moreover, there is evidence that the first edition had sold out. In fact, Agasse, in the "Avertissement de l'éditeur" of the 1822 reprint (1:I), confirms: "We have long intended to publish a new edition...; the success of this important work has justified all our hopes, and copies are no longer available in the trade."

I assume that the first edition was not exhausted in the year 1802 and that the concealed edition is, in fact, later. The reason for giving a reprint the original date and thus concealing its existence may have been the new "regulation of the printing and book trades" put into place on 5 February 1810. It called for prepublication censorship of all works, whether new publications or new printings, and whether in the public or the private domain. Publishers were required to deposit at the prefecture of police five copies of any work they intended to publish.[63] A concealed reprint was an ideal way to avoid both the risk that publication might not be permitted and the expense of depositing five copies of a five-volume work.

With the Garnier editions dated 1802, Adam Smith ceased to be an author of the moment. He became, instead, a canonical author to be studied by the elite.[64] His works were dangerous: "His ideas were, on

---

[61] These two editions were brought to my attention by catalog no. 53 (September 1993), entries 309 and 310, of the antiquarian bookselling firm of A. Gerits & Son. Without that catalog, it is possible that I would not have discovered these two editions, which are so unexpected.

[62] Hesse, *Publishing and Cultural Politics*, 215–221, paints a picture of the piracy during the period. She also notes (217) an instance of an author suing a publisher for bringing out an unauthorized second edition.

[63] Ibid., 230–231.

[64] In "Adam Smith and Conservative Economics," chapter 2 of *Economic Sentiments: Adam Smith, Condorcet, and the Enlightenment* (Cambridge, Mass., 2001), a book that

the one hand, too profound to be within the grasp of the ordinary reader, and, on the other hand, he was not, of course, completely free from error. Needed was a new translator who would, as it were, teach the art of understanding Smith and of studying him fruitfully." France has paid a price for the works of Smith and will continue to do so. That is why it is necessary to teach how to understand Smith, to explain parts that are too little developed, and to refute errors. To do this, a translator of stature is needed. The relevant portion of this explicit statement of the role of the Garnier translation, which was by Félix Faulcon (*Gazette nationale*, 8 prairial an 9 [28 May 1801]), reads in French:

> Smith est devenu comme l'autenr [*sic*] classique de tous ceux qui veulent cultiver l'étude de l'économie politique. Avant son immortel ouvrage sur *la Richesse des nations*, on n'avait fait qu'embrouiller ces matieres difficiles qu'aucun homme de génie n'avait encore essayé d'approfondir.
>
> Smith cessa d'exister en 1790; depuis qu'il n'est plus, il n'est ni mince écolier, sorti tout récemment des bancs de l'école qui, sans connaître aucunement ni les hommes, ni les choses, n'ait cru avoir le droit et les moyens de créer des systèmes politiques, qui n'ait voulu les livrer à l'impression, qui n'ait cherché à en faire retentir les tribunes nationales.
>
> S'il n'y eût eu que des phrases, le mal eût été tolérable peut-être; mais il est arrivé trop souvent qu'on s'est efforcé de réunir la pratique à la théorie, et long-tems encore, malgré la journée réparatrice du 18 *brumaire*, la France souffrira des résultats de ces funestes essais.
>
> La vérité et la raison étant enfin de retour, après tant d'épreuves désastreuses à qui elles furent si étrangères, c'est aujourd'hui plus que jamais qu'on doit sentir tout le prix des ouvrages de *Smith*; mais d'une part ses conceptions sont trop profondes pour être à la portée du commun des lecteurs, et de l'autre, il est impossible qu'il soit tout-à-fait exempt d'erreurs.
>
> Il fallait donc qu'un nouveau traducteur enseignât en quelque sorte l'art de comprendre *Smith*, et de l'étudier avec fruit; il fallait qu'il expliquât quelques systèmes trop peu développés, et qu'il refutât le petit nombre d'opinions qui peuvent être erronnées; il fallait sur-tout qu'en essayant une pareille tâche, il se présentât avec un nom qui fût assez imposant pour donner du poids à ses

---

appeared as this work was going to press, Emma Rothschild points out that there were different "Smiths" and that his "sentiments about freedom were submerged by 1800" (70). My analysis, which, based on different data, emphasizes the transformations of RdN from a widely read work of the moment to a canonical text, is consistent with Rothschild's argument.

idées, et pour lui permettre d'oser quelquefois contrarier le célebre publiciste qu'il allait traduire.

Ce qu'il fallait, s'est éminemment rencontré dans la personne de Germain Garnier....

Garnier and his publisher took numerous measures to make it clear that Smith was a classic author who needed the help of a learned translator and editor to be understood.[65] Faulcon had seen a preprint of the frontmatter and knew some of their techniques. First, Garnier's introduction placed Smith in the context of French economists. Then Garnier gave the reader a "Method for facilitating the study of the work of Smith," even recommending reading WN in a partially different order from Smith. This was followed by another attempt to show precisely the relationship of Smith to France, in the form of a "Parallel between the wealth of France and of England, according to the principles of Smith." The translator's preface closed with a fifteen-page "Notice on the life of Smith and his works."

Perhaps Faulcon also saw the frontispiece portrait of Smith, which is a highly visible proclamation to the buyer or reader that the work is classic. The very appearance of the text attests likewise. Smith had nineteen notes in Book I; there are eighty-seven on 363 pages in Garnier's Book I, so that page after page has apparatus. The notes are brief, often just a cross-reference, but their frequency is a visible sign that WN had become a work to be studied in a scholarly way.

The major sign of transformation is, of course, the separate volume of notes, which contains more pages than any of the text volumes. The notes are essentially independent of WN. The word "notes" suggests a close relationship with the text, as does "commentary," but neither term is exactly appropriate for these additions. They are essays whose only unifying principle is that each deals with a topic treated to some extent by Adam Smith in WN.

The independence of the notes from WN is pointed up by a comparison of the 1822 edition with the two dated 1802. The text of the

---

[65]Etienne de Sénovert in his 1818 manuscript (in the Kress Collection) also emphasized that WN had been dangerous, that it had helped to dismantle the old without providing guidance to construct the new.

translation itself remains almost identical. What changed is the notes. It is not only that there are more of them in 1822—two volumes instead of one—but they largely cover different topics. Clearly, the notes are what mattered most to Garnier, and perhaps also to many readers.[66]

La Richesse des Nations as a Canonical Text for a Scholarly Discipline

Whereas the Garnier editions of 1802 and 1822 narrowed the readership of WN by conveying that it was not a book for everyone, but instead for the learned and for men of affairs, the 1843 edition represents a different sort of canonization, for it served as a foundation work for the academic discipline of economics in France, no doubt to some extent even internationally, given the importance of the French language and the increasing opportunities for specialization in economics provided by academic chairs, the formation of societies, and the journals devoted to economics. This different kind of canonization is indicated by the editor, Adolphe Jérôme Blanqui (1798–1854). Not only did he occupy the chair formerly held by Jean-Baptiste Say, he was the preeminent student of economic literature throughout Europe. His *Histoire de l'économie politique en Europe, depuis les anciens jusqu'à nos jours, suivie d'une bibliographie raisonnée des principaux ouvrages d'économie politique* first appeared in Paris in 1838 and was followed by a second edition in 1842. By 1843, it was internationally known, with a Portuguese edition published in Rio de Janeiro in 1835, a Spanish edition in 1839, and a German edition in 1840–1841.

Blanqui's editing reflected his broad knowledge of the literature. The 1843 edition, in contrast to those of 1802 and 1822, which had notes by only one person, was a veritable variorum edition. Adolphe Blanqui made that observation explicitly in his preface. His edition did not include all that commentators had written on Smith, but nothing essential was omitted concerning the work that, as Blanqui stated, had

---

[66]In the Widener Library copy of the 1822 edition, for example, the text of the translation has no annotations, but the notes are heavily marked up. The history of this copy, acquired in 1930, is not known.

laid the foundations of the science of political economy in Europe. Blanqui's added notes, which often consisted of extended passages, were drawn from Garnier and Jean-Baptiste Say from France; from Jeremy Bentham, David Buchanan, Thomas Hodgskin, John Ramsay MacCulloch, Thomas Robert Malthus, David Ricardo, and George Poulett Scrope from Britain; Heinrich Friedrich von Storch from Germany and Russia; and Jean Charles Léonard Simonde de Sismondi from Switzerland and Italy. The inclusion of commentary from all of these economists meant that WN was no longer an English effort, no longer an English and French work, no more just the labor of two people, but rather a work of many hands from throughout Europe, all people working to develop a body of knowledge. In other words, many workers toiled in the field of economics, which Blanqui repeatedly termed a "science." Their work was drawn on here for the benefit of the science, thus making the Blanqui edition of Garnier's translation a work for scholars.

One of the signs of the development of economics as a discipline was the appearance of a series of reprints of earlier writings, the "Collection des principaux économistes," of which the Blanqui edition was numbered five and six. But as if in unconscious (or perhaps even conscious) recognition that the true foundation work was WN, volumes five and six were the first of the series to be published. The series was issued by the firm of Guillaumin, which made a specialty of economics, even starting in 1841 the *Journal des économistes*, another sign of the existence of an academic discipline; the journal lasted for one hundred years.

Conclusion

IN FRANCE and in the French language WN experienced an extraordinarily complex history. Virtually unavailable in France in its entirety until near the end of the monarchy, WN was widely read during the French Revolution, and the physical and verbal paratextual elements of that era made it a work of the new world. Once the world of the French Revolution had been replaced, WN was transformed from a work expected by its first reviewers to be used by the populace at large to shape policy. It became a canonical work, one that moved from the everyday world into the studies of elites.

Then, in 1843, WN was again transformed, this time into the basic work of a discipline. As Foucault pointed out, the organization of disciplines is opposed to the author principle, for "disciplines are defined by groups of objects, methods, their corpus of propositions considered to be true."[67] The 1843 edition fits that description. With its notes by numerous hands, it was a collective work embodying the advance of economics since 1776.

To be sure, WN then as now exercised an influence outside the coterie of economists. It had made into accepted wisdom the idea that in serving oneself one serves the general good, a result of the "invisible hand." The work that made that point, though, was shaped by many hands—of translators, publishers, editors, government officials—who gave materiality to the text. In our understanding of the history of the French translations of WN, the "invisible hand" has merely been hidden.

---

[67] Michel Foucault, *The Archaeology of Knowledge*, trans. A. M. Sheridan Smith (New York, 1972), 222.

THE
WEALTH OF NATIONS
IN FRENCH AND IN FRANCE

1776. Morellet, Unpublished Extract and Unpublished Full Translation

THE ABBÉ André Morellet (1727–1819), in addition to having translated an extract that he failed to get published, finished a translation of Books I–IV of WN that is complete except for V.ii ("Of the Sources of the general or publick Revenue of the Society") and V.iii ("Of publick Debts").

Documentation concerning the extract begins with a letter Morellet wrote to Minister of Finance Anne-Robert-Jacques Turgot on 22 February [1776], in which he stated that he had done everything Turgot could have wished in order to gain approval for publication of the extract from Smith. Along with noting that he had made two transpositions, he took the opportunity to press Turgot for support for a translation of the entire work; see letter 121 in *Lettres d'André Morellet*, ed. Dorothy Medlin, Jean-Claude David, and Paul LeClerc, vol. 1 (Oxford, 1991). Note 1 to letter 121 quotes from the journal of François Métra, *Correspondance secrete politique & littéraire* (Londres, 1787–1790), cited by Gustav Schelle, *Œuvres de Turgot*, vol. 5 (Paris, 1923), 257n, in which Métra indicates that the extract consisted of I.x.b. ("Of Wages and Profit in the different Employments of Labour and Stock").

Approval was not forthcoming. To the contrary, a police official came and took away the manuscript of the extract from Smith; see letter 122, Morellet to Turgot, [26 February 1776], as well as letters 124 [29? February 1776], 128 [3 March 1776], and 131 [30 March 1776], all to Turgot and all referring to translating Adam Smith. In the last, Morellet reports that he was formally denied permission to print the extract.

Although the letters are undated or bear only day and month, the editors of Morellet's correspondence place them in the year 1776. This would mean that the extract was translated prior to publication of the first English edition. The editors recognize this discrepancy and speculate that Morellet received an advance copy. Christophe Salvat points out that Morellet claimed, in the manuscript translation itself, to have made his translation from a copy of the first edition sent to him by the author: "J'ai fait ma traduction de Smith sur la 1ere édition que lui même m'avoit envoyée." See Salvat, "Formation et diffusion de la pensée économique libérale française: André Morellet et l'économie politique du dix-huitième siècle," 2 vols. (Ph.D. diss., Université Lyon II), 1:159n.12 (citing MS 2543, p. [142]). Morellet also wrote about his translation in his *Mémoires* (2d ed. [Paris, 1822], 1:244–245), where he claims to have been sent a copy by Smith, and where he notes that he spent the fall of 1776 diligently translating it.

The letter of [30 March 1776] contains Morellet's report on his attempt to find a publisher for the translation of the entire work. He wrote Turgot that it would be necessary to have the translation published by the Imprimerie royale because booksellers felt it would be foolish to proceed; the example of Dalrymple had shown them that it was possible to stop publication even after a work had been approved and printed. The editors of Morellet's correspondence explain in note 3 to letter 131 that Morellet was referring to John Dalrymple, *Memoirs of Great Britain and Ireland* (London, 1771–1773), translated by Jean-Louis Blavet under the title of *Mémoires de la Grande Bretagne et d'Irlande depuis la dissolution du dernier parlement de Charles II jusqu'à la bataille navale de la Hogue* (Londres, 1775–1776). They cite a letter from Mme Du Deffand to Horace Walpole on 19 May 1776: "Je vais lire les Mémoires de la Grande Bretagne et de l'Irlande sous les règnes de Charles II et de Jacques II par M. Dalrymple. Il y a environ un an qu'ils ont été traduits, je ne sais pourquoi on en avait arrêté la distribution." See Walpole, *Correspondence*, vol. 6 (New Haven, 1939), 316.

It is clear that Morellet made other efforts to find a publisher. He offered it to a bookseller for a hundred *louis* and then for nothing. When Etienne Charles Loménie de Brienne (1727–1794), archbishop of Sens, was prime minister between August 1787 and August 1788, Morellet, according to his *Mémoires*, sought a subsidy of one hundred *louis* toward publishing the translation at his own expense. Then, when Garnier's translation appeared in 1802, Morellet transcribed the index into his manuscript, apparently as a way of improving it, as if he had not given up on publication. The *Mémoires* reveal that Morellet believed his translation to be superior to all others, including Garnier's.

A manuscript copy (or perhaps multiple copies) was also prepared. Although it was not unusual for works to circulate in manuscript, it seems likely, given Morellet's tenacious efforts toward publication, that manuscript circulation may have been one of his strategies in pursuit of that hope. See Salvat, "Formation et diffusion," 1:161–162. Turgot must have seen Morellet's translation. Sebastien Roch Nicolas Chamfort (1741–1794) had a copy of the manuscript in 1785, and in 1788 a person who wrote under initials that almost certainly stood for Constantin François de Chassebœuf, comte de Volney (1757–1820), had a copy; for further information see the entry for the 1788 edition. For a concise summary account, see Christophe Salvat, "Histoire de la traduction inédite de la *Richesse des Nations* par l'abbé Morellet: Une traduction manuscrite toujours célébrée et toujours obstinément refusée au public," *Storia del pensiero economico* no. 38 (1999), 119–136.

Description of the Manuscript

The manuscript is Lyon BV. mss. 2540, 2541, 2542, and 2543.

> MS. 2540 has 530 numbered pages. It consists of the entirety of Book I.
>
> MS. 2541 has 349 numbered pages. It consists of the entirety of Books II and III.
>
> MS. 2542 has 585 numbered pages. It consists of the entirety of Book IV.
>
> MS. 2543 has 233 frames on the microfilm. It is not possible to construct its physical makeup from the film. It consists of Book V, chapter i.

Most of the four volumes are in a scribal hand, with interlinear and marginal notes in Morellet's hand, along with at least one addition on a slip of paper inserted so that it can be raised to see the text beneath. There are also notes by Morellet in MS 2543 on the first two chapters, as well as "indications des diverses atteintes que peut recevoir la liberté du commerce"; these notes have been transcribed in Salvat, "Formation et diffusion," 2:168–171. The index is to Germain Garnier's translation of 1802 and has the note, "à joindre à ma traduction de smith."

From the existence of a few catchwords and the occasional blank page or leaf, it seems that the volumes were not written on blank books but rather on blank quires that were brought together and bound. The scribal hand breaks off in the middle of V.i.g.26, with the remainder of that section in the hand of Morellet.

1776. Review of English Edition in Journal encyclopédique ou universel

THE FIRST English edition of WN was reviewed in *Journal encyclopédique ou universel*, volume 7 of 1776, part 1 (1 October), 3–15, and part 2 (15 October), 252–263. This journal began publication in Liège in 1756; by 1776 it was being published in Bouillon under the editorship of Pierre Rousseau (1716–1785). Twenty-four issues appeared each year, divided into eight volumes of three parts each, with a part appearing every other week. In 1776 each issue consisted of ten signatures in duodecimo, making a total of 192 pages per issue, though some pages are not numbered and not counted in the pagination; thus a volume consists of 566 numbered pages, if the pagination is given correctly.

The *Journal encyclopédique* was distributed throughout Europe, including France, and in 1756, soon after it began, the periodical was apparently sending out 1,200 copies; see Jack R. Censer, *The French Press in the Age of Enlightenment* (London and New York, 1994), 216. Its political stance is described in *Dictionnaire des journaux*, ed. Jean Sgard (Paris and Oxford, 1991), as being at the crossroads of the old and the new. It did not adapt to the changing times of the French Revolution, however, and ceased publication in 1793. One indication that the editor was not attuned to current intellectual fashions was the critical review of the first volumes of the Roucher translation, a review that appeared just as that translation was being widely disseminated and acclaimed.

The quotations from WN in the 1776 review do not correspond to the text of a subsequently published translation.

Text of the Review

An inquiry into nature [sic] and causes of the wealth of nations, &c. C'est-à-dire, *Recherches sur la nature des richesses des nations*. Par M. Adam Smith, doct. en droit, & membre de la société royale. 2 vol in 4o. A Londres, chez Cadell. 1776.

Il est des nations qui ont un territoire très-étendu & très-fertile, chez lesquelles l'or coupe à pleins canaux, & qui néanmoins sont dans une véritable pauvreté. La raison en est simple. Elles tirent leur or de leurs mines, elles laissent leurs terres en friche. Leur industrie est assoupie à la vue des richesses qui arrivent chez elles, & ces richesses en sortent aussitôt pour payer les denrées même de premiere nécessité que l'industrie étrangere leur fournit. Ce ne sont donc pas les mines d'or les plus fécondes qui font l'opulence d'un état: c'est la culture perfectionnée de ses terres; c'est l'industrie active, éclairée, enfin le travail constant, & sagement distribué entre les membres de la société politique. Cette vérité est la base de l'ouvrage de M. Smith. Il observe judicieusement que le travail annuel de chaque nation est l'unique fond qui lui fournisse réellement le nécessaire, & même les commodités de la vie; qu'elle ne puise constamment l'un & l'autre que dans les produits de ce travail, ou dans ce qu'ils la mettent en état d'acheter des autres nations; que, par conséquent, un peuple sera fourni plus ou moins avantageusement de tout ce que ses besoins naturels ou factices exigeront, selon que ces produits, ou ce qui sera acheté avec eux seront dans une moindre ou plus grande proportion avec les consommateurs. "Mais, dit-il, cette proportion doit être réglée de deux manieres: 1°. par l'adresse, la dextérité & l'intelligence avec lesquelles le travail se fait; 2°. par la proportion entre le nombre de ceux qui sont employés à un travail, & la quantité de ceux qui doivent en jouir. Quels que soient le sol, le climat, l'étendue du territoire d'une nation, l'abondance ou la rareté de ses provisions dépend infailliblement de ces deux principes".

L'auteur a divisé son ouvrage en 5 livres, & ceux-ci en divers chapitres. Dans le premier, il traite du partage ou de la distribution du travail. Il prouve que la plus grande force productrice du travail, la plus grande énergie de l'adresse, de la dextérité & de l'intelligence sont les suites de cette distribution. Il appuie cette assertion en considérant de quelle efficacité est cette division dans quelques fabriques particuliers. Il prend pour exemple celle d'épingles. On sçait qu'une épingle passe par environ 18 mains, ou exige 18 opérations graduées. M. Smith connoit une fabrique où il y a 10 ouvriers pauvres, & dont chacun est chargé de deux ou trois opérations. Néanmoins, en travaillant de toutes leurs forces, ils font 12 livres d'épingles par jour, & il en faut environ 4000 d'une grosseur moyenne pour le poids d'une livre. Ainsi chacun d'eux faisant un 10e. de 48000, peut être considéré comme 4800 épingles par jour. Mais s'ils avoient tous travaillé séparément, & sans rapport des uns aux autres, chacun n'auroit pas fait 20 épingles, c'est-à-dire que ce travail séparé n'auroit pas produit le 240e. de ce qu'il donne par une combinaison convenable & une distribution bien réglée du travail. On assigne trois causes à ses bons effets: 1°. l'augmentation de dextérité dans l'ouvrier appliqué à un très-petit nombre de façons; 2°. l'économie du tems ordinairement perdu en passant d'une opération à l'autre, en changeant d'outils, en les disposant, &c.; 3°. l'invention d'un grand nombre de ces outils qui abregent la main-d'œuvre, & mettent un seul homme en état de faire autant que plusieurs. Après ces considérations incontestables, M. S. prouve que l'opulence universelle, qui s'étend jusqu'à la derniere classe des artisans ou journaliers, dans une société bien gouvernée, a pour fondement la grande multiplication des produits des différens arts, &, en conséquence, de la distribution du travail.

"Observez, dit-il, ce qu'il faut à l'ouvrier le plus ordinaire, au manouvrier même, chez une nation civilisée & florissante, & vous verrez qu'il est presque impossible de calculer le nombre d'hommes & la portion de leur industrie, quelque petite qu'elle soit qui ont été nécessaires pour fournier à ses besoins (besoins de vêtemens, de logement, de nourriture, d'instrumens de travail, de meubles, d'ustenciles de ménage, &c.); si nous voulions examiner tout cela, reprend l'auteur, nous serions convaincus que, sans l'assistance & la cooperation de plusieurs milliers de personnes, le moindre citoyen ne seroit pas pourvu de ce que nous regardons, mais bien à tort, comme les choses les plus simples & les plus urgentes. Il est vrai que son ameublement, comparé à celui des grands qui nagent dans le luxe & les superfluités, doit paroître très-simple & très-misérable. Cependant ce ne seroit peut-être pas exagérer que d'avancer que la fourniture d'un prince européen ne surpasse pas toujours autant l'approvisionnement d'un roi africain, maître absolu de la vie & de la liberté de 10000 sauvages nuds".

Dans le 2e. chap. l'auteur expose les principes qui déterminent la distribution du travail. Il remarque qu'elle n'est pas l'effet d'une sagesse humaine qui ait prévu & recherché l'opulence générale, mais une suite lente & graduelle des échanges des biens, soit que le goût de ces échanges fût originairement naturel à l'homme, soit, ce qui paroît plus probable, qu'il fût le fruit de son intelligence & du langage.

L'auteur montre dans le 3e. chap., que la distribution du travail est limitée par le plus ou moins d'étendue du débit. "Si la vente, dit-il, est peu considérable, personne n'est tenté de se livrer à une seule occupation qui lui refuse le moyen d'échanger ce qui lui reste du son travail, sa consommation déduite, contre une partie des productions du travail des autres". C'est ici que M. S. détaille les avantages que retire la société du transport par eau, ou de la navigation; avantages bien supérieurs à ceux de la voiture par terre, & trop connus pour nous y arrêter.

Le 4e. chapitre est consacré à des recherches sur l'origine de l'usage de la monnoie. Les premiers peuples payerent en bestiaux, en cuirs, &c. Il en est dans l'Inde qui ont des coquilles pour monnoie. Dans l'Abyssinie c'est le sel, ailleurs ce sont les femmes. Ici le tabac, là les pelleteries, dans un village d'Ecosse les clous. Partout on a cherché les signes représentatifs des marchandises les plus commodes, & on n'en a point trouvé qui remplissent mieux cet objet que l'or & l'argent. Après ces réflexions générales, M. S. recherche quelles regles sont, pour ainsi dire, naturelles dans l'échange des articles de commerce les uns contre les autres, ou contre de l'argent. Le mot *valeur* a un double sens; il exprime tantôt la qualité d'un objet particulier, tantôt la faculté que procure cet objet d'en acheter d'autres par son moyen; distinction qui nous paroît plus subtile qu'essentielle, puisque c'est toujours l'utilité, le mérite réel ou d'opinion qui rend cet objet le prix d'un autre. L'une, ajoute l'auteur, peut être appellée valeur d'usage, & l'autre valeur d'échange; acceptions qui rentrent encore l'une dans l'autre; car il n'est point d'usage sans échange, ni d'échange sans usage. Quoiqu'il en soit, pour fixer les principes qui doivent régler la valeur des objets de commerce, M. S. explique 1°. quelle est la véritable valeur d'échange; 2°. quelles sont les différentes parties qui composent ce prix; 3°. les circonstances qui le haussent & le baissent, & les raisons qui portent quelquefois le prix du marché en deçà ou au-delà de ce qu'il devroit être.

Dans le 5e. chap. il s'occupe du prix réel & du prix relatif ou nominal des objets commerçables, de leur prix en travail ou en monnoie. Il prouve que cette distinction n'est pas seulement de pure spéculation, mais qu'elle est d'une grande utilité dans la pratique. Par exemple, lorsqu'on vend un bien fonds avec réserve d'une rente perpétuelle, il importe beaucoup qu'elle soit payée en travail, bien moins variable que le grain ou l'argent, &c. Les recherches que l'auteur a faites sur cet objet annoncent beaucoup de sagacité, & un calcul exact. D'ailleurs il a grand soin d'éclaircir sa théorie par des exemples familiers qui rendent intelligibles aux esprits les moins accoûtumés à ces recherches les discussions abstraites où il est obligé d'entrer. Dans le 6e. chapitre, il examine ce qui constitue le prix des denrées & marchandises; dans les suivans, il revient sur les prix naturel & de marché.

Le 2e. livre roule sur la nature, l'amas & l'emploi des fonds. Dans le 3e., M. S. jette un coup d'œil sur l'état déplorable de l'Europe après la chûte de l'empire romain; puis considérant l'origine & l'accroissement des cités & des villes après cette époque, il expose l'influence de leur commerce sur la culture des campagnes. "Elle eut lieu, dit-il, de trois manieres. 1°. En offrant un grand & prompt débit aux productions brutes des campagnes, elles en encouragerent la culture & l'amélioration. Ce bénéfice, loin d'être borné aux contrées où elles étoient situées, s'étendit plus ou moins sur celles avec lesquelles elles avoient des relations, &c. 2°. Les richesses acquises par les habitans des villes furent employées à l'achat des terres, dont, sans cela, une partie seroit demeurée inculte. Les marchands ambitionnent pour l'ordinaire de devenir propriétaires de terres. Lorsqu'ils ont acheté, ils améliorent communément mieux que tout autre propriétaire. Ils sont habitués à employer leur argent à des projets lucratifs; au contraire, l'homme né à la campagne ne l'emploie principalement qu'en dépenses. Ces assertions ne nous semblent pas d'une extrême justesse. Un négociant qui quitte son comptoir pour aller cultiver une terre, est-il bien au fait des divers procédés de l'agriculture? En supposant qu'il consulte des laboureurs, & que ceux-ci veuillent l'instruire de bonne foi, sera-t-il docile à leurs leçons, souvent contraires à ses vues? S'avouera-t-il franchement sa propre impéritie? Il ne faut que connoître un peu l'amour-propre dans l'opulence pour convenir qu'il ne fait pas volontiers ces sortes d'aveux. Si notre négociant ne se laisse pas guider, combien d'essais ne sera-t-il pas à ses dépens? Un propriétaire né au sein de l'agriculture, avec un fonds égal, sera le double d'améliorations, parce qu'il n'exécutera pas un projet qu'il ne soit sûr du succès, qu'il ne suivra pas un procédé dont il ne connoisse les effets; qu'il ne fera pas la moindre avance à la terre que le profit ne s'ensuive. Il sçaura le meilleur parti qu'on peut tirer des différentes manutentions, des diverses branches de l'économie rustique; & le négociant, devenu cultivateur, l'ignorera absolument. M. S. pousse ce parallele plus loin; mais les autres raisons qu'il allegue en faveur du négociant ne sont guere mieux fondées. Il pouvoit dire, ce nous semble, que les marchands qui quittent le commerce ont communément un plus gros capital que la classe moyenne des propriétaires de campagne, & cette vérité auroit évidemment prouvé son idée. Passons à la troisième maniere dont le commerce des villes influe sur la culture. M. S. la présente avec une clarté qui ne mérite que des éloges. "Enfin, dit-il, le commerce & les manufactures introduisirent peu-à-peu l'ordre & un meilleur gouvernement, ainsi que la sûreté parmi les habitans de la campagne, qui auparavant n'avoient vécu que dans un état de guerre ou de servitude. Cet avantage, quoique placé ici au dernier rang, est néanmoins le plus considérable, & M. Hume est le seul, que je sçache, qui en ait fait mention". (Il n'est guere d'historiens modernes qui n'aient fait observer les heureux effets qu'a eus l'affranchissement des communes. Le feu roi de Sardaigne, en l'ordonnant par son code, pour une partie de ses sujets qui gémissoient encore sous diverses sortes d'esclavage, sçavoit, sans doute, toute l'étendue du bienfait qu'il leur accordoit, & les avantages qui en résulteroient.) Dans un pays où il n'y a ni commerce, ni manufactures de luxe, un grand propriétaire de terres, faute de pouvoir rien échanger contre les productions qui lui restent, est obligé de tout consommer chez lui. Il ne peut vendre, il devient hospitalier; si son superflu suffit pour nourrir 100 ou 1000 personnes, il le partage entre elles. Il est donc entouré d'une multitude d'hôtes qui, réunis dans sa dépendance par ses bienfaits, nourris par sa bonté, & n'ayant rien à lui offrir en retour, doivent lui être étroitement attachés, & lui obéir par reconnaissance. En effet, avant que le commerce & les manufactures eussent acquis une certaine étendue en Europe, l'hospitalité des riches & des grands, depuis le souverain jusqu'au dernier baron, surpassa tout ce qu'on pourroit imaginer de nos jours. La salle immense de Westminster fut la salle à manger de Guillaume-le-roux, & il est à présumer que très-souvent elle ne fut pas encore assez spacieuse. On remarqua comme un trait de magnificence, que Thomas Becket eût fait joncher le plancher de sa salle de foin menu & de joncs dans la saison, de peur qu'en s'asseyant & en prenant leur repas, les chevaliers & les écuyers ne salissent leurs vêtemens. On assure que le grand comte de Warwick entretenoit chaque jour dans ses différens manoirs ou châteaux 30000 personnes. Ce nombre peut être exagéré; mais l'exagération même prouve qu'il devoit être très-grand. Il n'y a pas longtems que dans les montagnes d'Ecosse on exerçoit une semblable hospitalité, qui paroît être commune à toutes les nations où le commerce & les manufactures sont peu connus. J'ai vu, dit le doct. Pococke, diner un chef arabe dans les rues de la ville où il étoit venu vendre ses bestiaux, & inviter tous les passans, même les mendians, à manger avec lui". On n'ignore pas que les Arabes sont aujourd'hui même celle de toutes les nations la plus hospitaliere, & qu'ils sçavent allier ce sentiment noble & affectueux avec l'habitude de piller & voler les voyageurs sans scrupule.

M. S. remarque ensuite que le pouvoir des anciens barons étoit fondé sur les obligations que leur avoient leurs métayers, leurs hôtes, & tous ceux qui dépendoient d'eux, de quelque maniere que ce fût, & que c'est à tort qu'on veut déduire du droit féodal les jurisdictions territoriales. Il pense que ce droit, loin d'étendre l'autorité des seigneurs allodiaux, l'a circonscrit aucontraire. Si cette opinion n'est pas exactement vraie, elle peut répandre du jour sur l'origine des fiefs. La diversité des sentimens sur ce sujet prouve assez qu'il n'est pas encore bien éclairci. Quoiqu'il en soit, il n'est pas moins constant, selon M. S., que le commerce & les manufactures ont été la cause de l'abolition du droit féodal. Ils offrirent peu-à-peu aux grands propriétaires les moyens d'échanger l'excédent des productions de leurs terres, & par-là de la consommer eux-mêmes, sans le partager avec d'autres, comme auparavant.

(*Le reste au Journal prochain.*)

DERNIER EXTRAIT.

On lit dans le 2e. volume dont nous allons nous occuper, des considérations sur les systêmes d'économie politique, dont M. Smith établit deux especes, le systême de commerce & celui d'agriculture. Selon l'opinion vulgaire, dit-il, les richesses consistent en argent, & cette opinion est fondée sur ce que la monnoie est à la fois véhicule du commerce, & mesure des valeurs. Si nous avons assez d'argent, il nous sert mieux que tout autre chose à nous procurer ce dont nous avons besoin, & c'est par cette raison que l'on estime la valeur des objets par la quantité d'argent nécessaire pour leur échange. L'auteur rappelle ici le sentiment de Locke, qui met l'argent parmi les plus solides des biens meubles, & qui en conclut qu'on doit regarder les moyens de s'en procurer en abondance comme le grand objet de l'économie politique.

D'autres prétendent que si l'on pouvoit isoler un peuple du reste de l'univers, il lui seroit absolument indifférent quelle quantité d'argent circuleroit dans la société. On donneroit plus ou moins de pieces de monnoie pour chaque marchandise, & voilà tout. La richesse ou la pauvreté du pays dépendroit uniquement de l'abondance ou de la rareté des marchandises; mais il n'en est pas de même des sociétés qui, en relation avec des nations étrangeres, sont obligées de faire la guerre, & d'entretenir des flottes & des armées dans des régions éloignées. Dans cette position où sont les nations européennes, elles se sont appliquées, dit M. S., mais sans succès bien évident, à employer tous les moyens d'amasser de l'or & de l'argent; elles en ont défendu l'exportation, les ont assujettis à des droits considérables. Lorsque le commerce commença à faire des progrès, cette défense eut des inconvéniens. Les marchands firent des remontrances, & le gouvernement y souscrivit. M. S. discute le plus ou moins de solidité des raisons de ces marchands; puis il poursuit ainsi: "La quantité de tout article de commerce que l'industrie humaine peut acheter ou produire, se regle naturellement dans chaque pays sur les demandes actuelles ou sur les demandes de ceux qui consentent à payer la route, le travail ou les profits que sa préparation & son transport au marché exigent. Or, il n'y a pas d'article qui se regle plus facilement & plus exactement sur les demandes actuelles que l'or & l'argent. Rien n'est plus facile à transporter d'un endroit à l'autre; de l'endroit où il est bon marché, à l'endroit où il est cher; d'un endroit où il excede les demandes, à l'endroit où il manque. Par exemple, si en Angleterre il y avoit des demandes au-delà de la quantité d'argent, un paquebot ameneroit de Lisbonne, ou de telle autre place où l'on pourroit en avoir, 50 tonnes d'or qui seroit monnoyé en plus de 5 millions de guinées; mais si l'on demandoit du grain pour la valeur, il faudroit pour l'importer à 5 guinées par tonne, un million de tonnes de vaisseaux, ou mille vaisseaux à 1000 tonnes chacun, & la marine angloise n'y suffiroit pas".

"Lorsque la quantité d'or & d'argent, importée dans un pays excede la demande actuelle, il n'y a pas de précaution, de vigilance de la part du gouvernement qui en puisse empêcher la sortie. Toutes les loix sanguinaires d'Espagne & de Portugal ont été insuffisantes à cet égard. Si, au contraire, la quantité d'or & d'argent est inférieure aux demandes, le gouvernement n'a pas besoin de se mêler de l'importation. Ces métaux franchirent les barrieres que les loix de Lycurgue opposerent à leur entrée dans Lacedemone".

"Cette facilité du transport est en partie cause que le prix de l'or & de l'argent varie moins que celui des autres articles commerçables, que leur volume rend incapables de changer aussi aisément de lieu, lorsque le marché en abonde ou en manque. Le prix de ces métaux n'est pas absolument sans variation; mais les changemens qu'il éprouve sont lents, gradués & uniformes, à moins d'une révolution telle que celle qu'a produite la découverte de l'Amérique. Cependant, s'ils manquoient dans un pays qui auroit de quoi les acheter, ils seroit plus facile d'y suppléer que de remplacer tout autre article. Si les matieres premieres des manufactures manquoient, l'industrie seroit arrêtée. Si c'étoient les denrées, le peuple mourroit de faim... Si la monnoie de papier est bien reglée, elle remplacera le numéraire sans aucun inconvénient, & avec avantage. (On voit ici que M. S. parle d'après les effets du papier dans sa patrie, & les ressources momentanées qu'elle en a tirées; mais ce papier est lui-même un signe de valeur; & s'il n'y a point de valeur, que deviendra le signe?) De quelque façon donc que l'on considere les choses, jamais le gouvernement n'a pris de moyen plus utile que celui de conserver ou d'augmenter la quantité du numéraire dans quelque pays que ce soit".

L'auteur dans le 2. chapitre, traite des entraves mises à l'importation des objets que le pays peut produire. Ils convient d'abord que ce monopole des marchés nationaux est un encouragement à la branche particuliere d'industrie en faveur de laquelle il est ordonné, & qu'il tend à un emploi plus grand du travail & des fonds du corps politique; mais il remarque qu'il n'est pas aussi certain qu'il augmente l'industrie générale de ce même corps, ou lui donne la direction la plus avantageuse.

Il pose pour principe, que cette industrie générale ne sçauroit jamais excéder le capital que la société peut employer. "De même, dit-il, qu'il faut que le nombre d'ouvriers qu'un particulier est en état de faire travailler, soit proportionné à ses fonds, le nombre d'ouvriers que tous les membres de la grande société peuvent occuper, doit être en raison des facultés de cette société, sans jamais les excéder. Nul réglement de commerce n'est capable d'augmenter la somme d'industrie dans un état au-delà de ce que son capital peut en payer. Il pourroit seulement en tourner une partie dans une direction qu'elle n'auroit pas prise sans lui. Il est douteux que cette direction forcée soit plus avantageuse que celle que l'industrie auroit suivie, abandonnée à elle-même, & par le poids naturel de son intérêt".

M. S. observe qu'une loi qui prohiberoit pour jamais l'importation du grain & des bestiaux, statueroit en effet que la population & l'industrie ne doivent en aucun tems en outrepasser la quantité que les productions du crû du pays peuvent maintenir. Il admet néanmoins deux cas où il seroit généralement avantageux de charger un peu l'importation en faveur de l'industrie nationale; le premier, lorsqu'un certain genre de travail ou d'établissement est nécessaire à la défense du pays. "Ainsi, la défense de la Gr. Br. dépend en très-grande partie (depuis qu'elle a fait connoître ses projets ambitieux) du nombre de ses mâtelots & de ses vaisseaux. L'acte de navigation tend donc avec raison à donner à nos mâtelots & à nos vaisseaux le monopole du commerce de la patrie, en certains cas par des prohibitions absolues, & en d'autres par de forts impôts sur les navires étrangers. Cependant, ce même acte n'est pas favorable au commerce extérieur, non plus qu'à l'accroissement de l'opulence qui pourroit avoir lieu sans cette loi. Mais comme il est plus important de se défendre que de s'enrichir, l'acte de navigation est peut-être le plus sage réglement de commerce de tous ceux de l'Angleterre. Le second cas, c'est lorsque les mêmes articles du crû du pays sont assujettis aussi à une taxe". Passons aux considérations de l'auteur sur les entraves extraordinaires que gênent l'importation des marchandises de toute espèce provenant d'un pays où la balance du commerce est avantageuse à ce pays. Ces entraves, dit-il, sont le second moyen que proposent les partisans du système mercantile pour augmenter la masse du numéraire; mais comme elles ont leur source dans le préjugé ou l'animosité nationale, elles sont déraisonnables, même dans les principes des apôtres de ce système. Voici comme il le prouve. "Quoiqu'il soit certain, en supposant la liberté entière du commerce entre la France & l'Angleterre, que la balance seroit en faveur de la France, il ne s'ensuivroit nullement que ce commerce fût défavorable à l'Angleterre, ou que la balance générale de son commerce lui fût moins avantageuse. Si les vins & les toiles de France ont plus de qualité, & sont à meilleur compte que les vins de Portugal & les toiles d'Allemagne, il y auroit de l'avantage pour elle de tirer ces deux articles de France; quoique, par-là, la valeur de l'importation, en général, seroit diminuée en proportion de ce que ces articles en même quantité auroient moins coûté en France qu'ailleurs. Cela seroit vrai, même quand tous les objets tirés de ce pays seroient consommés dans l'intérieur du nôtre; mais on pourroit en réexporter une grande partie, & la vendre avec un bénéfice qui égaleroit, je dis plus, qui surpasseroit le prix des marchandises importées de France. Ce qu'on a dit souvent du commerce des Indes orientales est applicable à ces importations. Quoique la plupart des marchandises des Indes soient payées par l'argent de l'Europe, la réexportation d'une partie de ces marchandises rapporte plus d'argent qu'elles n'en ont coûté à la nation qui fait ce commerce. L'une des principales branches du commerce des Hollandois consiste aujourd'hui dans le transport des marchandises françoises aux autres peuples de l'Europe. Une grande partie des vins de France qui se boivent en Angleterre, y est importée clandestinement de la Hollande & de la Zélande. S'il y avoit un commerce libre entre la France & la Grande-Bretagne, ou que les marchandises de l'une puissent être importées dans l'autre, en ne payant que le même droit auquel sont taxés les articles des autres nations de l'Europe, & en restituant de même cette taxe à la réexportation, l'Angleterre partageroit avec la Hollande les avantages de ce commerce". Ces réflexions & beaucoup d'autres sur la maniere de connoître la balance du commerce par le taux du change, sont suivies d'une digression concernant les banques de dépôt, & surtout celle d'Amsterdam, espece de mystere politique, du moins quant à la quantité d'argent qu'elle renferme. Celles sur le remboursement des droits dans le cas de réexportation, ne paroissent pas moins judicieuses. "Ces encouragemens, dit-on, ne tendent pas à procurer de l'emploi à une partie plus grande du fond national, que celle qui seroit employée, si les choses eussent suivi leur cours naturel; mais ils empêchent la taxe de détourner une partie à un autre emploi. Ils ne tendent pas à maintenir cette balance qui s'établit naturellement entre les différens emplois de la société, mais à empêcher que la taxe ne la renverse. Enfin, ils concourent à conserver la distribution naturelle du travail".

De-là M. S. passe aux gratifications que le gouvernement accorde à telle ou telle branche de commerce, à tel ou tel objet d'industrie, surtout à celles en faveur de l'exportation du grain, & il prouve évidemment qu'à cet égard & à tous autres, elles sont fondées sur une politique mal-entendue. Nous pensons, comme lui, que les gratifications constantes & perpétuelles n'ont pas l'effet qu'on en attend; mais quant aux gratifications passageres & momentanées, nous croyons qu'elles peuvent redresser l'industrie qui a pris une direction désavantageuse, lui en indiquer qu'elle a négligées mal à propos, &c.

En considérant les traités de commerce, notre auteur trouve la politique angloise en défaut dans celui entre elle & le Portugal. Par ce traité, la couronne de Portugal s'engage à admettre chez elle les marchandises de laine d'Angleterre sur le même pied qu'elles y étoient reçues avant la prohibition, c'est-à-dire, sans exiger des droits plus forts que ceux qui étoient payés avant cette époque; mais elle ne s'engage pas à les recevoir à un prix plus favorable que celui qu'elle accorde aux autres nations. La cour d'Angleterre, au contraire, s'oblige à admettre les vins de Portugal, en payant seulement les deux tiers du droit imposé sur les vins de France, les seuls dignes d'entrer en concurrence avec eux. Ce traité, conclut M. S., est donc à cet égard évidemment avantageux au Portugal, & onéreux à l'Angleterre. Cependant il a été regardé comme un chef-d'œuvre de politique mercantile. Que de chefs-d'œuvre de cette espece qui, considérés après l'accès de l'enthousiasme, ne soutiennent pas les regards de la saine raison!

Les colonies offrent un ample sujet de discussion à l'auteur. Il distingue par leurs différences essentielles les colonies grecques & romaines, & celles-ci des colonies modernes, mais sans toucher à la grande question qui arme aujourd'hui sa patrie. De ses considérations sur le systême agricole, il resulte qu'on ne doit negliger ni la culture des terres ni le commerce; milieu sage qui devroit rapprocher les partisans de Sully de ceux de Colbert, surtout s'ils réflechissent que Sully a pris la France en friche & dans un état de dévastation, où il y auroit eu de la folie à chercher à l'enrichir par le commerce, avant de lui donner du pain, dont elle manquoit. Peut-on commercer avant d'avoir des matieres de commerce? Sous Colbert, la France avoit déjà de ces matieres en abondance, & ce ministre n'auroit pas été plus sage en travaillant à augmenter la somme de ces matieres, sans penser à leur procurer de la circulation & des débouchés. Il nous semble que voilà le nœud de la difficulté qui divise les *Sullystes* & les *Colbertistes*; un nœud qui n'a peut-être pas encore été apperçu. Enfin, M. S. traite des revenus du souverain ou de la république; ils consistent en revenus fixes ou en domaines, & en impôts levés sur les sujets. Le dernier chapitre de cet ouvrage, où l'on trouve des vues neuves, confondues avec des idées assez communes, a pour sujet les dettes nationales. Le plus important à cet égard, seroit, sans contredit, de trouver un moyen de les acquitter, & M. S. ne le donne pas ce moyen. C'est qu'il ne suffit pas d'avoir un peloton de fil pour sortir de ce labyrinthe.

1777. Review in Journal des savants

THE FIRST English edition of WN was also reviewed in the *Journal des sçavans*, February 1777, 81–84. The review was very likely by the abbé Jean-Louis Blavet, because the translated portion of WN included here also appears, with some changes, in Blavet's translation in the *Journal de l'agriculture* (1779–1780).

The *Journal des savants*, as it is now customarily referred to, began publication in Paris in 1665. By 1777, this conservative journal was put together by an editorial bureau, many of whose members were royal censors. This organizational aspect lends further support to the supposition that the author was Blavet, because he himself subsequently became a censor.

Although a monthly, the *Journal des savants* put out fourteen issues a year, with two appearing in June and December. The Paris issues of 1777, published by Jacques Lacombe, were quarto, with each issue having eight signatures; that makes a total of 64 pages per issue, and 896 for the entire year.

The *Journal des savants* was widely distributed, for shortly after the journal's founding, a reprint began to be published in the Netherlands and continued until 1782. In 1777 the Dutch reprint, in duodecimo format, was being published by Marc-Michel Rey. The Paris and Dutch versions do not have entirely identical contents, but the review of WN did appear in both.

Text of the Review

An inquiry into the nature and causes of the wealth of Nations. Recherches sur la nature & les causes de la richesse des Nations, par Adam Smith, ancien Professeur de Philosophie à Glascow. Londres, 1776; 2 vol. *in*-4°.

On reconnoît, dans ce grand Ouvrage, la supériorité de génie & de talens à laquelle nous devons la théorie des sentimens moraux, réimprimée depuis peu en Angleterre pour la quatrième fois. Les questions économiques les plus importantes, y sont traitées avec toute la netteté, l'ordre & la profondeur dont elles sont susceptibles; & l'Auteur, dans le choix, la nouveauté, la justesse de ses observations, & dans les conséquences qu'il en tire, montre par-tout un degré de discernement & de sagacité qu'on ne peut s'empêcher d'admirer, parce qu'il est extrêmement rare.

Quelques-uns de nos Gens-de-Lettres qui l'ont lu, ont décidé que ce n'étoit point un Livre à traduire en notre Langue. Ils disent, entr'autres raisons, qu'il n'y a point de particulier qui voulût se charger des frais de l'impressions, dans l'incertitude où il seroit du débit, & qu'un Libraire s'en chargeroit encore moins. Ils conviennent cependant que ce Livre est rempli de vues & d'instructions encore plus utiles que curieuses, & dont les hommes d'Etat même peuvent profiter.

Pour en donner une idée générale, nous nous contenterons de traduire l'Introduction qui en expose le plan.

"Le travail annuel d'une Nation, est la source d'où elle tire ce qu'elle consomme annuellement pour les nécessités & les commodités de la vie, & qui consiste toujours ou dans le produit immédiat de ce travail, ou dans ce qu'elle achete des autres Nations avec ce produit.

"Ainsi, selon qu'il y aura une plus grande ou une moindre proportion entre ce produit, ou en qu'elle achete avec ce produit & le nombre de ses consommateurs, elle sera mieux ou plus mal pourvue des choses nécessaires aux besoins & aux commodités de la vie.

"Mais cette proportion doit être réglée dans chaque Nation par deux circonstances; la première, par l'intelligence, l'adresse & le jugement avec lesquels on y emploie généralement le travail; la seconde, par la proportion entre le nombre de ceux qui sont employés à un travail utile, & le nombre de ceux qui ne le sont pas. Quelsque soient le sol, le climat, ou l'étendue du territoire de chaque Nation particulière, l'abondance ou la rareté de ce qu'il lui faut pour vivre, & pour vivre commodément, dépend nécessairement de ces deux circonstances.

"Il semble même qu'elles dépendent plus de la première. Parmi les Nations Sauvages de chasseurs & de pêcheurs, chaque individu, qui est en état de travailler, s'occupe plus ou moins d'un travail utile, & tâche de fournir, autant qu'il peut, aux besoins & aux commodités de la vie, tant pour lui-même que pour ceux de sa famille, de sa Tribu, qui sont trop vieux, trop jeunes ou trop infirmes pour aller à la chasse ou à la pêche. Ces Nations vivent cependant dans une pauvreté si affreuse, que le besoin les réduit souvent, ou leur fait croire au moins qu'ils sont réduits à la nécessité, quelquefois de détruire, & fréquemment d'abandonner leurs enfans, leurs vieillards, leurs malades, & de les laisser exposés à mourir de faim ou à être dévorés par des bêtes féroces; au contraire, parmi les Nations civilisées, & où regne l'abondance, quoiqu'un grand nombre d'hommes n'y travaille point du tout, & que plusieurs d'entr'eux consomment dix fois, ou même cent fois plus du produit de l'industrie que la plupart de ceux qui travaillent, cependant le produit total du travail de la société est si considérable, que tous les individus sont abondamment pourvus, & que la portion des choses nécessaires & commodes dont peut jouir un ouvrier sage & industrieux de la dernière classe & de la plus pauvre, sera plus grande que celle qu'aucun Sauvage peut se procurer."

"Les causes qui perfectionnent ainsi les facultés productives du travail, & l'ordre selon lequel son produit se distribue dans les différens états & conditions des hommes qui composent une société, sont le sujet du premier Livre.

"Quel que soit l'état actuel de l'industrie avec laquelle on emploie le travail dans chaque Nation, l'abondance ou la disette de ses provisions annuelles, tant que cet Etat dure, dépend nécessairement de la proportion entre le nombre de ceux qui sont occupés annuellement à un travail utile, & le nombre de ceux qui ne le sont pas.: le nombre des ouvriers utiles & productifs étant toujours en proportion des fonds qu'on emploie à les mettre en œuvre, & à la manière particulière dont ces fonds sont employés. Le second Livre traite de la nature des fonds, de la maniere dont ils s'amassent par degrés, & des différentes quantités de travail qu'ils produisent, selon la manière dont on les emploie.

"Les Nations qui ont poussé l'industrie jusqu'à un certain point dans l'application du travail, l'ont conduit & dirigée sur des plans différens; & ces plans n'ont pas été tous également favorables à la grandeur de son produit. La politique de quelques Nations a donné un encouragement extraordinaire à l'industrie de la campagne; celle de quelques autres, à l'industrie des villes. A peine s'en trouvera-t-il une qui ait également & impartialement favorisé toutes les espèces d'industrie. Depuis la chûte de l'Empire Romain, la politique de l'Europe a été plus avantageuse aux arts, aux manufactures, au commerce, qui sont l'industrie des villes, qu'à l'agriculture, qui est l'industrie de la campagne. Les circonstances qui semblent avoir introduit & établi cette politique, sont expliquées dans le 3e Livre.

"Quoique ces différens plans aient été peut-être imaginés d'abord, & adoptés par l'intérêt particulier & les préjugés de certaines classes d'hommes qui ne prévoyoient nullement quelle conséquence ils pourroient avoir sur la prosperité générale de la société, ils ont cependant donné occasion à des théories d'économie politique fort différentes, dont quelques-unes exa[l]tent l'importance de l'industrie qui s'exerce dans les campagnes. Ces théories ont influé considérablement, non seulement sur les opinions des Sçavans, mais aussi sur la conduite publique des Princes & des Etats souverains. L'Auteur expose, dans le 4e Livre, les diverses théories & les effets qui en ont résulté dans différens siècles & chez différentes Nations.

"On voit, dans les quatre premiers Livres, en quoi a consisté le revenu d'un grand corps de peuple, ou quelle est la nature de ces fonds qui, en différens temps & chez diverses Nations, ont fourni la consommation annuelle. Le 5e & dernier Livre traite du revenu du Souverain ou de la République. L'Auteur y fait voir premièrement quelles sont les dépenses nécessaires du Souverain ou de la République; & parmi les dépenses, quelles sont celles auxquelles toute la société doit généralement contribuer, de même que celles dont quelques-uns de ses Membres en particulier doivent être chargés. Secondement, quelles sont les différentes méthodes pour faire contribuer toute la société à la defrayer des dépenses qui doivent tomber sur elle; & quels sont les avantages & les inconvéniens principaux de ces méthodes. Troisièmement & en dernier lieu, quelles sont les raisons & les causes qui ont porté presque tous les Gouvernemens modernes à engager quelque partie de leur revenu, ou à contracter des dettes; & quels ont éte les effets de ces dettes sur les richesses réelles, & sur le produit annuel des terres & du travail de la société."

1778. Reverdil, Translated Extract (Lausanne and Basel)

IN 1778, in Switzerland, the text of an extract of WN appeared in a pamphlet of which there were two issues, each printed from the same setting of type but with a different title page.

Although the translation was published anonymously, the translator is known to have been Élie Salomon François Reverdil (1732–1808), according to A. E. Barbier, *Dictionnaire des ouvrages anonymes* (Paris, 1964). He was what one might call a "modernizer," clearly someone who would have been capable of and interested in disseminating WN in French. In 1760 Reverdil became tutor to the future Christian VII of Denmark, and, after his pupil's accession to the throne in 1766, he was one of the king's closest advisors. In that role he was a strong advocate for freeing the serfs from feudal burdens. For political reasons, Reverdil twice left Denmark, the second time in January 1772, when he settled in his native Geneva. There he devoted himself to literary work (a French translation of Adam Ferguson, *Institutions de philosophie morale* [1775]), to agriculture, and to public positions of various sorts. Among those with whom he was in contact were Voltaire, Necker, and the future translator of Adam Smith, Germain Garnier. (See *Dansk biografisk leksikon* [Engelstoft], s.v. "Reverdil," and the biographical sketch preceding Reverdil's *Struensée et la cour de Copenhague, 1760–1772, Mémoires de Reverdil, précédés d'une courte notice sur l'auteur...par Alexandre Roger* [Paris, 1858]. Reverdil's papers are in the Bibliothèque universitaire et publique de Genève. According to a communication from the library, however, there seems to be nothing among those papers regarding this translation.)

Because WN is a large work whose publication in translation would have been regarded as a risky venture, this fragment may have been published to test demand. The "Avertissement du traducteur" states that he hopes this extract will awaken a desire for a translation of the entire work, albeit by someone better equipped than he. It is noteworthy that the extracted section was centrally important to contemporaries (see the transcription of the 1776 review in the *Journal encyclopédique*), because it refutes the idea that wealth consists in amassing precious metals. That this section was crucial is underscored by the fact that a German translation was made from the French translation of this extract. The Swiss translator also relates WN to the crisis in which the colonies in North America find themselves.

Bibliographical Description

Fragment sur les colonies en général, et sur celles des anglois en particulier. Traduit de l'anglois.

A Basle, Chez Jean-Jacques Flick, libraire. M. DCC. LXXVIII.
8° 18.2 × 10.4 cm.; π^2 a^4 A–K^8 L^6; *iv* viii 170 [2]p.
i half-title; *ii* blank; *iii* title; *iv* blank; *i*–viii Avertissement du traducteur; *1*–170 text; *171* Table des matieres; *172* blank.

Also issued with the imprint: A Lausanne Chez la Société typographique. M. DCC. LXXVIII. Bibliographical evidence does not indicate priority between the two issues, for in each case the title page is conjugate with another leaf.

Locations: Kress (Lausanne issue); Boston Public Library (Lausanne issue); John Carter Brown (Basel issue).

Publication Information

Listed as printed, with the Flick imprint, in the catalog of the Frankfurt and Leipzig Easter 1778 book fairs: *Allgemeines Verzeichniss der Bücher, welche in der Frankfurter und Leipziger Ostermesse des 1778 Jahres entweder ganz neu gedruckt, oder sonst verbessert, wieder aufgeleget worden sind, auch inskünftige noch herauskommen sollen.*

Notes on the Text

This extract is a translation of IV.vii of the 1776 edition of WN. The translator's statement in the avertissement that he used the 1776 edition is accurate, for this translation has the "persecuted" reading in IV.vii.b.61. Paragraphs 46–48 of IV.vii.c are greatly truncated; paragraphs 49–50 and 55–56 are entirely omitted; paragraphs 86–88 are omitted save for two sentences; and paragraphs 90–91 are truncated. There may be other omissions that were not noted in a relatively cursory comparison. The translator added notes.

The numbers and titles of the chapters are given as:

I. Motifs de ceux qui ont fondé des Colonies.

II. Causes de la prospérité des Colonies nouvelles.

III. Progrès des Colonies Angloises: Leurs avantages rélatifs.

IV. Avantages que l'Europe a retirés du commerce de l'Amérique.

V. Projet de pacification.

VI. Suite du quatrieme. Du commerce des Indes. Vices inhérens aux compagnies exclusives.

Translator's Preface

The author's name does not appear on the title page, but the "Avertissement du traducteur" makes clear the source of the extract:

Le morceau que je donne au public est tiré d'un traité complet d'*économie politique* (*) publié en 2 vol. 4°. à Londres en 1776, par Mr. Adam Smith de la société royale de Londres & ci-devant professeur à Glasgow; déja connu par un ouvrage métaphysique sur les *sentimens moraux*.

Il explique dans le premier volume comment le travail de l'homme appliqué à la terre & à ses productions les multiplie & les adapte à nos besoins, à notre commodité, à nos fantaisies: comment la bonne distribution des travaux en augmente prodigieusement les effets: que le fruit du sol & de l'industrie forme le revenu, & que l'accumulation du revenu produit le capital dont l'emploi augmente à son tour le revenu. De-là viennent trois sources de richesse, la rente des fonds, la rente des capitaux, les salaires. Chacune est examinée suivant les subdivisions & ses diverses combinaisons. Les échanges se présentent d'eux-mêmes avec leurs moyens intermédiaires, le métal monnoyé, le papier qui représente l'espece, &c. L'observation de ces différens objets fait juger au philosophe quel est l'état d'une nation relativement à l'opulence: progressif, stationaire ou rétrograde.

Le second volume commence par découvrir l'illusion où sont tombés la plupart des gouvernemens qui ont cru que les métaux précieux étant un moyen universel d'acheter & de calculer les vraies richesses, étoient eux-mêmes la richesse; ils ont pris les jettons pour le gain du joueur. Cette erreur qui semble avoir été assez réfutée en théorie, ne laisse pas de se montrer, & dans les préceptes des écrivains même qui font profession d'en être désabusés, & dans la conduite la plus ordinaire des souverains[.] Un des exemples que l'auteur en allègue, est la maniere dont les Colonies ont été envisagées depuis la découverte des deux Indes jusqu'à nos jours. C'est là le sujet du chapitre que j'ai traduit qui est le VII. du IV. livre. Il est subdivisé en quatre parties. J'en ai fait six chapitres, & c'est, avec le retranchement de deux ou trois pages, la seule liberté que je me sois donnée.

M. Smith traite ensuite des systêmes où le produit du sol est regardé comme la seule ou la principale source du revenu & des richesses en tout pays. Il analyse à cette occasion la doctrine des économistes, il leur rend la justice d'avoir enseigné des vérités utiles, d'avoir combattu des erreurs dominantes & particulierement ce systême mercantile dont il a fait voir les écarts: mais il n'adopte point en tout leurs idées. La plupart des maximes pratiques de notre auteur coincident avec celles des économistes; mais il me paroît beaucoup plus lumineux dans ses principes & dans ses développemens. Sans rien ôter à l'agriculture, il est favorable à l'industrie des villes, & je ne crois pas que personne avant lui ait aussi bien analysé le méchanisme de la société humaine, & développé les secours que les différentes occupations des hommes se prêtent mutuellement.

> "............. *Alterius sic*
> *Altera poscit opem res, & conjurat*
> *amice.*"

Le dernier livre traite du revenu du prince ou de l'Etat. Il fait voir d'abord quelles dépenses doivent être supputées par la nation en corps, parce que c'est de là que résulte la nécessité d'un revenu, & la mesure de son étendue. La maniere de le lever, & les dettes nationales sont les derniers objets traités dans ces deux volumes.

Mon seul but en traduisant de ce grand & bel ouvrage, ce qui regarde les Colonies, n'a pas été de fournir des principes à ceux qui s'occupent de la politique du moment, j'ai sur-tout espéré que cet échantillon seroit assez desirer aux lecteurs françois l'ouvrage entier, pour engager quelqu'un de plus patient & de plus capable à le traduire.

Le titre de fragment que je donne à cette brochure, lui convient à tous égards; non-seulement c'est un morceau détaché d'un autre ouvrage; mais encore ce n'est qu'une partie de ce qu'il y auroit à dire sur les Colonies. La crise où se trouvent celles du nord de l'Amérique, tournant de ce côté-là la curiosité générale, il seroit à souhaiter qu'un auteur instruit, étranger à l'Angleterre, impartial, voulut jeter sur ce sujet toute la lumiere dont il est susceptible: ou du moins qu'une suite d'opuscules choisis dans la foule de ceux que la chaleur de la dispute a déja dictés, servit de mémoires pour que nos neveux en pussent [sic] juger un jour avec moins de prévention que nous.

(*) L'auteur appelle lui-même quelque part économie politique le sujet dont il s'est occupé: il a intitulé son livre: *An inquiry into the nature and causes of the Wealth of nations. Recherches sur la nature & les causes de l'opulence*, (ou de la prosperité) *des nations*.

1778–1779. Anonymous
[Translation by M***] (La Haye: publisher unknown)

THIS TRANSLATION of the 1776 English edition of WN has remained a mystery. Was it printed in The Hague? If not, where was it printed? Who was M***, identified on the title pages as the translator? Copies are rare within French libraries. One copy of a reissue, with an Amsterdam, 1789, title page has been found (see separate entry). The work itself is the most literal of the French translations.

Bibliographical Description

Recherches sur la nature et les causes de la richesse des nations. Tome premier. [Second. Troisieme. Quatrieme.] Traduit de l'anglois de M. Adam Smith, par M***. [Vols. 3–4 lack the period.]
A La Haye. M.DCC.LXXVIII. [v. 3–4: M. DCC. LXXIX.]
12° 17.9 × 10.9 cm.

RECHERCHES
SUR
LA NATURE
ET LES CAUSES
DE LA
RICHESSE
DES
NATIONS.

TOME PREMIER.

Traduit de l'Anglois de M. Adam SMITH, par M***.

A LA HAYE.

M. DCC. LXXVIII.

The first French translation of *Wealth of Nations* (1778–1779), whose translator and true place of publication remain unidentified.

I: A–3K⁸·⁴ 3L⁸; *1–5* 6–673 [15]p.
1 half-title; *2* blank; *3* title; *4* blank; *5–683* text; *684* blank; *685–688* Table des matieres contenues dans cet ouvrage.

II: A–2R⁸·⁴ 2S⁸ *²; *1–5* 6–387 [113]p.
1 half-title; *2* blank; *3* title; *4* blank; *5–495* text; *496* blank; *497–499* Table des matieres contenues dans ce second volume; *500* blank. Note: There are numerous mispagings.

III: π² A–2R⁸·⁴ 2S² (2S1 + *1); *iv* 481 [5]p.
i half-title; *ii* blank; *iii* title; *iv* blank; *1–481* text; *482* blank; *483–484* Table des matieres contenues dans ce troisieme volume; *485–486* blank.

IV: π² A–2T⁸·⁴ 2V⁸ *²; *iv* 520 [4]p.
i half-title; *ii* blank; *iii* title; *iv* blank; *1–520* text; *521–523* Table des matieres contenues dans ce quatrieme volume; *524* blank.

Locations: Kress (imperfect); New York Public Library; Goldsmiths'; Bibliothèque nationale de France; Stadt- und Universitätsbibliothek, Bern.

Notes on the Text

A comparison of the text was made with the original English edition, primarily by examining paragraph by paragraph (usually the beginning text) to make sure that all paragraphs had been translated. Also, some occasional checking was done at those places susceptible to change for political or religious reasons.

There is one major omission, namely the entirety of V.i.g., entitled "Of the Expence of the Institutions for the Instruction of People of All Ages." The reason for the omission seems to be that the institutions discussed are mainly those providing religious instruction.

Two changes seem to have been made for religious reasons in one paragraph. In IV.v.b.40 Smith wrote:

> The laws concerning corn may every where be compared to the laws concerning religion. The people feel themselves so much interested in what relates either to their subsistence in this life, or to their happiness in a life to come, that government must yield to their prejudices, and, in order to preserve the publick tranquillity, establish that system which they approve of. It is upon this account, perhaps, that we so seldom find a reasonable system established with regard to either of those two capital objects.

The French reads as follows, with the added text given in italics:

Les loix relatives au bled, peuvent se comparer par-tout aux loix, qui concernent la Religion. Les peuples sentent si vivement l'intérêt qu'ils ont à ce qui regarde leur subsistance dans cette vie & leur bonheur dans l'autre, que le Gouvernement doit céder à leurs préjugés, &, pour le maintien de la tranquillité publique, leur laisser la liberté du choix des moyens; *la contrainte & la violence ne font qu'affermir dans l'erreur & donner de la force aux préjugés*; c'est faute de cette liberté, que nous voyons si rarement, un systême entierement raisonnable, établi sur ces deux points capitaux.

Note that the translator has also omitted "perhaps" in the final portion of the text that follows the italics.

In the original English of V.i.i.5, the reference to religion has been omitted prior to the term "instruction," as has a second reference to "such education and instruction." The English and French read as follows:

The expence of the institutions for education and religious instruction, is likewise, no doubt, beneficial to the whole society, and may, therefore, without injustice, be defrayed by the general contribution of the whole society. This expence, however, might perhaps with equal propriety, and even with some advantage, be defrayed altogether by those who receive the immediate benefit of such education and instruction, or by the voluntary contribution of those who think they have occasion for either the one or the other.

La dépense des institutions pour l'éducation & pour l'instruction est sans doute utile aussi à la société entiere, & peut par conséquent se tirer sans injustice de la contribution générale de toute la société; néanmoins, il seroit peut-être tout aussi convenable, & il y auroit même quelqu'avantage que cette dépense fût supportée entierement par ceux qui en reçoivent immédiatement l'avantage, ou soit tirée de la contribution volontaire de ceux qui croient avoir besoin de l'une ou de l'autre. (4:170–171)

An instance has been noted in which the text was changed in such a way as to omit a reference to "rebellion." The end of III.iv.8 reads: "That gentleman [Mr. Cameron of Lochiel], whose rent never exceeded five hundred pounds a year, carried, in 1745, eight hundred of his own people into the rebellion with him." The French (2:254) reads: "Ce Gentilhomme, dont le revenu n'a jamais passé 500 livres sterlings par an, mena, en 1745, 800 de ses gens à l'armée du Prince Edouard."

In addition to the occasional obvious error, there were also some changes that seem insignificant. For example, "je vais examiner" for "I shall endeavour to give the best account I can" (Vii.b.1); or, in that same paragraph, the omission of "three of which will require several other subdivisions" following the phrase "The particular consideration of each of these four different sorts of taxes will divide the second part of the present chapter into four articles." Throughout all four volumes, the paragraphing of the original has been changed by dividing up a paragraph or by combining paragraphs. No reason for doing so has been determined.

The translator made no additions of any sort, save for one minor note. In 3:115 a footnote to IV.v.b.8 explains that the term "quarter of wheat" is a "mesure qui contient huit boisseaux."

The Notes

Almost all of Adam Smith's notes have been omitted, with the following exceptions: II.iii.1 (on 2:151); IV.vi.20 (on 3:175); V.i.b.13 (on 4:61); V.ii.a.4 (on 4:175); V.ii.k.14 (on 4:328).

The Translator

The text has been compared with the extract translated by Reverdil (published in Lausanne and Basel in 1778), as well as with the translations by Blavet and Morellet. Clearly, the translator is not one of these men.

Publication and Distribution

This edition is not listed in the German book fair catalogs of the time, but in 1788 the *Mercure de France* (22 March) noted that it had been widely sold outside of France. The mention appears in a review of the Duplain edition (Paris, 1788), and the full text can be found in the entry for that edition. The relevant portion is: "En 1778, il se fit hors de France une Traduction de cet Ouvrage, qui, quoique destinée pour Paris, n'a pu y parvenir, par l'empressement des Etrangers à l'enlever. Deux ans après, une autre fut annoncée en Hollande, dont il n'y a eu ici qu'un petit nombre d'exemplaires." The statement has some errors. The first edition was 1778–1779 and has a La Haye imprint. The next was 1781, published in Switzerland (Yverdon) rather than Holland.

1779–1780. [Blavet], Translation Serialized in Journal de l'agriculture

FROM JANUARY 1779 through December 1780 each monthly issue of the *Journal de l'agriculture, du commerce, des arts et des finances* contained part of an anonymous translation of WN. The translation constituted the major portion of many issues. The journal's editor from November 1777 through 1781 was Hubert-Pascal Ameilhon (1730–1811). Ameilhon obviously believed that there might be disapproval of a translation of WN, and he pointed out in an introductory statement as well as in notes that Smith was subject to the prejudices of his nation. He may have feared that publication would be forbidden, or he may simply have been showing the sensitivity of someone who had himself become a royal censor in 1764. Each issue bears a statement of approbation signed by Cadet de Saineville. On Ameilhon, see Hélène Dufresne, *Le Bibliothécaire Hubert-Pascal Ameilhon (1730–1811): Erudition et esprit public au XVIIIe siècle* (Paris, 1962), as well as the entry in Jean Sgard, ed., *Dictionnaire des journalistes, 1600–1789* (Oxford, 1999).

The translator was Jean-Louis Blavet, who in a letter to the *Journal de Paris* (5 November 1788) publicly acknowledged that he was the translator of a later edition of this text; see the entry for the Duplain edition of 1788. Born in Besançon on 6 July 1719, the abbé Blavet was a Benedictine. On the title page of his translation of Smith's *Théorie des sentimens moraux* (1774), he is described as librarian of the prince de Conti. At the end of the letter of 5 November 1788, he identified himself as a royal censor, and he is recorded as such in the *Almanach royal* for the years 1786–1790. He died in 1809 or earlier.

In a letter to the editor of the *Journal de l'agriculture*, printed in the December 1790 issue (pp. 111–12), the still anonymous translator of the serialization expressed modesty about the quality of his work and appealed for publication in book form of a translation of WN, whether it be his, his with revisions, or someone else's:

> Le généreux & modeste Citoyen à qui nos lecteurs doivent la traduction de l'excellent Ouvrage de M. Smith, vient de nous adresser la Lettre suivante.
>
> "Monsieur, en vous livrant la traduction de la Recherche sur la nature & les causes de la Richesse des Nations, que j'avois faite pour m'instruire moi-même, je n'ai eu d'autre vue que de faire connoître à mon pays un Ouvrage qui me paroissoit excellent, & dont les grands principes puisés dans les regles claires du bon sens, de l'expérience, de la justice & de l'honnêteté, me sembloient s'accorder évidemment avec l'intérêt & le bonheur de toute société civilisée. Actuellement que cet Ouvrage est consigné d'un bout à l'autre, en notre langue, dans les années 1779 & 1780 de votre Journal, il ne me reste plus rien à désirer à cet égard, sinon que ma traduction donne occasion d'en publier une nouvelle plus digne de l'original, ou que si quelque Libraire veut réimprimer la mienne, il la fasse revoir & corriger auparavant par quelqu'un

de plus versé que moi dans les matieres économiques, & dans l'art d'écrire, ce qui ne sera certainement pas difficile à trouver. J'ai l'honneur d'être, &c."

It seems that steps were taken to find a publisher; at least, that is one possible explanation for the twenty copies that were printed from the type of this journal (see the next entry).

Bibliographical Description

The volume for 1779 has the imprint: Paris: Au Bureau Royal de Correspondance générale, rue des deux Portes S. Sauveur. Et chez Knapen & fils, Impr.-Libraires, au bas du Pont S. Michel. The volume for 1780 has the imprint: Paris: Au Bureau du Journal Général de France ou Affiches, rue des Bourdonnois, à la Couronne d'Or. Et chez Knapen & fils, Impr.-Libraires, au bas du Pont S. Michel.

Each issue has 192 pages and is signed A–H^{12}, with the exception of October 1780, which is A–H^{12} I^{2}. The measurement is 16.3 × 9.3 cm.

Locations: Copy in Médiathèque d'histoire des sciences, fonds ancien, Paris, Porte La Villette (deposited by the Bibliothèque de l'Institut de France); Kress (microfilm of 1780).

1779

January, 24–68. Introduction and Plan of the Work, plus I.i–iii. Title: Recherches sur la nature et les causes de la richesse des nations. Par M. Adam Smith, traduites de l'Anglois.)

The following note on pages 22–23 precedes the translation:

On est fort étonné de ne pas trouver dans le grand nombre de Traductions Angloises qui ont paru en France depuis quelques années, celle d'un excellent Ouvrage imprimé à Londres en 1776, & qui a pour titre: "An inquiry into the Nature and Causes of the Wealth of Nations. By Adam Smith, LL.D. and F.R.S. formerly Professor of Moral Philosophy in the University of Glasgow, *c'est-à-dire,* Recherches sur la nature & les causes de la Richesse des Nations, par M. Adam Smith, Professeur de Philosophie Morale à Glascow".

Nous ne croyons pas qu'il existe sur cette matiere d'Ouvrage plus solide & plus profond. C'est ce qui nous a fait naître la pensée d'engager un homme de Lettres que nous savions l'avoir traduit pour son amusement ou sa propre instruction, à nous permettre de disposer de son travail en faveur de nos Lecteurs. Ce bon Citoyen a bien voulu nous abondonner sa Traduction; en conséquence nous allons le donner successivement au Public dans notre Journal. Quelques Lecteurs trouveront sans doute, que M. Smith s'est quelquefois livré à des opinions qui paroissent tenir aux préjugés de sa Nation, & qu'il est dans des sentimens fort opposés à ceux d'un ordre de Politiques très-connus en France. Mais ce sera à ceux qui ne seront pas de son avis ou qui croiront qu'il se trompe à le relever, s'ils le jugent à propos. Nous sommes très-disposés à recevoir & à rendre publiques leurs critiques & leurs observations.

February, 35–108. I.iv–vi. (Title: De la nature & des causes de la richesse des Nations. Ouvrage traduit de l'Anglois, de M. Smith.)

March, 3–83. I.vii–viii. (Title: Suite de la traduction de la nature & des causes de la richesse des Nations. Ouvrage de M. Smith.)

April, 25–101. I.ix–I.x.b. (Title: Suite des Recherches sur la nature & les causes de la Richesse des Nations, Ouvrage traduit de l'Anglois, de M. Smith.)

May, 3–109. I.x.c–I.xi.b. (Title: Suite de la nature & des causes de la Richesse des Nations, Ouvrage traduit de l'Anglois, de Smith.)

June, 39–114. I.xi.c–I.xi.f. (Title: Suite des Recherches sur la nature & les causes de la Richesse des Nations, traduites de l'Anglois, de M. Guillaume Smith.)

July, 3–58. I.xi.g. (Title: Suite des Recherches sur la nature & les causes de la richesse des Nations. Ouvrage traduit de l'Anglois de M. Guill. Smith.)

August, 3–103. I.xi.h–p. (Title: Suite des Recherches sur la nature & des causes de la Richesse des Nations, traduites de l'Anglois, de Guill. Smith.)

September, 3–140. II.Introduction–II.ii. (Title: Suite des Recherches de la nature & des causes de la Richesse des Nations, traduites de l'Anglois, de Guill. Smith.)

October, 3–115. II.iii–v. (Title: Suite des Recherches sur la nature & les causes de la Richesse des Nations, traduites de l'Anglois, de Guill. Smith.)

November, 3–72. III.i–iii. (Title: Suite des Recherches sur la nature & des causes de la Richesse des Nations, traduites de l'Anglois, de Guill. Smith.)

December, 3–95. III.iv–IV.i. (Title: Suite des Recherches sur la nature & les causes de la Richesse des Nations, traduites de l'Anglois, de Guill. Smith.)

1780

January, 7–60. IV.ii. (Title: Suite des Recherches sur la nature & les causes de la Richesse des Nations, traduites de l'Anglois, de Guill. Smith.)

February, 3–71. IV.iii–iv. (Title: same as January.)

March, 3–83. IV.v. A footnote on page 3 reads: "C'est par distraction que dans quelques-uns des Journaux précédens, on a imprimé *Guillaume Smith*, pour *Adam*

Smith." Hereafter the title is: Suite des Recherches sur la nature & les causes de la Richesse des Nations, traduites de l'Anglois, de M. Adam Smith.

April, *3*–56. IV.vi–vii.a.

May, *3*–70. IV.vii.b.

June, *3*–150. IV.vii.c.

July, *3*–110. IV.viii–V.i.b.

August, *3*–120. V.i.c–V.i.f. It should be noted that V.i.e ("Of the Publick Works and Institutions which are necessary for facilitating particular Branches of Commerce") is not included here because it was not published in English until 1784.

September, *3*–79. V.i.g–V.i.i. Some errata to this installment appear on page 195 of the October issue.

October, *3*–124. V.ii–V.ii.h.

November, *3*–116. V.ii.i–V.ii.k.

December, *3*–118. V.iii. Title: Fin des Recherches sur la nature & les causes de la Richesse des Nations, traduites de l'Anglois, de M. Adam Smith. This portion is misidentified as Chapter 3, article 4.

The Notes

There are several types of added notes. Some deal with passages on topics that might otherwise have drawn censorship, or that at least were sensitive to French readers. Of these, some are signed "Note du Rédacteur," that is, Ameilhon, editor of the *Journal de l'agriculture*, but all of this type are presumably by him. These, with one exception, are not reprinted in subsequent editions. The exception is the note: "Il ne faut pas oublier que c'est un Anglois qui parle." This note is added to the statement in WN that "France is perhaps in the present times not so rich a country as England" (I.ix.9). There are also informational notes on words and money, which are presumably by the translator even though not so signed. One note by the translator, not purely informational, is signed. There are also notes by Adam Smith, which are not signed. The notes by the translator and original author are generally used in subsequent editions.

NOTES BY THE EDITOR

April 1779, p. 32, has a note to I.ix.9, not identified as by the translator: "Il ne faut pas oublier que c'est un Anglois qui parle." The subject is the statement that "France is perhaps in the present times not so rich a country as England." Also in the 1781 Yverdon and the 1788 Paris editions, but not in the 1781 Paris offprint.

March 1780, p. 76, has a footnote to I.v.b.40, where Smith says, "The laws concerning corn may every where be compared to the laws concerning religion." The note reminds the reader, "Il faut se rappeller que l'Auteur est Anglois, & par conséquent d'un pays où l'on n'est que trop dans l'usage de regarder la Religion comme une institution politique; principe que nous ne pouvons ni ne devons approuver."

May 1780, p. 30, has a footnote, identified as "Note du Rédacteur," to the end of IV.vii.b.20, the last sentence of which is: "Over and above all this, the clergy are, in all of them [the colonies of Spain, Portugal, and France], the greatest engrossers of land." The footnote reads: "Ce langage qui seroit peu convenable dans un Ouvrage Nationnal [*sic*], ne doit pas scandaliser dans la bouche d'un Anglois qui professe une Religion essentiellement ennemie du Clergé Catholique & sur-tout des Moines. Ces déclamations si familieres aux Ecrivains Protestans sont bien sans conséquence; certainement elles ne peuvent séduire personne."

May 1780, pp. 58–59, have a footnote, identified as "Note du Rédacteur," to the passage: "The absolute governments of Spain, Portugal, and France, on the contrary, take place in their colonies; and the discretionary powers which such governments commonly delegate to all their inferior officers are, on account of the great distance, naturally exercised there with more than ordinary violence. Under all absolute governments there is more liberty in the capital than in any other part of the country. The sovereign himself can never have either interest or inclination to pervert the order of justice, or to oppress the great body of the people. In the capital his presence overawes more or less all his inferior officers, who in the remoter provinces, from whence the complaints of the people are less likely to reach him, can exercise their tyranny with much more safety" (IV.vii.b.52). The footnote reads:

> Cet inconvénient a lieu en général dans tous les Gouvernemens; c'est un mal presque inévitable; il est certain que plus ceux qui gouvernent au nom du Prince sont éloignés de l'œil du Maître, plus il leur est facile d'abuser de leur autorité, & moins aussi il est possible de les réprimer; c'est un fait dont l'Angleterre elle-même nous fourniroit plus d'un exemple; sans aller plus loin, on rappellera ici ce qui vient d'arriver dans l'affaire du Lord Pigot.
>
> On a vu sans doute en Espagne, en Portugal & en France des Gouverneurs & autres Officers dans les Colonies, oublier leur devoir, & vexer les Peuples confiés à leur soin: mais aussi est-il arrivé que la plupart ont été déposés sur les plaintes des Colons, & même que plusieurs d'entre eux ont expié leurs prévarications par des punitions éclatantes. L'administration Françoise dans ses Colonies n'est pas plus *arbitraire* ni plus *violente* que celle de la Couronne

d'Angleterre. Ces expressions *arbitraire* & *violente* ne sont gueres ici que des formules consacrés par la prévention, & dont tout Anglois se sert par habitude, chaque fois qu'il a occasion de mettre en parallele le Gouvernement de sa Nation avec celui de France.

August 1780, p. 28, has a foonote to the passage: "Those Parliaments [of France] are perhaps, in many respects, not very convenient courts of justice..." (V.i.b.20). The note reads: "Il ne faut pas oublier que c'est un Etranger & sur-tout un Anglois qui parle."

August 1780, p. 56, has a footnote to the passage: "Under the local or provincial administration of the justices of the peace in Great Britain, the six days labour which the country people are obliged to give to the reparation of the highways, is not always perhaps very judiciously applied, but it is scarce ever exacted with any circumstance of cruelty or oppression. In France, under the administration of the intendants, the application is not always more judicious, and the exaction is frequently the most cruel and oppressive" (V.i.d.19). The footnote reads: "Il faut toujours se rappeller que c'est un Anglois qui parle."

September 1780, p. 7, has a footnote to the passage: "In the church of Rome, the industry and zeal of the inferior clergy is kept more alive by the powerful motive of self-interest, than perhaps in any established protestant church. The parochial clergy derive, many of them, a very considerable part of their subsistence from the voluntary oblations of the people; a source of revenue which confession gives them many opportunities of improving. The mendicant orders derive their whole subsistence from such oblations. It is with them, as with the hussars and light infantry of some armies; no plunder, no pay" (V.i.g.2). The footnote reads: "N'oublions pas ici & ailleurs, que c'est un Anglois & un Protestant qui parle."

September 1780, pp. 27–28, have a Note du Rédacteur to the paragraph beginning: "The clergy of every established church constitute a great incorporation" (V.i.g.17). The note reads:

> Nous comptons assez sur nos Lecteurs pour ne pas craindre qu'ils puissent être formalisés de ce qu'ils vont lire & même de ce qu'ils ont lu précédemment. L'Auteur s'y exprime en effet avec un peu trop de liberté sur l'influence du Clergé dans le Gouvernement, & sur quelques points de notre Administration; mais on n'en doit pas être étonné lorsqu'on fait attention que ces Observations partent d'une plume Angloise & Protestante. C'est une remarque que nous avons déjà faite plus d'une fois, & que nous prions de ne pas perdre de vue.

Un François & un Catholique se seroit sans doute expliqué avec plus de réserve, même en se plaignant des troubles qu'ont occasionnés dans les siecles d'ignorance les prétentions outrées du Clergé; mais il ne soutiendroit pas que l'unité de croyance & la soumission à un seul Chef Ecclésiastique pour le spirituel, rende essentiellement le Clergé Catholique dangereux dans un Etat. Depuis que les limites des deux Puissances ont été si bien fixées & que le Clergé a aidé, pour ainsi dire, à les poser lui-même, il n'y a plus de craintes à avoir, ni de plaintes à faire.

Au reste, en désapprouvant, comme nous le devons, quelques principes ou maximes hasardées par notre Auteur, nous ne pouvons nous dispenser de rendre hommage à sa modération. Il est certain, qu'il est peu d'Ecrivains Anglois qui, en traitant les mêmes matieres, eussent marqué autant d'impartialité.

NOTES BY THE TRANSLATOR

February 1779, p. 55, has a note to I.v.6, not identified as by the translator. The expression "threepence or fourpence a pound" leads to a note on the pound sterling. This version of the note, which also appears in 1781 Paris, 1781 Yverdon, and 1788 Paris editions, reads: "La livre sterling vaut vingt schelings (ou sols), le scheling douz pences (ou deniers). Selon le cours du Change actuel la livre sterling vaut environ 24 liv. de notre monnoie, le scheling 1 liv. 4 sols, & le penny 2 sols." A note on the same subject appears in the 1800–1801 revised edition of the Blavet translation, though the text differs.

May 1779, p. 98, has a note to I.xi.b.32, not identified as by the translator. The note offers, with comment, what the translator believes is the French term for "brown or muskavada sugars": "C'est, je pense, ce qu'on appelle *Barboutes* en terme de Rafinerie, c'est-à-dire, de nos pains qui ont besoin d'être clarifiés une seconde fois." Also in the 1781 Paris, 1781 Yverdon, and 1788 Paris editions. In the 1800–1801 revised edition the term is changed to "sucres bruts" (1:303), which means that no note is needed.

June 1779, p. 91, has a note to I.xi.e.21, not identified as by the translator. The note explains that a "selle" (translation for "pillory") is an "espece de siege fait pour mettre les femmes querelleuses que la loi punissoit, en les faisant plonger dans l'eau." Also in the 1781 Paris, 1781 Yverdon, and 1788 Paris editions. The note is omitted in the 1800–1801 revised edition, where the term "tumbrell" is used.

June 1779, p. 114, has the following added note: "N.B. C'est par inadvertance qu'on a laissé passer quelquefois dans le texte de cette Traduction certaines évaluations des monnoies Angloises, qui pouvoient être justes dans le temps où elles ont été faites, mais qui ne le sont pas aujourd'hui; ainsi on prie le Lecteur de n'y avoir aucun égard,

& doresnavant on aura soin de les supprimer. Comme ces évaluations varient continuellement avec le cours du change, nous laisserons désormais à chacun le soin de les faire."

April 1780, p. 36, has a footnote, identified as "Note du Traducteur," to IV.vii.a.2: "Les Anciens, dit M. de Buffon, (tome IX, du Suppl. de l'Hist. Nat. p. 342) me paroissent avoir eu des idées plus saines de ces établissemens. Ils ne projettoient des émigrations que quand la population les surchargeoit, & que leurs terres, & leur commerce ne suffisoient plus à leurs besoins. Les invasions des Barbares, qu'on regarde avec horreur, n'ont-elles pas eu des causes encore plus pressantes lorsqu'ils se sont trouvés trop serrés dans des terres ingrates, froides & dénuées, en même temps voisines d'autres terres cultivées, fécondes & couvertes de tous les biens qui leur manquoient?". Aussi est ce une des raisons pour lesquelles nous sommes bien plus révoltés de la conduite des aventuriers Espagnols dans la conquête du Mexique & du Nord qui ont envahi l'Empire Romain. Chacun sent que le motif des premier les rend mille fois plus inexcusables que les autres." This note is also in the 1781 Paris, 1781 Yverdon, and 1788 Paris editions.

NOTES BY THE AUTHOR

September 1779, p. 58, has a note to II.ii: "*Voyez* la Préface de Rudiman sur les Diplomes, &c. d'Ecosse, par Anderson." This note, clearly by Smith, is to the word "silver," which is about Scottish money, mentioning the year 1707 and 411,117 liv. 10 sols., 9 den. Also in the 1781 Paris, 1781 Yverdon, and 1788 Paris editions.

October 1779, p. 4, has a note to II.iii.1: "Quelques Auteurs François qui ont beaucoup d'esprit & de savoir, ont employé ces mots dans un sens différent. Je tâcherai de faire voir dans le dernier chapitre du quatrieme Livre, que le leur est impropre." Also in the 1781 Paris, 1781 Yverdon, and 1788 Paris editions.

October 1780, pp. 5–6, have a note, unsigned but by Smith, referring to *Mémoires concernant les droits & impositions en Europe*. It is also in the Paris 1781, Yverdon 1781, and Paris 1788 editions.

1781. [Blavet], Offprint from Journal de l'agriculture *(Paris)*

TWENTY COPIES of the translation serialized in the *Journal de l'agriculture* were printed as a three-volume set, according to Blavet in the preface to his 1800–1801 Paris edition. The type of the *Journal* was used, although some rearrangement was necessitated by the transfer from a journal format to book form, and some notes carried in the journal were omitted. Typesetting and printing are very poor—occasionally with no space between words, dropped letters, ink blots, and generally uneven inking. Thus, the edition resembles proof sheets rather than a finished product destined for a market.

One of the only two known copies is connected with the translator, Jean-Louis Blavet (a copy he gave to Adam Smith); the other was in a library headed by Hubert-Pascal Ameilhon, editor of the *Journal*. Blavet (and Ameilhon?) may have used the twenty copies to promote book-form publication, as called for in the December 1780 issue of the *Journal*. The manuscript corrections entered into the two surviving copies show that considerable work was being done on the text, as if in preparation for a new edition. Publication did occur in 1781, in Yverdon, Switzerland. Although Blavet denied any connection with that edition, evidence points to his involvement or Ameilhon's.

Bibliographical Description

Recherches sur la nature et les causes de la richesse des nations. Par Adam Smith, professeur de morale & de philosophie en l'Université de Glascow [sic] Traduit de l'anglois par M. l'Abbé BL*** Tome premier. [second.] [troisieme.]
Paris. 1781.
12° 16.8 × 9.8 cm.

I: *² (−*1) A–2B¹² 2C⁶; *ii* 612p.
(Note: In the Edinburgh copy G5 and G7, pp. 153–156, are singletons, which means that one of them is a cancel. In the Institut de France copy the leaves are integral and have a correction entered in ink on p. 154. The printed text in the Edinburgh copy is uncorrected, so the reason for the singletons has not been determined.)
In the Institut copy signature vol. 1, signature Z (pp. 529–552) is on a different stock of paper.
i title; *ii* blank; *1–612* text.

II: π² (−π1) A–2B¹² 2C⁶; *ii* 611 [1]p.
On pp. 337 and 363, the signature marks erroneously read "Tome III."
i title; *ii* blank; *1–611* text; *612* blank.

III: π² (−π1) A–2O¹²; *ii* 884 [4]p.
i title; *ii* blank; *1–884*; *885–888* blank.

The text of volume 3 corresponds to volume 2 of the English edition, the only one of the French translations that makes of the second English volume a French volume. Although this organization could be seen as a conscious attempt to follow the English, the erroneous signature marks in volume 2, noted above, suggest another possibility, namely, that the number of volumes originally planned was consciously decreased in order to cut costs. Perhaps the aim was to make the work appear smaller to a potential publisher.

Locations: Edinburgh University Library (JA 2859–61); Bibliothèque de l'Institut de France (8° M. 285).

The Edinburgh University Library copy is inscribed: A M. Smith, De la part de Son très humble Serviteur L'abbé Blavet.

The copy in the Bibliothèque de l'Institut de France comes from the Bibliothèque de la Ville de Paris. At the top of the spine of each volume is the stamp depicted in Alfred Franklin, *Les anciennes bibliothèques de Paris* (Paris, 1873), 3:206. (I am grateful to librarians at the Institut de France for having pointed out to me the stamp and for having identified the reference to it in Franklin.) It is likely that this copy belonged to Ameilhon, who edited the *Journal de l'agriculture* and became librarian of the Bibliothèque de la Ville de Paris in 1790 (Franklin, *Anciennes bibliothèques*, 3:199). Thus this copy, intimately connected with the principals involved in the serial publication, helps to confirm Blavet's later statement that only a small number of copies was ever printed.

The Notes

The notes of the editor to the 1779–1780 *Journal de l'agriculture* have been omitted, even the one that was included in subsequent editions. Four notes of the translator are present: on 1:67, 1:372, 1:436, and 3:34. Omitted is the note to the June 1779 issue, on the discrepancy between the value of older and modern monetary units. The notes of the author are present on 2:50, 2:139, and 3:545–546, along with numerous bibliographical references thereafter.

1781. [Blavet], Reprint of Serialized Translation (Yverdon: [De Felice])

THIS SIX-VOLUME reprint of the Blavet translation that had earlier appeared in the *Journal de l'agriculture* carries no identification of the translator. It was printed in Switzerland and, it seems, distributed largely outside of France—until, that is, the sheets were reissued in 1786 in Paris by

RECHERCHES
SUR
LA NATURE ET LES CAUSES
DE LA
RICHESSE
DES NATIONS.

Traduit de l'anglois de M. SMITH.

TOME PREMIER.

YVERDON

M. DCC. LXXXI.

The Yverdon, Switzerland, edition of Jean-Louis Blavet's translation (1781).

Poinçot (see separate entry). Blavet claimed not to have been involved in this edition; see his letter published in 1788 (quoted in the entry for the 1788 Duplain edition) and his preface to the 1800–1801 edition (Paris: Laran). Evidence suggests otherwise.

Bibliographical Description

Recherches sur la nature et les causes de la richesse des nations. Traduit de l'anglois de M. Smith. Tome premier. [second. troisieme. quatrieme. cinquieme. sixieme.] Yverdon. M. DCC. LXXXI.
12° 17.9 × 10.8 cm.

I: π^2 a^4 A–M^{12} N^6 (N6 blank); *iv* VIII 298 [2] p.
i half-title; *ii* blank; *iii* title; *iv* blank; *I*–VIII Préface de l'éditeur; *1*–296 text; *297*–*298* Table des chapitres contenus dans ce premier volume; *299*–*300* blank.

II: π^2 A–P^{12} Q^4 (Q4 blank); *iv* 366 [2]p.
i half-title; *ii* blank; *iii* title; *iv* blank; *1*–363 text; 364–366 Table des chapitres contenus dans ce second volume; *367*–*368* blank (pp. 364–366 mispaged 264–266).

III: π^2 A–M^{12} N^2; *iv* 292p.
i half-title; *ii* blank; *iii* title; *iv* blank; *1*–290 text; 291–292 Table des chapitres contenus dans ce troisieme volume.

IV: π^2 A–K^{12}; *iv* 239 [1]p.
i half-title; *ii* blank; *iii* title; *iv* blank; *1*–237 text; *238*–239 Table des chapitres contenus dans ce quatrieme volume; *240* blank.

V: π^2 A–N^{12} (N12 blank); *iv* 310 [2]p.
i half-title; *ii* blank; *iii* title; *iv* blank; *1*–308 text; 309–310 Table des chapitres contenus dans ce cinquieme volume; *311*–*312* blank.

VI: π^2 A–P^{12} Q^4; *iv* 368p.
i half-title; *ii* blank; *iii* title; *iv* blank; *1*–365 text; 366–368 Table des chapitres contenus dans ce sixieme volume; also on p. 368 Approbation.

Locations: Kress; Boston Public Library (John Adams's copy); Goldsmiths' (a copy with early annotations); Bibliothèque nationale de France; Edinburgh University Library.

The Edinburgh copy is so heavily annotated that it contains inserted leaves. The annotations, however, continue only through volume 5, p. 53 (that is, IV.vii). The copy has a shelfmark indicating that it was part of the collection of Dugald Stewart, though it lacks his bookplate. In the absence of the bookplate, library staff conclude, there can be no absolute certainty that the set was in his library.

Publication and Distribution

On the identification of the publisher as F. B. De Felice, see Jean Pierre Perret, *Les imprimeries d'Yverdon au XVIIe et au XVIIIe siècle*, Bibliothèque historique vaudoise, 7 (Lausanne, 1945), 197, 427. It is likely that some portion of this edition was sold in German-speaking Europe through the bookseller Gerle in Prague, with whom De Felice had entered into an agreement in 1780. Gerle would take a hundred copies at a time of certain new works in return for exclusive rights in German-speaking Europe for one year. De Felice also had numerous contacts throughout other parts of Europe; see Perret, *Imprimeries*, 152–162. This edition is not listed in the German book fair catalogs of the time. Nor is it recorded in the De Felice catalog published in 1787 (Perret, *Imprimeries*), which suggests that no copies were on hand after it was reissued in Paris in 1786 (see separate entry).

Censor's Approval

J'ai lu les *recherches sur la nature & les causes de la richesse des nations*, par M. Smith: je n'y ai rien trouvé qui puisse en empêcher l'impression. Yverdon, ce 22 Février 1781. E. Bertrand, *Censeur*.

Publisher's Preface (pp. I–VIII)

Les progrès de la société n'ont fait que multiplier nos besoins. La nécessité de les satisfaire est devenue un joug pesant. Est-ce pour l'alléger, ou pour l'aggraver, qu'on a imaginé une théorie savante, l'objet d'une foule d'écrits, que notre siecle a vu éclorre & se propager, si j'ose le dire, les uns les autres. En France, où tout ce qui commence par l'enthousiasme, finit par le ridicule, on a cru approfondir cette importante matiere, lorsqu'on ne travailloit qu'à l'obscurcir, par des termes abstraits & un langage énigmatique. C'est l'ouvrage d'une espece de secte politique, dont les prosélytes ont honoré d'une apothéose la mémoire de leur vénérable maître, auquel ils sont redevables de la sublime découverte du produit net.

Elle avoit échappé aux spéculations des anciens philosophes, nous osons l'avouer. Mais pour ne porter pas si loin leurs vues, en étoient-ils moins éclairés? Ceux qui ont lu avec quelque attention les économiques *de Xénophon, peuvent en juger. Cet illustre disciple de Socrate y montre que l'agriculture est l'art de s'enrichir honnêtement, qu'elle est le vrai fondement de la prospérité d'un Etat, comme la base la plus solide du bonheur de ses citoyens. Avec quelle noble simplicité cet ouvrage n'est-il pas écrit? Toujours clair, toujours élégant, l'auteur raisonne sans effort, & instruit sans pédantisme. Son projet de rétablir les finances de sa patrie, & d'en assurer la tranquillité, nous paroît être encore un modele dans son genre. Les politiques de ce siecle n'ont pas cependant cherché à l'imiter; ils veulent être originaux.*

On ne sauroit refuser, sans injustice, aux écrivains anglois, d'avoir souvent ce mérite. Ils ont devancé les autres nations dans la carriere. Ils publioient déja des arithmétiques politiques, *lorsque les autres n'avoient encore que des* comptes faits. *Pour arriver au but, ils n'ont épargné aucun soin. Ils paroissent avoir tout calculé, tout pesé, avoir saisi tous les rapports, & considéré toutes les faces. A des vues neuves, à des observations exactes, à des recherches profondes, ils n'ont pas toujours joint le talent de les exposer avec cette clarté & cet agrément qu'on trouve pour l'ordinaire dans l'antiquité. Leur marche est pénible & embarrassée. Pour avoir trop d'idées & trop de connoissances, ils n'ont pas assez de méthode. Ils montrent plus de sagacité à former un plan, qu'ils ne sont exacts à le suivre constamment. Quoique* M. SMITH *ait rempli le sien, en approfondissant sa matiere, & qu'il ait évité plusieurs de ces défauts, la critique n'a-t-elle néanmoins aucun reproche à lui faire? Nous n'osons l'assurer. Mais quand un auteur, après avoir lutté contre tant de difficultés, parvient, comme lui, à en surmonter un aussi grand nombre, la sévérité, à son égard, devient une injustice.*

L'objet étoit si important, qu'il méritoit d'être traité par l'auteur de la théorie des sentimens moraux. *En donnant cet excellent traité au public,* M. SMITH, *ancien professeur dans l'université de Glasgow, sembloit annoncer* (a) *les* recherches profondes & lumineuses *sur la nature & les causes de la richesse des nations. Peut-être doivent-elles être regardées comme en étant la suite. Du moins il n'est pas invraisemblable que le premier écrit ait donné naissance au second, & que le philosophe ait inspiré le politique.*

Lorsque ces recherches *parurent en Angleterre, on les annonça à Paris, dans le journal de savans, sans oser se flatter que quelqu'un eût le courage de les traduire, & moins encore celui de les publier. C'est trop accuser notre malheureuse frivolité; le mal, pour être épidémique, n'atteint pas tout le monde. Il s'est trouvé un homme de lettres assez éclairé, & assez dévoué au bien public, pour remplir cette tâche; & nous avons cru devoir le seconder, en réunissant les différentes parties de son travail, qu'il avoit été forcé de publier séparément. Sans cela, il auroit été aussi pénible de profiter de l'ouvrage de* M. SMITH, *que de s'en former une juste idée. Nous ne doutons pas qu'elle ne soit entièrement conforme à celle que nous en donne le jugement des auteurs de l'écrit périodique dont nous venons de parler; il est nécessaire de le remettre sous les yeux du lecteur.*

"*On reconnoît, disent-ils, dans ce grand ouvrage, la supériorité de génie & de talens, à laquelle nous devons la* théorie des sentimens moraux, *réimprimée depuis peu en Angleterre pour la quatrieme fois. Les questions économiques les plus importantes y sont traitées avec toute la netteté, l'ordre & la profondeur, dont elles sont susceptibles; & l'auteur, dans le choix, la nouveauté, la justesse de ses observations, & dans les conséquences qu'il en tire, montre par-tout un degré de discernement & de sagacité qu'on ne peut s'empêcher d'admirer, parce qu'il est extrêmement rare.*" Février 1777. p. 81 éd. in-4°.

(a) Voyez la IV. Sect. de la VI. part.

The Notes

The notes of the translator to the 1781 Paris offprint are all present: on 1:58, 2:30, 2:86, and 4:161–162. The notes of the author are also present: on 2:292, 3:2, and 6:68, along with the subsequent bibliographical references. In addition, one note of the editor from the *Journal de l'agriculture* (see separate entry), which was omitted in the 1781 Paris offprint, is included here, on 1:181. This note, to the passage that "France is perhaps in the present times not so rich a country as England," is, of course, a sign of the involvement of Blavet and/or Ameilhon in the Yverdon edition.

Notices and Reviews

This edition was noticed in a journal published in Yverdon, *Tableau raisonné de l'histoire littéraire du dix-huitieme siècle*, February, 1782, p. 344:

> RECHERCHES sur la nature & les causes de la richesse des nations: ouvrage traduit de l'anglois de M. Adam SMITH: in-12. 6 vol. 1781. En donnant au public l'excellente *Théorie des sentimens moraux*, M. Smith sembloit annoncer, (*Sect. IV. De la VII partie*), les recherches profondes & lumineuses sur la nature & les causes de la richesse des nations. Peut-être doivent-elles être regardées comme en étant la suite. Du moins il n'est pas invraisemblable que le premier écrit ait donné naissance au second, & que le philosophe ait inspiré le politique. On reconnoit dans ce grand ouvrage la supériorité de génie & de talens à laquelle nous devons la *Théorie des sentimens moraux*. Les questions politiques les plus importantes y sont traitées avec toute la netteté, l'ordre & l'érudition dont elles sont susceptibles, & l'auteur dans le choix, la nouveauté, la justesse de ses observations & dans les conséquences qu'il en tire, montre sur-tout un degré de discernement & de sagacité, qu'on ne peut s'empêcher d'admirer, parce qu'il est extrêmement utile.

1782. Comte du Nort, Translation in Manuscript

IN A LETTER to the abbé Blavet dated 23 July 1782, which appears in Blavet's 1800–1801 edition (see separate entry), Smith mentioned a translation by the Comte du Nort:

> Quelques jours après avoir quitté Londres, j'ai reçu une lettre d'un gentilhomme qui est à Bordeaux. Il s'appelle le comte de Nort, et il est colonel d'infanterie au service de France. Il me mande qu'il a traduit mon livre en

français, et qu'il se propose de venir en Ecosse pour soumettre sa traduction à mon jugement avant de la publier. Je lui écrirai par le prochain courier que je suis si satisfait de la vôtre, et que je vous ai personnellement tant d'obligation, que je ne puis en encourager ni en favoriser aucune autre.

Nort's translation might have been completed well before 1782; in this same letter Smith also thanks Blavet for a copy of the 1781 Paris offprint. No other trace of the translation has been found.

Nort died under the guillotine, as recorded in Louis Marie Prudhomme, *Dictionnaire des individus envoyés à la mort judiciarement, révolutionnairement et contre-révolutionnairement pendant la Révolution* (Paris, 1796), 2:218. His full name is Nicolas-Agnès-François Nort, and he is identified as "ex-comte, ci-devant colonel d'infanterie, âgé de 60 ans, né à Rennes, dép. d'Ille et Villaine, dom. A Paris, dép. de la Seine, cond. à mort, le 1 flor., an 2, par le trib. rév. de Paris, comme cont.-rév., ayant entretenu des correspondances avec les émigrés."

1784–1788. [Blavet], Translated Extracts in Encyclopédie méthodique. Économie politique et diplomatique *(Paris)*

A NUMBER OF volumes of the *Encyclopédie méthodique* cover economic topics, but only three of the four devoted to *Économie politique et diplomatique* draw on WN. By way of explaining the background of this new series, the *avertissement* to volume 1 (1784) notes that there are numerous works on the subjects of political economy and diplomacy, but that those works tell you everything except what you really want to know. The *avertissement* goes on to cite some useful works that will be drawn upon, among them Puffendorf, Grotius, and Montesquieu; but Smith is not cited. He was apparently unknown to the editors of the first volume.

Once Smith became known, however, he was obviously regarded as ideal for this work, which aimed to be a "manuel du négociateur, de l'homme d'état & même du philosophe." Starting with volume 2 (1786), the economic articles are almost always drawn from WN (usually with added introductory and concluding material). More specifically, they are culled from the Yverdon translation by Blavet (1781), which was reissued in Paris in 1786 (see separate entries for 1781 and 1786).

It has long been known that these volumes used Smith's work and included translations. Edgar Allix, in "L'œuvre économique de Germain Garnier, traducteur d'Adam Smith et disciple de Cantillon," *Revue d'histoire des doctrines économiques et sociales* 5 (1912), 322 n.1, drawing in part on nineteenth-century works, notes the articles "Dettes publiques," "Industrie," "Manufactures," "Prix ou valeur," and "Travail." Jean-Claude Perrot also noted translations in his overall view of the *Encyclopédie*, "Le premier dictionnaire d'économie politique en langue française," *Revue de synthèse* 3d ser., 101 (1980), 74 ("Colonies," "Dettes publiques," "Importation," "Impôts," "Industrie," "Manufactures," "Papier-monnaie," "Pauvres," "Prix ou valeur," "Travail"). This entry identifies more, and it is likely that there are no others from WN, since Paulette Taieb, who has herself translated WN into French, has examined all of the articles in *Économie politique et diplomatique*.

Although the articles themselves have been tracked down, no systematic effort has been made to record their numerous departures from the Blavet translation. Omissions were common, and corrections were also made to the text of Blavet's translation.

Even disregarding truncations and other changes, *Économie politique et diplomatique* must be seen as a major vehicle for the dissemination of WN. Of the total 1,097 text pages of the first English edition of 1776 (2 vols.), translations from 524 pages appear in volumes 2–4 of *Économie politique et diplomatique*. The quantity of material extracted from Smith is so large as to indicate that WN may well have influenced the shape of these volumes. Moreover, this large portion of WN reached an important audience, for the publisher, Panckoucke, operated the leading French publishing house of the time.

Another way of making clear the extent to which WN was extracted and divided up in *Économie politique et diplomatique* is to rearrange the extracts according to the pages they occupy in the 1776 London edition. The list that appears at the end of this entry can provide assistance to anyone wishing to analyze the nature of what was extracted and published in the *Encyclopédie méthodique* on the eve of the French Revolution. Such an analysis might extend to a consideration of which articles had Smith's name—or reference to WN—attached to them. It is noteworthy that the article "Clergé," which is extracted from "Of the Expence of the Institutions for the Instruction of People of all Ages" (V.i.g.)—a section omitted from the La Haye translation

(1778–1779)—is clearly identified as a translation from *Richesses des Nations* by Adam Smith. Similarly, the article on "Population" in volume 3 mentions Smith among the other authors cited.

The following articles also refer to Smith, though they do not always explicitly state that he is the author: in volume 2, "Grains," "Gratifications," "Importation" (right after reference to the recent commercial treaty between France and Britain); in volume 3, "Impôts," "Industrie," "Pauvres"; in volume 4, "Souverain," "Villes," "Balance du commerce," "Colonies," and "Dettes publiques." In addition, the article "Impôts" makes a second reference to Smith at the point at which French taxation is considered. It may be that Smith's name is invoked when the subject matter is particularly controversial, so as to make clear that it is not a French subject who is expressing these ideas. The 1779–1780 serialization of Blavet's translation used a similar device, and, like Blavet, the editor of these volumes, Jean-Nicolas Démeunier (1741–1814), was a royal censor.

Bibliographical Description

VOLUME I

Encyclopédie méthodique. Économie politique et diplomatique, partie dédiée et présentée a Monseigneur le Baron de Breteuil, ministre et Secrétaire d'état, &c. Par m. Démeunier, avocat & Censeur royal. Tome premier.

A Paris, Chez Panckoucke, Libraire, hôtel de Thou, rue des Poitevins. A Liège, Chez Plomteux, imprimeur des États. M. DCC. LXXXIV. Avec approbation & privilege du roi.

4° 26.7 × 21.2 cm.

π² a² A–5C⁴; *iv* III–VI 760p. Fold. table inserted after p. 370, i.e., between 3A1 and 3A2. Note: 3H1 may be a cancel.

i half-title: Encyclopédie méthodique, ou par ordre de matières; par une société de gens de lettres, de savans et d'artistes; précédée d'un vocabulaire universel, servant de Table pour tout l'ouvrage, ornée des portraits de MM. Diderot & d'Alembert, premiers éditeurs de l'Encyclopédie; *ii* blank; *iii* title page; *iv* blank; III–VI Avertissement; 1–760 text.

Locations: Kress; New York Public Library.

VOLUME 2

Encyclopédie méthodique. Économie politique et diplomatique, partie dédiée et présentée a Monseigneur le Baron de Breteuil, ministre et Secrétaire d'État, &c. Par m. Démeunier, sécretaire ordinaire de Monsieur, frere du roi, & Censeur royal. Tome second.

A Paris, Chez Panckoucke, Libraire, hôtel de Thou, rue des Poitevins. A Liège, Chez Plomteux, imprimeur des États. M. DCC. LXXXVI. Avec approbation, & privilege du roi.

π² A–3H⁴ 3I² 3K⁴–5C⁴ 5D² (5D2 blank); *iv* 757 [3]p.

i half-title; *ii* blank; *iii* title page; *iv* blank; 1–757 text; *758–760* blank.

Grains, pp. 577–582.

Translation of a large portion of I.xi.b, which is "Part I. Of the Produce of Land which always affords Rent," that is, part of the chapter "Of the Rent of Land." The translated portion covers the major part of 1:184–202 of the 1776 original (164–177 of the Glasgow edition).

Paragraphs 6–13, 15–17, 20–23, 25–33, 36–42 (42 being the final paragraph) are translated; however, the final sentences of 28 are omitted, as is most of paragraph 31.

A footnote on page 581 (to I.xi.b.33) identifies Smith as the author: "L'expérience a montré la justesse de cette remarque de M. Smith, auteur de *La richesse des nations*."

Gratifications, pp. 582–587.

Translation of a large portion of IV.v.a., "Of Bounties." The translated portion is, in the 1776 original, a major part of 2:90–105 (505–523 of the Glasgow edition).

Paragraphs 2–7, 10–11, 15–27, 36, and 38–39 (40 being the final paragraph) are translated. Paragraphs 2, 5, and 10 are partially translated, and 36 has changes. Paragraphs 2–4 of the original were made one in the French, and a sentence from paragraph 1 of the original was made part of that new paragraph.

On page 582, in the bottom full paragraph of the right column (IV.v.a.5 of the original), there is a sentence beginning: "M. Smith a tâché de montrer...." "Smith" has here been substituted for "I," although later, in paragraph 10, "I" is translated literally. Nothing else identifies this article as a translation.

Hollande, Section VIᵉ. Détails exacts sur la banque d'Amsterdam, pp. 689–693.

Translation, in its entirety, of IV.iii.b, "Digression concerning Banks of Deposit, particularly concerning that of Amsterdam," which appears on 2:63–75 of the 1776 edition (479–488 of the Glasgow edition). There is no mention of WN.

Importation, pp. 747–757.

Pages 747–756 are a translation of a large portion of IV.ii, "Of Restraints upon the Importation from foreign Countries of such Goods as can be produced at Home." (The title here is from the Glasgow edition of WN; the first edition has a somewhat different title for the chapter.) The translated portion, in the 1776 original, is a major part of 2:31–56 (452–472 of the Glasgow edition).

Paragraphs 1–7 and 9–44 are translated (45 being the last paragraph), with 4, 9, 12, and 20 being partial translations.

Pages 756–757 are a translation of most of IV.iv, "Of Drawbacks." This chapter is on 2:87–90 (499–504 of the Glasgow edition).

Paragraphs 1–2 and 12–16 are translated. Because the translation was made from the first edition, the paragraphs added later by Smith do not appear here.

At the top of page 748 is the continuation of a paragraph that refers to Smith. After mentioning the treaty of commerce between France and England that had just been signed, the text reads: "Nous sommes donc à une époque favorable, pour développer les suites funestes & les avantages illusoires des vieux principes sur les *importations*; & c'est ce que nous allons faire d'après M. Smith, l'auteur qui a traité les questions de l'économie politique avec le plus de justesse & de profondeur."

VOLUME 3

Title and imprint as in vol. 2, except for the volume number (troisieme) and the date of publication: M. DCC. LXXXVIII.

π^2 A–3H^4 (±3H4, signed *Hhhiij) 3I^4–5F^4 5G^2; *iv* 787 [1]p. Note: The article covering the major portion of the cancel is "Notables (assemblée des)."

i half-title; *ii* blank; *iii* title page; *iv* blank; 1–787 text; *788* blank.

Impôts, pp. 1–32.

Translation of V.ii.b–k, "Of Taxes," which is part II of chapter II, "Of the Sources of the general or publick Revenue of the Society." The translated portion, in the 1776 original, is the greater portion of 2:412–532 (825–906 of the Glasgow edition).

V.ii.b.7 is truncated; V.ii.c.2, 4, and 18 are truncated (3 is omitted); V.ii.e.5, 6, 7, and 8 are truncated (9 is omitted); V.ii.g.12 is omitted; V.ii.k.47–49, 52–55, and 66 are omitted, as is a major part of 62.

The second of the three introductory paragraphs refers to Smith: "Ce sujet est si important que nous ne craindrons pas d'étendre beaucoup cet article: nous examinerons les divers *impôts* établis en Europe: nous indiquerons les critiques dont ils paroissent susceptibles, & nous démontrerons presque toujours, d'après M. Smith qui a déployé une sagacité merveilleuse, les principes généraux qu'il est à propos de suivre, & la nécessité de quelques exceptions selon les circonstances particulières."

V.ii.k.77 (at the foot of page 30) is introduced with a reference to Smith: "M. Smith, qui nous a fourni la plupart des détails dans lesquels nous venons d'entrer, dit qu'il semble que les finances de France sont susceptibles, dans leur état actuel, de trois sortes de réformes."

Industrie, pp. 44–56.

The first part of this article (pp. 44–50) is a translation of I.x.b.1–43. I.x.b. is "Inequalities arising from the Nature of the Employments themselves," in the chapter "Of Wages and Profit in the different Employments of Labour and Stock." The original is on 1:122–141 (116–132 of the Glasgow edition).

Paragraphs 44–52 at the end are omitted, though referred to by the following note (p. 50): "Le lecteur trouvera le développement de ces trois remarques dans les *Recherches sur la nature & les Causes de la richesse des nations*, tom. 1, pag. 233 de la traduction."

From page 50 of this article to the end is a translation of I.x.c, "Inequalities occasioned by the Policy of Europe," with the omission of 20, 26, 38, 40, and 44–63. Paragraphs 1, 24, 34, 35, and 37 are truncated. The original is on 1:147–169 (135–152 of the Glasgow edition).

Intérêt de l'argent, pp. 57–62.

The first part of this article (pp. 57–61) is a translation of I.ix.4–23, "Of the Profits of Stock." Paragraph 4 is truncated. This portion is on 1:109–120 of the 1776 original (105–114 of the Glasgow edition). Note that paragraph 23 is the final one in the first edition, the source of Blavet's translation; an additional paragraph was added to the end of this section in later editions of WN.

The second part of the article (pp. 61–62) is a translation of II.iv.13–17, the final part of "Of Stock lent at Interest." Paragraph 13 is truncated. The original is on 1:434–436 (356–359 of the Glasgow edition).

There is no mention of WN.

Judicature, pp. 87–90.

Translation of V.i.b.13–22, which is "Of the Expence of Justice," part II of "Of the Expences of the Sovereign or Commonwealth." Paragraphs 1–12 and 23–25 are omitted. This is on 2:320–327 of the 1776 original (715–721 of the Glasgow edition).

There is no mention of WN. In fact, a note added to page 89 (note 1 to paragraph 20) suggests French authorship.

Manufactures, pp. 226–230.

The first part (pp. 227–228) is a translation of I.xi.o.1–14, "Effects of the Progress of Improvement upon the real Price of Manufactures." Paragraph 15 is omitted. This portion is 1:306–312 of the 1776 original (260–264 of the Glasgow edition).

The second part, from the bottom of page 228 to the end, is a translation of IV.vii.c.80–89, which is from "Of the Advantages which Europe has derived from the Discovery of America, and from that of a Passage to the East Indies by the Cape of Good Hope." Paragraph 80 is truncated, while paragraphs 90–108 of the original are omitted. The translated passage is on 2:235–242 of the 1776 original (626–630 of the Glasgow edition).

There is no mention of WN.

Monnoie, pp. 368–374.

The first part (pp. 368–370) is a translation of I.iv.2–11, "Of the Origin and Use of Money." Paragraphs 1 and 12–18 are omitted. This portion occupies 1:27–33 of the 1776 original (37–44 of the Glasgow edition).

The text from the bottom of the left column of page 370 through the middle of the left column of page 372 is a translation of I.xi.h.1–11, a part of "Variations in the Proportion between the respective Values of Gold and Silver." In the 1776 edition, this portion is on 1:264–270 (228–233 of the Glasgow edition).

The text from the middle of the left column of page 372 through page 374 begins with the question: "Est-il raisonnable de mettre un droit de seigneuriage sur la fabrication des monnoies? & la nation angloise a-t-elle tort de fabriquer les siennes aux frais du gouvernement?" This is a translation of IV.vi.18–31, part of "Of Treaties of Commerce." Paragraph 18 is truncated and 32 omitted. The translated portion appears on 2:138–145 of the 1776 original (550–555 of the Glasgow edition).

There is no mention of WN.

Monopole, pp. 374–377.

This article is a translation of IV.vii.c.90–100, which is from "Of the Advantages which Europe has derived from the Discovery of America, and from that of a Passage to the East Indies by the Cape of Good Hope." The translated text is on 2:242–249 of the 1776 original (630–635 of the Glasgow edition).

There is no mention of WN.

Numéraire, pp. 438–448.

This article is a translation of IV.i.4–45, "Of the principle of the commercial, or mercantile System." A sentence from the original paragraph 2 appears at the beginning. The top paragraph on page 439, left column, is the original paragraph 5, but it has an added sentence at the beginning. The translated text appears on 2:3–30 of the 1776 original (429–451 of the Glasgow edition).

There is no mention of WN.

Papier monnoie, pp. 502–516.

This translation is a major portion of II.ii.26–105, "Of Money considered as a particular Branch of the general Stock of the Society, or of the Expence of maintaining the National Capital." The translated text appears on 1:350–399 of the 1776 original (292–329 of the Glasgow edition).

Along with the opening paragraphs 1–25, paragraphs 27, 37, 38, 51, 67, 68, 103, and 106 are also omitted. Paragraphs 36, 53, 66, and 102 are truncated. Paragraph 66 has some of the language of the original, but it is changed so as to justify the exclusion of the account of bills of exchange offered there.

There is no mention of WN.

Pauvres, 533–536.

This article is a translation of I.x.c.45–59, "Inequalities occasioned by the Policy of Europe," part II of "Of Wages and Profit in the different Employments of Labour and Stock." These paragraphs are on 1:169–175 of the 1776 original (152–157 of the Glasgow edition).

In the sixth of the paragraphs preceding the extract from WN is the following note: "Nous parlerons seulement de la taxe des *pauvres* établie en Angleterre, & du régime qu'on y observe à l'égard de cette classe de la nation. Cette taxe des *pauvres* paroît admirable au premier coup d'œil; l'énormité des contributions que paient les riches pour un objet si intéressant; l'abondance des secours qu'on y donne aux *pauvres*, séduit presque tout le monde; mais les hommes éclairés commencent à entrevoir les funestes effets de ces réglemens, & nous allons rapporter des faits & des observations qui montreront combien il est difficile, dans les grandes sociétés, de contenir ce funeste fléau, ou d'en arrêter les suites." The next paragraph mentions Smith: "Les obstacles que les loix des corporations mettent à la libre circulation du travail, sont, je pense, dit M. Smith, communs à toutes les parties de l'Europe."

Prix ou valeur, 696–702.

This article is a translation of I.v.1–41, "Of the real and nominal Price of Commodities, or of their Price in Labour, and their Price in Money." That title, though without mention of WN, is given following a brief introductory statement: *"Du prix réel & nominal des marchandises, ou de leur prix en travail & en argent."* The translation occupies 1:35–56 of the 1776 original (47–63 of the Glasgow edition).

Paragraph 3 is omitted, as is the final one.

This article contains an example of a correction made to Blavet's translation. The original (I.v.2) reads, "Labour was the first price, the original purchase-money that was paid for all things." Blavet has "Le travail a été le premier prix de la monnoie originaire qu'on a payé par tout." *Économie politique et diplomatique* offers "Le travail a été le premier prix qu'on a payé par-tout."

There is no mention of WN.

VOLUME 4

Title as in volume 3, except for the volume number (quatrième).

A Paris, Chez Panckoucke, Libraire, hôtel de Thou, rue des Poitevins. A Liège, Chez Plomteux, imprimeur des États. M. DCC. LXXXVIII. Avec approbation et privilège du roi.

π² A–5F⁴ 5N⁴; *iv* 840p.

i half-title (as in vol. 1); *ii* blank; *iii* title page; *iv* blank; *1*–729 text; 730–813 Supplément; 814–840 Table analytique et indicative des articles, dont une lecture successive doit former une sorte de Rudiment pour les sciences traitées dans ce Dictionnaire. Note: pages 730–811 of the Supplément go up through "Dro," and the article on pages 812–813 is "Suede."

Souverain, pp. 229–232.

This article is a translation of V.i.d 1–19, from "Of the publick Works and Institutions for facilitating the Commerce of the Society" in the chapter "Of the Expences of the Sovereign or Commonwealth." This extract corresponds to 2:330–340 of the 1776 original (724–731 of the Glasgow edition).

Paragraph 16 is omitted, and 18–19 are heavily truncated. Added text appears on page 232, left column, before the extract from paragraph 18.

Smith is mentioned within the article (p. 231, left column): "M. Smith dit sur les ressources qu'on a imaginées pour le gouvernement dans les revenus des turnpikes." The following four paragraphs (11–14) are placed within quotation marks.

Terres, pp. 328–332.

This article is a translation of III.ii.3–21, part of the chapter entitled "Of the Discouragement of Agriculture in the antient State of Europe after the Fall of the Roman Empire." The English text occupies 1:466–480 of the 1776 edition (382–396 of the Glasgow edition).

Errors in Blavet's text are not corrected here.

There is no mention of WN.

Traités de commerce, pp. 358–361.

This article is a translation of IV.vi.1–17 and part of 18, from "Of Treaties of Commerce." The original chapter contains 32 paragraphs. The extracted text occupies 2:130–138 of the 1776 original (545–550 of the Glasgow edition).

Text concerning England is adapted here to read as if it represented the point of view of a French citizen.

There is no mention of WN.

Travail, pp. 553–567.

The first part of this article, a section headed "Des différentes espèces de travaux" (pp. 553–554), is a translation of part of II.iii.1–4, "Of the Accumulation of Capital, or of productive and unproductive Labour." The original chapter contains 42 paragraphs. The translated portion is from 1:400–403 of the original (330–332 of the Glasgow edition).

The next section, "De la division du travail" (pp. 554–556), is a translation of I.i, the chapter entitled "Of the Division of Labour." Paragraphs 2 and 9 are only partially translated. The chapter is on 1:5–15 of the original edition (13–24 of the Glasgow edition).

On page 557, the second paragraph, beginning "Dans une horde de chasseurs," is a translation of most of I.ii.3, from the chapter entitled "Of the Principle which gives occasion to the Division of Labour." This paragraph is on 1:18–19 of the original edition of 1776 (27–28 of the Glasgow edition).

The remainder of page 557 and all of 558 contain a translation of the entirety of I.iii, entitled "That the Division of Labour is limited by the Extent of the Market." This chapter is on 1:21–26 of the original (31–36 of the Glasgow edition).

The following section, headed "Du salaire du travail" (pp. 559–567), is a translation of I.viii.2–56, "Of the Wages of Labour." Paragraphs 1 and 57 are omitted. The translated portion is on 1:78–106 of the 1776 edition (82–104 of the Glasgow edition).

There is no mention of WN.

Troupes, pp. 573–575 (p. 573 is mispaged 537).

This article is a translation of V.i.a.29–44, which is from the part entitled "Of the Expence of Defence," in the chapter "Of the Expences of the Sovereign or Commonwealth." The extract corresponds to 2:304–313 of the 1776 edition (701–708 of the Glasgow edition).

There is no mention of WN.

Villes, pp. 613–623.

The first section (pp. 613–614) is a translation of III.i.4–9, from the chapter entitled "Of the natural Progress of Opulence." The translated part is from 1:462–465 of the original (378–380 of the Glasgow edition).

The next section (pp. 614–618) is a translation of III.iii.1–20, from the chapter entitled "Of the Rise and Progress of Cities and Towns, after the Fall of the Roman Empire." This portion is 1:480–493 of the original (397–410 of the Glasgow edition).

The following section (pp. 618–623), entitled "Comment le commerce des villes a contribué à l'amélioration des campagnes," contains a translation of III.iv.1–24, "How the Commerce of the Towns contributed to the Improvement of the Country." Paragraph 12 is omitted, and 20 is truncated. The chapter is 1:494–510 of the original (411–427 of the Glasgow edition).

The translation is introduced by the following paragraph:

VILLES. Nous nous proposons de parler ici, d'après M. Smith, de l'établissement des *villes*, & de leur influence dans l'administration des des pays; de leur régime, comparé à celui des campagnes; des franchises & des privilèges qu'elles ont obtenu en europe, où des gênes qu'on leur a imposé: de la manière dont les fabriques & les manufactures s'introduisent dans les *villes*; de l'heureux effet qu'elles produisent en faveur de la tranquillité générale & de la perfection de la police; enfin de l'influence des *villes* sur la culture & le prix des denrées.

Balance du commerce, pp. 733–737 (in the Supplement at the end of vol. 4)

This supplement to the article "Balance politique" in volume 1 of *Économie politique et diplomatique* (pp. 279–283) is a translation of the chapter entitled "Of the extraordinary Restraints upon the Importation of Goods of almost all Kinds, from those Countries with which the Balance is supposed to be disadvantageous." It is IV.iii.a. and IV.iii.c.2–8 (8 in part only) of the Glasgow edition (472–479 and 488–493), but in the first edition of 1776 it was all one chapter without the addition of IV.iii.b (2:57–62 and 76–82).

The paragraph leading into the translation concludes by noting, "Il reste beaucoup de préjugés sur tous ces points, & M. Smith nous offre des observations précises qui peuvent faire découvrir la vérité."

Clergé, pp. 750–760 (in the Supplement at the end of vol. 4)

This addition to the article "Clergé" in volume 1 of *Économie politique et diplomatique* (pp. 594–595) is a translation of V.i.g.7–42, "Of the Expence of the Institutions for the Instruction of People of all Ages." This text corresponds to 2:378–409 of the 1776 edition (791–814 of the Glasgow edition).

The second paragraph, leading into the translation, reads: "Nous prévenons le lecteur, que ce morceau est tiré en entier des *Recherches sur la nature & les causes de la richesse des Nations*, par M. Smith."

Colonies, pp. 760–776.

This translation is an addition to the article "Colonies," by Guillaume Grivel, in volume 1 of *Économie politique et diplomatique* (pp. 604–613). The "Section premiere. Des causes de l'établissement des nouvelles colonies" (pp. 760–764) constitutes a translation of IV.vii.a.1–22, "Of the Motives for establishing new Colonies" (part I of the chapter "Of Colonies"). In the 1776 edition this portion is 2:146–157 (556–564 of the Glasgow edition).

The next part, "Section seconde. Cause de la prospérité des nouvelles colonies," contains a translation of IV.vii.b.1–64, "Prosperity of new Colonies" (part II of the chapter "Of Colonies"). This section is 2:157–190 of the 1776 edition (564–590 of the Glasgow edition).

The introductory paragraph to the article reads: "Nous avons placé à la lettre C un article assez long sur les *colonies*, mais nous croyons devoir ajouter par forme de supplément, des observations importantes tirées de M. Smith."

Dettes publiques, pp. 782–798.

This addition to the article "Dettes publiques," by Guillaume Grivel, in volume 2 of *Économie politique et diplomatique* (pp. 89–91), is a translation of V.iii.1–92 (92 truncated), the chapter entitled "Of publick Debts." The extract corresponds to 2:533–587 of the 1776 edition (907–946 of the Glasgow edition).

The introductory paragraph to the article reads: "Le même article se trouve dans le dictionnaire des finances; mais l'auteur se contente de rapporter les opinions de quelques écrivains sur cette matière. Nous traiterons plus en détail une question si importante, & M. Smith, dont l'ouvrage est si profond, si lumineux & si exact, nous servira de guide."

Extracts Arranged by Their Order in the 1776 London Edition

1:5–15 (13–24 of the Glasgow edition): "Of the Division of Labour."

1:18–19 (27–28 of the Glasgow edition): "Of the Principle which gives occasion to the Division of Labour."

1:21–26 (31–36 of the Glasgow edition): "That the Division of Labour is limited by the Extent of the Market."

1:27–33 (37–44 of the Glasgow edition): "Of the Origin and Use of Money."

1:35–56 (47–63 of the Glasgow edition): "Of the real and nominal Price of Commodities, or of their Price in Labour, and their Price in Money."

1:78–106 (82–104 of the Glasgow edition): "Of the Wages of Labour."

1:109–120 (105–114 of the Glasgow edition): "Of the Profits of Stock."

1:122–141 (116–131 of the Glasgow edition): "Inequalities arising from the Nature of the Employments themselves," in the chapter "Of Wages and Profits in the different Employments of Labour and Stock."

1:147–169 (135–152 of the Glasgow edition): "Inequalities occasioned by the Policy of Europe."

1:169–172 (152–157 of the Glasgow edition): "Inequalities occasioned by the Policy of Europe."

1:184–202 (161–177 of the Glasgow edition): "Part I. Of the Produce of Land which always affords Rent," that is, part of the chapter "Of the Rent of Land."

1:264–270 (228–233 of the Glasgow edition): "Variations in the Proportion between the respective Values of Gold and Silver."

1:306–312 (260–264 of the Glasgow edition): "Effects of the Progress of Improvement upon the real Price of Manufactures."

1:350–399 (292–329 of the Glasgow edition): "Of Money considered as a particular Branch of the general Stock of the Society, or of the Expence of maintaining the National Capital."

1:400–403 (330–332 of the Glasgow edition): "Of the Accumulation of Capital, or of productive and unproductive Labour."

1:434–436 (356–359 of the Glasgow edition): "Of Stock lent at Interest."

1:462–465 (378–380 of the Glasgow edition): "Of the natural Progress of Opulence."

1:466–480 (382–396 of the Glasgow edition): "Of the Discouragement of Agriculture in the antient State of Europe after the Fall of the Roman Empire."

1:480–493 (397–410 of the Glasgow edition): "Of the Rise and Progress of Cities and Towns, after the Fall of the Roman Empire."

1:494–510 (411–427 of the Glasgow edition): "How the Commerce of the Towns contributed to the Improvement of the Country."

2:3–30 (429–451 of the Glasgow edition): "Of the principle of the commercial, or mercantile System."

2:31–56 (452–472 of the Glasgow edition): "Of Restraints upon the Importation from foreign Countries of such Goods as can be produced at Home."

2:57–62 (472–479 of the Glasgow edition): "Of the extraordinary Restraints upon the Importation of Goods of almost all Kinds, from those Countries with which the Balance is supposed to be disadvantageous."

2:63–75 (479–488 of the Glasgow edition): "Digression concerning Banks of Deposit, particularly concerning that of Amsterdam."

2:76–82 (488–493 of the Glasgow edition): "Of the extraordinary Restraints upon the Importation of Goods of almost all Kinds, from those Countries with which the Balance is supposed to be disadvantageous."

2:87–90 (499–504 of the Glasgow edition): "Of Drawbacks."

2:90–105 (505–523 of the Glasgow edition): "Of Bounties."

2:130–138 (545–550 of the Glasgow edition): "Of Treaties of Commerce."

2:138–145 (550–555 of the Glasgow edition): "Of Treaties of Commerce."

2:146–157 (556–564 of the Glasgow edition): "Of the Motives for establishing new Colonies," from the chapter "Of Colonies."

2:157–190 (564–590 of the Glasgow edition): "Causes of the prosperity of New Colonies."

2:235–242 (626–630 of the Glasgow edition): "Of the Advantages which Europe has derived from the Discovery of America, and from that of a Passage to the East Indies by the Cape of Good Hope."

2:242–249 (630–635 of the Glasgow edition): "Of the Advantages which Europe has derived from the Discovery of America, and from that of a Passage to the East Indies by the Cape of Good Hope."

2:330–340 (724–731 of the Glasgow edition): "Of the publick Works and Institutions for facilitating the Commerce of the Society," from the chapter entitled "Of the Expences of the Sovereign or Commonwealth."

2:304–313 (701–708 of the Glasgow edition): "Of the Expence of Defence," from the chapter "Of the Expences of the Sovereign or Commonwealth."

2:320–327 (715–721 of the Glasgow edition): "Of the Expence of Justice."

2:378–409 (791–814 of the Glasgow edition): "Of the Expence of the Institutions of People of all Ages."

2:422–532 (825–906 of the Glasgow edition): "Of Taxes."

2:533–586 (906–946 of the Glasgow edition): "Of publick Debts"

1786. [Blavet], Reissue of Yverdon Edition (London and Paris: Poinçot)

IN THIS PUBLICATION, which perhaps appeared in 1785, Poinçot reissued the sheets of the Yverdon edition (1781), which itself reprinted the text of the Blavet translation serialized in the *Journal de l'agriculture*. It is possible that Hubert-Pascal Ameilhon, who was the editor of the journal at the time of the serialization, had a hand in this reissue, for a later connection between him and the publisher Poinçot can be established. In May 1790 Poinçot was authorized to review the books and manuscripts that had been stored in the Bastille and to dispose of them appropriately. He was to work under the supervision of Ameilhon, librarian of the Commune; see Alfred Franklin, *Les anciennes bibliothèques de Paris* (Paris, 1867–1873; rpt. Amsterdam, 1968), 3:200–201, 292–293. It is likely that Ameilhon had a hand in choosing who would work under his supervision, which suggests a personal acquaintance; and that, in turn, hints at Ameilhon's involvement in the Yverdon edition (1781) and in its reissue in Paris.

Whatever its origin, this issue represents the first appearance of a translation of WN in France in book form.

Bibliographical Description

Recherches sur la nature et les causes de la richesse des nations. Traduit de l'anglois de M. Smith. Tome premier. [second. troisieme. quatrieme. cinquieme. sixieme.] A Londres. Et se trouve à Paris, Chez Poinçot, libraire, rue de la Harpe, près S. Côme, n°. 135. 1786.
12° 16.4 × 9.3 cm.

I: π² a⁴ A–M¹² N⁶ (N6 blank or excised); *iv* 298 [2]p.
i half-title; *ii* blank; *iii* title; *iv* blank; *I*–VIII Préface de l'éditeur; *1*–296 text; 297–298 Table des chapitres contenus dans ce premier volume; *299–300* blank.

II: π² A–P¹² Q⁴ (Q4 blank or excised); *iv* 366 [2]p.
i half-title; *ii* blank; *iii* title; *iv* blank; *1*–363 text; 364–366 Table des chapitres contenus dans ce second volume; *367–368* blank (pp. 364–366 mispaged 264–266).

III: π² A–M¹² N²; *iv* 292p.
i half-title; *ii* blank; *iii* title; *iv* blank; *1*–290 text; 291–292 Table des chapitres contenus dans ce troisieme volume.

IV: π² A–K¹²; *iv* 239 [1]p. Note: In the Hitotsubashi copy A1 appears to be a cancel; in the Kress copy, the leaf was torn (perhaps as a signal for cancelation) but has been repaired.
i half-title; *ii* blank; *iii* title; *iv* blank; *1*–237 text; *238*–239 Table des chapitres contenus dans ce quatrieme volume; *240* blank.

V: π² A–N¹² (N12 blank or excised); *iv* 310 [2]p.
i half-title; *ii* blank; *iii* title; *iv* blank; *1*–308 text; 309–310 Table des chapitres contenus dans ce cinquieme volume; *311–312* blank.

VI: π² A–P¹² Q⁴; *iv* 368p.
i half-title; *ii* blank; *iii* title; *iv* blank; *1*–365 text; 366–368 Table des chapitres contenus dans ce sixieme volume; also on p. 368 is Approbation, dated 22 February 1781.

Locations: Kress; Hitotsubashi.

Notices and Reviews

10 September 1785. It is possible that sheets of the Yverdon translation (1781) also exist with other imprints. One possibility is: A Yverdun, & se trouve à Paris, chez Debure. That is the imprint given in the *Catalogue hébdomadaire*, no. 37 for the year 1785 (10 September 1785), art. 41. The Poinçot imprint is not listed as part of that entry or separately.

RECHERCHES
SUR
LA NATURE ET LES CAUSES
DE LA
RICHESSE
DES NATIONS.

Traduit de l'anglois de M. SMITH.

TOME PREMIER.

A LONDRES.

Et se trouve à PARIS,

Chez POINÇOT, Libraire, rue de la Harpe, près S. Côme, N°. 135.

1786.

Parisian reissue (1786) of the Yverdon edition.

1 March 1787. The *Journal historique et litteraire* 176 (1 March 1787), 346–350, records Poinçot as the publisher of the work under review, but with the date 1781. Perhaps Poinçot initially reissued the Yverdon edition with a title page dated 1781. The *Journal historique et litteraire*, published in Luxembourg, was edited by a former Jesuit and devoted to the defense of traditional institutions (see Louis Trenard, "La presse française des origines à 1788," in *Histoire général de la presse française*, ed. Claude Bellanger, Jacques Godechot, et al., vol. 1, *Des origines à 1814* [Paris, 1969], 296). Its review, which follows, was the only substantially critical one. (The notes have been renumbered consecutively throughout the document.)

Recherches sur la nature & les causes de la richesse des Nations. Traduit de l'anglois de Mr. Smith. A Paris, chez Poinçot, 1781. 6 vol. *in*-12. Prix 12 liv. br.

Recueil d'observations politiques, économiques, philosophiques, dont plusieurs sont solides & parfaitement raisonnables, & d'autres le fruit de spéculations embarrassées & fatigantes dont il seroit difficile d'espérer des produits clairs & sûrs. L'auteur discute fort au long la théorie du commerce & le genre de richesse qui en résulte; il paroît avec raison donner la préférence aux richesses agronomiques (a), mais sa maniere d'envisager cette matiere, tient à des principes qui n'auront pas également l'approbation des véritables amis du bonheur public. La plus grande population lui paroît être en quelque sorte la regle qui détermine la richesse & le bonheur d'une nation, soit comme cause efficiente, soit comme preuve & mesure de la félicité préexistente. Mais je crois pouvoir avancer qu'elle n'est ni l'une ni l'autre, & qu'un peuple peut être heureux sans être ni fort riche, ni fort nombreux. Pour ne rien répéter de ce que j'ai eu plusieurs fois occasion de disserter sur cette matiere (b), je citerai ce que j'ai lu depuis dans un ouvrage où parmi des choses inutiles & hazardées on en trouve de bien sensées & de bien vraies (c). L'auteur rapporte que voïageant dans le comtat d'Avignon, il rencontra un Mylord, qui, au lieu de jouir tout bonnement des beautés que cette contrée présente de toutes parts, trouva mauvais que la France abandonne ce païs au Saint-Pere, sous prétexte que le commerce y est sans vigueur, & qu'il manque de population. Voici ce que lui répond notre voïageur. "Mylord! vous raisonnez en politique; mais daignez, je vous prie, observer en philosophe. Qu'importe après tout, que ce païs-ci puisse renfermer plus d'habitans! Il s'agit de savoir si ceux qui l'habitent sont heureux. Or, voïez & jugez: ici, les moissons ne sont pas dévorées par un camp volant de commis & de collecteurs plus cruels, plus dévastateurs que la grêle & les sauterelles: les publicains n'y *travaillent pas le païs en finance*. Le tabac vaut deux sols l'once; le sel, six liards la livre (d), le vin, deux sols le grand pot. Le pain & la viande y sont taxés à un prix raisonnable, qui accommode tout à la fois le propriétaire & le consommateur. Ces plaines couvertes de verds mûriers, fournissent une énorme quantité de fort belle soie aux manufactures de Lyon & du Languedoc. Ces longues allées d'ormes, d'amandiers, d'oliviers; ces mille avenues de saules donnent le bois de chauffage, produisent des huiles & des fruits en abondance, & suppléent au manque de forêts; tous ces canaux si bien ménagés, les eaux du Rhône, les bras de la Durance, ces saignées de la Sorgue avivent des trefles & ces luzernes, & sont comme les veines & les artères de ces pâturages féconds en herbes & troupeaux: delà, les laines, les engrais, le bétail qui laboure, & le lait qui nourrit le laboureur. Pensez-vous, Mylord, que la belle culture de tant d'héritages puisse exister, dans cet état florissant, sans une population convenable (e), sans économie politique, sans bonheur? Je suis loin de le croire, Monsieur; je regarde au contraire ce païs-ci comme une des plus heureuses contrées du monde, & il faut, Monsieur, que la plûpart de vos compatriotes en fassent la même estime, puisque toutes ces campagnes, sont actuellement habitées par des Anglois, & louées à bail. Ici, Mylord, *propriété*, *sûreté, liberté*, ne sont pas de vains mots.... J'y vois, quoiqu'on en dise, des mœurs douces, de la joie, de l'aisance, du calme; l'air satisfait & tranquille annonceroit-il, à votre avis, moins de félicité que cette turbulence inquiette, ces regards avides, cette ardeur âpre & cupide des habitans des villes commerçantes"? Mylord qui tenoit en main sa tasse de thé, l'avala sans dire mot.

(a) 15 Mars 1784, p. 431.—15 Mars 1785, p. 399. & suiv.—1 Fév. 1787, p. 203.

(b) Le bonheur des peuples ne consiste pas dans une population excessive, Avril 1771, p. 234.—1 Juin 1775, p. 802.—1 Avril 1776, p. 497.—1 Janv. 1777, p. 28.—1 Janv. 1784, p. 22.—1 Décemb. 1784, p. 547.—15 Janv. 1786, p. 130.—*Cat. philos.* p. 625.— Ni dans les grandes richesses, 1 Nov. 1785, p. 351.—15 Sep. 1786, p. 100.

(c) Les Soirées provençales, ou Lettres de Mr. Berenger, écrites à ses amis, pendant ses voïages dans sa patrie; à Paris, chez Nyon l'aîné. 3 vol. in-12.

(d) Si la convention dont nous avons parlé (*1 Décemb. 1786, p. 551*) a lieu, il y aura du changement à cet égard.

(e) Une population excessive est un véritable fléau. Elle est une des grandes causes, peut-être la principale des excès de tous les genres qui attaquent ou corrompent la société. 1 Mars 1786, p. 329.—15 Nov. 1785, p. 453.

1788. [Blavet], Translation (London and Paris: Duplain)

THIS TWO-VOLUME edition of the Blavet translation was the first to be published in book form within French borders. On 26 May 1787 the publisher, Pierre J. Duplain, received a *permission simple* to publish a six-volume duodecimo work in a thousand copies. Simple permissions were given to works whose privilege had expired or ones that had never had a privilege. A "six-volume duodecimo work" also describes the Yverdon edition of 1781, Duplain's source text, which had no privilege. In the end, Duplain published two volumes in octavo. See Robert L. Dawson, *The French Booktrade and the 'Permission Simple' of 1777: Copyright and Public Domain with an Edition of the Permit Registers*, Studies on Voltaire and the Eighteenth Century, 301 (Oxford, 1992), p. 11 and entry 702 (pp. 584–585); see also entries 273, 412, and 560 for other simple permissions obtained by Duplain.

Blavet later claimed that the simple permission had been issued without his knowledge, an assertion that the evidence neither supports nor disproves. That claim served Blavet well, however, once the quality of the translation came into question in the *Journal de Paris*.

Bibliographical Description

Recherches sur la nature et les causes de la richesse des nations. Traduit de l'anglois de M. Smith. Tome premier. [second.]
A Londres, et se trouve à Paris, Chez Pierre J. Duplain, libraire, Cour du Commerce, rue de l'ancienne Comédie Françoise. 1788.
8° 19.4 × 12.1 cm.

I: $\pi^2\ ^2\pi^2$ A–2H^8 2I^4 2K^2; *iv* IV 503 [5]p.
i half-title; *ii* Livres de fonds qui se trouvent chez le même libraire, avec leurs prix reliés; *iii* title; *iv* blank; *I–IV* Préface de l'éditeur; *1–503* text; *504* blank; *505–508* Table des chapitres.

II: π^2 A–2H^8; *iv* 496p.
i half-title; *ii* blank; *iii* title; *iv* blank; *1–492* text; *493–496* Table des chapitres.

Locations: Kress; Princeton (rebound, but with the bookplate of Philibert Bruys des Gardes [a word preceding the name has been cut off, as has the portion of the bookplate below the name]); Bibliothèque nationale de France; British Library (heavily annotated, apparently by the translator); Goldsmiths'; Bibliothèque de l'Arsenal (2 copies: one in wrappers, one with the bookplate of Mr. le Mis. de Navaillac).

Publisher's Preface

The Préface de l'éditeur was reprinted from the Yverdon edition, but with some significant changes. Below, the deletions are indicated by strikethroughs, the additions by underlining.

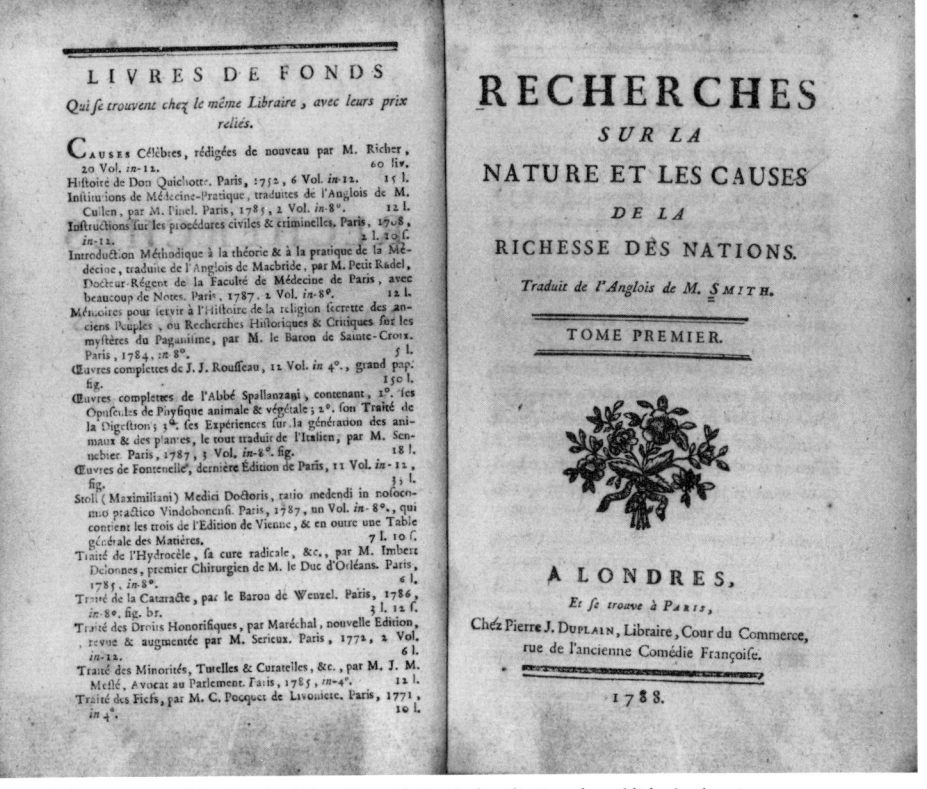

The first Parisian edition (1788) of Blavet's translation (reduced). Note the publisher's advertisement, which by implication makes this translation an ordinary object of trade in Parisian bookstores.

~~Les progrès de la société n'ont fait que multiplier nos besoins. La nécessité de les satisfaire est devenue un joug pesant. Est-ce pour l'alléger, ou pour l'aggraver, qu'on a imaginé une théorie savante, l'objet d'une foule d'écrits, que notre siecle a vu éclorre & se propager, si j'ose le dire, les uns les autres. En France, où tout ce qui commence par l'enthousiasme, finit par le ridicule, on a cru approfondir cette importante matiere, lorsqu'on ne travailloit qu'à l'obscurcir, par des termes abstraits & un langage énigmatique. C'est l'ouvrage d'une espece de secte politique, dont les prosélytes ont honoré d'une apothéose la mémoire de leur vénérable maître, auquel ils sont redevables de la sublime découverte du~~ produit net.

~~Elle avoit échappé aux spéculations des anciens philosophes, nous osons l'avouer. Mais pour ne porter pas si loin leurs vues, en étoient-ils moins éclairés? Ceux qui ont lu avec quelque attention les économiques de Xénophon, peuvent en juger. Cet illustre disciple de Socrate y montre que l'agriculture est l'art de s'enrichir honnêtement, qu'elle est le vrai fondement de la prospérité d'un Etat, comme la base la plus solide du bonheur de ses citoyens. Avec quelle noble simplicité cet ouvrage n'est-il pas écrit? Toujours clair, toujours élégant, l'auteur raisonne sans effort, & instruit sans pédantisme. Son projet de rétablir les finances de sa patrie, & d'en assurer la tranquillité, nous paroît être encore un modele dans son genre. Les politiques de ce siecle n'ont pas cependant cherché à l'imiter, ils veulent être originaux.~~

On ne sauroit refuser, sans injustice, aux écrivains anglois, d'avoir ~~souvent ce mérite~~ <u>porté les premiers leurs vues du côté de l'utilité publique.</u> Ils ont devancé les autres nations dans la carriere. Ils publioient déja des arithmétiques politiques, lorsque les autres n'avoient encore que des comptes faits. Pour arriver au but, ils n'ont épargné aucun soin. Ils paroissent avoir tout calculé, tout pesé, avoir saisi tous les rapports, & considéré toutes les faces. A des vues neuves, à des observations exactes, à des recherches profondes, ils n'ont pas toujours joint le talent de les exposer avec cette clarté & cet agrément qu'on trouve pour l'ordinaire dans l'antiquité, <u>& dans la plupart de nos bons Auteurs François.</u> Leur marche est pénible & embarrassée. Pour avoir trop d'idées & trop de connoissances, ils n'ont pas assez de méthode. Ils montrent plus de sagacité à former un plan, qu'ils ne sont exacts à le suivre constamment. Quoique M. SMITH ait rempli le sien, en approfondissant sa matiere, & qu'il ait évité plusieurs de ces défauts, la critique n'a-t-elle néanmoins aucun reproche à lui faire? Nous n'osons l'assurer. Mais quand un auteur, après avoir lutté contre tant de difficultés, parvient, comme lui, à en surmonter un aussi grand nombre, la sévérité, à son égard, devient une injustice.

L'objet étoit si important, qu'il méritoit d'être traité par l'auteur de la théorie des sentimens moraux. En donnant cet excellent traité au public, M. SMITH, ancien professeur dans l'université de ~~Glascow~~ Glascow, sembloit annoncer (a) les recherches profondes & lumineuses sur la nature & les causes de la richesse des nations. Peut-être doivent-elles être regardées comme en étant la suite. Du moins il n'est pas invraisemblable que le premier écrit ait donné naissance au second, & que le philosophe ait inspiré le politique.

Lorsque ces recherches parurent en Angleterre, on les annonça à Paris, dans le ~~journal des savans~~ Journal des Savans. ~~, sans oser se flatter que quelqu'un eût le courage de les traduire, & moins encore celui de les publier. C'est trop accuser notre malheureuse frivolité, le mal, pour être épidémique, n'atteint pas tout le monde.~~ *Il s'est trouvé un homme de lettres assez éclairé, & assez dévoué au bien public, pour* ~~remplir cette tâche~~ en donner une traduction; *& nous avons cru devoir le seconder, en réunissant les différentes parties de son travail, qu'il avoit été forcé de publier séparément. Sans cela, il auroit été aussi pénible de profiter de l'ouvrage de M.* SMITH, *que de s'en former une juste idée. Nous ne doutons pas qu'elle ne soit entiérement conforme à celle que nous en donne le jugement des auteurs de l'écrit périodique dont nous venons de parler; il est nécessaire de le remettre sous les yeux du lecteur.*

"*On reconnoit, disent-ils, dans ce grand ouvrage, la supériorité de génie & de talens, à laquelle nous devons la* théorie des sentimens moraux, *réimprimée depuis peu en Angleterre pour la* ~~quatrieme~~ quatrième *fois. Les questions économiques les plus importantes y sont traitées avec toute la netteté, l'ordre & la profondeur, dont elles sont* ~~sousceptibles~~ susceptibles; *& l'auteur, dans le choix, la nouveauté, la justesse de ses observations, & dans les conséquences qu'il en tire, montre par-tout un degré de discernement & de sagacité qu'on ne peut s'empêcher d'admirer, parce qu'il est extrêmement rare._"*
Février 1777, p. 81 éd. in-4°."

(a) Voyez la IV. Sect. de la VI. part.

The Notes

The notes of the translator to the 1781 Paris edition are all present: on 1:32, 1:174, 1:203, and 2:87. The notes of the author are also present: on 1:313, 1:350, and 2:330, along with the subsequent bibliographical references. In addition, one note of the editor of the *Journal de l'agriculture*, as discussed in the entry for Yverdon (1781), is present on 1:98.

Notices and Reviews

27 October 1787. Volumes 1 and 2 of the Duplain edition were listed in the *Catalogue hébdomadaire*, no. 43 for the year 1787 (27 October 1787), art. 16. The entry notes that the work is a "traduction de Schmitt." Also listed in *Gazette de France* (26 October 1787).

5 December 1787. The brief notice that appeared in the *Journal de Paris*, no. 339 for the year 1787 (5 December 1787), 1462–1463, marked the beginning of what would be a considerable amount of attention given to WN in the daily *Journal de Paris*. This widely read journal had a readership of 5,000 in 1782, a figure that rose in 1789

to between 11,000 and 15,000. (See Jack R. Censer, *The French Press in the Age of Enlightenment* [London and New York, 1994], 217). The text of the notice reads:

> RECHERCHES sur la nature & les causes de la Richesse des Nations; traduit de l'Anglois *de* M. *Smith*. A Paris, chez Pierre-J. *Duplain*, Libraire, cour du Commerce, rue de l'ancienne Comédie Françoise. 2 vol. in 8°.; prix 10 liv. br. & 12 liv. rel.
>
> Les bornes de notre Journal ne nous permettant pas une analyse capable de donner une idée de cet Ouvrage important, nous nous contenterons de rapporter le sentiment des Auteurs du Journal des Savans, lorsqu'ils annoncèrent l'original anglois au mois de Février 1777.
>
> "On reconnoît, disent ils, dans ce grand Ouvrage la supériorité de génie & de talens de M. *Smith*. Les questions économiques les plus importantes y sont traitées avec toute la netteté, l'ordre & la profondeur dont elles sont susceptibles; & l'Auteur, dans le choix, la nouveauté, la justesse de ces observations, & dans les conséquences qu'il en tire, montre partout un dégré de discernement & de sagacité qu'on ne peut s'empêcher d'admirer, parce qu'il est extrêmement rare."
>
> La traduction nous a paru fidelle & purgée des contre-sens & des incorrections de la 1re édition faite en pays étranger.

15 March 1788. This edition was reviewed in *Journal encyclopédique*, vol. 2, pt. 3 for the year 1788 (15 March 1788), 396–408, as follows:

> *Recherches sur la nature & les causes de la richesse des nations; traduites de l'anglois de* SMITH. 2 vol. in-8°. A Londres, & se trouvent à Paris, chez Duplain. Prix, 10 liv. brochés, & 12 liv. reliés.
>
> MR. Smith marche ici sur les traces de ses compatriotes, auxquels on ne sçauroit refuser sans injustice d'avoir porté les premiers leurs vues du côté de l'utilité publique. Sa *Théorie des sentimens moraux* avoit déjà montré dans lui l'auteur profond; ses nouvelles recherches ajoutent à sa gloire. Pour concevoir toute l'étendue de leur objet, il faut le suivre dans les diverses branches qu'il renferme, & dans les sous-divisions que contient chacun des cinq livres dont cet ouvrage est composé.
>
> Dans le premier, M.S. traite des causes qui ont perfectionné les facultés productives du travail, & de l'ordre selon lequel son produit se distribue parmi les différentes classes du peuple. Rien n'est plus vrai que les réflexions par lesquelles il entre en matiere.
>
> "Le travail annuel d'une nation, dit-il, est la source d'où elle tire toutes les choses nécessaires & commodes qu'elle consomme annuelment, & qui consistent ou dans le produit immédiat de ce travail, ou dans ce qu'elle achete des autres nations avec ce produit. Ainsi, selon qu'il y aura plus ou moins de pro-

portion entre le nombre de ses consommateurs & ce produit, ou ce qu'elle achete avec ce qu'elle produit, elle sera mieux ou plus mal pourvue par rapport aux besoins & aux commodités de la vie. Mais cette proportion doit être réglée dans chaque nation, 1°. par l'adresse, la dextérité & le jugement avec lesquels on y emploie généralement le travail, 2°. par la proportion entre le nombre de ceux qui sont employés à un travail utile & le nombre de ceux qui ne le sont pas. Quel que soit le sol, le climat, ou l'étendue du territoire d'une nation, l'abondance ou la rareté de ses provisions dépendent nécessairement de ces deux articles, & surtout du premier".

"En veut-on la preuve? Que l'on considere les nations sauvages, composées de chasseurs & de pêcheurs: chez elles, chaque individu en état de travailler s'occupe plus ou moins d'un travail utile, & tâche de procurer autant qu'il peut les besoins & les commodités de la vie à lui-même, à ceux de sa famille, ou de sa horde, qui sont trop vieux, trop jeunes ou trop infirmes pour aller à la chasse ou à la pêche. Ces nations cependant vivent dans une pauvreté si affreuse, que le besoin les réduit fréquemment, ou leur fait croire au moins qu'ils sont réduits à la nécessité, quelquefois de détruire, souvent d'abandonner leurs enfans, leurs vieillards & leurs malades, & de les laisser exposés à mourir de faim, ou à être dévorés par les bêtes féroces. Au contraire, parmi les nations civilisées où regne l'abondance, quoiqu'un grand nombre de gens n'y travaillent point du tout, & que plusieurs consomment dix fois & souvent cent fois plus de produit de l'industrie que la plupart de ceux qui travaillent; cependant le produit total de la société est si considérable, que tous les individus sont abondamment pourvus, & que la portion des choses nécessaires ou commodes, dont peut jouir un ouvrier sage & industrieux de la derniere classe & la plus pauvre, sera meilleure que celle qu'aucun sauvage peut acquérir".

L'auteur divise ce premier livre en 11 chapitres, dont plusieurs ont leurs sous-divisions particulieres.

La division même du travail, son principe, ses effets & ses limites composent les trois premiers. Pour concevoir l'importance de cette division du travail, prenons l'exemple que M. Smith emploie, le métier d'épinglier.

"Si un ouvrier n'est pas élevé dans cette occupation, dont la division du travail a fait un métier particulier; s'il n'est point habitué à faire usage des machines qui y servent, & dont l'invention a été occasionnée probablement par la division même du travail; avec les derniers efforts de son industrie, peut-être ne fera-t-il pas une épingle en un jour, & certainement il n'en fera pas vingt. De la maniere dont on s'y prend aujourd'hui, non-seulement tout ce travail forme un métier à part, mais il est partagé en différentes branches, dont la plupart en font encore un métier. C'est un homme qui déroule le fil de laiton; c'en est un autre qui le redresse; un troisieme le coupe; un quatrieme y fait la pointe; un cinquieme l'émoud à l'autre extrêmité qui doit recevoir la tête. Pour faire cette tête, il faut deux ou trois opérations distinctes; la poser est une affaire à part; c'en est encore une que de blanchir les épingles; il n'y a pas jusqu'au soin de les mettre dans des papiers qui ne soit un métier particulier, de sorte que dans l'art important de faire une épingle, on compte 18 opérations distinctes, qui toutes sont exécutées dans certaines manufactures, par des mains différentes, quoique dans d'autres un seul homme en fasse deux ou trois. J'en ai vu une petite où il n'y avoit que 10 ouvriers, & où certains d'entr'eux étoient, par conséquent, chargés de plusieurs de ces opérations. Ils étoient tous pauvres, & assez mal pourvus d'outils. Cependant, quand ils avoient l'ouvrage à cœur, ils pouvoient faire en un jour 12 livres pesant d'épingles. Une livre en contient plus de quatre mille de moyenne grandeur. C'est plus de 48 mille par jour; & supposant que chacun des 10 ouvriers en fît la dixieme partie, c'est quatre mille huit cens par tête. Or, s'ils avoient travaillé séparément, sans l'aide les uns des autres, & sans avoir appris ce métier-là, chacun d'eux n'en auroit pas fait 20, peut-être pas une seule".

Notre auteur observe trois circonstances qui concourent à ce qu'un même nombre d'hommes puisse être capable de produire une plus grande quantité d'ouvrage en conséquence de la division du travail. Ces circonstances sont 1°. un accroissement de dextérité dans chaque individu, 2°. l'épargne du tems qu'on perd communément en passant d'une espece d'ouvrage à une autre, 3°. enfin l'invention d'un grand nombre d'instrumens qui facilitent le travail.

Cette division une fois bien établie, le produit du travail d'un homme ne fournit plus qu'à une petite partie de ses besoins; & pour fournir aux autres, il faut qu'il échange le surplus de ce produit, qu'il ne consomme pas. Cette nécessité d'échange a amené l'usage de la monnoie, qui ait l'objet du quatrieme chapitre. Les autres concernent le prix réel & nominal des marchandises, ou de leur prix en travail & en argent, les parties constituantes du prix des marchandises, leur prix de marché, leur prix naturel, le salaire du travail, les profits des fonds, le salaire & le profit dans les différens emplois du travail & des fonds, les inégalités qui naissent de la nature même des emplois, tant du travail que des fonds, & la rente de la terre. Ce dernier chapitre, fort important, est aussi très-long: nous en citerons quelques résultats.

"Toute amélioration dans la fortune de la société tend directement, ou indirectement, à faire monter la rente réelle de la terre, à augmenter la richesse réelle du propriétaire, son pouvoir d'acheter le travail ou le produit du travail d'autrui... Tout le produit annuel des terres & du travail de chaque pays, ou ce qui revient au même, tout le prix de ce produit annuel se divise naturellement en trois parties: la rente de la terre, le salaire du travail & le profit des fonds. Il constitue le revenu de trois différens ordres d'hommes: de ceux qui vivent de leurs rentes, de ceux qui vivent de leurs salaires, & de ceux qui vivent de leurs profits".

Voilà, suivant M.S., les trois grands ordres fondamentaux & constitutifs de toute société civilisée, du revenu desquels tout autre ordre tire le sien en derniere analyse.

L'intérêt du premier de ces trois ordres est étroitement & inséparablement lié avec l'intérêt général de la société. Tout ce qui est favorable ou nuisible à l'un est nécessairement avantageux ou nuisible à l'autre.

"Lorsque le public délibere sur quelque réglement de commerce ou de police, les propriétaires de terres ne peuvent jamais donner dans l'erreur, quand ils ont en vue l'avantage de leur ordre particulier, du moins s'ils sont un peu éclairés sur leur intérêt. Malheureusement ils le sont rarement. Des trois ordres, ils sont le seul à qui le revenu vient, pour ainsi dire, tout seul, sans lui coûter ni soin ni travail, & sans qu'il ait besoin de former aucun plan ni aucun projet... L'intérêt du second ordre, celui des gens qui vivent de leur salaire, n'est pas moins intimement uni avec celui de la société. Le salaire de l'ouvrier n'est jamais haut, que quand on demande continuellement plus de travail, ou quand la quantité qu'on met en œuvre, augmente tous les ans considérablement. Lorsque cette richesse de la société s'arrête dans son cours, le salaire est aussi-tôt réduit à ce qui est simplement suffisant pour élever les familles, & perpétuer la race des ouvriers. Si la société décline, il tombe encore au dessous. Si cet ordre gagne moins que celui des propriétaires à la prospérité du pays, il n'y en a point qui souffre si cruellement de sa décadence. Mais quoique l'intérêt des ouvriers soit étroitement lié à celui de la société, ils ne sont pas capables d'y rien entendre"....

"Ce sont ceux qui les emploient, ce sont les marchands, les manufacturiers qui constituent le troisieme ordre. L'intérêt de ceux-ci n'a pas la même connexion avec l'intérêt général de la société, que celui des deux premiers ordres. Comme ils sont engagés toute leur vie dans des plans & des projets, ils ont souvent plus de pénétration & d'intelligence que la plus grande partie des gentilshommes du pays. Leurs spéculations roulent communément sur leur intérêt particulier, souvent opposé au bien public. La proposition d'une nouvelle loi relative au commerce, qui part de cet ordre, doit donc toujours être écoutée avec beaucoup de précaution, & puis examinée, non-seulement avec le plus grand scrupule, mais avec la plus grande défiance".

Ce premier livre est terminé par un tableau comparatif des divers prix du bled & de la monnoie pendant un certain nombre d'années.

"Quel que soit l'état actuel de l'adresse, de la dextérité & du discernement avec lequel on emploie le travail dans chaque nation, dit l'auteur, l'abondance ou la disette dans les provisions annuelles dépendent, tant que cet état dure, de la proportion entre le nombre de ceux qui sont occupés annuellement à un travail utile, & le nombre de ceux qui ne le sont pas".

M. Smith fera voir que le nombre des ouvriers utiles & productifs est partout en proportion avec la quantité des fonds employés à les mettre en œuvre, & à la maniere particuliere dont on les emploie. Son second livre traite en conséquence de la nature des fonds, de la maniere dont on peut les augmenter par degrés, & des différentes quantités de travail en mouvement, suivant les divers emplois qu'on peut faire de ses fonds.

"Les nations (remarque-t-il) qui ont poussé jusqu'à un certain point l'adresse, la dextérité & le discernement dans l'application du travail, l'ont conduit & dirigé sur des plans différens, & ces plans n'ont pas tous été également favorables à la grandeur du produit. La politique de quelques-unes a donné un encouragement extraordinaire à l'industrie de la campagne; celle de quelques autres, à l'industrie des villes. A peine s'en trouvera-t-il une qui ait également & impartialement favorisé toutes les especes d'industrie. La politique de l'Europe a été la plus favorable aux arts, aux manufactures, au commerce, qui sont l'industrie des villes, qu'à l'agriculture, qui est l'industrie des campagnes".

Les circonstances qui ont introduit & établi cette politique occupent l'auteur dans le troisieme livre, dont le dernier chapitre nous montre néanmoins comment le commerce des villes a contribué à l'amélioration des campagnes; ce qui vient 1°. de la commodité d'un marché considérable & à portée, qu'elles fournissoient à la campagne pour la vente de son produit brut, 2°. des acquisitions de la classe commerçante, accoutumée à mettre son argent à des projets utiles, & moins timide dans les projets d'amélioration.

"Quiconque, dit l'auteur, a vécu dans une ville marchande située dans un pays médiocrement cultivé, doit avoir souvent remarqué combien les opérations des marchands en ce genre sont plus animées que celles des propriétaires nés à la campagne, & qui y vivent de leur bien. D'ailleurs, les habitudes d'ordre, d'économie, que forme le commerce, rendent un homme plus propre à exécuter tout projet d'amélioration avec profit & avec succès."

3°. Le commerce & les manufactures introduisirent par degrés l'ordre & le bon gouvernement, & avec eux la liberté & la sûreté des individus parmi les habitans de la campagne, qui auparavant avoient vécu dans un état de guerre presque continuel avec leurs voisins, & dans une dépendance servile à l'égard de leurs supérieurs.

Quoique les divers plans de politique soient peut-être originairement l'ouvrage de l'intérêt particulier & des préjugés de certaines classes d'hommes qui ne prévoyoient nullement les suites qu'ils pourroient avoir relativement à la prospérité générale de la société, ils ont donné occasion à des théories d'économie politique fort différentes, dont quelques-unes exaltent l'importance de l'industrie qui s'exerce dans les villes, & les autres l'importance de celle qui s'exerce dans les campagnes. Ces théories ont influé considérablement sur les opinions des sçavans, & sur la conduite publique des souverains. M. S. expose dans son quatrieme livre ces diverses théories, & leurs principaux effets en différens siecles & chez différentes nations.

On voit dans ces quatre premiers livres en quoi consiste le revenu d'un grand corps de peuple, ou quelle est la nature de ces fonds qui, en divers siecles & chez divers peuples, ont fourni à la consommation annuelle. Il restoit à traiter des revenus du souverain ou de la république, & c'est aussi ce que fait notre auteur dans son cinquieme livre, qui occupe la moitié du second volume. M. Smith se propose d'y montrer 1°. quelles sont les dépenses du souverain ou de la république, lesquelles de ces dépenses doivent être défrayées par la contribution générale de la société, & quelles sont celles qui doivent l'être par une partie seulement de la société, ou par quelques-uns de ses membres; 2°. quelles sont les différentes méthodes pour faire contribuer la société aux dépens qui doivent tomber sur elle, & quels sont les principaux avantages & inconvéniens de chacune de ces méthodes; 3°. enfin, quelles sont les raisons & les causes qui ont porté presque tous les gouvernemens modernes à engager quelque partie de leurs revenus, ou à contracter des dettes, & quels ont été les effets de ces dettes sur la richesse réelle, c'est-à-dire, sur le produit annuel des terres & le travail de la société.

Tous ces objets se sous-divisent en différens chapitres où l'auteur traite des frais de défense & des frais de justice. Delà il en vient à la dépense à faire pour les ouvrages publics, à celles qui regardent le commerce de la société, l'éducation de la jeunesse, les institutions des hommes de tout âge, la dignité du souverain. Il s'occupe ensuite des taxes ou impôts, qu'il divise en taxes sur les terres, sur les maisons, les rentes, l'industrie, les marchandises de consommation. Le chapitre par lequel il finit, & qui n'est pas le moins essentiel, est celui des dettes publiques, dont il décrit l'origine de la maniere suivante.

"Dans un pays commerçant, où tous les objets de luxe abondent, le souverain, comme presque tous les grands propriétaires de ses domaines, dépense naturellement en luxe une grande partie de son revenu. Son pays & les autres pays lui présentent en foule toutes ces babioles fort cheres qui composent l'éclatante, mais vaine pompe d'une Cour. Pour l'amour de pareilles fadaises, ses nobles renvoient les pensionnaires de leur suite, rendent leurs tenanciers indépendans, & par degrés deviennent des gens d'aussi peu de conséquence que les riches bourgeois de ses domaines. Les mêmes passions frivoles qui influent sur leur conduite, influent sur la sienne. Comment supposer qu'il puisse être le seul homme riche dans ses domaines, qui fût insensible aux plaisirs de cette nature? Si, contre les apparences, il a la modération de n'acheter de ces plaisirs que ceux qu'il peut se procurer sans beaucoup affoiblir la puissance de l'Etat, au moins ne peut-on s'attendre qu'il n'y dépensera pas tout ce qui lui restera au delà de ce qu'il lui faut pour la soutenir. Sa dépense ordinaire est égale à son revenu, & ce sera un grand bonheur, si elle ne l'excede pas souvent. Il ne thésaurisera donc point; & si l'Etat a des besoins extraordinaires, il sera nécessairement obligé d'appeller les sujets à son secours. Le roi regnant & le feu roi de Prusse sont les seuls grands princes de l'Europe qu'on suppose avoir amassé un trésor considérable depuis la mort de Henri IV, roi de France, en 1610. La parcimonie qui fait accumuler, est devenue presqu'aussi rare dans les gouvernemens républicains que dans les Etats monarchiques. Les républiques d'Italie, les Provinces-Unies des Pays-Bas, sont toutes endettées. Le canton de Berne est la seule république en Europe, qui ait beaucoup amassé. Les autres républiques suisses ne l'ont pas imité. Le goût pour quelque sorte de magnificence, du moins pour les superbes bâtimens & autres ornemens publics, regne souvent autant dans l'assemblée d'une petite république frugale en apparence, que dans la cour dissipée du plus grand roi".

"Le défaut d'économie dans les tems de paix impose la nécessité de contracter des dettes en tems de guerre. S'il faut trois ou quatre fois plus de dépense dans ce tems, il faut aussi trois ou quatre fois plus de revenu. Supposé que le souverain ait, ce qu'il a rarement, le moyen d'augmenter sur le champ son revenu en proportion de l'augmentation de la dépense, le produit des impôts, d'où dépend l'accroissement du revenu, ne peut entrer dans le trésor public que dix à douze mois après qu'ils sont établis; mais au moment où la guerre commence, ou plutôt où il paroît qu'elle doit commencer, il faut que l'armée soit augmentée, les flottes équippées, les villes de garnison mises en état de défense... Il faut trouver sur le champ de quoi faire une grande dépense, parce que le danger presse... Dans ces circonstances, le Gouvernement n'a pas d'autre ressource que d'emprunter... Si l'état commerçant de la société amene la nécessité de l'emprunt, il amene aussi la facilité de le remplir".

Nous laissons au lecteur le soin de suivre M. Smith dans ses réflexions sur le progrès de ces dettes, sur leurs effets, & les moyens imaginés pour rassurer la confiance des prêteurs. Peu d'auteurs se sont déclarés plus hautement contre la dette & contre l'hypotheque; mais ces matieres sont spécialement appliquées à sa patrie, dont on s'appercevra aussi qu'il adopte quelquefois les préjugés contre les autres Etats; ce qui n'empêche point qu'il n'ait obtenu & mérité de grands éloges de la part de ceux qui s'occupent des objets politiques.

1788 · [BLAVET], TRANSLATION (DUPLAIN)

On trouve des longueurs dans son ouvrage; mais il y de l'ordre, de la netteté & de la profondeur.

22 March 1788. This edition was reviewed in *Mercure de France*, no. 12 for the year 1788 (22 March 1788), 171–175. The government-sponsored *Mercure de France* was also widely circulated, having 15,000 readers in 1788; see Censer, *French Press*, 93, 216. The text of the review reads:

RECHERCHES *sur la nature & les causes de la richesse des Nations, traduites de l'Anglois de M.* SMITH; 2 *Vol. in-8°. A Paris, chez* P. J. Duplain, *Libraire, Cour du Commerce, rue de l'ancienne Comédie Françoise. Prix*, 10 *liv. broch. &* 12 *liv. reliés.*

On n'hésitera pas de mettre ces Recherches au rang des Productions qui font le plus d'honneur à notre Siècle & à l'esprit humain, si on considère, d'une part, la force & l'étendue de génie qu'elles supposent; & de l'autre, l'extrême importance des vérités généralement ignorées, que l'Auteur y a mises dans le plus grand jour.

Dans ce Livre que nous annonçons, l'Auteur part d'un fait lumineux pour éclairer ensuite un immense horizon, c'est-à-dire, pour développer les principes, &, pour ainsi dire, la contexture de l'organisation des sociétés civilisées, les vices que des circonstances particulières ont introduits parmi les Nations de l'Europe moderne, & les fâcheux effets qui en résultent.

Le fait par où débute M. Smith, est la prodigieuse multiplication d'Ouvrages, due à la perfection qu'acquierent les facultés productives du travail, par la division ou la distribution du travail même, partagé convenablement entre les différens Ouvriers qui ont chacun leur tâche & concourent tous au même but. On voit ainsi, dès le premier Chapitre, la source de toutes les Sciences, de tous les Arts & de tous les Métiers, & la cause de cette variété presque infinie d'occupations & de talens, qui met entre des hommes, nés avec d'égales dispositions, une si grande différence, que l'orgueilleux Financier a peine à reconnoître son semblable dans un homme de la classe du peuple. On y voit ce qui donne la supériorité aux peuples civilisés sur les peuples barbares, & d'où vient celle des Nations plus civilisées sur celles qui le sont moins. Mais pour décider une question où l'amour-propre de chacune a tant d'intérêt, il faut les comparer plutôt, relativement à leurs Manufactures, qu'à leur Agriculture; car celle-ci n'étant pas susceptible de la même séparation de tâches, il est tout simple que les Nations les plus avancées & les plus opulentes l'emportent moins par ce côté que par l'autre.

L'Ouvrage est divisé en cinq Livres. La richesse d'une Nation consistant dans l'abondance des choses nécessaires, commodes, agréables, qu'elle se procure annuellement par son travail, on montre dans le Ier. comment le travail procure cette abondance, & comment elle se répand jusque dans les derniers rangs du peuple.

Le travail étant toujours en proportion avec les fonds que le mettent en mouvement, le IIe. Livre traite de la nature, de l'accumulation des fonds, & des diverses quantités de travail qu'ils sont agir suivant les divers emplois qu'on en fait.

Le IIIe., des circonstances qui ont déterminé machinalement la Politique de l'Europe à encourager l'application des fonds aux Arts, aux Manufactures & au Commerce, plutôt qu'à l'Agriculture.

Le IVe., des Systêmes d'économie politique, & de leur influence, non seulement sur les opinions des Savans, mais sur la conduite publique des Etats & des Princes.

Le Ve., qui traite du revenu du Souverain, des impôts, &c. est comme un appendice naturel aux quatre autres, où il est question du revenu du grand corps du Peuple.

La voix presque unanime de l'Angleterre pour placer cette Production de M. Smith à côté de l'*Esprit des Loix*, malgré le peu de rapport des deux Ouvrages, & la réputation dont jouissoit déjà l'Auteur par sa Théorie des Sentimens moraux, ne pouvoient qu'exciter le désir d'en voir une Traduction dans notre Langue. L'Auteur de la Vie de M. Turgot fut le premier qui témoigna publiquement ce désir. Il fait en peu de mots un bel éloge de ce Livre, en disant "qu'il est trop peu connu pour le bonheur de l'Europe". En effet, si les lumières qu'on peut y puiser venoient à se répandre & à changer l'opinion, les erreurs les plus fatales à l'humanité disparoîtroient, & les hommes seroient gouvernés par les principes de justice & de raison, qui peuvent rendre moins malheureuse notre existence.

En 1778, il se fit hors de France une Traduction de cet Ouvrage, qui, quoique destinée pour Paris, n'a pu y parvenir, par l'empressement des Etrangers à l'enlever. Deux ans après, une autre fut annoncée en Hollande, dont il n'y a eu ici qu'un petit nombre d'exemplaires. Cette dernière s'étant trouvée différente de la première, & plus soignée, c'est d'après celle-ci conférée, conjointement avec celle de 1778, sur l'original anglois, qu'a été faite l'Edition que nous annonçons. La situation actuelle des esprits & des affaires dans ce Royaume, donne lieu d'espérer que cet important Ouvrage trouvera parmi nous des Lecteurs capables d'en profiter.

5 April 1788. The *Gazette de littérature, des sciences et des arts*, no. 14 (5 April 1788), reprinted the text that appeared in the *Mercure de France* (22 March 1788).

9 October 1788. The Duplain edition sparked a series of letters in the *Journal de Paris*. The first letter, in no. 283 (9 October 1788), 1210–1211, is signed D.C.D.V.

A second letter is signed M.D.C.D.V., and the initials M.C.D.V. are also used. Christophe Salvat, "Formation et diffusion de la pensée économique libérale française: André Morellet et l'économie politique du dix-huitième siècle," 2 vols. (Ph.D. diss., Université Lyon II), 1:162, identifies these initials as probably those of "Monsieur de Chassebœuf de Volney," whose full name was Constantin François de Chassebœuf de Volney (1757–1820). Not only do the initials fit, but Morellet identified Volney as someone who was influenced by him: "L'autre brochure que je vous envoye est d'un homme que je connois et qui a mis à profit plusieurs de mes idées comme vous vous en appercevrés facilement" (Morellet to William Petty, marquis of Landsdowne, 25 March 1788, in *Lettres d'André Morellet*, ed. Dorothy Medlin, Jean-Claude David, and Paul LeClerc [Oxford, 1991], 2:108).

Aux Auteurs du Journal.
MESSIEURS,
   On félicite beaucoup notre siècle de ce goût général de lecture qui s'est répandu dans toutes les classes de la société. Il n'y a pas très long-tems encore, ce goût n'étoit commun que dans les classes moyennes. Les Grands, par exemple, & leurs Valets-de-chambre, ne lisoient guères: aujourd'hui tout le monde lit, les Duchesses, les Couturières. Tout le monde a commencé par les Romans, & tout le monde est allé ou ira jusqu'aux Ouvrages d'Administration & de Législation. J'ai vu, & ceci est un fait, un Laquais emprunter à un autre Laquais le Mémoire de M. *de C.* & la Réponse de M. *N.* Il les a lus & jugés à sa manière: cette manière n'est pas probablement excellente, mais elle se perfectionnera. Dans tous les genres, pour apprendre à bien faire, il faut commencer par faire mal. C'est ce que ne veulent pas comprendre ceux qui aux moindres inconvéniens d'une innovation, au plus léger abus des lectures, se plaignent de ce qu'on ne laisse pas les hommes dans cette nuit de l'ignorance où les fripons & les imposteurs trouvent seuls leur compte.
   Il a fallu avoir des Pédans avant d'avoir des Savans, avant d'avoir des hommes d'esprit & des Philosophes. Je trouve donc très bon que des hommes de toutes les classes veuillent lire des Livres de tous les genres; mais je désirerois que, sur les matières avec lesquelles on n'est pas très familiarisé, on lût les grands Écrivains avec beaucoup d'attention, & qu'on les citât avec beaucoup de ménagement. Un Rhéteur, qui étoit aussi un Philosophe, ce qui n'est pas commun, le sage Quintilien, dit qu'il ne faut critiquer les grands hommes qu'avec beaucoup de circonspection, de peur de blâmer ce qu'on ne comprend pas. On ne le croiroit pas, il faut presque la même circonspection pour les citer, à moins qu'on ne les copie littéralement. Sans cette précaution, beaucoup de gens s'exposent à leur faire dire ce qu'ils n'ont ni dit, ni pensé, quelquefois même le contraire de ce qu'ils ont dit. Comme leurs pensées sont fort au-dessus des pensées communes, ou les combattent, l'ignorant ne les

entend pas, les esprits inattentifs les entendent de travers, les esprits de mauvaise foi les altèrent. Je citerois cent exemples de ce genre; mais je ne veux blesser personne. Je me contenterai de rapporter un passage d'un Ouvrage périodique qui m'a donné lieu à ces réflexions, & je ne le rapporterai que comme un exemple de la légéreté avec laquelle on lit & on censure; car on n'a pas le droit d'attribuer à l'ignorance & à la mauvaise foi ce qui peut n'être que l'effet de l'inattention. Comme la petite discussion où je suis obligé d'entrer demande un peu d'espace, ce sera l'objet d'une seconde Lettre que je vous adresserai demain.

J'ai l'honneur d'être, &c. *D.C.D.V.*

11 October 1788. A second letter to the *Journal de Paris* followed in no. 286 (12 October 1788), 1221–1222. It begins with a reference to a note in the *Mercure de France*, no. 38 (20 September 1788), 124, identified as being by "Horne-Tooke" (that is, John Horne-Tooke [1736–1812]). It was published as part of a translation of *Two pair of portraits presented to all the unbiassed electors of Great Britain* (London, 1788), which began the previous week in *Mercure de France*, no. 37 (13 September 1788), 73. The full text of the letter reads:

Seconde Lettre de M.D.C.D.V. (Voyez la Feuille du 9 de ce mois.)
Messieurs,

Dans la partie politique du Mercure, N° 38, pag. 124, je lis cette note:
"Le Docteur Adam Smith avance dans son *Traité de la Richesse des Nations* cette thèse vraiment louable & consolante, que les objets de luxe devroient être seuls taxés, & les choses nécessaires à la vie franches de toute imposition. Mais quand il en vient à examiner ce que c'est que les choses nécessaires à la vie (& vous remarquerez que son Ouvrage est écrit en anglois) il nous apprend que les chapeaux, les souliers & les bas ne sont pas nécessaires à la vie, parce qu'il y a beaucoup de nations qui s'en passent. Mais, à ce compte, le linge est aussi un superflu, car César n'en portoit pas. La laine manufacturée en drap est un luxe évident, les peaux de bêtes pouvant encore mieux garantir l'homme du froid.... C'est ainsi que le Docteur n'excepte rien des objets de luxe imposables, que le nécessaire des Sauvages, l'air, l'eau, les légumes & les peaux de bêtes."

Je puis vous assurer, Messieurs, que de toutes les belles choses qu'on fait dire dans cette note à M. Adam Smith, il n'y en a pas une seule qu'il ait dite, & qu'il y en a plusieurs dont il a dit littéralement le contraire.

1°. M. Smith a dit, non qu'il ne falloit pas imposer les choses nécessaires à la vie, mais qu'il ne falloit pas établir les impôts de manière qu'ils prissent sur le nécessaire des Journaliers, des Artisans, des hommes qui n'ont pour vivre que leur travail; & cela est bien différent.

2°. M. Smith n'a point dit qu'il ne falloit imposer que les choses de luxe. Cette opinion, qui paroît très morale, a entraîné tous les petits esprits & a séduit même quelques hommes de génie. Elle ne pouvoit pas être l'opinion d'un Philosophe qui sommet tout à la profonde analyse. Entre les impôts établis sur les choses de luxe, M. Smith distingue ceux qui de proche en proche font hausser le prix de toutes les marchandises, de toutes les denrées, de tous les travaux, & ceux dont l'effet se borne à élever le prix de l'objet de luxe sur lequel il est établi. Il proscrit les premiers comme funestes d'abord au commerce, ensuite aux reproductions de la terre. Il semble approuver les seconds comme des espèces de loix somptuaires qui interdisent aux petites fortunes des jouissances qui les ruineroient. Tout cela est fondé sur des vues très belles, mais trop profondes pour être expliquées ici.

3°. Il seroit bien étonnant qu'en Angleterre, où les pauvres Ouvriers portent des chapeaux & des souliers, un Anglois eût mis les souliers & les chapeaux parmi les objets de luxe dont le peuple peut se passer. Ici il faut entendre M. Smith lui-même; je vais le traduire littéralement.

"L'impossibilité d'établir par une capitation une taxe proportionnée aux revenus semble avoir fait imaginer les taxes sur les consommations. Les Gouvernemens n'ayant aucun moyen de connoître directement les revenus de chaque particulier & de les taxer dans une juste proportion, on a taxé les dépenses, parce qu'on a supposé que les dépenses de chacun seroient le plus souvent proportionnées à ses revenus; & les dépenses ont été taxées en taxant les objets de consommation.

"Les consommations sont ou de choses nécessaires, ou de choses de luxe. *Par choses nécessaires, j'entends non-seulement celles qui sont indispensables pour vivre, mais encore celles dont, suivant les usages d'un pays, il seroit honteux de manquer, même pour les classes inférieures du peuple. Une chemise de toile, par exemple, à parler rigoureusement, n'est pas nécessaire à la vie; les Grecs & les Romains vivoient très bien & n'avoient point de toile. Mais aujourd'hui, dans la plus grande partie de l'Europe, les Journaliers mêmes rougiroient de se montrer en public sans chemise de toile, parce qu'on présumeroit qu'ils ne sont tombés dans un tel excès de pauvreté que par un excès d'inconduite. C'est ainsi encore que l'usage, en Angleterre, fait regarder les souliers comme une chose nécessaire à la vie. . . . . Sous ce mot de nécessaire je comprends donc toutes les choses que non-seulement la nature, mais encore toutes celles que la coutume ou les convenances établies ont rendues nécessaires aux derniers rangs du peuple.*"

Comment se fait-il dans la partie politique du *Mercure* on fasse dire à M. Smith que les chemises & les souliers ne sont pas des choses nécessaires à la vie, tandis qu'il dit, en toutes lettres, que les chemises & les souliers sont des choses nécessaires à la vie? Comment lui fait-on dire qu'il n'y a de nécessaire que ce dont le Sauvage même ne peut se passer, tandis qu'il dit en propres termes, qu'il entend par choses nécessaires toutes celles que la coutume & les bienséances établies chez les nations policées ont rendues nécessaires aux derniers rangs du peuple? Je conçois qu'on ne saisisse pas les idées d'un Écrivain dans toute leur étendue lorsqu'elles sont profondes; je conçois qu'on ne l'entende pas bien dans ce qu'il n'a pas dit positivement & clairement; mais quand il a dit une chose très simple, quand il l'a dite de manière à se faire entendre de tous ceux qui entendent sa langue, comment lui fait-on dire le contraire de ce qu'il a dit?

Qu'on dénature les idées d'un Écrivain obscur, qu'on fasse dire une sottise de plus à un Auteur sans esprit & sans talent, ce n'est pas là un grand malheur. Mais on donne de l'autorité aux erreurs, quand on les met sur le compte d'un homme de génie; quand on lui attribue des idées vagues & mal déterminées, on répand du trouble & de la confusion dans les esprits attentifs à tout ce qui porte son nom: & aujourd'hui qu'en France les Représentans de la Nation sont au moment de discuter ensemble leurs plus grands intérêts politiques, il importe peut-être de ne pas laisser attribuer de fausses idées sur les impôts à un Philosophe qui, sans être beaucoup lu encore, a cependant déjà beaucoup d'autorité & beaucoup de gloire. La Grande-Bretagne, en donnant le jour à Smith, s'est acquittée envers la France qui a fait naître Montesquieu. Il est donc à désirer qu'on lise beaucoup Smith, qu'on l'étudie & qu'on le médite dans cet instant où tous les esprits, tournés vers les objets d'Administration, y portent encore plus de chaleur que de lumières. J'ai l'honneur d'être, &c.

16 October 1788. The letter in the 12 October issue provoked a response by M. (Jacques) Mallet du Pan, which was printed in *Journal de Paris*, no. 290 (16 October 1788), 1237–1238:

Aux Auteurs du Journal.
MESSIEURS,
Paris, le 13 Octobre 1788.

Un Anonyme, qui signe D. C. D. V., vous a adressé une Lettre fort sensée *sur la légéreté avec laquelle on lit & on censure:* dans votre Journal d'hier, ce Correspondant fournit une preuve de la nécessité de ses réflexions. Il attribue au *Mercure politique* une Note sur le célèbre *Adam Smith*, qui est de M. *Horne-Tooke*, Ecrivain anglois ingénieux, & non moins estimable par le courage de sa conduite politique que par ses ouvrages. Cette Note est annexée à un parallèle de M. *Pitt* & de M. *Fox*, qu'il a publié récemment, & dont la singularité m'a engagé à le faire connoître dans la partie politique du *Mercure*.

Précisément afin de prévenir le reproche d'avoir hazardé moi-même ce jugement que je crois mal fondé sur quelques idées de M. *Smith*, j'ai mis au bas de l'article, & en caractères très lisibles, *cette Note est de M. Horne-Tooke*. Pourquoi donc M. *D. C. D. V.*, à qui cette indication n'a pu échapper, déguise-t-il le nom de l'Auteur Anglois, & rend-il le *Mercure politique* responsable des sentimens de M. *Horne-Tooke*? Je le serois donc aussi de ses opinions sur MM. *Pitt* & *Fox*, parce que je les aurois rapportées.

N'étant point l'Auteur de cette note, je n'ai pas à la justifier. M. *Smith* est à cette hauteur où l'on ne redoute guères les petits sarcasmes, & où l'on se passe des petites apologies. La mienne à son égard étoit écrite en cent endroits du *Mercure*, où je suis revenu à l'éloge de ce Philosophe, où j'ai regretté qu'il ne fût pas plus connu en France, & où plus d'une fois j'ai invité les Gens de Lettres & les Libraires à s'occuper d'une traduction valable du *Traité de la Richesse des Nations*.[1]

---

[1] Mallet Du Pan did know WN. See Frances Acomb, *Mallet Du Pan (1749–1800): A Career in Political Journalism* (Durham, N.C., 1973), 78, cites a letter of Mallet du Pan to a friend, 19 June 1788 (from A. Blondel, "Lettres inédites de Mallet Du Pan à Étienne Dumont," *Revue historique* 97 [Jan.–Apr. 1908], 111), in which he writes: "J'adopte pour la plupart des idées fondamentales de Smith." P. 78, n. 22, gives references to places in which Mallet Du Pan refers to Smith. None of them fits in with Mallet Du Pan's statement that he had called for a good translation of WN, though, of course, he may have done so in another journal. The references to Smith are:

In the *Journal politique de Bruxelles*, no. 30 (23 July 1785), 161 (following no. 30 of the *Mercure de France* in the Slatkine reprint of 1974), in an article on Great Britain (dated 9 July), Mallet Du Pan refers to what "Le Docteur *Adam Smith*" said about taxes on shops "dans son excellent Ouvrage *sur les causes de la Richesse des Nations*."

The *Mercure de France*, no. 53 (31 December 1785), 203, contains a review of *Lettres critiques & politiques sur les colonies & le commerce des villes maritimes de France* that includes a reference to Smith: "Dans ses *Recherches sur la nature & sur les causes de la Richesse des Nations*, le méthodique & profond Adam Smith a dit: 'Fonder un grand Empire, dans le seul dessein de se procurer des pratiques, semble d'abord n'être que le projet d'une Nation de boutiquiers; cependant ce projet n'est pas même convenable a une Nation de boutiquiers; il ne peut convenir qu'à une Nation où les boutiquiers tiendroient le timon de l'État.' Les observations de l'Auteur des *Lettres Critiques, &c.* sont un développement & une application de cette maxime.'"

A review of *Atlas du commerce* (1786) in the *Mercure de France*, no. 26 (14 July 1787), 58n., mentions Smith: "Lorsqu'on ne dispute plus sur ses principes, une science quelconque est fixée. Au contraire, tant que ces principes sont un objet de contestation, la science est encore indéterminée, & les charlatans seuls ne doutent plus. Si l'on applique cette maxime à l'économie politique, on verra que nous sommes encore bien loin d'avoir une *doctrine* sur ces matières. Il en est de même pour l'éducation, sur laquelle on nous donne chaque année des systêmes différens. La raison est que l'éducation, comme l'économie politique varie nécessairement dans son application. Aussi les meilleurs Ouvrages d'économie, tels que ceux d'Adam Smith, en Angleterre, de MM. de Forbonnais & Necker en France, sont moins des Traités généraux, que des Livres à l'usage particulier des États où ils ont été composés."

Mais ce n'est pas le tout de le traduire & de le lire; il faut encore l'étudier, l'étudier longtems, saisir par une méditation assidue la chaîne de ce beau développement analytique, l'un des plus grands travaux de l'esprit humain; suivre ses principes sans en méconnoître les limites & sans en forcer les conséquences, comme on l'a fait plus d'une fois. Ce Livre est aujourd'hui tellement classique en Angleterre, qu'il entre dans l'éducation de tous les jeunes Nobles ou Citoyens, sans exception, qui se destinent aux emplois publics & au Parlement.

J'attends de votre équité que vous publierez ma réclamation: elle a l'avantage de tenir moins de place que la Lettre qui l'a occasionnée.

Je suis, &c.

Signé MALLET DU PAN.

24 October 1788. M.C.D.V. replied to Mallet Du Pan in a letter of 16 October 1788, which appeared in the *Journal de Paris*, no. 298 (24 October 1788), 1272–1273:

RÉPONSE de M. C. D. V. à la Lettre de M. DU PAN, insérée dans la Feuille du 16 de ce mois.

M. Mallet du Pan m'accuse d'avoir attribué au *Mercure Politique* la note sur M. Adam Smith, dont j'ai relevé les bévues. Je ne l'ai point attribuée au *Mercure Politique*; j'ai dit seulement qu'elle se trouvoit dans *le Mercure Politique*. J'ignorois que cet article fût de M. Mallet du Pan, & je sais aussi que tout ce qu'il insère dans cette partie du Mercure n'est pas de lui. Le nom de M. Horne-Tooke se voit en toutes lettres au bas de cette note, & il ne falloit pour l'y voir *ni intelligence ni réflexion*.

Mais puisque M. Mallet du Pan est si empressé à se justifier d'un reproche qu'on ne lui a point fait, je crois, Messieurs, qu'on pourroit lui en faire dont il ne lui seroit pas si aisé de se justifier.

Je demanderai donc à M. Mallet du Pan pourquoi, en nous traduisant un Pamphlet contre M. Fox, il s'est cru obligé de traduire encore une note qui n'a aucun rapport ni à M. Fox, ni aux nouvelles politiques de l'Europe. Il a beau dire que cette note étoit *annexée* au morceau sur M. Fox, ce n'étoit pas une raison de *l'annexer* au Mercure.

Je lui demanderai pourquoi, lui qui a tant étudié le Livre de M. Smith, qui le connoît si bien, n'a pas vu que les opinions qu'on lui attribue dans cette note ne pouvoient pas être de lui? ou, s'il l'a remarqué, pourquoi il s'est donné la peine de traduire cette note absurde? Dans les matières de ce genre, il n'est pas indifférent de laisser mettre une erreur dangereuse sur le compte d'un homme tel que M. Smith.

Je lui demanderai enfin pourquoi, trouvant lui-même dans cette note des *sarcasmes* contre M. Smith, il s'en est rendu l'écho? M. Smith, dit-il, ne doit pas redouter les sarcasmes; je le crois: mais on devroit s'interdire d'en faire contre lui; & quand on en a fait en Angleterre, on doit s'interdire de les faire passer si gratuitement en France.

M. Mallet du Pan invite les Gens de Lettres & les Libraires à nous donner une Traduction *valable* du Traité de *la Richesse des Nations*. Je ne sais trop ce que M. Mallet du Pan entend par une Traduction *valable*; mais je voudrois bien aussi que nous eussions une bonne Traduction de cet admirable Ouvrage; l'Auteur de celle qui existe n'a pas seulement mal rendu les idées de l'Auteur, très souvent il ne les a pas entendues. Je vais rapporter ici quelques phrases, pour faire voir combien de fautes d'impression ou de traduction on peut rassembler dans un seul paragraphe, & combien il est triste de voir défigurer à ce point un si bel Ouvrage. C'est au commencement du chapitre 5 du 1er Livre *sur le prix réel & nominal des marchandises, ou sur leur prix en travail & en argent*.

"Ce qu'une chose vaut pour vous qui l'avez acquise, la peine & l'embarras qu'elle vous épargne & qu'elle peut coûter à d'autres. (Il est évident qu'il y a là un verbe oublié, & qu'il faut *c'est la peine*.) Le travail a été le premier prix *de* la monnoie originaire qu'on a payé par-tout. (On n'entend pas comment le travail a été le premier prix *de* la monnoie. Il y a dans l'anglois, *a été le premier prix et la monnoie originaire qu'on a payée pour toutes les choses*.) C'est au travail & non pas à l'or & à l'argent que le monde est redevable de toutes les richesses, & sa valeur, pour celui qui en est l'Auteur & qui a besoin d'en échanger le produit, est précisément égale à la quantité de travail *qui* le met en état d'acheter. (Il est évident qu'il faut *qu'il* le met en *état d'acheter*.)"

La plupart de ces fautes paroissent des fautes d'impression; mais il n'y a point d'*errata*, & il en faudroit un presque aussi étendu que le Livre, & l'Ouvrage n'en est pas moins défiguré par les fautes de traduction.

J'ai lu en manuscrit une excellente Traduction de cet excellent Ouvrage; elle est de M. l'Abbé M***. C'étoit à cet Académicien, c'étoit à nos bons Écrivains économistes qu'il convenoit de traduire M. Smith, qui a tant profité de leurs idées, mais qui les a rectifiées & étendues. Les Économistes se sont donné quelques ridicules & nous ont donné beaucoup de lumières. M. Smith, qui a très souvent les mêmes opinions, les combat quelquefois, mais les estime toujours. Il n'a pas imaginé, comme M. Mallet du Pan, de les appeller *les fléaux de l'Europe*.

J'ai l'honneur d'être, &c.

5 November 1788. The exchange of letters throughout October 1788 prompted a statement by the translator in the *Journal de Paris*, no. 310 (5 November 1788), 1319–1320. There, signing himself a *censeur royal*, the hitherto anonymous abbé Blavet publicly acknowledged for the first time his role:

Aux Auteurs du Journal.
29 Octobre 1788.
Messieurs,

Comme il vient d'être beaucoup parlé dans vos Feuilles de M. *Smith* & de la mauvaise traduction que nous en avons, permettez que je m'adresse à vous pour apprendre au Public les particularités suivantes.

M. *Smith*, content d'une nouvelle traduction que j'avois donnée de sa *Théorie des Sentimens moraux*, me fit l'honneur de m'envoyer un exemplaire de son Ouvrage *sur la nature & les causes de la Richesse des Nations* en me marquant obligeamment qu'il désiroit que j'en fusse aussi le Traducteur.

M. l'Abbé M. & d'autres personnes aussi répandues dans le monde que je le suis peu, m'ayant dit alors que cet Ouvrage ne prendroit pas en France parce qu'il demandoit trop d'application & d'étude, je me bornai au projet de le traduire, non pour le Public, mais pour mon instruction particulière.

Ma traduction étoit achevée lorsque causant un jour chez moi avec M. Ameilhon, cet honnête, savant & judicieux Historien me parla de la disette où il étoit d'articles intéressans pour fournier sa tâche de Journaliste dont il s'est débarrassé depuis. L'envie de l'obliger me suggéra l'idée de lui offrir ma traduction, qu'il accepta & qu'il a fait imprimer d'un bout à l'autre dans son *Journal de l'Agriculture, des Arts & du Commerce*, pendant tout le cours des années 79 & 80.

Je savois bien qu'elle devoit être d'autant plus défectueuse qu'indépendamment des connoissances qui m'avoient manqué pour en faire une bonne, je ne l'avois ni soignée ni revue.

A mon grand regret, on s'est avisé dès 81 de l'imprimer à Yverdun, & cette édit. où ma traduction se trouve étrangement défigurée, quoiqu'il n'y eût que le Journal à copier, a servi de modèle, à peu de chose près, à celle de Duplain. Toutes deux ont ajouté une énorme quantité de fautes à celles de l'édition originale, & si graves qu'elles rendent souvent le texte inintelligible. La phrase citée dans votre Feuille du 24 Octobre en est un exemple.

J'ai appris que Duplain ne l'avoit réimprimée qu'au défaut de celle de M. l'Abbé *M.*, avec lequel il n'a pas pu s'arranger pour le prix.

Honteux, non pour moi, mais pour ma Nation, que nous n'ayions qu'une traduction imparfaite d'un chef d'œuvre sur l'économie politique, j'ai obtenu la permission de donner une nouvelle Edition de la mienne, revue, corrigée & augmentée d'articles considérables ajoutés par M. *Smith* dans la seconde

Edition de l'original qui a paru en Angleterre. J'ai corrigé en conséquence un très grand nombre de fautes dans un exemplaire que m'a donné Duplain, mais je ne l'ai fait qu'en me regardant comme un pis aller, & parce qu'entre tant de gens plus habiles que moi, je n'ai pas le bonheur d'en connoître un seul qui voulut se charger de ce soin-là; il vaudroit, & j'aimerois cent fois mieux que M. l'Abbé *M.* nous donnât la sienne.

Signé *l'Abbé BLAVET, Censeur Royal.*

1789. Anonymous, Reissue of La Haye Edition of 1778–1779 (Amsterdam: publisher unknown)

WHEREAS THE La Haye edition of 1778–1779 identified Adam Smith as the author, this reissue of those sheets does not. Instead, the new title, *Recherches très-utiles sur les affaires présentes, et les causes de la richesse des nations*, emphasizes that this work is very useful in the present circumstances; and the omission of Smith's name might have enhanced the emphasis on current relevance by giving the impression that the author was French. "Affaires présentes" could refer to events of the Revolution, but could also mean the question of state finances, which was hotly debated prior to the Revolution. The date of the reissue could thus be late 1788 to the end of 1789. The place of publication might be false.

Only one copy has been located, which suggests that the reissue consisted of a very small number of copies.

Bibliographical Description

Recherches très-utiles sur les affaires présentes, et les causes de la richesse des nations, dédiées aux États-généraux. Tome I. [II. III. IV.]
Amsterdam. 1789.
12° 15.6 × 9.3 cm.

I: A^8 (–A1, 2; + χ1) B^4 C–$3K^{8.4}$ $3L^8$; 673 [15]p.
1 title; *2* blank; *5–683* text; *684* blank; *685–688* Table des matieres contenues dans cet ouvrage.

II: A^8 (–A1, 2; + χ1) B^4 C–$2R^{8.4}$ $2S^8$ $*^2$; 387 [113]p.
1 title; *2* blank; *5–495* text; *496* blank; *497–499* Table des matieres contenues dans ce second volume; *500* blank. Note: There are numerous mispagings.

III: π² (−π1.2 + χ1) A–2R⁸·⁴ 2S² (2S1 + *1); *ii* 481 [5]p.

i title; *ii* blank; *1–481* text; *482* blank; *483–484* Table des matieres contenues dans ce troisieme volume; *485–486* blank.

IV: π² (−π1.2 + χ1) A–2T⁸·⁴ 2V⁸ *²; *ii* 520 [4]p.

i title; *ii* blank; *1–520* text; *521–523* Table des matieres contenues dans ce quatrieme volume; *524* blank.

Reissue of the 1778–1779 edition, with half-title and title page excised from each volume and a new single-leaf title inserted. The new title had to begin with Recherches so that the running head would be appropriate.

Location: Kress.

1790. [Roucher and Blavet], Summary in Bibliothèque de l'homme public, *vols. 3 and 4* (Paris: Buisson)

THE GENERAL GOAL of the monthly *Bibliothèque de l'homme public*, which began publication in January 1790, was to be useful to citizens of all classes—any one of whom might become a lawmaker in a provincial or even national legislature. For each subject treated, summaries were offered from major authors, from classical antiquity up to the present, along with analyses of what might be false or dangerous in the various works discussed.

One could purchase a subscription for twelve monthly issues (32 livres), six (17 livres), or three (9 livres). An untitled note regarding prices and subscription methods appears on page *ii* of volume 1: "on recevra les volumes par la Poste, *francs de port* par tout le Royaume." The note also adds: "On souscrit aussi chez tous les Libraires & Directeurs des Postes du Royaume & de l'Europe."

The first editor named on the title page is Condorcet, who also loaned his name to another venture of the publisher Buisson, namely, the French translation of WN by Roucher (see the next entry). The other collaborators mentioned on the title page are Charles de Peyssonel (1727–1790; he died in May 1790) and Isaac René Guy Le Chapelier (1754–1794). Le Chapelier, onetime secretary of the Assemblée nationale, died in the Terror.

WN was summarized in volumes 3 and 4 of *Bibliothèque de l'homme public* because an understanding of political economy, as noted in a review of 15

April 1790, had become a necessity. The introductory paragraph (3:108) to the analysis notes, however, that the summary does not allow the reader to dispense with the work itself—a not surprising admonition, given that Buisson was just in the process of issuing the new translation by Roucher.

The Roucher translation served as the basis for this analysis up through IV.i. Thereafter the Blavet translation was used.

Bibliographical Description

Recherches sur la nature & les causes de la richesse des Nations [summarized in] Bibliotheque de l'homme public; ou analyse raisonnée des principaux ouvrages françois et étrangers, sur la politique en général, la législation, les finances, la police, l'agriculture, & le commerce en particulier, & sur le droit naturel & public. Par M. le Marquis de Condorcet, Secrétaire perpétuel de l'Académie des Sciences, l'un des Quarante de l'Académie Françoise, de la Société Royale de Londres; M. de Peysonnel [sic], ancien Consul-général de France à Smirne, &c.; M. le Chapelier, Député de l'Assemblée Nationale, & autres gens de lettres. Tome troisième [quatrième].
A Paris, Chez Buisson, Libraire, Hôtel de Cœtlosquet, rue Haute-Feuille, N°. 20. 1790.
8° 19.6 × 12.1 cm.
III: A–N^8 O^4. The WN text is on 108–216.
IV: A–Q^8 R^6. The WN text is on 3–115.
The text is preceded, on 3:108, by the following:
Cet ouvrage est un de ceux qui honorent le plus la Grande-Bretagne. Il est très-difficile, pour ne pas dire presque impossible, de l'analyser; car comment abréger ce qui demande les plus grands développemens? Comment réduire encore, ce que le génie créateur a déjà réduit à ses plus justes proportions? En essayant de donner l'analyse d'un écrit aussi substantiel, nous sommes donc bien loin de prétendre qu'elle puisse dispenser nos lecteurs de lire l'ouvrage même; nous désirons au contraire, qu'elle leur inspire le désir de le connoître & de le méditer.

Locations: Kress; New York Public Library (rebound).

Introduction to Volume 1

An untitled introduction in volume 1 (iii–viii) explains the mission of *Bibliothèque de l'homme public* and mentions some of the authors who will be summarized. Interestingly, Adam Smith is not among them.

De tous les arts, le plus difficile est celui de gouverner les hommes: quelle foule de connoissances n'exige-t-il pas! avoir long-tems réfléchi sur soi-même & étudié tous les replis de cœur humain, ne suffit pas pour être un grand politique: il faut encore observer les hommes dans les grandes sociétés, connoître le sol qu'ils habitent, ses productions naturelles & celles que leur industrie peut en obtenir; savoir distinguer quelles sont les loix qui leur conviennent, posséder enfin l'art de les rendre heureux en formant un accord de leurs divers intérêts. Solon, Licurgue, Platon, Aristote, Cicéron, Hobbes, Machiavel, Bâcon, Grotius, Puffendorff, Locke, Boccalin, Morus, Bodin, Humes, Gordon, Montesquieu, Rousseau, Mably, & tant d'autres génies supérieurs, se sont occupés avec gloire d'un objet aussi important; &, de nos jours, l'Assemblée Nationale ne nous montre-t-elle pas combien les divers objets de l'économie politique sont familiers à ceux que la France a choisis pour réformer nos loix & en établir de nouvelles? Cette étude va devenir celle de tous les bons esprits. Le patriotisme que les assemblées provinciales & nationales vont exciter dans tous les cœurs, en feront une espèce de besoin. On commence déjà à revenir sur le compte des sciences abstraites qui n'ont pas pour objet le bonheur de la société; & c'est désormais à ce but principal qu'on va diriger les institutions publiques.

On ne s'étendra pas sur le genre d'utilité dont peut être l'ouvrage que l'on donne au public. D'après la nouvelle constitution, il n'est personne qui ne puisse être appelé à discuter & à défendre les intérêts de son canton, de sa province, & même le royaume: l'artisan que la nature a doué d'un génie supérieur, peut désormais être porté, par le vœu général aux premières places du gouvernement, & donner des loix à sa patrie. Mais le génie ne supplée point les connoissances qu'on n'a pas; &, il faut l'avouer, ces connoissances si nécessaires doivent être bien rares chez un peuple qui naît, pour ainsi dire, à la liberté.

C'est l'ignorance de ses droits qui a retenu si long-tems l'homme dans les fers; les lumières que la philosophie a répandues jusques dans les dernières classes, ont pu seules lui rendre son ancienne dignité; & le défaut d'instruction sur ses intérêts politiques, peut le replonger une seconde fois dans l'esclavage. L'ouvrage que l'on propose à toutes les classes de citoyens préviendra ce malheur, nous osons le croire: nous y mettons, autant qu'il sera possible, la science du gouvernement & de l'administration à la portée de tout de monde.

La vivacité naturelle à l'esprit françois, l'économie du tems, l'ennui qu'entraîne un long ouvrage sur des matières aussi sérieuses, le caractère national, tout concourt à nous faire adopter la méthode analytique. Personne n'ignore qu'une analyse bien faite peut remplacer avantageusement un ouvrage volumineux: d'ailleurs il en est de la politique à–peu-près comme des modes, ses principes généraux sont toujours les mêmes; mais les circonstances auxquelles on les applique, en varient les conséquences. Qui voudroit adopter la politique d'Aristote dans toute son étendue, seroit, sans contredit, un mauvais politique; cependant il y a dans ses ouvrages une infinité d'idées & de bons principes qu'on ne sauroit méditer trop souvent, &, qui, recueillis dans une analyse succincte, peuvent être goûtés de nos sages modernes. Il ne sera pas inutile d'ailleurs de mettre les lecteurs à portée de suivre la marche de l'esprit humain dans une carrière aussi brillante, de comparer nos progrès avec ceux des anciens, de connoître toutes les richesses qu'ils nous ont laissées & celles que nous avons ajoutées à un trésor aussi précieux.

Pour remplir ce but utile, & répandre dans cet ouvrage toute la variété dont il est susceptible, l'on fera succéder, autant qu'il se pourra, un auteur moderne à un ancien: un tableau raccourci de la situation politique du pays où ils écrivoient, précédera toujours l'analyse de leurs ouvrages; car on ne peut, sans cela, bien juger de leur mérite.

On aura soin de recueillir les discussions intéressantes & tous les résultats des assemblées provinciales, ainsi que les arrêtés de chaque législature; & l'ouvrage sera, à cet égard, un journal complet d'économie politique.

On sera connoître aussi tous les ouvrages relatifs à ce plan, à mesure qu'ils paroîtront: on se permettra même des réflexions critiques, sans toutefois blesser l'amour-propre des auteurs: la malignité aigrit, & n'éclaire pas mieux qu'elle ne corrige.

Notices and Reviews

8 April 1790. Volume 3 is listed, without comment, under "Livres nouveaux" in *Gazette nationale, ou le Moniteur universel*, no. 98 (8 April 1790), 401.

15 April 1790. Volume 1 is reviewed in *Journal encyclopédique*, vol. 3, pt. 2 for the year 1790 (15 April 1790), 202–225. The review concludes by noting that volume 2 has not yet arrived. Other volumes were reviewed in the *Journal encyclopédique*, but not those containing extracts from WN.

> Si l'on considère que l'étude de l'économie politique va devenir en France celle de tous les bons esprits, que le patriotisme qu'exciteront dans tous les cœurs les Assemblées Provinciales & Nationales, en seront une espece de besoin, on sentira aisément l'utilité de l'ouvrage que nous annonçons.
>
> D'après la nouvelle constitution, il n'est personne (lisons-nous dans la préface) qui ne puisse être appelé à discuter & à défendre les intérêts de son canton, de sa province, & même de tout le royaume. L'artisan que la nature a doué d'un genie supérieur, peut désormais être porté par le vœu général aux premieres places du Gouvernement, & donner des loix à sa patrie....
>
> Nous pensons que cette *Bibliotheque* deviendroit plus utile *à toutes les classes de citoyens*, & que, par conséquent, le but en seroit mieux rempli, si l'on s'attachoit encore plus, 1°, donner des notions élémentaires sur chaque sujet avec autant de précision & de clarté que d'exactitude, 2°, à faire sentir tout ce

que pourroient avoir de faux & de dangereux les principes ou les articles extraits des ouvrages dont on rendroit compte.

12 June 1790. Reviewed in *Mercure de France*, no. 24 (12 June 1790), 76–79:

> BIBLIOTHÈQUE DE *l'homme public, ou Analyse raisonnée des principaux Ouvrages François & Etrangers sur la Politique en général, la Législation, les Finances, la Police, l'Agriculture & le Commerce en particulier, & sur le Droit naturel & public; par MM.* le Marquis DE CONDORCET, DE PEYSSONNEL, LE CHAPELIER, *& autres Gens de Lettres. Tomes I, II, III & IV. A Paris, chez* Buisson, *Libraire, rue Haute-feuille, Hôtel de Coëtlosquet, N°. 20.*
>
> Au moment où la chose publique prend une face nouvelle, les Citoyens de toutes les classes sont intéressés à s'instruire d'une manière dont peu de personnes, dans la Littérature même, avoient jusqu'à présent étudié les élémens. La Politique, c'est-à-dire l'Art de gouverner les hommes, étoit un objet de pure spéculation; d'une part, ceux qui arrivoient à l'Administration, portés par le hasard ou par l'intrigue, & n'ayant fait aucun noviciat, alloient jusqu'à en mépriser la science; & de l'autre côté, les Philosophes qui en avoient approfondi la théorie, n'étoient certainement pas appelés à la pratique. Désormais que le talent, le savoir, & sur-tout la vertu, auront droit de parvenir à tout, il faut que chaque Citoyen se tienne prêt à occuper le poste où l'appellera la Patrie, & conséquemment qu'il se pénètre des principes généraux qui sont la base & comme le rudiment de toutes fonctions publiques.
>
> Tel est l'objet que se sont proposé les Rédacteurs de l'Ouvrage que nous annonçons; ils ont voulu, par la voie de l'analyse, réunir dans un petit nombre de Volumes ce que les Ecrivains de tous les siècles ont composé pour la Politique générale & particulière. C'est, comme ils l'intitulent, une *Bibliothèque*, qui épargnera l'acquisition & l'étude de nombre d'Ouvrages utiles & rares que tant de personnes ne connoissent que de nom & n'estiment que sur parole; faute d'avoir, les uns, la faculté de se les procurer; les autres, le temps, la volonté, & même le talent de les lire....
>
> Les III & IVe. Volumes comprennent les *Avis & Conseils de Guichardin, l'Etat & succès des affaires de France, par Duhaillan*; des Recherches très-intéressantes & très-érudites sur la population; mais sur-tout une Analyse de ce Traité sur la nature & les causes de la richesse des Nations, présent inestimable que M. Smith a fait à toutes les Nations, & M. Roucher à la Littérature Françoise, & dont l'extrait a cela de particulier, qu'il inspire le désir, on pourroit dire qu'il commande le besoin de lire l'Ouvrage entier....

1 July 1790. Volume 3 is reviewed in *Chronique de Paris*, no. 182 (1 July 1790), 725:

BIBLIOTHÈQUE *de l'Homme public, ou Analyse raisonnée des principaux Ouvrages français & étrangers, sur la politique en général, la législation, les finances, la police, l'agriculture & le commerce en particulier, & sur le droit naturel & public; par M.* DE CONDORCET, *Secrétaire perpétuel de l'Académie Française, de la Société Royale de Londres; M.* DE PEYSSONNEL, *ancien Consul général de France, à Smîrne. M.* LE CHAPELIER, *Député de l'Assemblée nationale, & autres Gens de Lettres. Tome III.* A Paris, chez *Buisson,* Libraire, rue Hautefeuille, n°. 20. 1790.

Ce volume contient, 1°. un extrait des maximes politiques de Guichardin....

2°. Un extrait de l'ouvrage de du Haillan, intitulé: *de l'Etat & succès des affaires de France....*

3°. Des observations sur la population du royaume.

4°. Une partie considérable de l'excellent ouvrage de Smith sur les richesses des nations; les rédacteurs se proposent d'en donner la suite dans le volume suivant. C'est sur-tout dans de pareilles sources où tout est bon, tout est pur, tout est instructif, qu'ils doivent puiser pour former une véritable bibliotheque de l'homme public, digne de l'époque à laquelle nous vivons, & de la régénération morale à laquelle nous devons aspirer.

23 November 1790. A review of volumes 1–8 of *Bibliothèque de l'homme public* appeared under "Littérature" in the *Gazette nationale,* no. 327 (23 November 1790), 1351.

1790–1791. Roucher, Translation (Paris: Buisson)

THIS TRANSLATION from the fourth English edition (London, 1786) was made by the poet Jean-Antoine Roucher (1745–1794), who begins his prefatory statement by stating that there has long been a demand for a French translation, an assertion that should be read with emphasis on the word *French*. Roucher claims that his translation is both faithful and elegant, and he likens WN to a light descending from on high to illumine all classes. WN is a work that can help France reconstruct its house on a new plan. The dedication to Dupaty, who was seen as the moral heir of Voltaire, links this work to the great *philosophe* and moves WN away from being English and toward being French, as does, of course, the billing given to Condorcet on the title pages.

RECHERCHES

SUR

LA NATURE ET LES CAUSES

DE LA

RICHESSE DES NATIONS,

Traduites de l'Anglois de M. SMITH, sur la quatrième Edition,

PAR M. ROUCHER;

ET suivies d'un volume de Notes, par M. le Marquis de CONDORCET, de l'Académie Françoise, et Secrétaire perpétuel de l'Académie des Sciences.

TOME PREMIER.

A PARIS,

Chez BUISSON, Libraire, rue Haute-Feuille, Hôtel de Coetlosquet, N° 20.

1790.

First edition of the Jean-Antoine Roucher translation (1790). Note that Roucher's name is more prominently displayed than Smith's.

Notes by Condorcet were never published—and probably never written. See Gilbert Faccarello, "Économie. Présentation," in *Condorcet, mathématicien, économiste, philosophe, homme politique*, Colloque international sous la direction de Pierre Crépel, Christian Gilain (Paris, 1989), 123–127. Faccarello suggests that Condorcet never intended to write them and that he merely loaned his name to the enterprise. He cites as evidence *Lettres de M. Euler à une princesse d'Allemagne sur différentes questions de physique et de philosophie*, 3 vols. (Paris, 1787–1789), to which there was supposed to be added a fourth volume by Condorcet. Although it never appeared, 112 pages were supposedly printed, and they show an intent. Nonetheless, Faccarello may well be correct. Condorcet's name was important to the enterprise, as stated by Jérôme Lalande in "Notice historique sur la vie et les ouvrages de Condorcet," *Mercure français* (20 January 1799), 141–162: "On pensa que son nom pouvait donner plus de crédit à l'entreprise" (155). Unquestionably, his name enhanced the prestige of the enterprise, particularly in light of the competing translation by Blavet. Condorcet's name helped to make the Buisson edition into a French work appropriate for the time.

Jean Gaulmier, *L'idéologue Volney, 1757–1820* (Beyrouth, 1951), 265–268, records that copies of this edition were purchased by the government and given to the *Commissaires observateurs* sent to various regions by Dominique Joseph Garat (1749–1833) when he was minister of the interior. The position was created by the Commmittee of Public Safety on 15 April 1793, and a report of 12 May 1793 called for supplying the commissaires with certan good works. The report (identified by Gaulmier as Arch. Nat., F1 a 500) reads:

> Il paroît nécessaire de fournier aux dits Commissaires les moyens de rendre leurs travaux plus utiles et de mettre entre leurs mains des ouvrages analogues à la mission qu'ils ont à remplir et où ils puissent puiser des connoissances préliminaires sans lesquelles leurs observations seroient plus fautives, ou moins étendues et moins faciles à obtenir. Parmi les ouvrages qui peuvent remplir ce but, on a distingué entre autres les *Voyages en France* d'Arthur Young en trois volumes in-8, et les *Recherches sur la nature et les causes de la richesse des nations* de Smith. On propose au Ministre d'autoriser l'achat de soixante exemplaires de chacun de ces ouvrages, au prix de 13 livres par exemplaire d'Young et de 15 livres par chaque exemplaire de l'ouvrage de Smith.

The report seems to have been acted upon favorably, because it is recorded that Volney gave a copy of Young to the secretary of the Bureau de commerce of Nantes.

Bibliographical Description

Recherches sur la nature et les causes de la richesse des nations, traduites de l'anglois de M. Smith, sur la quatrième [v. 3–4: et dernière] edition, par M. Roucher; et suivies d'un volume de notes, par M. le marquis de Condorcet, de l'Académie Françoise, et secrétaire perpétuel de l'Académie des sciences. Tome premier. [second.] [troisieme.] [quatrième.]
A Paris, Chez Buisson, libraire, rue Haute-Feuille, Hôtel de Cœtlosquet, No 20. 1790. [v. 4: A Paris, Chez Buisson, Imprimeur et libraire, rue Haute-Feuille, Hôtel Cœtlosquet, No. 20. 1791.]
8° 21 × 13.8 cm.

I: π^6 A–2M^8 2N^6 (2N6 blank); xi [1] 570 [2]p.
i half-title: Recherches sur la nature et les causes de la richesse des nations; *ii* blank; *iii* title; *iv* blank; *v* dedication to the memory of Dupaty, signed Roucher; *vi* blank; *vii*–xi Avertissement du traducteur; *xii* blank; *1*–570 text; at foot of 570: De l'Imprimerie de la Veuve Delaguette; *571*–*572* blank.

II: π^2 A–T^8 V^4; *iv* 312p.
i half-title; *ii* blank; *iii* title; *iv* blank; *1*–312 text.

III: π^2 A–2O^8 2P^6 (2P6 blank); *iv* 602 [2]p.
i half-title; *ii* blank; *iii* title; *iv* blank; *1*–602 text; *603*–*604* blank.

IV: *^{2} A–2O^8; *iv* 591 [1]p.
i half-title; *ii* blank; *iii* title; *iv* blank; *1*–579 text; *580*–591 Table des chapitres (omits the advertisement to the third and fourth editions); *592* blank.

Locations: Kress (also a rebound copy of vol. 1 annotated up through p. 62); New York Public Library (rebound); Princeton (rebound); Bibliothèque nationale de France; Edinburgh University Library.

Dedication

Charles Marguerite Jean Baptiste Mercier Dupaty (1746–1789), to whom Roucher dedicated this translation, had been arrested in 1778 for writings found offensive to the king. Dupaty came to see himself as the moral heir of Voltaire. The full text of the dedication reads:

A LA MÉMOIRE DE M. LE PRÉSIDENT DUPATY, ORATEUR ÉLOQUENT, MAGISTRAT INTEGRE, PHILOSOPHE COURAGEUX; ENLEVÉ AVANT LE TEMS A LA LÉGISLATION, AUX LETTRES, AUX ARTS ET A L'AMITIÉ, CET HOMMAGE N'AJOUTE RIEN A LA GLOIRE D'UN GRAND CITOYEN; [I]L ADOUCIT LA DOULEUR D'UN AMI. Roucher

Translator's Preface

The Avertissement du traducteur (1:*vii*–xi) reads:

On demandoit depuis long-tems une traduction françoise de l'Ouvrage de M. Smith. On la demande sur-tout, aujourd'hui, que l'Assemblée Nationale s'occupe des moyens de régénérer la fortune publique, dilapidée par une longue suite de prodigalités et de malversations, autant que par un choc continuel de systêmes d'administration opposés les uns aux autres. Quiconque aspire au bonheur de vivre sous un Gouvernement qui respecte les droits sacrés de la liberté et de la propriété, trouvera dans ces Recherches les principes immuables qui doivent diriger les chefs des Nations.

La France a produit sans doute des ouvrages qui ont jeté des lumières partielles sur les différens points de l'économie politique. Ce seroit trop d'ingratitude que d'oublier les services rendus à la patrie par les travaux des Écrivains Économistes. Les jours de la détraction et du ridicule sont passés; ils ont fait place à ceux de la justice: et quelsque soient les écarts, les conséquences forcées où l'esprit de systême ait pu entraîner une association de citoyens honnêtes et philosophes, il n'en est pas moins reconnu aujourd'hui qu'ils ont donné le signal à la recherche des vérités pratiques, sur lesquelles doit s'élever et s'asseoir la richesse des Nations.

Mais l'Angleterre a sur nous l'avantage d'avoir donné au monde un systême complet de l'économie sociale. Cette partie, la plus belle et la plus utile de toutes celles qui composent l'ensemble des connoissances humaines, se trouve dans l'Ouvrage de M. Smith, approfondie et développée avec une sagacité qui tient du prodige.

Mais qu'on y prenne garde: on se tromperoit étrangement si l'on se promettoit ici une lecture de pur agrément. L'Ouvrage de M. Smith n'est pas fait pour ces hommes qui lisent uniquement pour le plaisir de lire. Il veut des têtes pensantes, des têtes accoutumées à méditer sur les grands objets qui intéressent l'ordre et le bonheur de la société. Peut-être qu'en un tems qui n'est pas encore bien éloigné de nous, Smith n'auroit trouvé en France qu'un petit nombre de lecteurs dignes de lui et de ses pensées. Mais aujourd'hui que la sphère de nos espérances s'est aggrandie, et avec elle le cercle de nos idées, j'ai cru qu'une [*sic*] traduction où l'on auroit tâché de réunir la fidélité à l'élégance, et cette précision modérée, qui, bien loin de nuire à la clarté, la rend, pour ainsi dire, plus visible encore j'ai cru, dis-je, que les disciples de Smith pourroient devenir plus nombreux parmi nous. Il faut maintenant que la lumière descende des hauteurs où la forçoient à rester concentrée l'indifférence des uns et l'inquiétude des autres; il faut qu'elle se répande dans toutes les classes, qui désormais pourront fournir des membres aux prochaines Législatures.

C'est dans cette vue que, renonçant à des occupations moins austères, je me suis voué à un travail qui auroit cent fois rebuté mon courage, si je n'eusse vu devant moi le grand objet de l'utilité publique. Puisque le Français prétend au titre d'homme libre, il faut qu'il commence par s'occuper en homme fait. Nous habitons une maison délabrée et tombant de vétusté: des circonstances impérieuses l'ont renversée. Le moment présent doit être employé tout entier à la reconstruire sur un nouveau plan. C'est l'œuvre de la philosophie. Quand elle aura achevé sa tache, nous pourrons appeler les arts, et leur confier le soin d'ajouter l'agrément à la solidité.

Notes

1:50. Note present in the original (I.iv.7).

1:74. Explains what a "quartier" is in the expression "twenty to fifty shillings the quarter" (I.v.16).

1:80. Note present in original (I.v.24).

1:145. Note present in original (I.viii.22).

1:162. Note present in original (I.viii.34).

1:282. Note present in original (I.x.c.34).

1:339. Note present in original (I.xi.b.32).

1:342. Note present in original (I.xi.b.33).

1:400. Note present in original (I.xi.e.22).

1:425. Note present in original (I.xi.g.5).

1:435. A translation of a citation present in the original (I.xi.g.18).

1:439. Note present in original (I.xi.g.22).

1:454. Note present in original (I.xi.g.32).

1:456. This gives a precise reference to an edition of Raynal that Smith cites in passing in the text (I.xi.g.33).

1:465. Note present in original (I.xi.h.5).

1:478. These two notes are in the original (I.xi.k.1).

1:507. Note present in original (I.xi.m.8).

1:510. A note to I.xi.m.10, which gives two varying quantities of weight for a stone.

1:544. States what the duty of poundage was (I.xi.o.14).

The above list covers all of the notes in volume 1. It is clear from this review that many, but by no means all, of Adam Smith's references were translated. The later volumes have not been compared in detail, but an important note of the translator, dated 11 July 1789, appears on 2:246. The word referenced is *encroachments* in the sentence, "It is probable that it was partly upon account of this advantage, and partly upon account of the encroachments which the sovereign, always jealous of the great lords, gradually encouraged their villains to make upon their authority, and which seem at last to have been such as rendered this species of servitude altogether inconvenient, that tenure in villanage gradually wore out through the greater part of Europe" (III.ii.12). The translator rendered *encroachments* as *usurpations*; and, among other things, the translator's note states: "Il est d'un devoir rigoureux pour tout écrivain patriote de surveiller et d'arrêter comme au passage tout mot favorable à des prétentions qui seroient risibles, si elles n'étoient pas injustes." For a complete transcription of the note (and a record of a variant reading between this and the 1794 edition), see the entry for the revised Roucher translation (1794). The two editions also differ with respect to the text of the paragraph itself.

Notices and Reviews

2 February 1790. The earliest identified announcement of this edition is a four-page advertisement inserted after no. 123 (2 February 1790) of the Harvard copy of *Annales patriotiques et littéraires de la France*. It lists three books: *Memoires du Maréchal duc de Richelieu*, *Mémoires historiques et politiques des voyages du comte de Ferrieres-Sauvebœuf*, and the Roucher translation. The text concerning the translation reads:

> RECHERCHES SUR LA NATURE ET LES CAUSES DE LA RICHESSE DES NATIONS, Traduites de l'Anglois de M. ADAMS [*sic*] SMITH, sur la quatrieme et derniere Edition de 1786, *PAR M. ROUCHER*, Et suivies d'un volume de Notes, par M. le Marquis DE CONDORCET, de l'Académie Française, et Secrétaire perpétuel de celle des Sciences. *Cinq Vol. in-8°. imprimés sur beau caractere* Didot. *Les Tomes I et II sont en vente à Paris, chez* BUISSON, *Libraire, rue Haute-feuille, N°20. Le prix de chaque Volume broché, pour Paris, est de 4 liv. 10 s. et de 5 liv. franc de port par la Poste. Les trois derniers Volumes sont sous presse.*
>
> On demandoit depuis long-tems une Traduction françoise de cet Ouvrage, qui a placé M. SMITH au nombre des plus grands bienfaiteurs des Nations. Il falloit pour le répandre dans toutes les mains, une plume exercée à vaincre les difficultés et à faire dire élégament à la langue française, tout ce qu'elle est en état de si bien dire, toutes les fois que le talent la sollicite. M. SMITH a trouvé enfin dans M. ROUCHER, parmi nous, un Interprete qui s'est fait un devoir, non seulement de ne pas le déshonorer par un langage inintel-

ligible et presque barbare, mais encore de le montrer dans toute la pureté de ces belles formes austères dont l'Original est une sorte de modèle.

Pour donner un nouveau mérite à cette traduction, M. *le Marquis de Condorcet*, (nommer ce savant Académicien, c'est faire son éloge) a bien voulu l'enrichir d'un volume d'Observations relatives aux objets importans d'Agriculture, de Commerce, de Finances, de Législation, etc. dont l'Ouvrage de SMITH pouvoit avoir besoin pour nous, comme dernier développement des pensées d'un Grand-homme.

Nous nous sommes déterminés à donner d'abord ces 2 1er. Volumes, afin de hâter la jouissance du Public pour un si bel Ouvrage.

1 March 1790. The same notice as the preceding, in quotes and identified as a notice or prospectus, appeared in the *Journal encyclopédique*, vol. 2, pt. 2 for the year 1790 (1 March 1790), 328–329.

23 March 1790. *Annales patriotiques et littéraires de la France*, supplement to no. 172 (23 March 1790), has the following notice: "Le sieur *Buisson*, libraire, fait imprimer dans ce moment la traduction d'un nouvel ouvrage de l'immortel Smith, sur le *Commerce et les Banques*, 2 vol. in-8°. Il peut assurer le Public que cette traduction est faite avec le plus grand soin, et qu'elle est digne de l'original. La *Richesse des Nations*, que le sieur *Buisson* vient de publier, peut lui servir de garant de la vérité de cette assurance, et il est résolu à ne plus imprimer de traduction que celles d'un mérite distingué...." There is obvious confusion here with a translation of the works of John Law (1671–1729), which Buisson published later in 1790.

30 March 1790. A review of volumes 1–2 appeared in *Le Spectateur national*, no. 89 (30 March 1790), 356. (This periodical began publication as *Journal de la ville* on 1 October 1789.) For a later review in this journal, see under 9 May 1791.

LIVRES NOUVEAUX.

Recherches sur la nature & les causes de la richesse des nations, traduites de l'anglois de M. Smith, sur la quatrieme édition, par M. Roucher, & suivies d'un volume de notes par M. le marquis de Condorcet. Tome I & II. Prix 4 liv. 10 sols chaque volume broché, & 5 livres franc de port par la poste. Chez Buisson, libraire, rue Haute-Feuille, hôtel de Coëtlosquet, n°. 20.

L'ouvrage de Smith doit faire époque dans l'histoire de la science politique, comme l'*Esprit des Loix*. Il ne faut pas chercher dans l'auteur anglois l'imagination brillante, le style énergique & les grandes traits de Montesquieu. Smith est un sage & profond calculateur qui n'a d'autre ornement que l'utilité. Voulez vous des tableaux pour votre imagination, de grandes pensées, des expressions fortes ou ingénieuses qui remplissent votre esprit tout entier? fermez le *Traité de la richesse des Nations*, & ouvrez les chapitres sur l'Angleterre, sur Alexandre ou Charlemagne, dans l'*Esprit des Loix*.

Mais si vous cherchez les véritables bases de la prospérité des empires, si vous avez besoin de vous faire des idées nettes sur les rapports de l'agriculture & du commerce, du salaire & du travail, sur l'industrie, les banques, les monnoies, le crédit, & tous les élémens si compliqués & si divers qui entrent dans la composition des états modernes, c'est au *Traité de la richesse des Nations* qu'il faut recourir.

Nous avions déjà une traduction de Smith, mais elle étoit inexacte, obscure & incorrecte. Celle-ci a les deux premiers mérites d'un ouvrage de ce genre, précision & clarté. Nous la devons à un poëte dont les vers ont été souvent remarquables par la pompe & par l'abondance. Ainsi ceux qui cultivent les arts agréables ne sont point étrangers, quand ils le veulent, à des spéculations plus sérieuses; ils n'ont acquis au contraire, en perfectionnant leur goût, qu'un esprit plus juste & plus flexible, & que des moyens plus sûrs de bien gouverner leur pensée & leur expression.

M. de Condorcet a enrichi de ses notes la traduction de M. Roucher. L'Europe ne pouvoit fournir un plus digne commentateur de Smith. Le *Traité de la richesse des Nations* ainsi commenté, doit être le manuel de tous les hommes d'état & de tous ceux qui veulent s'instruire dans la science politique.

Les trois derniers volumes sont sous presse.

April 1790. A listing for volumes 1–2 appeared in *L'Année littéraire et politique*, vol. 3, no. 15 for 1790 (April 1790), 47–48. (Nos. 11–17 are all dated April 1790.)

9 April 1790. A review of volumes 1 and 2, headed "Extrait," appeared in *Chronique de Paris*, no. 99 (9 April 1790), 393:

> RECHERCHES *sur la nature & les causes de la richesse des Nations, traduites de l'Anglois de M.* ADAMS [sic] SMITH, *sur la quatrieme & derniere édition de 1786; par M.* ROUCHER, *& suivies d'un volume de Notes; par M. le Marquis* DE CONDORCET, *de l'Académie Française, & Secrétaire perpétuel de celle des Sciences. 5 vol. In-8°., imprimés en beaux caracteres de Didot. Les tomes I & II sont en vente, à Paris, chez* Buisson, *Libraire, rue Hautefeuille, n°. 20. Le prix de chaque volume est de 4 liv. 10 sols pour Paris, & de 5 liv., franc de port, par la poste. Les trois derniers volumes sont sous presse.*
>
> S'il y a quelques ouvrages qui se refusent à l'analyse: ce sont sur-tout ces livres profonds & abstraits dont la théorie est appuyée sur des principes qui s'enchaînent & se lient les uns aux autres, de maniere qu'on ne peut bien juger d'une partie sans avoir vu l'ensemble. La réputation de M. Smith est au-dessus de nos éloges. L'Europe a jugé son livre & a mis depuis long-temps l'auteur au premier rang des philosophes qui se sont occupés de la grande science de

l'économie politique: nous n'avions de ces ouvrages importans qu'une traduction informe, pleine d'anglicismes & d'erreurs. On doit savoir gré à M. Roucher d'avoir interrompu des travaux moins sérieux pour nous donner celle-ci, qui ne laisse rien à desirer du côté du style. On regrette, en la lisant, que le traducteur & son savant associé n'aient pas donné plus souvent l'évaluation en mesures françaises, des mesures angloises de toute espece qui servent de base aux calculs de Smith.

On sera probablement dédommagé de ces inconveniens par les notes de M. de Condorcet, qui doivent se trouver à la fin de l'ouvrage. Le nom de ces illustres académiciens se trouve toujours à côté des noms les plus chers à l'humanité. L'ami de M. Turgot, le digne émule de d'Alembert, celui de nos plus grands écrivains politiques, étoit peut-être le seul qui pût éclaircir ou contredire avec succès l'auteur de la Richesse des Nations. On attend la suite de cette traduction avec un intérêt qu'inspire la lecture des deux premiers volumes, & qu'augmente beaucoup l'empressement de lire les notes & observations qui doivent la terminer.

4 June 1790. A notice of publication of the first two volumes appeared in the *Journal de Paris* (4 June 1790), 622, along with adulatory mention of the promised volume of commentary by Condorcet.

Recherches sur la nature & les causes de la richesse des Nations, traduites de l'Anglois de M. *Smith*, sur la quatrième édition, par M. *Roucher*, & suivies d'un volume de notes, par M. le Marquis *de Condorcet*, de l'Académie Françoise, & Secrétaire perpétuel de celle des Sciences. A Paris, chez *Buisson*, Libr., rue Hautefeuille, hôtel de Coëtlosquet, N° 20. 2 vol. in-8°; prix 4 liv. 10 s. chac., & 5 liv. franc de port par la poste.

Le Traité de la *richesse des Nations* est un système complet d'économie sociale; il a autant de réputation en France qu'en Angleterre. Ceux qui ne sont pas très versés dans la langue angloise trouvoient cependant de la difficulté à le lire & à l'apprécier; nous n'en avions qu'une traduction fort négligée. L'Ouvrage de M. *Smith* demande de l'attention, & doit être plus répandu, aujourd'hui que tout ce qui porte un grand caractère d'utilité a plus de droits sur toutes les classes de Lecteurs, puisque toutes peuvent fournir des Membres aux prochaines législatures. M. *Roucher* a donc eu raison de penser qu'une traduction telle que la sienne, une traduction fidelle & élégante, d'un style clair & précis, devenoit absolument nécessaire dans l'époque où nous sommes, pour faciliter la communication des connoissances que cet Auteur a *approfondies & développées avec une sagacité qui tient du prodige.*

Il ne paroît que les deux premiers volumes, les trois autres sont sous presse, & ce qui ajoutera un grand prix à cette traduction nouvelle, c'est que le dernier volume contiendra des observations de M. le Marquis *de Condorcet*, Ecrivain bien digne de commenter *Smith*, & de nous rendre propres les vérités qu'il a révélées.

31 July 1790. *Mercure de France*, no. 31 (31 July 1790), 196–198, reviews this translation, though without making clear which volumes have appeared. The review is by Sébastien Roch Nicolas Chamfort (1740?–1794); see Jean Sgard et al., *Dictionnaire des journalistes, 1600–1789* (Oxford, 1999), 1:161.

Recherches sur la nature & les causes de la Richesse des Nations, traduites de l'Anglois de M. Smith, sur la 4ᵉ. édition par M. Roucher. A Paris, chez Buisson, Libraire, rue Haute-feuille, N°. 20.

L'excellent Ouvrage de M. Smith est devenu un Livre classique, qu'il ne s'agit plus de louer, & dont il suffit d'annoncer les nouvelles éditions. Nous n'en avions qu'une version très-imparfaite, dont il est inutile de relever les défauts; nous imiterons le nouveau Traducteur qui a eu la délicatesse de s'en abstenir. Son travail paroît avoir réuni tous les suffrages des hommes les plus versés dans la Langue Angloise & dans l'Economie politique. Si l'on ne savoit à quel point l'intérêt général est devenu celui de tous les Particuliers, on s'étonneroit peut-être de voir un homme, connu par des succès dans la Littérature d'agrément, s'arracher à des occupations séduisantes, pour se livrer à l'étude pénible d'une Langue étrangère, & se mettre en état de traduire avec succès un Ouvrage si étranger à ses études habituelles. Mais M. Roucher a vu devant lui le grand objet de l'utilité publique; &, comme il le dit lui-même, puisque le François prétend au titre d'homme libre, il faut qu'il commence à s'occuper en homme fait: nous habitons une maison délabrée & tombant de vétusté; des circonstances impérieuses l'ont renversée, le moment présent doit être employé à la reconstruire sur un nouveau plan; c'est l'œuvre de la Philosophie: quand elle aura achevé sa tâche, nous pourrons appeler les Arts & leur confier le soin d'ajouter l'agrément à la solidité.

M. Roucher ne livre au Public dans ce moment-ci que les deux premiers Volumes de sa Traduction, mais les trois autres ne tarderont pas à paroître. M. de Condorcet, dont le nom se trouve lié à toutes les entreprises utiles, & qui se reproduit en quelque sorte pour contribuer à étendre tous les genres de connoissances, joindra à cette Traduction un Volume de Notes, dans lesquelles il développera, & sans doute combattra quelquefois les idées de M. Smith. L'accord ou l'opposition de deux Ecrivains qui pensent avec profondeur, sont pour le Public une égale source d'instruction.

24 August 1790. Another review appeared in the *Gazette nationale, ou le Moniteur universelle*, no. 236 (24 August 1790), 976:

ECONOMIE POLITIQUE.

Recherches sur la nature & les causes de la richesse des Nations, traduites de l'anglois, de M. *Smith*, sur la quatrième édition, par M. *Roucher*, & suivies d'un volume de notes, par M. le Marquis de *Condorcet*, de l'Académie Françoise, & Secrétaire perpétuel de l'Académie des Sciences. A Paris, chez M. *Buisson*, Libraire, Hôtel de Coëtlosquet, rue Haute-Feuille, n°. 20. 2 vol. in-8°. de près de 900 pages les deux.

La fortune de cet ouvrage infiniment estimé en Angleterre, est faite, même en France depuis long-tems. Nous en avons une première traduction très-fautive, très-inexacte, très-mal écrite & qu'on a tâché en vain de raccommoder. Toute imparfaite qu'elle est, elle a suffi auprès des Savans en économie politique, & de ceux qui s'intéressent à ces matières, pour faire connoître le mérite de l'original. Lorsque la science économique s'est un peu plus répandue, & qu'on s'en est plus généralement occupé, on a senti la nécessité d'une traduction nouvelle. Un homme de Lettres, que ses talens & le genre de ses connoissances désignoient, pour ainsi dire, comme le seul à qui ce travail convînt, M. l'Abbé Morellet, l'avoit entrepris; mais ce qu'on aura peine à croire, il n'a trouvé aucun Libraire qui ait osé s'en charger. Aujourd'hui ce n'est plus une hardiesse. Ces matières sont devenues à la portée de tout le monde, & depuis que chaque Citoyen peut avoir part au Gouvernement & doit y prendre un intérêt direct, tous se croient obligés d'en étudier les mouvemens & les ressorts, d'en bien connoître toutes les parties.

M. Roucher, auteur de cette nouvelle traduction, n'étoit connu jusqu'ici que par des ouvrages de Poésies, qui lui ont fait une réputation distinguée. Mais la Rèvolution [*sic*] s'est étendue à la fois sur les esprits, sur les mœurs, sur les habitudes, ainsi que sur les diverses parties de l'Administration; & comme elle a transformé tout François en Citoyen, & les intérêts particuliers en un intérêt général, il n'est pas étonnant qu'elle ait transformé un Poëte en auteur économique, & substitué dans son ame le goût du raisonnement & des calculs solides aux écarts de l'imagination. Le genre de littérature le plus aride, acquiert des charmes dans les circonstances présentes, & l'on peut se plaire aujourd'hui à des détails qu'on ne regardoit autrefois que comme de vaines spéculations.

Nous n'essaierons pas de donner une analyse de cet ouvrage déjà trop connu, & qui par sa nature en est peu susceptible. Nous nous contenterons de remarquer qu'aucun Livre ne contient de système plus complet d'économie sociale, & qu'aucun par conséquent n'offre plus de moyens d'instruction & d'utilité. M. Smith avoit puisé en grande partie ses principes dans l'ouvrage du Chevalier Stewart, intitulé: *Recherches des principes d'économie politique*, dont il vient de paroître une traduction que nous avons fait connoître dans cette Feuille. 5 volumes in-8°. Elle se trouve chez les Libraires du Palais-Royal. Il devoit aussi plusieurs idées à ce fameux Law, si mal jugé dans son tems & même dans le nôtre, dont les opérations toujours contrariées par l'autorité, ont été si peu d'accord avec son véritable système, qui mériteroit peut-être d'être mieux connu dans ce moment, & qui l'étoit bien des Anglois. C'est sur-tout par les développemens que M. Smith a donné à ses idées; c'est par la manière claire & simple dont il les a présentées, après les avoir approfondies, qu'il a réussi dans sa Patrie & parmi nous. Ce Philosophe célèbre qui vient d'être enlevé à l'Europe, étoit entré dans la carrière des Lettres, par sa *Théorie des sentimens moraux*, ouvrage qui suffisoit seul pour lui assurer un nom distingué.

M. Condorcet a secondé le travail de M. Roucher, en y joignant un volume de notes, qui ne paroît pas encore; mais dont le talent reconnu de cet Auteur doit faire présumer favorablement. Soit qu'il combatte l'Auteur original, soit qu'il veuille Eclaircir [sic] ou étendre ses idées, on ne peut que recevoir avec confiance le travail d'un écrivain accoutumé à soumettre le raisonnement à la rigueur du calcul, sans lui ôter cette grâce qui attire & soutient l'attention des Lecteurs.

Au lieu de dédicace, M. Roucher adresse son ouvrage en style lapidaire, *à la manière* [sic] *de M. le Président Dupaty, Orateur éloquent, Magistrat intègre, Philosophe courageux, enlevé avant le tems à la Législation, aux Lettres, aux Arts & à l'amitié.—Cet hommage n'ajoute rien à la gloire d'un grand Citoyen, mais il adoucit la douleur d'un ami.*

10 October 1790. A notice of volume 3 appeared in *Chronique de Paris* (10 October 1790):

Recherches sur la nature & les causes de la richesse des Nations, traduites de l'anglais de *Smith*, sur la quatrieme & derniere édition, par M. *Roucher*, & suivies d'un volume de notes, par M. le Marquis de *Condorcet*, de l'académie française, &c., tomes IIIe Prix, 4 liv. 10 sous le vol. broc., & 5 liv. franc de port par la poste. A Paris, chez *Buisson*, libraire, rue Hautefeuille. Le tome IVe. paroîtra le 20 novembre prochain. Ce tome IIIe contient 602 pages.

Nous avons déja parlé de cet important ouvrage. Ceux qui ont comparé le travail de M. Roucher avec celui de ses prédécesseurs, ont pu voir combien sa traduction est préférable; & le nombre considérable des acquéreurs, prouve qu'en effet elle est préférée.

11 October 1790. A brief review appeared in *Journal général de France*, no. 284 (11 October 1790), 1199:

> *Recherches sur la nature & les causes de la richesse des Nations*, traduites de l'Anglois de M. *Adams Smith*, sur la quatrième & dernière Edition de 1786, par M. *Roucher*, & suivies d'un volume de Notes, par M. le Marquis *de Condorcet*, de l'Académie Françoise, & Secrétaire perpétuel de celle des Sciences. 6 [*sic*] volumes in 8°, imprimés en beaux caractères *Didot*. Les Tomes I & II sont en vente, à Paris, chez *Buisson*, Libraire, rue Hautefeuille, n° 20. Le prix de chaque volume est de 4 livres 10 sols pour Paris, & de 5 liv., franc de port par la poste. Les trois derniers volumes sont sous presse.
>
> Le mérite reconnu de cet Ouvrage nous dispense d'en faire l'éloge. C'est un système complet d'économie sociale & politique; c'est le développement & l'exposé des principes par lesquels doivent être régies les Nations. Il jouit, en Angleterre, d'une grande renommée, & il la mérite. A ce titre, il ne peut manquer d'être accueilli en France. Le style du Traducteur est clair, élégant & concis; & les Notes de M. *de Condorcet*, qui sont promises pour un des volumes suivans, ajouteront encore au prix de l'Ouvrage.

12 October 1790. Volume 3 is noticed under "Livres nouveaux" in *Gazette nationale, ou le Moniteur universel*, no. 285 (12 October 1790), 1184: "Tome 3e. des *Recherches sur la nature & les causes de la richesse des Nations*, traduites de l'Anglois de Smith, sur la quatrième & dernière édition, par M. *Roucher*; & suivies d'un volume de notes, par M. *Condorcet*, de l'Académie Françoise, &c. A Paris, chez M. *Buisson*, Libraire, rue Hautefeuille Prix 4 l. 10 s. broché, & 5 l. franc de port par la Poste. Ce Tome 3e contient 602 pages, le 4e paroîtra le 20 Novembre prochain."

18 October 1790. *Journal de Paris*, the "3e et d^{re} suite au Supplement N° 93," to the issue of 18 October 1790, p. xvi, records volume 3 as published and states that volume 4 will appear on 20 November.

25 October 1790. Volume 3 is reviewed under "Littérature" in the *Gazette nationale, ou le Moniteur universel* no. 298 (25 October 1790), 1235–1236 (p. 1236 misnumbered 1232):

> Tome troisième des *Recherches sur la nature & les causes de la richesse des Nations*; traduites de l'Anglois de *Smith*, sur la quatrième & dernière édition; par M. *Roucher*; et suivies d'un volume de notes, par M. *de Condorcet*, de l'Académie Françoise, &c. A Paris, chez M. *Buisson*, Libraire, rue Haute-Feuille. Prix 4 liv. 10 s. Le vol. broché est 5 liv., franc de port par la poste. Le tome 4e paroîtra le 29 Novembre prochain. Ce tome 3e contient 602 pag.
>
> La suite de cet ouvrage est attendue avec une impatience que les circonstances présentes rendent encore plus vive, & que le mérite de cette nouvelle traduction, constaté par les deux premiers volumes déjà publiés, n'a fait qu'augmenter. Nous n'ajouterons rien à l'opinion générale sur les vues pro-

fondes & philosophiques de l'Auteur Anglois, dont la réputation est maintenant établie dans toute l'Europe, d'une manière invariable.

M. Smith se propose d'examiner, à sa manière, les deux systèmes d'économie politique, qui tendent à enrichir à la fois les Particulièrs & l'Etat. Il nomme l'une systême de Commerce, & l'autre, systême d'Agriculture. Le systême de Commerce fait la matière de ce troisième volume, & c'est d'après les principes les mieux approfondis, & des expériences multipliées & bien constatées, qu'il établit la route la plus avantageuse à suivre & celle qu'il faut éviter. Il puise ses exemples chez toutes les Nations; mais il s'arrête davantage à ceux que lui fournit l'Angleterre, comme la Nation qui, en effet, a le mieux connu le Commerce, auquel elle doit toute sa prospérité.

L'étendue de chaque volume justifie les retards qu'éprouve la publication de tout l'ouvrage qui, néanmoins, sera bientôt terminé, puisque le quatrième volume doit paroître le mois prochain. Les notes promises par M. Condorcet, ne sont pas moins desirées que le reste; elles achèveront de donner un prix infini à cette nouvelle traduction qu'on a déjà tant de raisons de préférer à la première.

November 1790. Volumes 1 and 2 are noticed in *Annonces de bibliographie moderne, ou Catalogue raisonné et analytique des livres nouveaux* 2, no. 21 (1790), 326. (There are twenty-six numbers in each of the two volumes of 1790, the only year published, which suggests that the number indicates the week of the year in which the notice appears.) The notice, which is numbered 354 (of those in vol. 2), reads:

Recherches sur la nature, et les causes de la richesse des Nations, traduites de l'Anglais de M. Adam Smith, *sur la quatrième et dernière édition de* 1786: *par M.* Boucher [sic]; *suivies d'un volume de notes, par M. le marquis de* Condorcet, *de l'académie française, et secrétaire perpétuel de celles des sciences:*

5 volumes in-8.°, imprimés en beaux caractères Didot. Les tomes I et II, sont mis en vente à Paris, chez Buisson, libraire, rue haute-feuille [sic], n°. 20. Le prix de chaque volnme [sic], est de 4 livres 10 sous pour Paris, et de 5 livres franc de port par la poste en province. Les trois derniers volumes sont sous presse.

Le nom des auteur et traducteur [sic] de cet ouvrage, peu susceptible d'ailleurs d'une analyse suivie, nous dispense d'en faire l'éloge. Tout ce que nous pouvons assurer, la lecture des deux premiers volumes, inspire un intérêt qui en fait désirer ardemment la suite, et sur-tout les éclaircissemens que ne manqueront pas de donner les notes par lesquelles M. Condorcet doit les terminer.

November 1790. A long and critical review appeared in *Journal encyclopédique*, vol. 7, pt. 3 for the year 1790 (November 1790), 391–402:

Recherches sur la nature & les causes de la richesse des nations, traduites de l'anglois de M. SMITH, *sur la quatrieme édition, par M.* ROUCHER, *& suivies d'un volume de notes par M. le marquis* DE CONDORCET, *de l'académie française, & secrétaire perpétuel de l'académie des sciences.* Tomes I & II. A Paris, chez Buisson. 1790.

Lorsque(*) les richesses étoient peu multipliées parmi les hommes, l'amour de la gloire, la pratique des vertus & les plus douces affections de la nature étoient les seuls jouissances offertes aux ames ardentes & sensibles.

Travailler au bonheur des peuples en perfectionnant la raison & la morale, rechercher les causes & la liaison des différens phénomenes qui nous environnent, tels étoient les seuls objets sur lesquels la philosophie pût porter ses profondes méditations. Mais la condition de l'espece humaine a éprouvé de grands changemens depuis quelques siecles. Les progrès de la civilisation générale, la navigation, le commerce des Indes, la découverte de l'Amérique, ont naturalisé pour chaque nation l'universalité des productions de la terre. Des peuples séparés par des mers immenses ont participé réciproquement à des bienfaits qui sembloient réservés pour leurs climats respectifs. L'homme s'est créé mille nouveaux besoins, & ses desirs s'étant multipliés par ses richesses, les jouissances matérielles ont absorbé toutes ses facultés. Une seule passion, source de tous les crimes, la cupidité, s'est emparée du globe entier. Elle est devenue le mobile de tous les gouvernemens, la cause de toutes les guerres, le germe de toutes les dissentions publiques & privées, le principe de tous les traités & de tous les contrats, en un mot, le seul lien entre les hommes.

Cette combinaison nouvelle a dû appeller aussi les méditations de la philosophie, & cette partie de l'économie politique qui concerne *les rapports des valeurs* peut être regardée comme une science neuve qui appartient à nos jours. Le peuple qui a le puis étendu la puissance du commerce & celle de l'industrie est aussi celui qui a le mieux établi la théorie de la multiplication des richesses. Mais parmi les écrivains anglois qui se sont livrés à cette étude, aucun jusqu'à présent n'avoit étonné autant que Smith, par la profondeur de ses recherches, l'exactitude de sa méthode, la justesse de ses observations, la clarté & l'étendue de ses développemens. Dans cette matiere, où la pensée se prête si difficilement aux abstractions, parce que l'intérêt personnel nous habitue dès l'enfance & dans tous les momens de la vie à ne considérer les valeurs que sous les rapports particuliers sous lesquels elles nous frappent continuellement, Smith a sçu, avec une sagacité prodigieuse, dégager la vérité de tous ces prestiges, détailler & analyser tous les élémens de la formation des richesses, démontrer les rapports exacts des valeurs entr'elles, réduire l'argent à ses véritables fonctions, indiquer les routes de la circulation, & manifester les sources réelles de l'aisance des peuples & de la prospérité des nations.

Personne n'a sçu mieux que lui renverser tous ces calculs illusoires de la balance du commerce, & ces systêmes réglementaires, enfantés par l'avidité mercantile; personne n'a porté à un aussi haut degré d'évidence cette démonstration si satisfaisante, que toute atteinte à la liberté générale ou particuliere, soit de l'industrie, soit du commerce, ne peut jamais produire d'autre effet que de nuire à la multiplication des richesses.

Ceux qui connoissoient l'admirable ouvrage de Smith regrettoient depuis longtems qu'il manquât à la langue françoise. On assure qu'un académicien distingué par ses connoissances en économie politique avoit traduit les trois premiers livres de cet ouvrage, & l'avoit enrichi de commentaires, mais qu'aucun libraire n'avoit consenti à se charger de l'entreprise. Il parut en 1776 une traduction dont l'auteur ne nous est nullement connu, à laquelle on peut reprocher beaucoup d'inexactitudes, mais qui cependant a eu plusieurs éditions. Une nouvelle traduction vient de paroître, & le traducteur compte pour si peu celle qui a précédé la sienne, qu'il n'hésite pas à dire dans son avertissement, qu'*on demandoit depuis longtems une traduction françoise de l'ouvrage de M. Smith.* Quoique ce nouveau traducteur ne fût connu que par des succès dans un genre bien différent & l'on pourroit dire presque opposé à celui-ci, cependant on a dû présumer qu'il ne compromettroit point, par un ouvrage peu soigné, la considération qu'il s'est acquise dans les lettres. Le nom de M. de Condorcet, mis en tête de cet ouvrage, étoit d'ailleurs d'un bien favorable augure, & son nom portoit à croire que nous posséderions enfin une traduction françoise digne de l'immortelle production de Smith. Mais il s'en faut bien que notre attente ait été remplie, & jamais l'original ne nous a semblé plus complettement défiguré. Des incorrections, des contre-sens nombreux, que peut-être on ne doit attribuer qu'à la typographie, mais qui ne lassent pas moins l'attention du lecteur, presque à chaque page, en général, un style peu concis, des phrases embarrassées & une foule d'expressions obscures, dans une matiere qui ne comporte qu'une forme sévere & qui possede une langue qui lui est propre, tous ces défauts mettent, suivant nous, cette traduction bien au dessous de la premiere; & s'il s'y trouve quelques tournures qui offrent plus de précision & de clarté que le reste de l'ouvrage, elles nous ont parut empruntées & copiées presque mot à mot de l'ancienne traduction.

En portant un jugement aussi rigoureux, il est évident que nous avons contracté l'obligation d'en exposer les motifs. Quelques citations prises au hazard feront connoître si notre critique est fondée. Un morceau du chapitre VIII du livre I, page 135, justifie plusieurs de nos reproches. Il s'agit de la perfection des facultés productives du travail dans les différens genres d'ouvrages.

"Supposons que la plupart des professions eussent acquis une perfection dix fois plus avancée, ou bien que leur travail d'un jour eût produit dix fois plus d'ouvrage qu'auparavant; supposons encore une profession particuliere dont la perfection n'eût fait que doubler, ou, ce qui est la même chose, que son travail d'un jour n'eût donné que le double de son ouvrage primitif: alors, si on eût voulu échanger le produit des premieres contre celui de la seconde, il eût fallu répéter dix fois la quantité originaire du travail des unes pour n'obtenir que le double de la quantité originaire du travail de l'autre, ce qui, par exemple, feroit paroître une livre pesant donnée par celle-ci, cinq fois plus chere qu'auparavant. Cependant elle eût été réellement à meilleur marché, puisqu'en échangeant contre cinq fois autant d'autres marchandises, elle n'eût coûté réellement à l'ouvrier que le *double* de son premier travail; l'acquisition auroit donc été deux fois plus aisée que dans l'origine. Cet état primitif des choses où l'ouvrier jouissoit de tout le produit de son travail, ne pouvoit durer au delà du tems qui fît naître la propriété des terres & l'accumulation des fonds. Il n'étoit donc plus longtems avant les grands progrès qu'à faite l'industrie générale à l'aide de la division du travail, & ce seroit se livrer à des inutilités que de chercher plus loin *la cause* de ses effets sur la récompense ou le salaire du travail".

Voici le même morceau dans l'ancienne traduction.

"Supposons, par exemple, que, dans la plupart des genres d'industrie, les facultés productives du travail eussent acquis dix fois plus de perfection, & qu'en un jour on eût fait ce qui étoit d'abord l'ouvrage de dix jours, tandis que dans un genre particulier d'industrie, ces mêmes facultés n'ayant acquis que le double de perfection, n'auroient expédié en un jour que ce qui étoit auparavant l'ouvrage de deux: pour ce dernier ouvrage, on auroit eu ce qui avoit été originairement l'ouvrage de dix jours dans d'autres especes d'industrie. Une quantité particuliere, comme une livre pesant de l'ouvrage fait simplement une fois plus vite, auroit donc paru cinq fois plus chere qu'auparavant; cependant elle eût été réellement deux fois meilleur marché: car quoiqu'il eût fallu cinq fois autant d'autres marchandises pour l'acheter, elle n'auroit coûté réellement que la moitié du travail qu'elle coûtoit d'abord &, par conséquent, l'acquisition en auroit été une fois plus aisée qu'elle ne l'étoit auparavant. Mais cet état primitif où l'ouvrier jouissoit de tout le fruit de son travail, n'a pu durer longtems au delà de la premiere introduction de la propriété des terres & de l'accumulation des fonds. Il n'existoit donc plus bien avant qu'il se fît des améliorations considérables dans les facultés productives du travail, & ce seroit peine perdue que de pousser plus loin la recherche des effets qu'il auroit pu avoir sur la récompense ou le salaire du travail".

Le mot *double* au lieu de *moitié*, qui forme un si gros contre-sens dans la nouvelle traduction, n'est sans doute qu'une faute d'impression; mais *la perfection des professions, le travail des professions, le produit des professions, l'ouvrage primitif, la cause des effets*, &c., ne sont pas des erreurs de typographie, & on avouera sans doute que le nouveau traducteur n'est intelligible que lorsqu'il emprunte les propres expressions de celui qui l'a précédé.

Nous tombons encore, chapitre XI, *De la rente de la terre*, page 313, sur un autre morceau non moins inintelligible.

"Il est quelques parties du produit pour lesquelles la demande *doit* toujours *être* telle, que leur prix excede constamment ce qui suffit pour les mettre en état de vente, & il en est d'autres pour lesquelles il *n'est pas nécessaire* que la demande suffise ou ne suffise pas à fournir cette supériorité de prix. Les premieres doivent toujours *s'incorporer* à la rente du propriétaire; les dernieres peuvent, selon les circonstances, *y entrer* quelquefois, & quelquefois *en être exclues*".

Nous ne cherchons pas à interpréter la pensée qu'a eue le traducteur en écrivant ces lignes, en supposant qu'il se soit compris lui-même; mais voici la pensée de Smith assez exactement rendue dans l'ancienne traduction.

"Il y a certaines productions de la terre dont la demande est toujours telle, que leur prix excede toujours ce qui suffit pour les mettre au marché & pour les profits des fonds. Il y en a d'autres dont la demande varie au point que, tantôt leur prix excede ce taux, & que tantôt il ne l'excede pas. Les premieres rapportent constamment une rente au propriétaire; les dernieres en rapportent ou n'en rapportent pas, selon les circonstances".

Dans d'autres endroits où le traducteur n'étoit pas arrêté par la difficulté de comprendre son original, il n'est pas plus heureux dans le choix de ses expressions.

"La condition de l'homme de peine (*chapitre XI, page 650*) ne lui laisse pas le tems de prendre les *informations* nécessaires; & quand même il seroit parfaitement *informé*, son éducation & les habitudes l'éloignent de cette *sagesse de raisonnement qui juge sainement*. Aussi, dans les délibérations publiques, sa voix est-elle peu *entendue*, encore moins *écoutée*, j'en excepte pourtant quelques circonstances où ceux qui l'emploient, animent, soutiennent & font valoir ses *réclamations*, non pour lui faire du bien, mais pour s'en faire à eux-mêmes".

Si l'on trouve dans l'ancienne traduction quelque similitude, du moins on n'y trouve pas cette *sagesse de raisonnement qui juge sainement*, cette voix *peu entendue & encore moins écoutée*, &c.

"Leur condition (*celle des ouvriers*) ne leur laisse pas le tems de recevoir les instructions nécessaires; & quand ils seroient pleinement instruits, leur éducation & leurs habitudes sont communément telles, qu'elles ne leur permettent pas de juger. Aussi leur voix n'est guere écoutée, encore moins considérée dans les délibérations publiques, excepté dans certaines occasions particulieres où ceux qui les emploient, animent, font valoir & soutiennent leurs cris, non pour leur faire du bien, mais pour s'en faire à eux-mêmes".

Quelquefois le traducteur emploie des constructions qui non-seulement ne rendent pas le sens de l'auteur, mais même en présentent un tout opposé.

"Ce n'est pas en proportion du nombre des individus (*page 355*) qu'elle peut vêtir & loger, mais en raison du nombre de bouches qu'elle peut nourrir, qu'une contrée est plus ou moins populeuse..... Le travail d'un seul homme en un seul jour suffit quelquefois pour élever ce qu'on appelle une maison, *mais* les vêtemens les plus simples, tels que les peaux des animaux, demandent à qui veut les apprêter & les préparer un degré de travail, quoique cependant il en faille bien peu, parmi les Sauvages & les Barbares. *En effet*, le centieme ou quelque chose au delà du centieme du travail annuel d'une peuplade suffit pour lui donner & les habits & le logement dont elle a besoin, tandis que la totalité de *quatre vingt-dix neuviemes* qui restent de ce travail, n'est gueres que ce qu'il faut rigoureusement pour satisfaire aux besoins de subsistance".

Au moyen de ce *mais* & de cet *en effet* ainsi placés, on croiroit que l'auteur a voulu mettre en opposition le travail pour le logement, vis-à-vis de celui qu'exige le vêtement, tandis que ce sont ces deux genres de travail réunis qu'il a voulu opposer à celui qu'exige la subsistance.

"Aujourd'hui, (*page 321*) dans presque toutes les parties de la Grande-Bretagne, une livre de la meilleure viande de boucherie vaut plus de deux livres du pain blanc le meilleur; dans les années abondantes, elle en vaut même quelque fois trois ou quatre *de plus*".

Ne sembleroit-il pas que l'auteur auroit voulu dire qu'alors elle en valoit six?

"La seule rareté (*page 374*) ou la seule abondance actuelle de l'or & de l'argent semble en déterminer nécessairement le plus haut prix actuel. Celui des autres marchandises ne l'affecte *pas plus que* le prix du bois n'agit sur le prix du charbon".

Qui ne croiroit d'après cela que Smith a dit que le prix du charbon n'étoit pas affecté par le prix du bois?

"Le produit des manufactures communes, (*page 540*) comparé à celui des belles fabriques, a souffert dans son prix réel une réduction beaucoup plus forte autrefois qu'aujourd'hui".

L'auteur veut dire tout au contraire, que les ouvrages grossiers des manufactures étoient, proportion gardée, bien plus chers autrefois qu'aujourd'hui, par comparaison à ceux des belles fabriques, & que ces dernieres ont éprouvé, par les progrès de l'industrie, une réduction de prix bien plus forte que les ouvrages des premieres, ainsi qu'il le démontre par des exemples.

A l'égard des fautes qu'on ne peut attribuer qu'à la typographie, elles ne sont pas moins nombreuses, & rendent cette lecture insupportable.

Page 160, ligne 19, on lit qu'au dernier siecle, les salaires en Ecosse étoient de 12 s. en été, & de 5 en hiver.

Page 183, ligne 5, il y a: l'*abondance d'une année chere*.

Page 250, ligne 17, *inégalité* pour *égalité*.

Page 288. *On dit que chaque cours valoit à Isocrate mille mines ou* TRENTE TROIS MILLE TROIS CENT TROIS LIVRES STERLINGS. Il y a erreur de trente mille livres sterlings à peu près.

Page 387, ligne 2, on a imprimé le prix *du travail*, quand il est question du prix *du froment*.

Nous ne croyons pas devoir pousser jusqu'au deuxieme volume une recherche aussi pénible pour nous que fastidieuse pour le lecteur. En voilà plus qu'il n'en faut pour motiver notre jugement, & mettre le public à portée d'apprécier cette traduction, que tous les journalistes ont vantée dans leurs extraits, probablement sur parole, & sans se donner la peine de l'ouvrir.

(*) Si quelqu'un croit être fondé à se plaindre de cet article, qui nous a été envoyé de Paris, il peut nous adresser ses réclamations, que nous publierons le plutôt possible. Nous n'avons ni l'original, ni aucune traduction de l'ouvrage de M. Smith.

1 December 1790. Volume 3 is noticed in *Journal encyclopédique*, vol. 8, pt. 2 for the year 1790 (1 December 1790), 305. The complete title from the title page, including the mention of Condorcet, is given, along with the notice that volume 4 "paroîtra incessamment." No information on the appearance of volume 5 is provided. The price is listed as "4 liv. 10 s. br., & 5 liv. franc de port par la poste." The notice of Smith is followed by a notice of the translation of Law, available for "4 liv. 4 s. br., & 5 liv. franc de port par la poste."

8 March 1791. *Journal de Paris*, no. 67 (8 March 1791), supplement, p. iv, contains a notice. The page count is given as 600, whereas the volume is actually not quite that long, suggesting that the book was not yet published. The notice reads:

Recherches sur la nature & les causes de la richesse des Nations, traduites de l'Anglois de M. *Smith*, sur la 4e & d^{re} édition, par M. *Boucher* [*sic*], & suivies d'un volume de notes par M. *de Condorcet;* tome 4e. In-8°, de 600 pag: ce volume termine Smith. Le tome 5, qui paroîtra incessamment, sera composé des notes de M. *de Condorcet*, & d'une table analytique & raisonné de tout l'ouvrage. A Paris, chez *Buisson*, Libraire & Imprimeur, rue Haute-Feuille, n° 20. Prix 4 liv. 10 f. le volume, broché, & 5 liv. franc de port par la poste.

20 March 1791. *Journal encyclopédique ou universel* (Bouillon), 2, no. 8 for the year 1791 (20 March 1791), 429–444, has a review of volume 3:

Les écrivains économiques assignent deux sources générales à la richesse des nations: les manufactures, le commerce, dont les unes donnent une nouvelle valeur aux matieres brutes, & l'autre les répand, les débite dans tous les marchés du monde, & l'agriculture qui leur fournit les matieres premieres, sans lesquelles ils resteroient oisifs. Il sembleroit que cette seule considération dût faire accorder la préférence à l'agriculture: en effet, des sçavans, françois qui ont formé une espece de secte philosophique, sous le nom d'*Economistes*, & qui reconnoissent le médecin Quesnay pour leur fondateur, n'hésitent pas à regarder la terre comme la mere de toutes les productions dont l'univers est enrichi. D'un autre côté, les manufactures, & dans un sens plus général, l'industrie humaine, occupée à donner de plus belles formes à ces productions, & à les vendre dans l'intérieur ou à l'étranger, ont leurs partisans.

Lequel de ces deux systêmes doit-on préférer? C'est à la solution de ce problême important que M. Smith a consacré l'ouvrage dont on nous donne la traduction, & particulierement le 3e. volume, où il débute par des recherches très-étendues sur le meilleur système de commerce parmi les nations modernes, spécialement dans l'Angleterre, dont il développe avec la même franchise, la même profondeur, & les vues sages qui ont contribué à sa prospérité, & les erreurs qui en ont retardé les progrès.

La rareté de l'argent n'excite que des plaintes trop fréquentes. "L'argent, comme le vin, dit l'auteur, est toujours rare chez ceux qui n'ont ni marchandise pour en acheter, ni crédit pour en emprunter..... Les prodigues néanmoins ne sont pas toujours les seuls qui se plaignent de la rareté de l'argent; quelquefois une ville de commerce & les campagnes de son voisinage forment la même plainte. C'est ordinairement un excès de commerce qui en est la cause. Des hommes sages dont les projets ont été disproportionnés à leurs capitaux doivent, comme des prodigues dont la dépense n'a aucune proportion avec leur revenu, finir par manquer & de marchandises pour acheter de l'argent, & de crédit pour en emprunter. Avant que leurs projets puissent être réalisés, leurs fonds manquent, & leur crédit s'épuise avec leurs fonds..... Cette plainte générale ne prouve pas même toujours que le nombre ordinaire des pieces de monnoie ne circule pas dans le pays; elle prouve seulement qu'il est des hommes qui en manquent, parce qu'ils n'ont rien à donner pour en avoir".

L'accumulation des trésors paroît impolitique à M. Smith, & voici comme il raisonne. "Les fonds que notre siecle a employés pour soutenir les guerres étrangeres, les plus dispendieuses peut-être dont l'histoire fasse mention, me semblent avoir un peu dépendu & de l'exportation de l'argent mis en circulation, & de la vaisselle des particuliers, & du trésor du prince. Pour subvenir aux frais de la guerre qu'elle a faite à la France, la Grande-Bretagne a dépensé plus de 90 millions sterl., y compris les 70 millions de nouvelles dettes contractées, les deux nouveaux schellings par livre sur la taxe des terres, & l'emprunt annuel du fonds d'amortissement. Plus des deux tiers de cette énorme dépense a passé dans les pays étrangers".

Après avoir observé que, par un calcul exacte, il ne circule pas en Angleterre plus de 30 millions sterl. d'or & d'argent, il ajoute: "Si notre argent eût fourni aux frais de la guerre, il faudroit, même en suivant ce calcul, que, dans l'espace de 6 à 7 ans, toute notre monnoie fût sortie deux fois du royaume, & y fût rentrée autant de fois; ce qui fourniroit l'argument le plus décisif pour démontrer combien il est inutile que le Gouvernement veille à la conservation du numéraire, puisque, dans l'espace d'un tems aussi court, tout l'argent du pays, sans la surveillance de personne, seroit sorti & rentré deux fois".

Ces énormes dépenses ont été couvertes par les manufactures & le commerce. "C'est ainsi (dit-on plus bas) qu'au milieu de la guerre étrangere la plus destructive, on voit quelquefois arriver à l'état le plus florissant la plus grande partie des manufactures, qui ensuite, au retour de la paix, peuvent décliner & déchoir. La ruine de leur pays peut faire leur prospérité, & sa prospérité commencer leur ruine".

Dans tout le cours de l'ouvrage, M. Smith n'épargne pas les manufacturiers de son pays, parce qu'ils se sont fait concéder un monopole qui écrase les autres classes de citoyens: écoutons-le lui-même. "Sans doute nos manufacturiers méritent beaucoup de la patrie; mais ils ne méritent pas davantage que ceux qui la défendent au prix de leur sang, & ils ne doivent pas en être traités plus favorablement...... Si les officiers d'une armée s'élevoient contre toute réduction des forces militaires, avec cette chaleur & cet accord qu'on voit aux maîtres manufacturiers contre toute loi qui peut accroître le nombre de leurs rivaux dans le marché intérieur; si les premiers animoient leurs soldats comme les autres échauffent leurs ouvriers pour les soulever & les pousser avec violence contre les auteurs de ces loix; il y auroit autant de danger à vouloir licencier une partie de l'armée, qu'on en trouva dernierement lorsqu'on essaya de diminuer à quelques égards le monopole dont nos manufacturiers jouissoient contre leurs concitoyens. Les avantages de ce monopole ont si fort grossi le nombre de ceux qui l'exercent, que, semblables à une armée immense de soldats en activité, les monopoleurs se sont rendus redoutables au Gouvernement, quelquefois même à la Législature. Le membre du parlement qui appuie de son suffrage toute proposition dont le but est de les favoriser, peut compter d'arriver, non-seulement à la réputation d'homme versé dans la science du commerce, mais encore à la faveur & au dévouement d'une classe d'hommes à qui leur multitude & leur richesse donnent une grande importance. Celui au contraire, qui les combat, celui sur-tout dont l'autorité est assez grande pour faire avorter leurs projets; malgré la probité la plus reconnue, le rang le plus élevé & les services publics les plus signalés, celui-là, dis-je, est exposé à la détraction, à l'infame calomnie, aux insultes personnelles, & quelquefois même à des dangers réels, suite nécessaire des soulévemens & des insolences d'un peuple de monopoleurs, furieux & trompé dans ses espérances".

En traitant de la balance du commerce, idée chimérique, selon lui, & dont la doctrine absurde entraîne après elle toutes les entraves, tous les réglemens qui gênent le commerce, l'auteur fait voir dans la supposition suivante, combien ceux qui parlent de cette balance s'y entendent peu. "Si l'Angleterre, par exemple, n'importoit de la France que les marchandises naturelles à celle-ci, & que n'ayant aucune des siennes à donner en retour, elle payât annuellement, en envoyant en France une quantité considérable de marchandises étrangeres, telles que le tabac & les productions des Indes Orientales, ce commerce, quoique défavorable aux deux nations, donneroit cependant un avantage aux François sur les Anglois. Tout le capital que la France emploieroit annuellement à ce commerce, se distribueroit parmi ses habitans, tandis que la distribution annuelle, en Angleterre, ne se composeroit que de la partie du capital anglois dont l'emploi serviroit à produire les marchandises angloises avec lesquelles on acheteroit des marchandises étrangeres. La plus grande partie de ce capital remplaceroit les capitaux employés dans la Virginie, dans l'Indoustan & à la Chine, où ils auroient fourni un revenu & une portion de leur subsistance aux habitans de ces contrées. Si donc les capitaux étoient égaux ou presque égaux entr'eux, cet emploi du capital françois augmenteroit le revenu du Peuple de France beaucoup plus que l'emploi du capital anglois n'ajouteroit au revenu du Peuple d'Angleterre. La France seroit alors avec l'Angleterre un commerce direct de consommation, au lieu que l'Angleterre ne feroit avec la France qu'un commerce de détour.

Dans ses observations relatives aux colonies anciennes & modernes, dont l'objet est si différent, nous en avons remarqué sur les colonies espagnoles, françoises & angloises, qu'on ne sera pas fâché de trouver ici. L'Espagne s'est fait un revenu qu'elle tire de ses colonies, & ce revenu a été cause que, "dès leur naissance, elles se sont attiré la plus grande attention de la part de la merepatrie, tandis que presque toutes les colonies des autres nations de l'Europe ont été longtems négligées. Peut-être que les unes n'ont pas mieux réussi malgré cette attention, comme les autres n'ont pas moins prospéré, malgré cette négligence. Comparées à la vaste étendue de sol qu'elles occupent, les colonies espagnoles sont, de toutes les colonies de l'Europe, les moins populeuses & les moins florissantes. Cependant les progrès que les colons espagnols ont faits dans la carriere de la population & de la richesse ont été certainement très-rapides & tout-à-la fois très-considérables. Selon le récit d'Ulloa, la ville de Lima, dont la fondation est postérieure à la conquête du Mexique, contenoit, il y a environ 30 années, 50 mille habitans. Le même auteur nous représente comme également peuplée à la même époque la ville de Quito, qui n'avoit été d'abord qu'un misérable hameau d'Indiens. Gemelli Carreri, qui passe, à la vérité, pour un prétendu voyageur, mais qui, partout dans son ouvrage, paroît avoir écrit d'après d'excellens mémoires, nous dit que Mexico contenoit une population de 100 mille habitans, population qui, en dépit de toutes les exagérations des écrivains espagnols, est probablement plus de cinq fois supérieure à celle qui existoit du tems de Montezume. Ce nombre d'habitans surpasse de beaucoup celui des habitans de Boston, de New-Yorck & de Philadelphie, les trois villes les plus grandes des colonies angloises. Avant que les Espagnols en eussent fait la conquête, ni le Mexique, ni le Pérou n'avoient aucun animal propre aux charrois"....

"Dans cet état des choses comment ces deux empires auroient-ils pu être améliorés ou cultivés aussi bien qu'aujourd'hui que l'Europe les a abondamment fournis de toutes les sortes de bestiaux, en même tems qu'elle y a introduit l'usage du fer, de la charrue & du plus grand nombre de nos arts? Or, dans tout pays, la population est toujours en proportion de la richesse & de la culture. Malgré la cruelle destruction que l'Espagne conquérante fit des naturels du pays, ces deux empires sont probablement beaucoup plus peuplés aujourd'hui qu'ils ne le furent dans aucun tems antérieur à la conquête, & l'espece humaine y est certainement bien différente: car on ne peut nier, je pense, qu'à plusieurs égards les créoles espagnols ne soient très-supérieurs aux premiers indiens".

Passons à l'article des colonies angloises & des colonies françoises. Voici quelques-unes des différences que M. S. remarque entr'elles.

"Les colonies françoises à sucre ont prospéré autant, peut-être même plus que le grand nombre des colonies angloises, & cependant les colonies à sucre de l'Angleterre jouissent d'un gouvernement libre, semblable à celui qui est établi dans l'Amérique Septentrionale. Mais on n'a pas découragé les colonies à sucre de la France comme celles de l'Angleterre, en les empêchant de raffiner leur propre sucre; &, ce qui est encore d'une plus grande importance, le génie de leur gouvernement a introduit naturellement une meilleure maniere de conduire les Negres.... Il est, je crois, généralement reconnu que les planteurs françois l'emportent (par le bon traitement des Noirs) sur les planteurs anglois. La loi qui accorde une foible protection à l'esclave contre le despotisme violent du maître, doit, dans un gouvernement presque arbitraire, être beaucoup mieux observée qu'elle ne l'est dans une colonie dont le gouvernement est libre. Partout où la malheureuse loi de l'esclavage est établie, le magistrat, lorsqu'il protege l'esclavage, s'immisce en quelque sorte dans l'administration des propriétés particulieres; & en un pays libre, où le maître est peut-être membre de l'assemblée coloniale, ou du moins électeur, le magistrat n'ose se déclarer protecteur de l'esclave qu'avec la plus grande réserve & la derniere circonspection. Les égards qu'il est obligé d'avoir pour le maître, lui font trouver plus de difficultés lorsqu'il veut protéger l'esclave".

Il n'en est pas ainsi dans l'autre gouvernement, où rien n'impose silence à la loi. Mais d'après ce raisonnement, qui nous semble très-juste, il seroit bien malheureux que la France n'eût secoué le joug du despotisme que pour appesantir les chaînes des déplorables victimes de l'avidité coloniale. Loin de nous une idée si affligeante! Espérons que les Negres partageront enfin les avantages de notre nouvelle constitution, & que tant de voix qui s'élevent en leur faveur ne se feront pas entendre inutilement.

"Il faut observer (ajoute l'auteur un peu plus bas) que les fonds qui ont fait la prospérité des colonies françoises à sucre, & en particulier de la grande colonie de Saint-Domingue, doivent presque tout leur accroissement à l'amélioration & à la culture graduelle de ces colonies. Ils sont en grande partie le produit du sol & de l'industrie des colons, ou, en d'autres termes, le prix de ce produit graduellement accumulé par une bonne administration, & employé à donner un produit plus grand encore; mais les fonds qui ont servi à améliorer & à cultiver les colonies angloises à sucre ont été en grande partie envoyés d'Angleterre, & n'ont point été, par conséquent, dans leur totalité le produit du sol & de l'industrie des colons. La prospérité de ces colonies est due en grande partie aux richesses immenses de l'Angleterre, dont une portion a reflué, pour ainsi dire, sur ses colonies, au lieu que la prospérité des établissemens françois à sucre est due entierement à la bonne conduite des colons, qui ont eu, par conséquent, quelque supériorité sur les colons anglois, avantage qui s'est fait remarquer surtout dans le bon gouvernement des esclaves".

On se tromperoit étrangement, si l'on prenoit ces termes, *bon gouvernement*, dans toute leur latitude. Il ne s'agit de la conduite de nos colons envers leurs esclaves que comparativement avec celle des colons anglois envers les leurs. L'une est un peu moins dure que l'autre; mais on sçait qu'elle l'est encore beaucoup trop. Une nation libre & généreuse ne peut souffrir longtems que, dans son sein, l'humanité soit aussi cruellement dégradée.

Si le commerce est un moyen de richesse, l'agriculture en est un autre non moins avantageux. M. Smith s'en occupe dans son dernier chapitre. Il y traite du système agricole des Economistes François; il en présente une excellente analyse, en fait l'éloge comme du système le plus profond & de ce que l'esprit a pu imaginer de mieux dans le même genre jusqu'à présent. Il y trouve des défauts, &, sans cela, il ne seroit pas l'ouvrage des hommes. Voici un morceau où il donne en résumé le pour & le contre de ce fameux système.

"Malgré toutes ses imperfections, il est peut-être (dit-il) de tout ce qu'on a publié sur l'économie politique, ce qui approche le plus de la vérité; & à cet égard, il est digne des pensées de tout homme qui veut examiner avec attention les principes d'une science la plus importante de toutes. Quoiqu'en représentant le travail de la terre comme le seul productif, il donne des notions peut-être étroites & bornées; cependant, comme il place d'un autre côté la richesse nationale, non pas dans l'argent qu'on ne consomme pas, mais dans les marchandises qui se consomment, & que reproduit le travail annuel de la société, & qu'en outre il montre dans la liberté la plus parfaite l'unique moyen d'augmenter le plus possible la reproduction annuelle, il faut avouer que ce système paroît sous tous les rapports, aussi juste que généreux. Il s'est fait un grand nombre de partisans; & comme il est ordinaire à l'esprit de l'homme d'aimer le paradoxe, & tout ce qui a l'air de cette profondeur de pensée qui surpasse l'intelligence commune, peut-être les maximes paradoxales que cette doctrine a débitées touchant la nature improductive du travail des manufactures, n'ont-elles pas peu contribué à grossir le nombre des admirateurs".....

"Leurs ouvrages ont rendu certainement quelques services à leur patrie, non-seulement en appellant la discussion publique sur des sujets qu'on n'avoit jamais examinés auparavant, mais en influant à quelques égards sur la maniere dont le Gouvernement s'est conduit en faveur de l'agriculture. C'est par l'effet de leurs représentations que l'agriculture, en France, a été délivrée de plusieurs genres d'oppressions sous lesquelles elle gémissoit depuis longtems. La durée des baux, c'est-à-dire, leur validité contre les prétentions de tout acheteur ou propriétaire nouveau d'une ferme, a été prolongée depuis 9 jusqu'a 27 années. Les anciennes restrictions qu'on avoit mises sur l'exportation des grains d'une province à l'autre, dans l'intérieur du royaume, ont été totalement supprimées, & la liberté d'exporter dans tous les pays étrangers indifféremment a été établie comme une loi générale de l'Etat, hors les cas extraordinaires".

Des restrictions réglementaires auxquelles les gouvernemens ont voulu soumettre certaines sources de la richesse publique, & des encouragemens mal entendus qu'ils ont donnés à quelques autres, il résulte qu'ils ont fait peu de bien & de grands maux. En protégeant le commerce par une prédilection spéciale, ils ont nui à l'agriculture; en favorisant celle-ci, ils ont rétréci, découragé le commerce. Que conclure donc des recherches de l'auteur? Il va nous le dire lui-même.

"Maintenant que tous les systêmes de restrictions & de préférence sont complétement ruinés, il ne reste plus que celui de la liberté naturelle, si simple & si uni, qu'il doit s'établir de lui-même. Tout homme en effet, tant qu'il ne viole pas les loix de la justice, doit être parfaitement libre de travailler à ses intérêts comme il lui plaît, & d'associer son industrie & son capital au capital & à l'industrie de tout autre individu, ou de toute classe d'individus. Le souverain se voit ainsi totalement déchargé de l'obligation qu'il ne pourroit remplir sans s'exposer à des erreurs sans nombre, & à laquelle toute la science & toute la sagesse humaine ne suffiroient pas; je veux dire de la nécessité de surveiller l'industrie de chacun de ses sujets, & de la diriger vers l'emploi le plus avantageux à la société".

Le grand succès de cet ouvrage en Angleterre annonce suffisamment son mérite. Le public ne peut qu'attendre avec impatience le volume de notes promis par M. de Condorcet.

9 May 1791. A review of volume 4 appeared in *Chronique de Paris*, no. 129 (9 May 1791), 513:

Recherches sur la nature & les causes de la richesse des nations, traduites de l'Anglais, de M. Smith, sur la quatrième & derniere édition, par M. Roucher; & suivies d'un volume de notes par M. de Condorcet, tome quatrième in-8°. de 600 pages: ce volume termine Smith. Le tome 5, qui paroîtra incessamment, sera composé des notes de M. de Condorcet, & d'une table analytique & raisonnée de tout l'ouvrage. A Paris, chez Buisson, libraire & imprimeur, rue Haute-Feuille n°. 20; prix. 4 liv. 10 sols le volume broché, et 5 liv. franc de port par la poste.

Pour donner une idée de ce dernier volume, il suffira d'en présenter une simple analyse.

L'auteur présente à la méditation les trois devoirs qui restent au souverain à remplir envers la société. D'abord, il faut qu'il mette le corps social à l'abri de l'invasion des autres sociétés indépendantes; ensuite il faut qu'il protège chaque membre, en particulier, contre l'injustice & l'oppression des autres membres; il faut enfin qu'il crée & entretienne certains ouvrages, certains établissemens publics, qu'aucun individu, ni même aucun petit nombre d'individus, n'aura jamais intérêt de créer & entretenir, parce que le bénéfice pour eux n'égaleroit point la dépense; tandis que, pour une grande société, les frais peuvent être couverts, & donner même quelque profit.

Pour satisfaire à ces différens devoirs, le souverain doit nécessairement faire une certaine dépense, pour laquelle il faut aussi un certain revenu.

Delà la division naturelle de ce dernier livre en trois chapitres, dont le premier traite des dépenses du souverain, ou de l'état, c'est-à-dire, les dépenses qu'exige l'intérêt de la chose publique, dont la société entière doit supporter le poids par un égale contribution, & celles qui ne doivent peser que sur des classes particulières, ou sur quelques-uns de leurs membres.

Le second examine quelles sont les ressources du revenu général ou public de la société, &, par conséquent, les différentes méthodes de faire contribuer la société entière aux dépenses communes, sans oublier les avantages ou les inconvéniens principaux attachés à chacune de ces méthodes.

Le troisième, bien important pour tous les souverains de l'Europe, a pour objet les dettes publiques; l'auteur y montre les causes qui ont forcé presque tous les governemens modernes à engager une partie de leur revenu, ou à contracter des dettes, & l'effet de ces engagemens, & de ces dettes, sur la véritable richesse de la société, c'est-à-dire, sur le produit annuel de la terre & du travail.

Un volume de notes doit terminer cette traduction faite avec le plus grand soin, & qui ajoute aux titres littéraires de M. Roucher. Nommer l'auteur de ces notes, c'est inspirer aux sages & aux bons citoyens le plus vif desir de les voir paroître. On fait ce que la philosophie, la saine raison, & par conséquent la révolution, ont d'obligation à M. de Condorcet, qui a passé sa vie à combattre l'erreur, & à prêcher la vérité.

9 May 1791. Volume 4 was reviewed in *Le Spectateur national et le modérateur*, no. 160 (9 May 1791), 685–686. For an earlier review in this journal, see under 30 March 1790.

POLITIQUE, LÉGISLATION, ADMINISTRATION, FINANCES.

RECHERCHES *sur la nature et les causes de la richesse des nations*, trad. de l'anglois de M. *Smith*, sur la 4e et derniere édition. Par M. *Roucher*; et suivies d'un volume de notes, par M. *de Condorcet*, de l'académie françoise, et secrétaire perpétuel de l'académie des sciences. *Tome quatrieme.* A Paris, chez *Buisson*, imprimeur et libraire, rue Hautefeuille, hôtel de Coëtlosquet, n°. 20, 1791. *in*-8°. de 591 pages. Prix 4 liv. 10 sols le volume broché, et 5 liv. franc de port par la poste.

L'ouvrage d'économie politique de Smith, est, depuis long-tems placé au rang des livres classiques, par ceux qui s'occupent sérieusement de finances et d'administration. Pour ceux-là, un extrait n'est pas nécessaire: il suffira de leur dire: "Vous ne pouvez vous dispenser d'admettre cette nouvelle traduction de Smith dans votre bibliotheque. Elle offre, peut-être, quelques erreurs; mais la précédente en avoit bien davantage; elle en étoit même quelquefois inintelligible. Celle-ci a, d'ailleurs, le mérite d'être infiniment mieux écrite; et, en la lisant, on n'a point à combattre, en même-tems, les difficultés que présente la maniere profonde et métaphysique de l'auteur, et le dégoût que fait éprouver naturellement un style incorrect et obscur. Voilà cette nouvelle traduction terminée avec ce quatrieme volume; vous en aurez incessamment un cinquiéme entierement composé des notes de M. de Condorcet, et d'une table analytique et raisonnée de tout l'ouvrage. Ces avantages ne se trouvent point non plus dans la premiere traduction".

Quant à ceux qui n'ont jamais lu, ou plutôt, jamais étudié Smith, ce n'est pas dans une feuille comme celle-ci, qu'on peut essayer de leur en offrir l'extrait analytique. Il faut même convenir qu'avant la révolution, avant que les esprits eussent dirigé tous leurs efforts vers des matieres aussi intéressantes, un pareil extrait n'auroit pas été plus lu que l'ouvrage. Mais aujourd'hui, c'est rendre un service essentiel, c'est faire un très-grand plaisir à une classe nombreuse de lecteurs, que de lui indiquer un livre qui peut fournir à des méditations publiques. Or Smith est un de ces livres dont chaque page offre la matiere d'un volume; il faut le lire plusieurs fois pour le bien comprendre, pour saisir, avec exactitude, tout l'ensemble de son système.

Son ouvrage, renfermé en quatre volumes, est divisé en cinq livres. Les trois premiers sont les plus importans; ils traitent des causes qui ont perfectionné les forces productrices du travail, et de l'ordre suivant lequel les produits en sont naturellement distribués parmi les différentes classes de la société; de la nature, de l'accumulation et de l'emploi des fonds; des divers progrès de l'opulence chez différentes nations. Le quatrieme a pour objet les systêmes d'économie politique; il est du plus grand intérêt pour le commerce. Il s'agit, dans le cinquieme, qui peut particulierement exciter notre attention dans les circonstances actuelles, du revenu du souverain ou de l'état.

Tous ces livres ont des divisons et des subdivisions nombreuses, sans lesquelles il seroit difficile de suivre la marche de l'auteur. On peut n'être pas toujours de l'avis de Smith, mais il est impossible, quand on l'a bien lu, de n'être pas instruit assez à fond des matieres qu'il traite, pour ne pas être en état de défendre avec avantage un système différent ou opposé. Y a-t-il beaucoup de livres dont on puisse en dire autant?

26 May 1791. *Gazette nationale, ou le Moniteur universel*, no. 146 (26 May 1791), 605, has, under "Livres nouveaux," a review of volume 4:

Recherches sur la nature et les causes de la richesse des nations, traduites de l'anglais de M. Smith sur la 4me et derniere édition, par M. Roucher, et suivies d'un volume de notes par M. de Condorcet; tome 4e, in-8° de 600 pages: ce volume termine Smith. Le tome 5 qui paraîtra incessamment, sera composé des notes de M. de Condorcet, et d'une table analytique et raisonnée de tout l'ouvrage. A Paris, chez M. Buisson, libraire et imprimeur, rue Hautefeuille n° 20; prix. 4 l. 10 s. le volume broché, et 5 livres franc de port par la poste.

La traduction complète de cet ouvrage important et célebre était une grande entreprise littéraire. M. Roucher l'a terminée avec courage et avec succès. Outre les nouveaux titres qu'il s'est acquis dans la littérature en développant une nouvelle partie de talens, il en obtient aussi sur la reconnaissance des citoyens occupés des grands intérêts de la chose publique, en leur fournissant de nouveaux moyens de les connaître et de les servir.

Dans la troisième volume, Smith a établi les véritables bases de la liberté de commerce: il traite dans le quatrième la grande question du revenu du souverain ou de l'Etat.

Le souverain doit mettre le corps social à l'abri de toute violence et de toute invasion de la part des autres sociétés indépendantes. Il doit protéger autant qu'il est en lui, chaque membre en particulier contre l'injustice et l'oppression des autres membres, et faire regner, pour cet effet, une exacte justice. Il doit, enfin, créer et entretenir certains ouvrages, certains établissemens publics qui sont au dessus des moyens, et étrangers à l'intérêt de tout individu, et même de toute association partielle. Ces devoirs nécessitent une certaine dépense pour laquelle il faut un certain revenu.

L'auteur examine dans les trois chapitres qui composent ce cinquième et dernier livre, 1º Les dépenses qu'exige du souverain ou de l'Etat l'intérêt de la chose publique, c'est-à-dire celles dont la société entière doit supporter le poids par une égale contribution, et celles qui ne doivent peser que sur des classes particulieres, ou sur quelques-uns de leurs membres.

2º. Les différentes méthodes de faire contribuer la société entière aux dépenses communes, les avantages et les inconvéniens principaux attachés à chacune de ces méthodes.

3º. Les causes qui ont forcé presque tous les gouvernemens modernes à engager une partie de leur revenu, ou à contracter des dettes; et l'effet de ces engagemens et de ces dettes sur la véritable richesse de la société, c'est-à-dire sur le produit annuel de la terre et du travail.

On sent facilement combien ces importantes questions le deviennent encore plus pour nous dans la *circonstance forte* où nous sommes. L'auteur y a mis sa méthode, sa clarté, sa sagacité ordinaire, et le ton de la traduction est, comme dans les volumes précédens, parfaitement assorti à celui de l'original.

On ne peut qu'attendre avec impatience le cinquieme volume où l'on annonce des notes d'un écrivain, homme d'Etat, digne commentateur d'un texte qu'il aurait pu composer lui-même.

Late May 1791? Or 11 April 1791? Or the week of 11 April? The *Feuille de correspondance du libraire*, a periodical put out in Paris in 1791–1792 by a publisher named Aubry, records in its fifteenth cahier (which was the fifteenth week of the year if the original plan was carried out) that four volumes of the Roucher translation have been published, with "le 5me. sous presse." The price is given as 11 liv. 10 s. per volume. This notice may have appeared later; the supplement to no. 71 of the *Journal de Paris* (12 March 1791) states that this periodical will appear on the first and the fifteenth of each month. Publication of this notice suggests that at some point it changed from a weekly to a semimonthly, which could mean that the notice of volume 4 of this edition appeared in late May. The added note reads:

> Quiconque aspire au bonheur de vivre sous un Gouvernement qui respecte les droits sacrés de la liberté & de la propriété, trouvera dans ces Recherches les principes immuables qui doivent diriger les Chefs des Nations. Cette partie, la plus belle & la plus utile de toutes celles qui composent l'ensemble des connoissances humaines, se trouve dans l'Ouvrage de M. Smith, approfondie & développée avec une sagacité qui tient du prodige.

1791. English-Language Edition (Basel: Tourneisen and Legrand)

NO IDENTIFIED notices or reviews indicate that this edition was marketed within France, but an English-language edition of 1801 was. It had a Paris as well as a Basel imprint, and it was also noticed in a French bibliographical journal, in which it was suggested that the edition would be sought after by all who cultivate the science of economics. By analogy, this edition, published in a year when French interest in WN was great, would have had readers within France, and perhaps especially among émigrés in Switzerland.

Bibliographical Description

An inquiry into the nature and causes of the wealth of nations. By Adam Smith, L L. D. [vols. 2–4: L. L. D.] and F. R. S. of London and Edinburgh: one of the commissioners of His Majesty's Customs in Scotland; and formerly professor of moral philosophy in the University of Glasgow. Vol. I. [II. III. IV.]
Basil: Printed for J. J. Tourneisen; and J. L. Legrand. MDCCXCI.
8° 20.5 × 13.2 cm.

I: A⁴ B–2C⁸ 2D⁴ (2D4 blank); viii 406 [2]p.
i title; *ii* blank; *iii* Advertisement to the third edition; *iv* Advertisement to the fourth edition; *v*–viii Contents of the first volume; *1–406* text; *407–408* blank.

II: A^4 B–Y^8 Z^4; vi [2] 344p.

i title; *ii* blank; *iii*–vi Contents of the second volume; *vii* advertisement, titled: Books printed by J. J. Tourneisen; *viii* blank; *1*–344 text.

Note: This description is based on the Goldsmiths' copy; the Kress copy lacks the leaf with the Advertisement.

III: π^2 (–π2) a^2 B–Z^8 2A^6; *vi* 358 [6]p.

i title; *ii* blank; *iii*–*v* Contents of the third volume; *vi* blank; *1*–358 text; *359*–*363* Appendix; *364* blank.

IV: a^2 B–2F^8; *iv* 374 [74]p.

i title; *ii* blank; *iii*–*iv* Contents of the fourth volume; *1*–374 text; *375*–*448* Index; at foot of *448*: Printed by J. J. Tourneisen.

Locations: Kress; Goldsmiths' (seen on microfilm).

1791–1792. Roucher, Reprint of Translation (Avignon: Niel)

THIS EDITION, an attempt to capitalize on the popularity of WN, added to Roucher's translation some preliminary material, notes, and the promise of a translation from Xenophon, all to make it more marketable and to defend it against charges of piracy. The printer-bookseller Jean-Joseph Niel was one of the publishers who received free copies of the *Journal de l'agriculture*, which means that he had come into contact with the anonymous (Blavet) translation serialized there in 1779–1780; see Hélène Dufresne, *Le Bibliothécaire Hubert-Pascal Ameilhon (1730–1811): Erudition et esprit public au XVIIIe siècle* (Paris, 1962), 104n.

The editor of this edition was Agricole Joseph François Xavier Pierre Esprit Simon Paul Antoine, marquis de Fortia d'Urban (1756–1843). The edition is cited in the bibliography of Fortia by M. de Hoffmanns in André Victor Amédée, comte de Ripert-Monclar, *Essai sur la vie et les ouvrages de m. le marquis de Fortia d'Urban* (Paris, 1840), item 8, p. 62. The note to the entry says that this edition would seem to have been destroyed during the Revolution, a fate it shared with Niel, who was massacred at the "glacière" of Avignon, a reference to the massacre that took place 16–17 October 1791. In fact, Hoffmanns is incorrect. It was the son who was killed then, along with his mother; the elder Niel was condemned in 1794.

THE *WEALTH OF NATIONS* IN FRENCH

RECHERCHES
SUR
LA NATURE ET LES CAUSES
DE LA
RICHESSE DES NATIONS;

Traduites de l'Anglois de M. Smith, *Adam* sur la quatrième Édition,

PAR M. ROUCHER;

Et suivies d'un volume de Notes, par M. de Condorcet, de l'Académie Françoise, & Secrétaire perpétuel de l'Académie des Sciences.

Nouvelle Édition, augmentée d'un Discours préliminaire & de Notes, avec une traduction complete des Économiques de Xénophon, par M. de Fortia.

TOME PREMIER.

A AVIGNON,
Chez J. J. Niel, Imprimeur-Libraire, rue de la Balance.

1791.

The Avignon piracy of the Paris (1790) Roucher translation, which closely resembles it in appearance.

Fortia d'Urban was born in Avignon and returned there from Rome in 1789, but then moved in 1790 to Vitry-sur-Seine, where he spent the Revolutionary years.

Bibliographical Description

Recherches sur la nature et les causes de la richesse des nations, traduites de l'anglois de M. Smith, sur la quatrième édition, par M. Roucher; et suivies d'un volume de notes, par M. de Condorcet, de l'Académie Françoise, & secrétaire perpétuel de l'Académie des sciences. Nouvelle édition, augmentée d'un discours préliminaire & de notes, avec une traduction complete des Économiques de Xénophon, par M. de Fortia. Tome premier. [second. troisieme. quatrieme.]

A Avignon, Chez J. J. Niel, Imprimeur-Libraire, rue de la Balance. 1791. [v. 4: 1792.] 8° 20.3 × 12.4 cm.

I: a–b^8 A^8 (–A2) B–2L^8 (2L7 blank; –2L8); *xxxii* × 11–540 [2]p.
i title; *ii* blank; *iii* A Messieurs de Condorcet et Roucher, signed Fortia; *iv* blank; *v*–xxxi Discours préliminaire, et tableau analytique de l'ouvrage de M. Smith [by Fortia]; *xxxii* blank; *i* half-title; *ii* blank; *v* dedication: A la mémoire de M. le président Du Paty, signed Roucher; *vi* blank; *vii*–x Avertissement du traducteur; *11*–523 text; *524*–540 various notes by Fortia; *541*–542 blank.

II: A–S^8 T^4; 296p.
1 half-title; *2* blank; *3* title; *4* blank; *5*–292 text; 293–296 various notes by Fortia.

III: A–2K^8; 528p.
1 half-title; *2* blank; *3* title; *4* blank; *5*–525 text (521–525 being the appendix, which is at pp. 948–950 of the Glasgow edition); 526–528 various notes of the translator.

IV: A–2I^8 2K^4; 519 [1]p.
1 half-title; *2* blank; *3* title; *4* blank; *5*–512 text; *513*–519 Table des chapitres contenus dans les quatre volumes de Smith; *520* blank. Added note by Fortia at foot of 512.

Locations: Kress (inscribed in ms: ex Bibliotheca Gailhard).
Note: The Kress copy was probably part of the library of Charles Antoine Marie André Gailhard (1763–1842), of Crest, who was active in public life at the time this edition was published.

Xenophon Addition

The promised bonus of a translation from Xenophon was a common way in which one edition of a translated work competed with another. In his "Discours préliminaire," Fortia identifies the translation as that made by Philippe Dumas and states that it will be added to volume 2. Then, on page 296 of that volume, he notes that it will be printed separately, which will give the buyer the choice of binding it separately or with whatever volume one wishes.

No separate 1792 publication of Dumas's translation has been identified. The edition referred to by Fortia is *L'Économique de Xénophon, et le projet de finance du même auteur, traduits en françois...par M. Dumas* (Paris, 1768). Philippe Dumas (d. 1782), of whom a sketch exists in *Dictionnaire de biographie française*, received his "agrégature" in 1762.

Editor's Statements

Fortia's notice "A MESSIEURS *DE CONDORCET ET ROUCHER*" (1:*iii*) reads:

Je ne connois point M. Roucher; & M. de Condorcet ne se souvient vraisemblablement plus de m'avoir connu. Mais la liberté avec laquelle je me sers de leur travail, doit leur faire sentir combien j'y attache de prix. Leur ouvrage auroit été difficilement aussi répandu qu'il le mérite, dans une province éloignée de la capitale. J'ai cru qu'ils ne me sauroient point mauvais gré d'avoir profité de cet ouvrage & de m'être efforcé de concourir avec eux à sa perfection. Je l'ai traduit en quelque sorte, comme ils avoient traduit celui de M. Smith; mais je n'ose me flatter que ce soit avec le même succès: ils rendront justice à mes intentions, comme je rends hommage à leurs talens. Fortia.

This statement implies many changes. Some have been found, but there was certainly no major revision.

In his "DISCOURS PRÉLIMINAIRE, *Et tableau analytique de l'Ouvrage de M. Smith*" (1:*v*–xxxi), Fortia elaborates:

C'est en vain qu'un philosophe moderne dont l'antiquité se seroit honorée, à qui l'on doit pardonner quelques paradoxes, en faveur des grandes vérités qu'il a osé publier, a entrepris de nous persuader que les arts & les sciences n'ont servi qu'à corrompre les mœurs. Séduits par un style enchanteur, les contemporains de Jean-Jacques Rousseau ont lu son discours contre les livres; mais ils n'ont pas brûlé les siens; & puisque ses principes ne l'avoient pas empêché de les composer, on peut croire que son intention n'étoit pas de les condamner au feu.

La lecture est une des occupations les plus agréables & les plus instructives. C'est avec son secours que la raison a fait les progrès qui l'ont conduite au point où elle est parvenue. Nous ne sommes point parfaits; nous sommes même encore bien éloignés de la perfection: mais du moins le bonheur public nous interesse davantage; les diverses parties du monde, mieux liées entre elles, se réunissent plus que jamais pour tendre d'un commun effort vers le but des sociétés, l'intérêt public.

Après la conquête de la liberté, aucun objet ne paroît plus digne de fixer l'attention générale, que la connoissance de ce qui peut procurer non ces richesses factices qui n'appartiennent qu'au luxe, & que le vrai bonheur n'a jamais connues; mais cette aisance universelle, qui est le véritable caractère d'une nation heureuse & philosophe.

Jaloux de l'honneur national, mais nullement susceptibles de cette basse envie qui ne voit rien qu'à travers le voile de la prévention, nous ne dissimulerons pas que nous avons puisé en Angleterre les premières connoissances réelles de la liberté, & c'est encore là que nous devons chercher le second flambeau que nous desirons.

Les recherches de M. Smith sur la nature & les causes de la richesse des nations, sont regardées en Angleterre comme le meilleur ouvrage qui y ait été publié sur l'administration politique des Etats. On s'est empressé de le traduire en François, & il a déjà paru en Suisse dès 1781. On doit savoir gré au traducteur de s'être chargé le premier d'un travail pénible & peu agréable. Son style n'est pas élégant; mais il est clair & assez pur, & convient au sujet.

Un nouveau traducteur, un nouveau commentateur, dont les noms seuls suffisent pour faire juger de la supériorité de leur travail, MM. Roucher & Condorcet, ont donné à cette entreprise tous les soins qu'elle méritoit.

C'est le fruit de leurs veilles que nous publions, & en rendant la justice due à leur travail, nous espérons que le nôtre ajoutera quelque chose à son utilité.

Le défaut général des livres Anglois sur la politique, est la sécheresse & le peu de clarté de leur méthode. Quoique M. Smith ait su éviter ces écueils, un tableau analytique de son ouvrage que nous plaçons ici, mettra peut-être le lecteur en état de lire avec plus de fruit, & de classer plus aisément dans sa tête les idées de l'auteur. Quelques notes assez importantes rendront aussi cette édition plus complete que celle de Paris, en donnant un plus grand développement à des idées qui se sauroient être trop approfondies.

M. Adam Smith est ancien Professeur dans l'Université de Glascow, & sa *Théorie des sentimens moraux* est connue avantageusement. Il est si fort au-dessus de nos éloges que nous ne pourrions nous rendre suspects en exaltant ici le mérite de son ouvrage. Mais en nous reconnoissant incapables de le bien louer, nous ne pouvons nous dispenser de faire l'exposé que nous venons d'annoncer, & cette exposition suffira pour faire sentir combien l'auteur mérite d'être étudié.

[Here follows a twenty-page summary of the contents of WN.]

On ne doit pas juger l'ouvrage de M. Smith sur cet extrait trop resserré pour faire connoître des principes exprimés avec précision, & peu susceptibles d'une analyse. Il doit être lu en entier avec attention, & souvent étudié, par ceux qui s'occupent du bien public, ou qui s'y intéressent. L'auteur montre partout une grande sagesse, beaucoup de sagacité, & un amour pour l'humanité, qui ne se borne pas à ses compatriotes, mais qui s'étend à toutes les nations. Rien n'échappe à son œil attentif, & il ne perd pas une occasion de s'élever avec force contre les priviléges, les loix prohibitives, & tout ce qui gêne la circulation des denrées.

Le style du Traducteur est clair & précis. Il a toute l'élégance dont le sujet est susceptible. Mais quelques notes étoient absolument nécessaires, au moins pour ne pas laisser induire en erreur un lecteur prévenu par l'autorité de M. Smith, & qui ne s'attend surement point, par exemple, à voir cet auteur prendre une monnoie appelée *bœuf*, pour l'animal auquel nous donnons ce nom, ainsi qu'on le verra dans la première note du chapitre IV. De pareilles inexactitudes qui échappent quelquefois dans un ouvrage de longe haleine, doivent être corrigées par un traducteur attentif, que la chaleur de la composition n'entraîne point. M. de Condorcet relèvera sans doute cette méprise dans son commentaire qui n'a point encore paru; mais ce commentaire placé dans un volume séparé, n'est pas aussi commode à consulter, qu'un corps de notes placé à la fin de chacun des volumes qu'elles auront pour objet.

Ce n'est pas le seul avantage qu'aura cette édition sur celle qu'on imprime à Paris. Xénophon, cet Athénien, que la retraite des dix mille a rendu si célèbre, a composé en Grec un Traité qu'il a intitulé les *Economiques*, & qui est pour l'économie domestique, ce qu'est l'ouvrage de M. Smith pour l'économie politique. M. Dumas l'a traduit en françois assez correctement & cette traduction imprimée en 1768, mérite d'être plus connue. Elle sera corrigée en plusieurs endroits, & placée à la fin du second volume qui, un peu moins épais que le premier, acquerra par ce moyen à-peu-près la même grosseur. On y joindra une vie de Xénophon, travaillée avec beaucoup de soin, & qui manquoit à notre littérature. Enfin on y ajoutera un grand nombre de notes nécessaires pour la parfaite intelligence d'un ouvrage fait pour entrer dans l'éducation de la jeunesse.

La correction de l'impression étant fort nécessaire dans les ouvrages un peu abstraits où rien ne doit distraire le lecteur, on a veillé à ce que cette édition fût extrêmement soignée à cet égard.

Il est tems de laisser parler M. Smith; la foible esquisse que j'ai tracé, doit suffire pour inspirer l'envie de l'entendre, pour juger de l'importance d'un ouvrage dont tout le monde peut se regarder en quelque sorte comme l'objet, & où chacun peut distinguer l'anneau par lequel il tient à cette chaîne dont les liens forment l'ensemble d'une société parfaite.

Editor's Notes

VOLUME I

The notes at the foot of pages are the same as in the 1790–1791 edition. Fortia's notes at the back are:

524–527: NOTE SUR LE CHAPITRE I, *De la population*. Fortia gives a comparative table of the extent and population of the principal states of Europe.

528–529: PREMIERE NOTE DU CHAPITRE IV, *Sur une ancienne monnoie d'Athènes, appelée bœuf*.

530–531: SECONDE NOTE DU CHAPITRE IV. *Du sicle, & de l'usage de peser la monnoie*.

532–539: NOTE DU CHAPITRE VIII. The note gives mortality tables based on Thomas Simpson, *Doctrine of annuities*, published in a second edition in 1775 and reissued, with additions, in 1791.

540: NOTE SUR LA SECONDE PARTIE DU CHAPITRE XI, *Sur Newcastle*.

VOLUME 2

The notes at the foot of the pages are the same as in the 1790–1791 edition. Fortia's notes at the back are:

293–294: NOTE SUR LE LIVRE II, CHAPITRE IV, *Du taux de l'intérêt*. Smith quotes Montesquieu, but Fortia says that Montesquieu deserves to be heard and so offers an extended quotation on interest. The point of the note is that "le taux de l'intérêt est en proportion du risque couru par le prêteur, & du besoin qu'a l'emprunteur."

295–296: NOTE SUR LE LIVRE III, CHAPITRE II, *Sur une note de M*. Roucher. See the entry for the 1790–1791 publication of Roucher's translation. Instead of "usurpations," Fortia says, Roucher should have used the expression "entreprises." The English is "encroachments." For both instances in that paragraph (2:231), Fortia replaces "usurpations" with "entreprises."

VOLUME 3

Fortia's notes at the back read:

526–527: NOTE SUR LE CHAPITRE Ier [of Book 4]. After stating that this chapter deserves to be studied with care, Fortia goes on to add a number of observations, especially on the issue of accumulating the financial means to wage war. He concludes by admonishing a sovereign: "Réunis la force à la raison, & la guerre te deviendra inutile."

527–528: NOTE SUR LE CHAPITRE V [of Book 4]. Although Smith states that he has no great faith in political arithmetic, Fortia admonishes the reader not to be mislead, for its very imperfection demonstrates the necessity of cultivating it.

528: NOTE SUR LE CHAPITRE VII, PARTIE III. Concerning the issue of admission of representatives from colonies into the legislative assembly of the mother country, Fortia states that a work on the subject would be very useful.

528: NOTE GÉNÉRALE SUR CE VOLUME. "Ce volume dans l'édition de Paris, renferme plusieurs fautes considérables qu'on a corrigées, dans cette nouvelle édition; mais on n'a pas voulu grossir inutilement ce volume en les indiquant." Presumably, misprints are meant. It has not been possible to determine the accuracy of the statement.

VOLUME 4

A note at the bottom of page 512 reads: "N.B. *Ce volume étant déjà fort épais, il seroit inutile de le grossir par beaucoup de remarques. On se contentera de dire ici que la traduction est faite sur une édition retravaillée par* ADAM SMITH *en* 1784, *ce qu'il est important de remarquer, pour bien juger les observations de l'Auteur sur l'Angleterre, la France, la Hollande, & les autres Etats dont il parle.*"

Publication History

Hoffmanns (in Ripert-Monclar, *Essai*) notes that the book is so rare that one almost doubts whether it ever existed. Indeed, Hoffmanns may not have seen a copy, for he dates it 1790 and states that it is in five volumes.

Another reference to a volume 1 dated 1790 is in Homer Vanderblue's *Adam Smith and the "Wealth of Nations": An Adventure in Book Collecting and a Bibliography* (Boston, 1936), 3, where he reports that he has been informed that the New York Public Library has a single volume of this edition bearing the date 1790. The microfilm of the official catalog of the New York Public Library (which also indicates the disposition of books no longer held by the library) shows that it did have a single volume and that the volume was dated 1791. It was sent to Harvard on 5 June 1939 in exchange for a complete copy of the Buisson edition of 1790–1791.

An octavo advertising flyer for two works makes it clear that the first volume of this translation was expected to appear in the middle of January 1791, which makes it most unlikely that the first volume would have been dated 1790. The flyer, held by the Kress Library, contains eight pages, paged [1]–4, [1]–4. The first page has the caption title: LA NOUVELLE LÉGISLATION FRANÇAISE OU RECUEIL DES LOIX, *Publiées sous la premiere Législature, divisées par ordre de matieres*. The text begins:

Il importe à tous les Français de connoître & d'avoir sous les yeux les Décrets de l'auguste Assemblée Nationale. Ces loix, dictées par la sagesse, doivent être gravées dans la mémoire & dans le cœur de tous les individus.

Au mois de Juillet dernier, le sieur Jean-Joseph Niel, imprimeur-libraire à Avignon & éditeur des *Lettres historiques sur les événemens du jour*, a eu l'honneur de proposer au public, par souscription, le Recueil le plus intéressant. Cette entreprise, accueillie très-favorablement du public, consiste en une Collection complete & méthodique de tous les Décrets rendus sous la premiere législature, sanctionnés ou acceptés par le Roi, divisés par ordre de matieres, sans commentaire (aucun n'étant assez digne de la majesté du texte), mais avec des notes très-utiles qui indiquent le rapport que plusieurs décrets ont entr'eux & les cas où il a été dérogé à un décret par les dispositions d'un décret subséquent....

Page 4 of the flyer gives prices and notes that forty sheets of the first "abonnement" have been delivered and that "souscripteurs ont déjà reçu (aujourd'hui 22 Décembre 1790) 17 feuilles sur le second Abonnement." One can subscribe at Avignon, chez Jean-Joseph Niel, and "On souscrit aussi à [blank] chez [blank]."

Page [1] of the second pagination set (leaf 5r) gives the title of the translation: RECHERCHES SUR LA NATURE ET LES CAUSES DE LA RICHESSE DES NATIONS, Traduites de l'Anglais de M. SMITH, sur la quatrième Édition, PAR M. ROUCHER; Et suivies d'un volume de Notes, par M. de CONDORCET, de l'Académie Française, & Secrétaire perpétuel de l'Académie des Sciences. *Nouvelle Édition, augmentée d'un Discours préliminaire & de Notes, avec une traduction complete des ÉCONOMIQUES de XÉNOPHON, par M. de FORTIA.* The text reads:

Après la conquête de la liberté, aucun objet ne paroît plus digne de fixer l'attention générale que la connoissance de ce qui peut procurer non ces richesses factices qui n'appartiennent qu'au luxe & que le vrai bonheur n'a jamais connues, mais cette aisance universelle qui est le véritable caractere d'une nation heureuse & philosophe.

Jaloux de l'honneur national, mais nullement susceptibles de cette basse envie qui ne voit rien qu'à travers le voile de la prévention, nous ne dissimulerons pas que nous avons puisé en Angleterre les premieres connoissances réelles de la liberté, & que c'est encore là que nous devons chercher le second flambeau que nous desirons.

Les recherches de M. Smith sur la nature & les causes de la richesse des nations sont regardées en Angleterre comme le meilleur ouvrage qui y ait été publié sur l'administration politique des Etats. On s'est empressé de le traduire en français, & il a déjà paru en Suisse dès 1781. Mais un nouveau traducteur, un nouveau commentateur, dont les noms seuls suffisent pour faire juger de la supériorité de leur travail, MM. Roucher & de Condorcet, ont donné à cette entreprise tous les soins qu'elle méritoit.

C'est le fruit de leurs veilles que nous nous proposons de publier volume par volume, afin que le public jouisse plutôt de cette utile impression. Un amateur de cet excellent ouvrage y a joint un discours préliminaire & quelques notes qui rendront cette édition plus complete encore que celle qu'on publie en ce moment à Paris. Elles donneront du moins un plus grand développement à des idées qui ne sauroient être trop approfondies.

M. Smith est tellement au-dessus de nos éloges, que nous ne pourrions nous rendre suspects en exaltant ici le mérite de son ouvrage. Mais cette insuffisance que nous reconnoissons en nous, ne nous dispense pas de faire connoître au public le sujet du livre que nous lui annonçons. Cette exposition seule suffira pour en faire sentir le prix.

Dans la premiere division, l'auteur examine la premiere source des richesses, le travail. Il en démontre la nécessité, il le distribue dans les différentes classes de la société, & s'éleve avec force contre les priviléges, les loix prohibitives, & tout ce qui gêne la circulation des denrées.

M. Smith passe ensuite à de profondes observations sur la richesse numéraire. Il releve une erreur grossiere de Locke & de Montesquieu; il conclut avec raison qu'on ne peut mieux employer son capital pour la population & la félicité de l'Etat qu'en l'appliquant à l'agriculture.

Dans sa troisieme division, de savantes recherches sur les divers progrès de l'opulence chez différentes nations, prouvent que l'auteur ne s'est point borné à de vaines spéculations, & qu'il a su observer les faits.

Après ces observations générales, M. Smith attache ses regards sur les deux systemes par lesquels se conduisent ordinairement les gouvernemens. Les uns favorisent le commerce & lui sacrifient les agriculteurs; les autres découragent les manufactures & ne voyent que le produit de la terre qui n'est rien, s'il n'est employé. L'auteur préfere avec raison la liberté naturelle qui laissant démêler au négociant & au cultivateur leurs propres intérêts, ne gêne personne, & profite de tout.

Enfin M. Smith s'occupe du grand objet des dépenses publiques. L'entretien des armées, l'administration de la justice, l'éducation de la jeunesse, les ouvrages publics, les frais du culte religieux, la dépénse personnelle du souverain, les frais de perception des impôts, le remboursement des dettes de l'Etat, rien n'échappe à son œil attentif. L'utilité générale est partout son guide, le bonheur de la société est le but vers lequel il tend d'un pas assuré.

Qu'on juge par cette foible esquisse, de l'importance d'un ouvrage dont tout le monde peut se regarder en quelque sorte comme l'objet & où chacun peut distinguer l'anneau par lequel il tient à cette chaîne dont les liens forment l'ensemble d'une société parfaite.

Cette édition l'emportera infiniment sur celle de Paris par l'addition de la traduction en Français des *Économiques* de *Xénophon*; cet ouvrage, le chef-d'œuvre des Grecs sur la matiere qui a occupé M. Smith, sera précieux pour ceux qui veulent s'instruire, comme pour ceux qui sont curieux des grands monumens de l'antiquité.

Cet ouvrage est sous presse; le premier volume paroîtra le 15 Janvier prochain & les 4 volumes suivans se succéderont rapidement, volume par volume & par souscription. Malgré les additions considérables dont elle est enrichie, cette édition sera moins chere que celle de Paris, & nous osons nous flatter qu'aucune faute d'impression ne la défigurera. Nous ferons même disparoître quelques erreurs assez graves échappées à l'imprimeur de la capitale.

CONDITIONS DE LA SOUSCRIPTION.

Le prix de cet ouvrage, en 5 volumes *in*-8°., grand papier, belle édition, est de 20 livres, & sur ce prix les volumes seront brochés & rendus francs de port.

On payera en souscrivant 8 livres pour le prix des deux premiers volumes, & après leur réception, on payera 12 livres pour les trois derniers volumes, en ayant le soin d'affranchir le port de l'argent & de la lettre d'avis.

Ceux qui voudront faire retirer leurs volumes chez le sieur Niel jouiront d'une diminution de dix sols par volume.

On souscrit à Avignon chez Jean-Joseph Niel, Imprimeur-libraire, rue de la balance; Et à [blank] chez [blank].

1792. Roucher, Reprint of Translation (Neuchâtel)

THE NEUCHÂTEL EDITION of the Roucher translation is, like the Avignon one, a sign of intense interest in WN outside of Paris and outside of France—or, perhaps, the publisher's expectation of intense interest. There are two issues of this edition. It is not known whether Abraham Louis Fauche, known as Fauche-Borel, whose name is on one of them, was responsible for both, or whether he took over unsold sheets. He did have a reputation for distributing books that had not sold and, in fact, had proposed the idea to Parisian booksellers; see *Dictionnaire de biographie française*, 12:652, and see his *Mémoires* (Paris, 1829), 1:89–90. The imprint of the issue with Fauche-Borel's name also refers to a relative who was a bookseller in German-speaking Europe.

Though initially hostile to the Old Regime, Fauche-Borel became a monarchist after the arrival of refugees in Neuchâtel. He proudly records in his *Mémoires* (1:123–124) the ways in which his publishing reflected his politics: "J'imprimai aussi, en grand nombre, un almanch, ou Messager boîteux fort curieux. M. Fenouillot l'avait rédigé. On y lisait tous les détails du martyre de Louis XVI et de sa famille. J'y compris le sublime Testament du Roi-martyr.... Je profitai... de toutes les occasions qui se présentaient pour introduire, par tous les endroits accessibles de la frontière, le plus que je pouvais de livres de piété.... C'est précisément à cette continuelle distribution de bons écrits qu'on fut redevable de la conservation des principes religieux et monarchiques dans toute la Franche-Comté." In addition, Fauche-Borel turned over books and catalogs to refugees, who acted as *colporteurs* throughout Germany, Switzerland, and Italy, a source of great help to them, he records in his *Mémoires* (1:118–119).

The issue with Fauche-Borel's name was altered so as to remove the suggestion that it was a work favorable to the French Revolution. This was done by deleting the Dupaty dedication and inserting another:

> Monsieur, En vous offrant cette nouvelle édition d'un livre devenu classique en son genre, mon but n'est point de faire une épître dédicatoire: la mode en a passé, je le sais; & quand elle subsisteroit encore, votre modestie n'y répugneroit pas moins. Mais souffrez que je m'honore, aux yeux du public, de la bienveillance, j'oserai même dire de l'amitié dont vous m'avez donné tant de preuves. Ceux qui ont l'avantage de vous connoître sentiront combien ce sentiment est juste & naturel.
>
> Daignez agréer ce témoignage public de la reconnoissance sans bornes & de la considération respectueuse, avec lesquelles je ne cesserai d'être, Monsieur, Votre très-dévoué & très obligé serviteur, L. Fauche-Borel.

Christian Gottlob Kayser's *Vollständiges Bücher-Lexikon enthaltend alle von 1750 bis zu Ende des Jahres 1832 in Deutschland und in den angrenzenden Ländern gedruckten Bücher*, vol. 3 (Leipzig, 1835), 262, records: "Recherches sur les richesses des nations trad. de l'Anglois. V. Vols. 12. Bern 1797. Typ. Soc." The Neuchâtel edition is the only duodecimo edition in five volumes; if a French-language edition exists with a Bern imprint, it would have to be a reissue of that one.

Bibliographical Description

ISSUE WITHOUT NAME OF PUBLISHER

Recherches sur la nature et les causes de la richesse des nations, traduites de l'anglois de M. Smith, sur la quatrième édition, par M. Roucher. Tome premier. [second. troisieme. quatrieme. cinquieme.]

A Neuchatel. 1792.

12° 16 × 9.8 cm.

I: a⁸ (−a1.8; a3 + χ²[=a8.1]; a1 blank) A–Q¹²; *ii* XII [2] 384p.

i–ii blank; *I* half-title; *II* blank; *III* title; *IV* blank; *V–VI* dedication: A la memoire de m. le président Du Paty, signed Roucher; VII–XII Avertissement du traducteur [of Roucher]; XIII–XIV Table du tome premier; *1*–384 text.

Note: The above is how the preliminary gathering was printed. Most copies, however, have the table (a8) bound after the title (a3), sometimes excising the table's conjugate leaf (a1), a blank.

The Kress copy of volume 1 has pasted onto the verso of the title page a label that reads: "Se vend Chez Chardon et Compagnie, Libraires à Marseille, où l'on trouve un choix de bons Livres, et toutes les Nouveautés."

II: π^2 A–R^{12} (–R12); *iv* 406p.
i title; *ii* blank; *iii–iv* Table du tome second; *1*–406 text.

III: π^2 A–Q^{12} R^8; *iv* 400p.
i title; *ii* blank; *iii–iv* Table du tome troisieme; *1*–400 text.

IV: π^2 A–S^{12} T^4 (–T4); *iv* 437 [1]p.
i title; *ii* blank; *iii–iv* Table du tome quatrieme; *1*–437 text; *438* blank.

V: π^2 A–S^{12}; *iv* 432p.
i title; *ii* blank; *iii–iv* Table du tome cinquieme; *1*–432 text.

Locations: Kress; New York Public Library (vols. 1–4, with the first signature as originally printed); Goldsmiths'.

ISSUE WITH FAUCHE-BOREL NAMED AS PUBLISHER

Recherches sur la nature et les causes de la richesse des nations, traduites de l'anglois de M. Smith, sur la quatrième édition, par M. Roucher. Tome premier. [second. troisieme. quatrieme. cinquieme.]
A Neuchatel, De l'imp. de L. Fauche-Borel, imprimeur du Roi. Et se trouve à Hambourg & Leipsig, Chez F. Fauche, Wosse & Leo, libraires. 1792.

I: π^4 A–Q^{12}; *viii* 384p.
i half-title; *ii* blank; *iii* title; *iv* blank; *v–vi* Table du tome premier; *vii–viii* dedication: A Monsieur J. D. Prince, ancien capitaine au service de LL. HH. PP. les Etats-Généraux, signed L. Fauche-Borel; *1*–384 text.

II: π^2 A–R^{12} (–R12); *iv* 406p.
i title; *ii* blank; *iii–iv* Table du tome second; *1*–406 text.

III: π^2 A–Q^{12} R^8; *iv* 400p.
i title; *ii* blank; *iii–iv* Table du tome troisieme; *1*–400 text.

IV: π^2 A–S^{12} T^4 (–T4); *iv* 437 [1]p.
i title; *ii* blank; *iii–iv* Table du tome quatrieme; *1*–437 text; *438* blank.

V: π^2 A–S^{12}; *iv* 432p.
i title; *ii* blank; *iii–iv* Table du tome cinquieme; *1*–432 text.

Locations: Kress; New York Public Library (vol. 5).

RECHERCHES

SUR

LA NATURE ET LES CAUSES

DE LA

RICHESSE DES NATIONS;

Traduites de l'Anglois d'Adam SMITH;

PAR J. A. ROUCHER.

DEUXIÈME ÉDITION,

Revue et considérablement corrigée.

TOME PREMIER.

A PARIS,

Chez Buisson, Libraire, rue Hautefeuille, N°. 20.

An 3°. de la République.

The second, authorized edition (1794) of the Roucher translation, with the original author's name given in full.

1794. Roucher, Revised Translation (Paris: Buisson)

ROUCHER'S REVISIONS to his translation of 1790–1791 are said to have been based on suggestions by others and to have been stimulated as well by his own desire to correct passages that were unfaithful to the original. The revisions were reportedly made during the ten months that he was imprisoned prior to being guillotined on 26 July 1794. The first edition had clearly sold well. Although direct evidence is lacking, this one may have been subsidized. First, subsidies were common at this time (see Carla Hesse, *Publishing and Cultural Politics in Revolutionary Paris, 1789–1810* [Berkeley, 1991], esp. 154–158); second, Roucher was a much-lamented victim of the Terror.

In the frontmatter of the first volume (1:*ii*), in a statement dated 20 frimaire l'an III (10 December 1794), Buisson declares that he has placed the edition under the protection of the "Décret de la Convention nationale concernant les contrefacteurs, rendu le 19 juillet 1793, l'an 2e. de la République." Shortly thereafter, on An III, 4 nivôse (23 December 1794), Buisson deposited two copies at the Bibliothèque Nationale, as recorded in Bibliothèque Nationale, Archives modernes CXXIX, Registres du dépôt légal, 1793–1799), item 1747. (I owe this information to Carla Hesse.)

This edition never achieved the great success of the first. It was still available in 1806, when it was reissued by Arthus Bertrand, who identified himself on the title page as the acquirer of Buisson's stock.

Bibliographical Description

Recherches sur la nature et les causes de la richesse des nations, traduites de l'anglois d'Adam Smith; par J. A. Roucher. Deuxième édition, revue et considérablement corrigée. Tome premier. [second. troisième. quatrième. cinquième.]
A Paris, Chez Buisson [F. Buisson in vols. 2–5], libraire, rue Hautefeuille, N°. 20. An 3e. de la République.
8° 21.5 × 13.7 cm.

I: π^2 2*^{4} A–2D^8 2E^4 (2E4 blank); *vi* ^{2}vi 438 [2]p.

i half-title; *ii* Decret de la Convention nationale concernant les contrefacteurs, rendu le 19 juillet 1793, l'an 2e. de la République and statement of Buisson that he has placed the edition under the protection of the law, dated 20 frimaire l'an 3 [10 December 1794]; *iii* title; *iv* blank; *v* dedication: A la mémoire de Dupaty, signed

Roucher; *vi* blank; ²*i*–vi Avertissement du traducteur; *1*–436 text; 437–438 Table des chapitres contenus dans le premier volume; *439–440* blank.

II: π² A–2H⁸ (2H8 blank); *iv* 494 [2]p.
i title; *ii* blank; *iii* title; *iv* blank; *1*–490 text; 491–494 Table des chapitres contenus dans le second volume; *495–496* blank.

III: π² A–2Q⁸; *iv* 624p.
i title; *ii* blank; *iii* title; *iv* blank; *1*–622 text; 623–624 Table des chapitres contenus dans le troisième volume.

IV: π² A–2B⁸ 2C⁶; *iv* 411 [1]p.
i title; *ii* blank; *iii* title; *iv* blank; *1*–407 text; 408–411 Table des chapitres contenus dans le quatrième volume; *412* blank

V: π² A–Z⁸ 2A² (2A2 blank); *iv* 370 [2]p.
i title; *ii* blank; *iii* title; *iv* blank; *1*–203 text; 204 Table des chapitres contenus dans le cinquième volume; 205–370 Table générale et analytique des matières contenues dans les cinq volumes de la Richesse des Nations; *371–372* blank. Note: The final blank leaves are sometimes used as endpapers.

Locations: Kress; Goldsmiths'; Edinburgh University Library; Bibliothèque nationale de France (R. 24611–14615).

Dedication

The dedication is slightly changed from the 1790–1791 edition:

> A LA MÉMOIRE DE DUPATY, ORATEUR ÉLOQUENT, MAGISTRAT INTÈGRE, PHILOSOPHE COURAGEUX; ENLEVÉ AVANT LE TEMS A LA LÉGISLATION, AUX LETTRES, AUX ARTS ET A L'AMITIÉ. CET HOMMAGE N'AJOUTE RIEN A LA GLOIRE D'UN GRAND CITOYEN, MAIS IL ADOUCIT LA DOULEUR D'UN AMI. ROUCHER.

Translator's Preface

This preface is a reprint of the Avertissement in the 1790–1791 edition, with changes as noted below. The underlined words represent additions.

On demandoit depuis long-tems une traduction françoise de l'Ouvrage de M. Smith. On la demande demandoit sur-tout, aujourd'hui, que l'ASSEMBLÉE NATIONALE s'occupe lorsque l'ASSEMBLÉE CONSTITUANTE s'occupoit des moyens de régénérer la fortune publique, dilapidée par une longue suite de prodigalités et de malversations, autant que par un choc continuel de systêmes d'administration opposés les uns aux autres. Quiconque aspire au bonheur de vivre sous un Gouvernement qui respecte les droits sacrés de la liberté et de la propriété, trouvera dans ces Recherches les principes immuables qui doivent diriger les chefs des Nations.

La France a produit sans doute des ouvrages qui ont jeté des lumières partielles sur les différens points de l'économie politique. Ce seroit trop d'ingratitude que d'oublier les services rendus à la ~~patrie~~ Patrie par les travaux des Écrivains Économistes. Les jours de la détraction et du ridicule ~~sont~~ doivent être passés; ils ont fait place sans doute à ceux de la justice: et quels que soient les écarts, les conséquences forcées où l'esprit de système ait pu entraîner une association de citoyens honnêtes et philosophes, il n'en est pas moins reconnu aujourd'hui qu'ils ont donné le signal à la recherche des vérités pratiques, sur lesquelles doit s'élever et s'asseoir la richesse des Nations.

Mais l'Angleterre a sur nous l'avantage d'avoir donné au monde un système complet de l'économie sociale. Cette partie, la plus belle et la plus utile de toutes celles qui composent l'ensemble des connoissances humaines, se trouve, dans l'Ouvrage de M. Smith, approfondie et développée avec une sagacité qui tient du prodige.

Mais qu'on y prenne garde: on se tromperoit étrangement si l'on se promettoit ici une lecture de pur agrément. L'Ouvrage de ~~M.~~ Smith n'est pas fait pour ces hommes qui lisent uniquement pour le plaisir de lire. Il veut des têtes pensantes, des têtes accoutumées à méditer sur les grands objets qui intéressent l'ordre et le bonheur de la société. Peut-être qu'en un tems qui n'est pas encore bien éloigné de nous, Smith n'auroit trouvé en France qu'un petit nombre de lecteurs dignes de lui et de ses pensées. Mais aujourd'hui que la sphère de nos espérances s'est ~~aggrandie~~ a-grandie, et avec elle le cercle de nos idées, j'ai cru ~~qu'nne [sic]~~ qu'une traduction où l'on auroit tâché de réunir la fidélité à l'élégance, et cette précision modérée, qui, bien loin de nuire à la clarté, la rend, pour ainsi dire, plus visible encore; j'ai cru, dis-je, que les disciples de Smith pourroient devenir plus nombreux parmi nous. Il faut maintenant que la lumière descende des hauteurs où la forçoient à rester concentrée l'indifférence des uns et l'inquiétude des autres; il faut qu'elle se répande dans toutes les classes, qui désormais pourront fournir des membres aux prochaines Législatures.

C'est dans cette vue que, renonçant à des occupations moins austères, je me suis voué à un travail qui auroit cent fois rebuté mon courage, si je n'eusse vu devant moi le grand objet de l'utilité publique. Puisque le François prétend au titre d'homme libre, il faut qu'il commence par s'occuper en homme fait. Nous habitons une maison délabrée et tombant de vétusté: des circonstances impérieuses l'ont renversée. Le moment présent doit être employé tout entier à la reconstruire sur un nouveau plan. C'est l'œuvre de la philosophie. Quand elle aura achevé sa tache, nous pourrons appeler les ~~arts~~ Arts, et leur confier le soin d'ajouter l'agrément à la solidité.

Revisions to the Text

There are revisions in the text, particularly in the first part of the first volume. Roucher did work on this translation while in prison, at times with the assistance of a young man, also imprisoned, whom he termed his "aide de Smith." The evidence consists of comments in letters that he wrote while imprisoned, which were published in *Consolations de ma captivité ou Correspondance de Roucher*, 2 vols. (Paris, An VI; Hambourg et Brunswick, 1798). (The Hamburg edition was the only one available to me.) On Roucher and his translation of Smith, see: Antoine Guillois, *Pendant la Terreur: Le poète Roucher* (Paris, 1890); Marie Breguet, "Roucher traducteur d'Adam Smith," *Cahiers Roucher-André Chénier*, no. 12 (1992), 3–22; and Breguet, "Un 'météore éclatant': le poète Roucher," in *Madame Helvétius et la Société d'Auteuil*, ed. Jean-Paul De Lagrave et al. (Oxford, 1999).

To give an example of a revision, the first paragraph of the 1790–1791 edition (1:1) is followed here by the same paragraph from the 1794 edition:

> Chaque nation a dans son travail annuel un fonds d'où sortent toutes les choses d'agrément et de nécessité qu'elle consomme annuellement, et qui sont toujours ou le produit immédiat de ce travail, ou les achats qu'elle fait avec ce produit chez les autres nations.
>
> Chaque nation a dans son travail annuel un fonds qui la fournit de tous les objets d'agrément et de nécessité qu'elle consomme annuellement, et qui est toujours ou le produit immédiat de ce travail, ou ce qu'elle achète avec ce même produit chez les autres nations.

Other changes were also made, but they seem to be fewer and fewer as the text progresses.

Notes

VOLUME I

The notes to volume 1 of the 1790–1791 edition have been compared with those to this edition, and the differences are recorded here.

1:64. This footnote, added to I.v.3, states: "Ce paragraphe ne se trouve ni dans les anciennes éditions de l'Original, ni dans l'ancienne traduction de Blavet." The paragraph, about the power of wealth, was not in the first edition of 1776 or the second of 1778, but it was part of *Additions and Corrections* (1784) and of subsequent English editions. It is in Roucher's 1790–1791 translation.

1:196. A footnote to I.ix.9, which was added to the second English edition and is present in subsequent ones, appears in this edition of the Roucher translation.

Engraved portrait of Jean-Antoine Roucher. Frontispiece to *Consolations de ma captivité ou correspondance de Roucher* (Hambourg et Brunswick: Chez P. F. Fauche et compagnie, 1798).

1:215. The footnote (to I.viii.57) reads: "Ce dernier paragraphe ne se trouve ni dans les anciennes éditions de l'original, ni dans la traduction de Blavet." Added to the second English edition, it is about the relative importance of high wages and high profits in raising prices. It is in Roucher's 1790–1791 edition.

2:20. A brief reference note has been added to I.xi.g.19, which refers the reader to accounts on pp. 145ff.

2:76. The reference to Kalm is in the second edition of the original (I.xi.l.4). This note is not in the 1790–1791 edition (I, 489). The text has been somewhat revised at this point.

VOLUMES 2–5

Although the reference notes to volumes 2–5 of the 1790–1791 Roucher edition have not been compared with all of the notes to this edition, significant variations have been identified.

The note of the author that is at the end of II.ii.106 (the end of the chapter) is at II.ii.69 in the original. There is, however, a cross reference added at that point to the note at the end of the chapter. The same practice was followed with the note to IV.v.b.33, which is placed at the end of the chapter.

2:419–420. The relevant text of the 1790–1791 edition (2:246–247) reads:"... subsistance. La plus grande partie des États de l'Europe a reconnu les avantages que l'une de ces deux sortes de cultivateurs avoit sur l'autre; et sans doute que ce motif contribua à l'abolition de la servitude autant que les usurpations graduelles des vassaux sur l'autorité des grands seigneurs: usurpations que les rois jaloux de toute puissance rivale de la leur se firent une politique d'encourager d'année en année. Cependant..." That of the 1794 edition reads: "... subsistance. Il est probable que l'abolition graduelle de la servitude a eu lieu dans la plus grande partie des États de l'Europe, soit parce qu'on a reconnu les avantages que l'une de ces deux sortes de cultivateurs a sur l'autre, soit parce que les vassaux empiétèrent sur l'autorité des grands seigneurs: empiétemens que les rois, jaloux de toute puissance rivale de la leur, se firent une politique d'encourager d'année en année. Cependant..."

2:420. The footnote to III.ii.12 differs from that in the 1790–1791 edition (2:246). Here the word "encroachments" is translated in the text as "empiétemens," and the note to it reads: "Peut-être aura-t-on peine à reconnoître dans ce mot l'esprit philosophique et l'expression toujours juste de Smith. L'homme que le droit du plus fort avoit fait vassal, n'a point empiété ["n'a rien usurpé" in the 1790–1791 ed.] quand il a pu se resaisir ["ressaisir" in 1790–1791 ed.] de l'indépendance. Il dépossède qui l'avoit dépouillé; avec cette différence que l'un fut injuste, et que lui ne l'est pas. Je demande pardon à un grand homme d'oser dénoncer à la justice naturelle un mot qui lui est échappé par inadvertence: mais dans ce moment où je me fais une gloire d'offrir en présent à ma nation un ouvrage qui doit l'éclairer et la conduire dans l'œuvre de sa régénération, il est d'un devoir rigoureux pour tout écrivain patriote de surveiller et d'arrêter comme au passage tout mot favorable à des prétensions qui seroient risibles, si elles n'étoient pas injustes."

3:177. A note by the translator to IV.iv.10, so identified, is added to this edition. It is about Smith's reference to the "revolt of our North American colonies." The note reads: "Ce mot ne devroit pas se trouver dans un ouvrage comme celui-ci, conçu et composé par un vrai philosophe. Le peuple qui brise le joug des tyrans ne se *révolte* pas; il s'insurge, et l'insurrection est le droit des hommes opprimés."

Index

The index in volume 5 (Table générale et analytique des matières contenues dans les cinq volumes de la Richesse des Nations) is not a translation of the index that was added to the third English edition of 1784. It is much more extensive, and the entries are generally much more discursive, sometimes with an emphasis quite different from that in the English index. Thus the English entry for Quesnay reads: "*Quesnai*, M. view of his agricultural system of political œconomy, 672. His doctrine generally subscribed to, 679." The French reads: "*Quesnay*, auteur ingénieux du système des économistes qu'expose l'auteur. Réfutation de Quesnay, sur la comparaison du corps politique avec le corps humain, III, 584." Who compiled the index is not known, but it was obviously someone familiar with the contents. It is possible that this index had been prepared in 1790–1791, for notices and reviews sometimes indicate that there will be a "table analytique & raisonnée."

Notices and Reviews

20 January 1795. Noticed, under "Livres divers," in *Gazette nationale, ou le Moniteur universel*, no. 121 (an III, 1 pluviôse [20 January 1795]), 499 (mispaged as 496):

> *Recherches sur la nature et les causes de la richesse des Nations*, traduit de l'anglais, d'Adam Smith; par A. Roucher; seconde édition, augmentée d'une table alphabétique très-ample, 5 vol. In-8° de 2350 pag., imprimés sur caractere de cicéro Didot. Prix 28 liv. brochés, et 34 livr. franc de port, par la poste pour les départemens.
>
> A Paris, chez F. Buisson, libraire, rue Hautefeuille, n° 20.
>
> Cette seconde édition a été revue et considérablement corrigée par Roucher lui-même, qui, du fond de la prison où l'avaient relégué les tyrans populaires, travaillait à perfectionner les ouvrages les plus utiles à la

République. Il venait de remettre les dernieres épreuves au citoyen Buisson, lorsqu'il fut traduit au tribunal révolutionnaire le 7 thermidor, et immolé comme tant d'autres victimes d'un pouvoir despotique.

21 January 1795. The following notice appeared in the next issue of *Gazette nationale, ou le Moniteur universel*, no. 122 (2 pluviôse [21 January 1795]), 504:

ERRATA.

N° 121, annonce de l'ouvrage de Smith, traduit par A. Roucher, au lieu de "travailler à perfectionner les ouvrages les plus utiles de la République." *Lisez:* "Un des ouvrages.["]

29 May 1795. The revised translation was reviewed in *La Décade philosophique, littéraire et politique*, no. 40 (10 prairial an III [29 May 1795]), 400–409. "F." is the signature that customarily identifies contributions by Victorin Fabre; see Joanna Kitchin, *Un journal "philosophique":* La décade *(1794–1807)*, Bibliothèque de littérature et d'histoire, no. 5 (Paris, 1965), 291. The review is not mentioned in Marc Regaldo, *Un milieu intellectuel:* La Décade philosophique *(1794–1807)* (Lille and Paris, 1976). This review was reprinted, without being identified as a reprint, in *Mercure de France*, 23 October 1800. The reprint, which has changes, is considered in the entry for the Blavet 1800–1801 edition, pp. 165–66.

ECONOMIE POLITIQUE.

RECHERCHES sur la nature et les causes de la richesse des nations, traduites de l'anglais, de SMITH. Par J. A. ROUCHER. Seconde édition, revue, corrigée, augmentée d'une table alphabétique très-ample. 5 vol. in-8°., fesant 2350 pages, caractères de Didot. A Paris, chez *Buisson*, rue Hautefeuille.

Ier. EXTRAIT.

Avant de parler de cet ouvrage solide et important, les amis des arts nous pardonneront sans doute de les entretenir un moment de l'auteur français qui l'a traduit. Roucher fut une des victimes les plus intéressantes de la tyrannie dont la France est à peine délivrée. Il suivit d'abord avec zèle les premiers mouvemens d'une révolution préparée par un siècle de lumières, et qui promettait un siècle de bonheur; mais il s'arrêta trop tôt, découragé par les progrès de la licence et de l'anarchie. Il eut la franchise d'énoncer des opinions raisonnables, quand on ne pouvait plaire que par des opinions excessives. Il eut le courage de rester fidèle à sa conscience, lorsque tant d'autres mentaient à la leur; et c'était là un crime inexcusable et digne de mort. Roucher devait donc être enveloppé de bonne heure dans cette proscription générale que nos derniers oppresseurs avaient prononcée contre tous les talents, et surtout contre tous les caractères qui avaient quelque énergie. Dans ces derniers tems, le courage fut bien plus rare que les lumières; et celui qui les réunissait, ne peut obtenir trop d'estime et de regrets.

Ce fut vers l'année 1789, que l'auteur des Mois suspendit ses travaux poétiques pour des études plus analogues aux circonstances, et voulut donner une traduction élégante et fidelle de la *Richesse des nations*, c'est-à-dire, de l'ouvrage qui, jusqu'ici, a le mieux fait connaître le système de l'économie sociale. Ce choix est celui d'un bon esprit et d'un excellent citoyen.

Le moment où *la Richesse des nations* est réimprimée, doit contribuer à son succès. Une sagesse tardive commence à s'effrayer des ruines que lui présentent de tous côtés notre industrie, notre commerce, notre agriculture et nos arts. Quelle fut la cause de leur décadence? l'oubli des vrais principes qui les font naître et prospérer. On ne peut donc trop accueillir un livre où sont développés ces principes conservateurs. Aucun n'est plus digne d'être offert à la méditation des hommes appelés au gouvernement d'un vaste empire.

Il ne faut point chercher dans *Smith* ces grands traits du législateur Montesquieu, également admirable par la profondeur des idées qu'il accumule, et par cette imagination vive et brillante qui leur donne tant d'éclat. Smith ne voit ni de la même hauteur, ni à la même distance; mais s'il n'a pas autant d'élévation, il montre une sagacité non moins ingénieuse. Son coup-d'œil est aussi pénétrant, et quelquefois plus sûr et plus juste. L'utilité de ses observations est moins équivoque. Ses principes peuvent être soumis à l'expérience de tous les momens, et l'expérience est d'accord avec eux; avantage bien rare, et trop souvent étranger aux théories des écrivains politiques.

L'auteur de la Richesse des nations est sur-tout bien éloigné de cette austérité de Mably qui, si j'ose le dire, affectait l'air et les mœurs des anciennes républiques, plus qu'il n'imitait le génie de leurs grands hommes. Il ne s'accorde pas davantage avec cet illustre genevois, dont l'éloquence a plus servi la morale, que ses paradoxes n'ont pu nuire à la véritable science politique.

Smith se garde bien de proposer aux grands empires modernes le système de quelques petits états de l'antiquité dont on cite tous les jours les lois sans les connaître, et dont les exemples, choisis avec plus d'enthousiasme que de justesse amènent souvent des conséquences toutes contraires à celles qu'on veut en tirer. Le philosophe anglais écrit pour les sociétés actuelles; c'est de leur état présent qu'il raisonne, et non de celui qu'ont supposé, dans tous les tems, des sophistes plus ou moins ingénieux. Il ne veut point faire redescendre l'âge mur ou la vieillesse des peuples vers les essais de leur enfance. Il ne compose point la prospérité générale d'abstinences et de privations de tout genre, mais de richesses et de jouissances sagement partagées entre tous. Chez lui, point de ces systêmes exclusifs et bornés, qui encouragent l'agriculture aux dépens du commerce, ou le commerce aux dépens de l'agriculture. Il montre leurs rapports et leurs dépendances. Il veut qu'on ménage également ces deux sources de la fortune publique. En un mot, il paraît voir, dans le plus haut degré de civilisation, de lumières et d'industrie, le plus haut degré de bonheur social; et cette doctrine, comme on voit, est en opposition directe avec celle de Jean-Jacques et de Mably.

Il pose en fait *que la classe laborieuse, c'est-à-dire, le grand corps du peuple, ne jouit du sort le plus doux qu'à l'époque où les sociétés, par une marche progressive, s'élèvent vers la plus haute richesse.*

Cette assertion paraîtra sans doute extraordinaire à tous ces rhéteurs qui se sont amusés, depuis Sénèque leur maître, à déclamer contre les richesses. Il est vrai que très-peu ont eu l'adresse de faire, comme lui, la satyre de l'opulence, au milieu de tous les plaisirs qu'elle peut rassembler.—Mais quoiqu'il en soit, ces esprits hypocrites ou chagrins n'ont pas vu que s'il leur était possible d'anéantir les arts qu'amène la civilisation, ils ne nuiraient pas moins aux classes pauvres qu'ils prétendent servir, qu'aux classes riches dont ils se déclarent les ennemis. En effet, dans toutes les grandes associations, les progrès de l'industrie et du commerce forment un fonds commun d'opulence et de bien-être, dont chaque individu ne peut avoir que des parties inégales, mais dont aucun n'est totalement exclus. C'est là une de ces lois admirables de l'ordonnateur suprême, qui n'a rien fait d'exclusif, et qui veut que le genre humain tout entier participe au fruit des découvertes d'un seul peuple, et même d'un seu [sic] homme.

Ecoutons Smith lui-même.

"Ainsi, la division du travail, en multipliant les productions de tous les arts, dans une société bien ordonnée, enfante cette opulence universelle qui circule et se répand jusqu'aux dernières classes du peuple. . . . . . Remarquez de combien de choses jouit le plus simple artisan ou le journalier laboureur, dans un pays riche et civilisé; et vous avouerez que le nombre des hommes à qui leur industrie, quelque faible qu'elle soit, a procuré cette foule de jouissances, est inaccessible au calcul. Observez, par exemple, l'étoffe de laine qui habille le journalier laboureur: elle est rude et grossière sans doute; et cependant n'est-elle pas le produit du travail réuni d'une multitude prodigieuse de mains? Il a fallu, pour le vêtir, même de ce grossier habit, que, se succédant l'un à l'autre, berger, marchand, cardeur, fileur, tisserand, foulour, teinturier, tailleur, et beaucoup d'autres encore, se soient mis tous en mouvement. Que de marchands et de colporteurs employés à faire passer les matériaux nécessaires à quelques-uns de ces ouvriers, dans les mains de plusieurs autres, qui vivent souvent aux deux extrémités d'une même contrée! Quel assemblage, et de commerces, et de navigations, et de navires de transport, et de matelots, et de cordiers, et de feseurs de voiles, pour apporter les corps des trois règnes de la Nature, animal, végétal et minéral, dont le teinturier fait usage, et qui lui arrivent des parties du monde les plus reculées! Quelle variété de travaux indispensables pour la fabrication des outils du plus médiocre des ouvriers! Ne parlons pas des machines compliquées, telles que le navire du matelot, le moulin du fouleur, ou même le rouet du fileur. Considérons seulement la variété du travail consumé à former un instrument aussi simple que les ciseaux dont s'est servi le berger pour la tonte de ses moutons! Le mineur qui a tiré le fer des entrailles de la terre, le maçon qui construisit le fourneau destiné à fondre le métal, le bucheron qui abattit le bois, l'homme qui administra le charbon que la fonderie, consume, et celui qui a changé la terre en briques, sans oublier ni la main qui les a rangées en divers compartimens, ni celle qui a dirigé l'ouvrage entier des fourneaux, ni le mécanicien à qui on doit le moulin, jusqu'au forgeron, dernier anneau de cette longue chaîne, tous à la fois ont uni leurs travaux divers pour faire les ciseaux du berger."

Smith applique les mêmes observations à tous les arts les plus grossiers, et conclut *que sans le concours de plusieurs mille hommes, la personne la plus médiocre, dans une grande société, ne saurait pourvoir aux nécessités d'une vie que nous nommons faussement simple et facile. Peut-être*, ajoute-t-il, *les dépenses d'un monarque européen ne s'élèvent pas toujours au-dessus de celles d'un paysan industrieux et frugal, autant que les dépenses de ce même paysan surpassent celles d'un monarque africain, maître absolu de la vie et de la liberté de dix-huit mille nègres, réduits à l'état de nudité.*

Il est impossible d'offrir des observations plus justes et plus piquantes, et d'unir plus de raison à plus d'esprit. On sera peut-être étonné d'entendre louer ce dernier mérite dans un écrivain qui a traité des matières aussi graves: mais c'est là une de ses qualités dominantes; et l'on doit convenir que l'esprit sert à tout, quoiqu'en ayent dit des gens intéressés à le décrier. On retrouve plus d'une fois, dans le traité de la Richesse des nations, cette métaphysique à la fois profonde et déliée, dont Smith a montré le talens dans la théorie des sentimens moraux.

L'ouvrage qui nous occupe, n'est au fond, d'un bout à l'autre, qu'une apologie du commerce, des arts, et même du luxe dans tous ses développemens. J'en suis fâché, je le répète, pour tant de déclamateurs anciens et modernes, qui en ont fait la satyre: Smith leur enlève la moitié de leur éloquence, et rend plus d'un livre fameux très-inutile.

La pauvreté put convenir autrefois à quelques cités où un petit nombre de citoyens ne connaissait d'autre art que celui de la guerre. Privés de tout, ils jouissaient du sentiment exagéré de leur force; et l'orgueil les consolait de tous les maux qu'ils s'imposaient volontairement. Ils vivaient de *brouet noir*, et ils exerçaient le droit de vie et de mort sur leurs esclaves; car il est bon de remarquer que si une vie trop douce amollit et corrompt les mœurs, une vie trop dure les corrompt d'une autre manière, en les rendant féroces et impitoyables. L'austerité monacale, sous quelque forme qu'elle se soit montrée dans le monde, a causé bien plus de ravages encore que les délices de Sybaris. L'introduction d'une jouissance réelle, si l'excès n'en est pas la suite, perfectionne l'esprit de société, étend les rapports de bienveillance entre les individus, et donne à la sensibilité humaine des développemens qu'elle ignorait. Le cœur de l'homme devient meilleur, toutes les fois qu'il s'ouvre à des joies nouvelles. Il est, chez quelques peuples, des usages insensés et barbares, qui ont résisté aux ordres de l'autorité, à la crainte de la mort, et même à la puissance de la raison, et qui céderaient sans peine à l'influence des plaisirs.

Cet instinct du mieux, qui conduit les peuples comme les individus dans tous leurs progrès et dans tous leurs efforts, a fait naître successivement les prodiges du commerce, du luxe et des arts. Ceux qui ont blamé les effets, n'ont pas réfléchi à la cause; ils n'ont sur-tout rien connu aux ressorts qui font mouvoir aujourd'hui les empires modernes. Ils ont montré les bornes étroites de leur esprit, en voulant défendre à l'esprit humain de reculer les siennes. Est-il rien en effet de plus ridicule, que de chercher dans la vie grossière et barbare des Spartiates ou des premiers Romains, des exemples pour un état de vingt-cinq millions d'hommes qui vivent au milieu d'un siècle enrichi de toutes les découvertes de l'industrie?

Les lieux, les tems, les mœurs, tout a changé; et l'homme qui a étudié l'histoire avec un esprit juste et impartial, ne trouvera peut-être pas un motif de regret dans ces changemens indispensables. Jadis une passion forte, un préjugé national inspiré dès l'enfance à chaque individu d'un même peuple, suffisait pour lui assurer une grande destinée, et pour l'élever même au premier rang. C'est dans les siècles anciens qu'on trouve encore des modèles, non des vertus les plus utiles, mais de l'héroïsme le plus extraordinaire, non des affections les plus faites pour le cœur de l'homme, mais des actions qui supposent le plus d'énergie dans les caractères.

Les mêmes mobiles ne peuvent convenir désormais à une nombreuse société, dont les intérêts compliqués en mille manières, se mêlent nécessairement à ceux des sociétés voisines. Tout genre de fanatisme qui éloignerait un peuple des autres peuples, et qui l'en rendrait ennemi, lui serait bientôt funeste dans l'état actuel des choses. Ce besoin de jouissances et de commodités, qui s'est répandu plus ou moins dans notre Europe, cet amollissement des mœurs, qui en est la suite, ont plus servi le genre humain, en multipliant ses communications, que toutes ces vertus tant admirées, qui ont élevé quelques hommes, sans perfectionner le sort de leur espèce, et qui souvent formaient je ne sais quelle grandeur colossale de tous les débris des sentimens de la Nature.

Comment les peuples modernes peuvent-ils avoir maintenant une véritable importance? Par les lumières et par les richesses. C'est l'étendue de leurs lumières, plus que l'énergie de leurs passions, qui dorénavant fera leur gloire et leur puissance. C'est l'or, bien plus que le fer, qui décidera du sort des nations.

C'est donc l'art d'acquérir les richesses, et de les accroître, qui doit former notre politique. C'est de leur distribution sagement graduée dans toutes les classes; c'est de l'emploi convenable qu'on en fait pour les besoins publics, que dépend une bonne ou mauvaise administration.

L'agriculture donne le fonds des premières richesses; le commerce les renouvelle et les accroît. La division du travail les multiplie et les fait refluer dans toutes les parties du corps social avec une heureuse inégalité, nécessaire à leur mouvement. Les produits bruts s'échangent continuellement contre les produits manufacturés. Le voisinage des villes, en ouvrant des marchés aux campagnes, accroît progressivement *la rente de la terre*. Enfin, une portion de ce produit annuel de la terre et du travail, qui forme la richesse de la société, est prélevé tous les ans pour la défense publique; de-là, l'origine de l'impôt.

Telle est l'analyse rapide des principales idées de Smith. Il en doit plusieurs à *Stewart*, et l'on s'étonne qu'il ait eu la faiblesse de ne pas le citer une seule fois. Il ne garde pas le même silence sur les écrivains économistes français: il en parle avec estime, en les réfutant d'une manière victorieuse; et il oublie Stewart, dont il a tant profité! Plus d'un homme fameux a commis la même injustice; et la France, à cet égard, n'a pas le droit de faire des reproches à l'Angleterre.

Comparez Stewart à Smith sur le crédit, sur les banques, sur les monnaies, sur les progrès naturels de l'opulence, et vous trouverez peut-être qu'il creuse plus avant, et qu'il a posé le premier les principes essentiels; mais Smith, il faut en convenir, a développé, en grand maître, les idées qu'il doit à Stewart: il en fait sortir les détails les plus neufs et les plus inattendus. Il ne s'est pas contenté de composer un ouvrage sèchement utile; il a su également intéresser l'homme d'état, le philosophe, le moraliste et le négociant. On l'envisagera encore, dans un second extrait, sous ces divers rapports, et l'on fera l'application de quelques uns de ses principes à notre situation présente. F.

[See the next item for the continuation of this review.]

8 June 1795. The review printed above is continued with the "II[me.] Extrait" in *Décade philosophique, littéraire et politique*, no. 41 (20 prairial an III [8 June 1795]), 465–475:

C'est une chose bien remarquable que le soin avec lequel Smith évite toute espèce de réflexion sur les différentes formes de gouvernemens. N'allez pas lui demander si c'est celui d'un seul, de plusieurs, ou de tous, qui convient ou se refuse le plus aux developpemens de l'économie sociale. Il ne paraît pas même avoir songé à ces questions qu'on croit si importantes, et qui pouvaient se présenter tant de fois dans le cours d'un ouvrage semblable.

Il est permis de croire, d'après son silence, qu'il ne voyait dans ce genre de discussions que des jeux d'esprit inutiles ou même dangereux. Il est vraisemblable que le meilleur des gouvernemens était, à ses yeux, celui qui donnait la protection la plus efficace aux personnes et aux propriétés; et que le pire de tous était celui qui en violait impunément la sûreté. En effet, c'est à ce principe incontestable qu'il faut toujours revenir pour juger les systèmes politiques. Ici, l'abus des mots a confondu toutes les idées, comme dans les autres sciences. Que m'importe le nom que vous donnez à telle ou telle constitution? Elle est mauvaise, quand vous l'auriez fondée sur les théories les plus philosophiques et les plus républicaines, si elle manque de la force nécessaire pour assurer la tranquillité et les droits des citoyens. Elle est bonne, quelle que soit d'ailleurs son essence et sa dénomination, si je trouve en elle une garantie suffisante pour exercer librement mes facultés et mon industrie, et si j'ai droit de faire, sous sa sauve-garde, tout ce qui ne peut nuire au repos et aux intérêts d'autrui.

Or, il faut en convenir, la condition des individus s'améliorait de jour en jour dans les grands états de l'Europe; et la liberté civile y fesait, depuis un siècle, des progrès reconnus même par les écrivains qui se sont élevés avec le plus de violence contre les gouvernemens modernes. Deux preuves irécusables attestent que, malgré les vices nombreux de leur administration, ils renfermaient des germes féconds de prospérité: c'est l'accroissement progressif de leur population et de leurs richesses. L'histoire impartiale opposera, dans des momens plus calmes, ces résultats évidens, à des reproches dont la vérité s'est en quelque sorte affaiblie par la plus mal-adroite exagération. Elle avouera sans doute les grands abus des constitutions européennes; mais elle s'empressera de reconnaître, avec Smith, Montesquieu et Voltaire, que les progrès journaliers des lumières, du commerce et des arts, avaient singulièrement adouci le sort des peuples éclairés.

Quand les académies existaient encore, l'une d'elles proposa, pour sujet de prix, cette question souvent renouvellée: *La découverte de l'Amérique a-t-elle été funeste ou utile au genre-humain?* Cette question rentrait, au fond, dans celle qui commença la réputation de Rousseau, et la longue suite de ses paradoxes sur les sciences. Mais comme, après lui, personne n'avait hérité de cette éloquence passionnée qui, dans une question aussi nouvelle, excitait pour l'erreur le même enthousiasme que pour la vérité, on doit croire que les nouveaux concurrens n'auraient pas osé s'élever, comme l'auteur du Discours sur les sciences et sur les arts, contre les progrès de la raison humaine; et qu'ils auraient vu, dans la découverte d'un autre continent, un moyen de plus de multiplier les jouissances, et d'améliorer le sort de l'espèce humaine.

C'est l'opinion de Smith: il la soutient en homme supérieur. La distinction qu'il établit entre les colonies anciennes et modernes, prouve qu'il connaissait les siècles passés comme le siècle présent. Il n'offre nulle part des observations plus lumineuses et plus frappantes.

"Les deux événemens les plus importans de l'histoire, sont indubitablement la découverte de l'Amérique, et celle d'un passage aux Indes orientales, par le cap de Bonne-Espérance. Les effets en sont déjà très-considérables; et cependant, le court espace de deux ou trois siècles n'a pas encore suffi pour montrer toute l'étendue de ces effets.... Comme ces grands événemens ont rapproché, pour ainsi dire les unes des autres les parties du monde les plus éloignées; comme ils les ont mises naturellement en état de satisfaire à leurs besoins, d'ajouter à leurs jouissances, et d'augmenter leur industrie, ils semblent a voir une tendance générale vers un bien universel. Cependant les avantages qui ont pu en résulter par le commerce, ont d'abord été perdus pour les naturels des Indes orientales et occidentales, et se sont évanouis dans les malheurs affreux qui sont venus à la suite. D'un autre côté, ces malheurs semblent être arrivés par accident, plutôt que par la nature même des choses. A l'époque de cette double découverte, les Européens étaient si supérieurs en force aux Asiatiques et aux Américains, qu'ils purent se livrer impunément, dans des régions éloignées, à tous les genres d'injustice. Peut-être que, par la suite, les naturels de ces climats et les peuples de l'Europe deviendront, les uns plus forts, les autres plus faibles, et que même toutes les nations de l'univers arriveront ensemble à cette égalité de force et de courage qui, leur inspirant une craint réciproque, peut mettre un frein à l'injustice des nations indépendantes, et leur inspirer une sorte de respect pour leurs droits mutuels. Du reste, rien ne semble plus propre à amener cette égalité respective, que la communication des lumières et des arts de tous, suite naturelle et même nécessaire d'un commerce qui s'étend dans tous les pays. L'un des principaux effets de ces deux découvertes, a été d'élever le systême commercial à un degré de splendeur et de gloire qu'il n'eût jamais pu atteindre autrement."

Plusieurs de ces idées me paraissent supérieures au ton ordinaire de Smith; et cette page serait remarquée parmi les plus belles de l'Esprit des lois. Je reviens souvent, et comme malgré moi, à Montesquieu. Toute [*sic*] les fois qu'on rencontre quelque part une grande idée politique, elle semble lui appartenir. C'est dans Montesquieu que sont renfermés tous les trésors de l'expérience des siècles; c'est là qu'un lecteur attentif eût trouvé le présage de tous les fléaux qui ont couvert la France dans ces derniers tems; c'est là encore qu'il faut chercher des instructions salutaires pour l'avenir. La circonspection avec laquelle ce grand homme fut obligé d'écrire, sous une monarchie, ne l'a point empêché de répandre dans son livre immortel le germe de toutes les vérités républicaines qui peuvent convenir à la grandeur de notre territoire et de notre population.

Au reste, je m'écarte moins de Smith qu'on ne pense; car il s'est lui-même instruit dans Montesquieu. Il serait facile de prouver qu'il lui doit plus d'une idée, et que leurs principes sont souvent les mêmes.

Ceux de Smith, dans tout ce qui regarde le commerce, ont pour base le système d'une liberté indéfinie. Il rejette tout genre d'entraves et de prohibitions. C'est ainsi qu'il s'exprime: "Tout système qui cherche, soit par un encouragement extraordinaire, à attirer vers une espèce particulière d'industrie une portion du capital de la société plus grande que celle qui s'y porterait d'elle-même; soit par des restrictions de même nature, à détourner d'un emploi quelconque la portion de ce capital qui s'y rendrait naturellement ce système s'éloigne du but qu'il veut atteindre: il retarde, au lieu de l'accélérer, la marche progressive de la société vers la richesse et la grandeur, et diminue, au lieu de l'accroître, la valeur réelle du produit annuel de la terre et du travail.

"Maintenant que tous les systèmes de préférence ou de restriction sont complettement ruinés, il ne reste que celui de la liberté naturelle, si simple et si uni, qu'il doit s'établir de lui-même. Tout homme, en effet, tant qu'il ne viole pas les lois de la justice, doit être parfaitement libre de travailler à ses intérêts comme il lui plait, et d'associer son industrie et son capital au capital et à l'industrie de tout autre individu, ou de toute classe d'individus. Le souverain se voit ainsi totalement déchargé de l'obligation qu'il ne pourrait remplir sans s'exposer à des erreurs sans nombre, et à laquelle toute la science et toute la sagesse humaines ne suffiraient pas: je veux dire de la nécessité de surveiller l'industrie de chacun des sujets, et de la diriger vers l'emploi le plus avantageux."

Smith ne réclame pas seulement cette liberté pour les relations intérieures, mais encore pour toutes les relations avec les états voisins. Il ne veut point qu'on gêne, en aucune manière, l'importation des marchandises étrangères. Il écrit sans préjugé national; il stipule, en quelque sorte, pour les intérêts du monde entier; et ce caractère de justice et d'impartialité, qui par-tout obtendrait des éloges, mérite d'être particulièrement remarqué dans un auteur anglais qui parle de la France.

"Un faux principe, dit-il a enseigné aux nations qu'il était de leur intérêt d'appauvrir tous leurs voisins. On leur a appris à voir d'un œil d'envie la prospérité des peuples qui commercent avec elles, et à regarder tout le gain qu'ils font comme une perte pour elles-mêmes. Le commerce qui, pour les nations comme pour les individus, devrait être un lien d'union et d'amitié, est devenu la source la plus féconde des animosités et de la discorde. Durant le cours du siècle présent et du siècle passé, le repos de l'Europe a été moins troublé par l'ambition capricieuse des rois et des ministres, que par l'impertinente jalousie des marchands et des manufacturiers..... Dans tout pays, il est, il doit être toujours de l'intérêt de la classe nombreuse du peuple, d'acheter les denrées dont elle a besoin, de ceux qui les vendent à meilleur marché. La proposition est si évidente, qu'il semble ridicule de chercher à la prouver. Aussi, ne l'eût-on jamais mise en question, si les sophismes intéressés des marchands et des manufacturiers ne fussent venus à bout d'obscurcir les premières idées du sens commun. Leur intérêt est ici opposé à celui de la grande masse du peuple. De même que les pourvus du droit de maîtrise, dans une corporation, sont intéressés à empêcher leurs concitoyens de s'adresser aux ouvriers qui se sont pas incorporés; ainsi les marchands et les manufacturiers, dans chaque pays, trouvent leur intérêt à s'assurer le privilége exclusif du marché intérieur. De-là, dans la Grande-Bretagne, les impositions extraordinaires assises sur presque toutes les marchandises importées par des marchands étrangers; de-là, les prohibitions, ou du moins les droits excessifs sur le produit de toutes les manufacturiers étrangères qui peuvent entrer en concurrence avec les nôtres; de-là, les entraves inouies dont on a embarrassé l'importation de presque toutes les sortes marchandises qui arrivent des pays avec lesquels on suppose que la balance du commerce est désavantageuse, c-est-à-dire, des pays contre lesquels la haîne nationale éclate avec plus de violence.

"Cependant la richesse d'un peuple voisin, quoique politiquement dangereuse dans les jours de la guerre, est certainement très-avantageuse au commerce dans les jours de la paix.... Comme un homme riche doit être, pour les ouvriers industrieux de son voisinage, une meilleure pratique que ne peut l'être un homme pauvre, ainsi une nation riche est plus favorable aux intérêts d'une nation industrieuse..... L'homme qui veut faire fortune, ne songe guère à se retirer vers les provinces pauvres et éloignées; il cherche la capitale, ou quelque grande ville de commerce. Il sait qu'il y a peu à gagner par-tout où circule peu de richesse, et que par-tout où il y en a beaucoup en mouvement, il peut en attirer une portion à lui. Les maximes qui dirigent ainsi, d'après le sens commun, un, dix, ou vingt individus, devraient en diriger un, deux, dix ou vingt millions, et montrer à toute une nation, dans la richesse de ses voisins, une occasion probable et prochaine de s'élever aussi à la richesse. Si la France et l'Angleterre regardaient à leurs véritables intérêts, en écartant toute jalousie mercantile et toute haîne nationale, le commerce de France, bien mieux que celui de tout autre pays, pourrait tourner à l'avantage de la Grande-Bretagne; et il en serait de même du commerce de la Grande-Bretagne à l'égard de la France."

Cette citation ne paraîtra pas sans doute trop longue à ceux qui sauront apprécier l'importance de ces vues si morales et si politiques à la fois. Il n'est pas inutile de les présenter, au milieu des divisions qui éloignent encore les deux empires. Ces réflexions de Smith me rappellent un mot que Plutarque attribue à Cimon. Les Athéniens, jaloux de la grandeur de Sparte, ne voulaient pas la secourir, au moment où elle était prête de succomber sous la révolte des Ilotes et des Messéniens. Mais Cimon repoussa ces conseils d'une politique étroite et envieuse. Il persuada aux Athéniens de marcher au secours de Sparte avec quatre mille hommes. *Ne laissez pas*, leur dit-il, *la Grèce boiteuse, et votre ville sans contre-poids*.

Il me semble que cette expression d'un grand homme réunit la pensée la plus profonde au sentiment le plus magnanime. Il est singulier peut-être que Smith offre, sous le rapport des intérêts commerciaux, une vérité qu'avait devinée l'instinct d'un génie sublime, dans une occasion à peu-près semblable, il y a plus de deux mille ans.

N'oublions pas, puisqu'il s'agit de l'Angleterre, une remarque importante de Xénophon. Il observe que si Athènes était placée au milieu d'une île, elle aurait le pouvoir de nuire à ses ennemis, sans qu'on pût lui nuire, tant qu'elle serait maîtresse de la mer. Montesquieu ajoute, à ce sujet: *vous diriez que Xénophon a voulu parler de l'Angleterre*.

Il faudrait passer les bornes d'un extrait ordinaire si l'on voulait indiquer dans *la Richesse des nations*, tous les chapitres qui méritent des éloges. Il n'en est presque aucun qui ne pût servir de texte à un ouvrage important. Tels sont, par exemple, ceux où il parle de la décadence de l'agriculture, après la chûte de l'empire romain, et de l'amélioration que l'établissement des villes a procurée aux campagnes. Il envisage, d'une manière toute nouvelle, la question de la féodalité, et rajeunit un sujet que tant d'hommes de génie semblaient avoir épuisé avant lui.

S'il est digne d'admiration dans les premières parties de son ouvrage, il ne me paraît pas le soutenir au même point dans la dernière. Il y traite de l'impôt, des revenus du souverain, et des établissemens publics. L'art de s'asseoir et de répartir les contributions, est sans doute le chef-d'œuvre du génie administratif; et jusqu'ici cet art fut le plus incertain, quoique le plus important. Les meilleurs esprits ne nous ont encore offert que des théories insuffisantes sur l'impôt. Ils ont aisément détruit celles de leurs devanciers, et ils doivent compter sur la même justice, de la part de leurs successeurs. Aucun état n'emploie un mode de perception qui n'ait de grands inconvéniens; et Smith, en traitant ce sujet, ne montre plus sa pénétration ordinaire.

Il s'étend assez longuement sur l'éducation. Il n'a pas dédaigné de reproduire les objections tant de fois répétées contre les colléges et les universités. Les abus qui régnaient dans ces institutions, ont frappé les esprits les plus vulgaires; mais peut-être il était plus digne d'un philosophe comme Smith, reconnaître les services réels qu'ont rendu ces colléges, trop calomniés, en contribuant à la renaissance des lettres, en répandant le goût de l'étude, et en rappelant sans cesse la jeunesse de l'Europe vers les meilleurs modèles de l'antiquité.

Smith ne croit point que le gouvernement doive payer l'éducation publique: il veut qu'elle soit libre, que chaque élève puisse choisir le maître le plus accrédité, et que le revenu du professeur soit le prix de ses leçons, proportionné aux soins qu'il se donne, et à la réputation qu'il s'est acquise.

Je ne sais si, en général, les mœurs françaises s'accommoderaient de ce genre d'éducation et de salaire, établi en Allemagne; mais une question plus importante doit nous arrêter: un grand état, qui adopte une constitution républicaine, peut-il abandonner au caprice de professeurs qui suivront des systêmes contradictoires, l'éducation de l'enfance, les mœurs et les opinions publiques?

En Grèce, à Rome, à la vérité, des instituteurs salariés par les élèves, leur enseignaient les élémens de quelques sciences, ou des arts libéraux: mais le législateur avait établi une première éducation commune, dont il avait la surveillance. Elle se recevait à Rome, dans les exercices du Champ-de-Mars; en Grèce, dans ceux du Gymnase. L'éducation musicale était plus importante encore chez les peuples de la Grèce; et les lois en avaient réglé les moindres détails.

Smith refuse de croire à l'heureuse influence des institutions musicales. Il préfère les mœurs des Romains, qui en ignoraient l'usage, aux mœurs des Grecs, qui en ont célébré les prodiges. L'autorité de Smith, quoiqu'il appelle à son secours Polybe et Denis d'Halicarnasse, suffira-t-elle pour affaiblir le témoignage des plus beaux génies de la Grèce? Et d'ailleurs, qui croira, sur la foi de Smith, que le caractère des Grecs soit inférieur à celui des Romains? Les vertus des premiers sont faciles et intéressantes; leur héroïsme n'a rien de sévère. La grandeur des Romains attache moins qu'elle ne surprend. Plusieurs ont des traits imposans et majestueux, mais toujours mêlés d'une sorte de dûreté qui les fait plus respecter que chérir. Qu'on jette les yeux sur les Vies comparées de Plutarque: les héros grecs, dans ses parallèles, obtiennent presque toujours autant d'admiration et plus d'amour que les héros romains. Socrate fut à la fois le plus vertueux et le plus aimable des hommes. L'apôtre et le martyr de la morale connut et aima le mieux les grâces et la beauté. Ce caractère, le premier de tous, manqua aux Romains, dans les siècles où leurs mœurs ont mérité le plus de vénération.

Quoiqu'il en soit, et quelque parti qu'on prenne sur les différens modes d'instruction, la France a un besoin pressant d'écoles bien organisées. La jeunesse et l'enfance sont nourries depuis trop longtems d'idées grossières ou féroces. Il est tems de substituer à l'autorité des maximes anciennes, qu'elles sont accoutumées à mépriser, une instruction convenable au gouvernement actuel; il est tems enfin de s'occuper de l'ouvrage par lequel ont commencé tous les législateurs dignes de l'être: je veux dire un bon système d'éducation. F.

1800–1801. Blavet, Revised Translation (Paris: Laran)

FOR NEARLY six years after the publication of the new edition of Roucher's translation at the end of 1794, two other manuscript translations of WN languished unprinted. One was a revision of Blavet's earlier, anonymous translation. Blavet had based his text on the 1776 English first edition; for the revision, he incorporated changes made to the third English edition of 1784, the last with emendations by Smith himself, and included a translation of its index. The earlier Blavet text had also been much criticized for errors and infelicities (see the entry for the 1788 edition). The revision was markedly improved, thanks in large part to help from Abraham Guyot of Neuchâtel. (What appears to be Guyot's annotated copy of the 1781 Yverdon edition of Blavet's translation is in the Edinburgh University Library. For other documents relating to him, see the library's *Index to Manuscripts* [Boston, 1964], 1:647.)

Blavet had attempted in 1795 to obtain a subsidy for publication of his revised translation, and the Comité d'instruction publique considered his request on 18 messidor an III (6 July 1795). The committee's proceedings note the contents of Blavet's letter: "Après avoir fait sur la traduction de cet ouvrage par Roucher des observations dont il prétend prouver la justice par la comparaison de plusieurs passages de sa traduction et de celle de Roucher, confrontés avec le texte, il demande que sa traduction, qu'il croit préférable à cette dernière, soit réimprimée avec les changements et additions nécessaires." The letter was referred to the Commission exécutive d'instruction publique (*Procès-verbaux de Comité d'instruction publique de la Convention nationale*, ed. M. J. Guillaume, vol. 6, *6 germinal an III [20 mars 1795]–4 brumaire an IV [6 octobre 1795]* [Paris, 1907], 389). The commission sent a report

RECHERCHES

SUR LA

NATURE ET LES CAUSES

DE LA RICHESSE

DES NATIONS:

*Traduit de l'anglais d'*ADAM SMITH,

PAR LE CITOYEN BLAVET.

TOME PREMIER.

A PARIS,

DE L'IMPRIMERIE DE LARAN ET C°.

AN 9 — 1800.

The revised translation of Blavet (1800–1801), with its simple title page, without mention of additions.

to the First Section on 19 fructidor (5 September 1795), and the "commissaire" of the commission sent a report to the First Section on 2 vendémaire (24 September 1795). (Neither report is printed in the *Procès-verbaux*).

Blavet had earlier (10 nivôse an III, 30 December 1794) been one of a group of "savants, gens de lettres et artistes," who received financial help (2,000 livres) and encouragement from the Convention nationale. In the published report he is listed as "traducteur de Smith" (*Procès-verbaux*, vol. 5 [Paris, 1904], 369, 384). Despite this earlier recognition, there is no evidence that Blavet received support for publication of his revised translation. Publication had to await an upturn in the French publishing industry, and the involvement of at least three publishers indicates a perceived risk. Part of the reason for the risk would have been the existence of Roucher's revised translation. Understandably, Blavet devoted a considerable portion of his preface to an attack on Roucher's work, and he also presented evidence to show that Adam Smith was pleased with his earlier translation. Unfortunately for Blavet and his publishers, the revised translation soon met new and more formidable competition from the Garnier translation.

Bibliographical Description

Recherches sur la nature et les causes de la richesse des nations: traduit de l'anglais d'Adam Smith, par le citoyen Blavet. Tome premier. [second. troisieme. quatrieme.] A Paris, De l'imprimerie de Laran et Ce. An 9 — 1800. [vol. 2: An 9 — 1800.; vol. 3: An 9. — 1801.; vol. 4: An IX. — 1801.]
8° 20 × 12.6 cm.
Note: The review of 14 December 1800 in *Le Publiciste* gives the imprint as "A Paris, chez Laran, place du Panthéon, aux ci-devant écoles de droit, & chez le citoyen Martin, rue Neuve Saint-Augustin, n°. 931." No explanation has been found for the inclusion of Martin, whose name does not appear in copies examined. Nor does he appear in *Annuaire de la librairie*, which has an index by publisher.

I: π^2 a^8 b^4 1–31^8 32^2; xxvii [1] 500p.
i half-title: La Richesse des Nations. Tome I. [–IV.]; *ii* Se vend à Paris, Chez LARAN et Ce., Imprimeurs-Libraires, Place du Panthéon, aux ci-devant Ecoles de Droit. DEBRAI, Libraire, au Palais du Tribunat, Galerie de Bois. FAYOLLE, Libraire, rue Honoré, près le Temple du Génie [advertisement]; *iii* title; *iv* blank; *v* Avertissement mis à la tête de la 3e. édition anglaise; *vi* Avertissement mis à la tête de la 4e. édition anglaise; *vii*–xxvii Préface du traducteur, including "Lettre de monsieur Guyot" (pp. xix–xxiii), "Extrait d'une lettre de Smith à M$^{e.}$ la comtesse de

Boufflers" (pp. xxiv–xxv), "Extrait de la lettre que Smith m'a fait l'honneur de m'écrire," 23 July 1782 (pp. xxv–xxvii); *xxviii* blank; *1*–500 text.

II: π² 1–32⁸ 33⁶ (–33₆ [in the Duke copy, leaf 33₆ consists of four printed labels, one for each volume]); *iv* 521 [1]p.
i half-title; *ii* Se vend à Paris [as in vol. 1]; *iii* title; *iv* blank; *1*–521 text; *522* blank.

III: π² 1–28⁸ 29⁶; *iv* 460p.
i half-title; *ii* imprint as in vol. 1; *iii* title; *iv* blank; *1*–460 text.

IV: π² 1–27⁸ 28²; *iv* 436p.
i half-title; *ii* imprint as in vol. 1; *iii* title; *iv* blank; *1*–329 text; *330* blank; *331*–426 Table des matières [an alphabetical index to contents]; *427*–436 Table des chapitres.

Locations: Kress; Duke; Goldsmiths'; Bibliothèque nationale de France (on "grand papier," measuring 20.6 × 12.4 cm.).

Translator's Preface

Blavet's preface (1:*vii*–xxvii) gives a crucial account of his translation and the history of its publication:

Les états ne prospèrent, et les peuples ne sont heureux, qu'autant que la science de l'économie politique éclaire et dirige ceux qui les gouvernent. Fondée sur les principes éternels de la justice, elle seule est le palladium de la liberté; elle seule peut garantir des empiétemens et des erreurs du pouvoir, en lui traçant la ligne qu'il ne doit pas franchir, en lui apprenant à discerner l'intérêt général de l'intérêt particulier qui en prend si souvent le masque, et en lui remettant sans cesse devant les yeux cette vérité capitale, que le grand art de gouverner est de ne pas trop gouverner.

La science de l'économie politique est donc un véritable besoin dans l'état social. Cependant on convient que si elle n'est pas la moins avancée, elle est une des moins répandues. Rien ne contribuera peut-être plus à la gloire de notre siècle que les progrès dont elle est redevable au génie profond et lumineux de l'auteur de la *Recherche sur la Nature et les Causes de la Richesse des Nations*.

Parmi ceux qui connaissent cet excellent ouvrage anglais, ou, au moins sa réputation, il n'est pas un ami de l'humanité qui ne desire de voir se propager la doctrine qu'il renferme et les lumières dont il a enrichi son sujet.

L'auteur, Adam Smith, n'avait encore donné sa *Théorie des Sentimens Moraux*, lorsque Voltaire disait de lui: "C'est un excellent homme que ce Smith! Nous n'avons rien à mettre à côté; j'en suis fâché pour mes chers compatriotes." (Lett. xxi.l.71.Edit. de Beaumarchais.) Le mérite de son second ouvrage a pleinement justifié le jugement de Voltaire.

Il est, sans doute, fort important que nous en ayons une bonne traduction. Je suis l'auteur de la première qui ait paru. Je ne l'avais faite que pour mon utilité particulière, avec la négligence d'un homme indépendant du jugement d'autrui, et avec la conscience de tout ce qui me manquait pour rendre exactement l'original. Aussi étais-je fort loin du dessein de la rendre publique, lorsque mon ami, M.ʳ Ameilhon, me confiant l'embarras où le jetait la disette d'articles intéressans pour remplir son *Journal de l'Agriculture, des Arts et du Commerce*, l'idée me vint de la lui offrir, en le prévenant qu'elle devait être fort défectueuse. Je crus que c'était une occasion de l'obliger et en même tems un moyen de faire assez connaître le mérite de l'original pour engager quelqu'un de plus habile que moi à nous en donner une meilleure traduction. Il l'inséra telle qu'elle était dans ses feuilles, dont elle occupe la moitié depuis janvier 1779, jusques et compris décembre 1780.

Je n'imaginais pas qu'elle dût jamais sortir de ce journal; mais à peine y eut-elle été mise en entier qu'elle fut réimprimée à Yverdun en six petits volumes in-12, plus fautive qu'auparavant, ce que je n'ai appris que long-tems après. Cependant elle ne fut tirée du degré d'obscurité qui lui convenait que par une nouvelle édition faite à mon insçu en 1788 (Paris. Duplain. 2 forts vol. in-8°.), où elle se trouva encore plus défigurée que dans celle d'Yverdun. Grâces à la haute opinion que nous avions déjà de Smith, le libraire en débita un assez grand nombre d'exemplaires; mais il attira sur elles de vives censures.

J'avais exigé de M.ʳ Ameilhon qu'il ne me nommât pas; et quoique je fusse bien le maître de garder l'anonyme, je pris le parti de m'en déclarer l'auteur par une petite lettre insérée le 5 décembre, même année, dans le Journal de Paris. J'y exposai naïvement comment elle avait vu le grand jour contre mon gré; je renchéris sur les reproches qu'on lui faisait, et j'y témoignai mes regrets de ce qu'elle n'avait pas même servi à nous en valoir une autre, dont le public eût autant à se louer qu'il avait à se plaindre de la mienne.

Un étranger, que je ne connaissais point (M.ʳ Guyot Neufchatelois), touché de ma franchise, m'écrivit de la manière la plus honnête pour me persuader que j'étais trop modeste, et il m'offrit en même tems ses services pour m'aider à la corriger. Il avait lu ma traduction dans l'édition d'Yverdun, et, en la confrontant avec celle de Duplain, il avait démontré à différentes personnes que les fautes sur lesquelles on se récriait le plus venaient de l'imprimeur; il attribuait une partie des miennes à ce que je n'avais pu deviner le sens de certaines expressions qu'on n'entend point si on n'a pas vécu en Angleterre; il avait dit à ceux qui se proposaient d'en entreprendre une nouvelle, qu'ils prendraient une peine inutile, parce qu'il suffisait de revoir la mienne; et il m'offrait généreusement de m'aider dans ce travail. Il connaissait Smith, et était intimement lié avec M.ʳ *Du Gald Stewart*, un des meilleurs disciples de ce philosophe, et qui était alors professeur de philosophie morale à Edimbourg. C'est le même qui nous a donné depuis un excellent précis de la vie et des écrits de son maître (*). M.̱ Guyot possédait également les deux langues et tout ce qu'il faut savoir pour la parfaite intelligence du texte.

S'il eut dépendu de moi de trouver un homme en état et en disposition de réparer des torts qui m'affectaient réellement, quoiqu'on n'eût pas le droit de me les imputer, je n'aurais pu mieux adresser. Je profitai avec empressement de sa bonne volonté, et je goûte tout le plaisir attaché à un acte de justice et de gratitude, en reconnaissant ici que je lui dois, non-seulement un très-grand nombre de corrections qu'il a faites dans plus de la moitié de ma traduction, mais encore une quantité considérable d'autres pour lesquelles j'ai suivi ses erremens, depuis que ses affaires m'ont privé du commerce agréable et instructif que j'entretenais avec lui.

Ce que le libraire Buisson nous a donné à Paris en 1790, pour une traduction de Smith, par *Roucher*, n'en est pas et ne pouvait en être une. Roucher ne savait pas l'anglais, et il est impossible de traduire un auteur dont on n'entend pas la langue. Ce n'est qu'un travestissement de la mienne qu'il avait toujours sur sa table, et qui lui servait de trucheman, excepté dans les additions qui ne s'y trouvent point, parce que je l'avais faite sur la première édition anglaise. Je tiens ce fait, ainsi que l'anecdote qu'on verra ci-après, d'un de ses amis, M.̱ *Morel*, auteur d'une charmante Théorie des Jardins, homme rempli de goût et de talens, vrai philosophe, et dont le témoignage est irréprochable. D'ailleurs le commencement de la préface de Roucher fournit une preuve non équivoque de sa dissimulation, puisqu'il ne pouvait ignorer que l'ouvrage était déjà traduit en notre langue, et qu'il en parla néanmoins comme s'il ne l'eût pas encore été: au reste, quelque curieuse que soit cette particularité, je ne la rapporte que dans la persuasion qu'elle ne diminuera point l'intérêt que toutes les ames sensibles doivent prendre à sa mémoire.

En conséquence du mystère où il s'enveloppait, et du projet qu'il annonce de réunir l'élégance à la fidélité, il a pris à tâche d'exprimer par-tout tout autrement que moi ce que j'avais rendu naturellement et sans prétention. Cette affectation a dû lui coûter un travail extrêmement pénible et en pure perte pour l'honneur et le profit de la république des lettres; car, plus il faisait d'efforts pour masquer cette singulière espèce de larcin littéraire, plus il s'éloignait nécessairement de l'esprit et du ton du philosophe anglais, dont le stile, qu'il ne pouvait connaître, est caractérisé par la propriété des expressions, la pureté, la clarté, la précision et la simplicité. Je ne crains pas d'avancer que de tous les écrivains anciens et modernes aucun n'a mieux observé que ce grand homme les convenances du genre, et ne les a moîs respectées que son soi-disant traducteur.

Il est facile d'apercevoir la cause de cette différence entre l'un et l'autre: Roucher voulait briller dans sa prose comme dans ses vers, et comptait y réussir par le moyen d'un vernis de sa composition, que la qualité même de traducteur qu'il prenait, lui défendait d'employer; Smith, au contraire, était fort supérieur à la faiblesse de dérober, pour le compte de la vanité, la plus petite dose de l'attention nécessaire à qui veut apprendre la science difficile et souverainement importante qu'il enseignait. Il ne songeait qu'à instruire; il savait qu'on s'écarte de ce but là, quand on a la démangeaison de se faire admirer par le luxe de l'esprit et de l'imagination, toujours déplacé dans des matières qui exigent la plus sérieuse application de la part de l'auteur et du lecteur; il savait, lui qui nous a si heureusement dévoilé l'origine de nos sentimens moraux, que de deux hommes, dont le génie commande l'admiration, celui qui ne s'en montre pas avide, en obtient davantage, et à plus juste titre que celui qui courre après.

A mon étonnement et au chagrin de voir que Smith, l'objet de mes plus chères études, je dirais presque celui de mon culte, était devenu entièrement méconnaissable entre les mains d'un poëte estimé, se joignirent des mouvemens d'une autre nature, ceux de la compassion pour les pauvres gens de lettres que le besoin réduit à faire de leurs talens un usage peu digne de leur profession. Chargé de famille, et dépourvu des moyens de subsistance qu'il tenait d'une compagnie de libraires, pour laquelle il écrivait et qui venait de tomber en faillite, Roucher saisit l'idée de se faire une ressource contre l'indigence par une entreprise d'éclat, qui, sans doute, lui eût paru téméraire avant sa détresse. Plus effrayé de la misère qui le menaçait que des obstacles, il se promit de la gloire à les vaincre, et il se flatta que sa propre réputation, celle de Smith, le décri de ma traduction, ses talens et son courage, suffisaient pour en assurer le succès. Heureux encore d'y avoir gagné de quoi subvenir à la dépense de son ménage: heureux aussi de l'illusion qui lui fit charmer l'ennui de sa captivité, en retouchant une mauvaise copie vraiment irréformable, puisqu'elle était faite d'après une autre copie à laquelle il avait soigneusement évité qu'elle ressemblât. Heureux, dis-je, sous ces deux rapports, et, tout considéré, infiniment moins à blâmer pour une spéculation si fausse, à plus d'un égard qu'à plaindre et à regretter comme une des illustres victimes de la plus horrible tyrannie.

Pleinement convaincu qu'on ne tarderait pas à préférer ma traduction, dans l'état même d'imperfection où elle était, je redoublai de zèle pour la purger des erreurs qui la déparaient. J'ai mis certainement beaucoup plus de tems et de soin à la corriger qu'à la faire; et ce n'est qu'après plusieurs revisions que je la livre à l'impression.

Si elle est telle qu'on n'y éprouve pas plus de difficulté à bien comprendre la doctrine du sage et immortel Smith, que n'en éprouvent ceux qui la puisent à la source, j'arriverai à la fin de ma longue carrière avec la satisfaction d'avoir été utile à mon pays; non pas autant que j'aurais voulu, mais autant que je pouvais l'être.

(*) On le trouve à la tête des essais philosophiques d'Adam Smith, le tout supérieurement traduit par M. Crevost [sic], professeur de philosophie à Genève, et imprimé à Paris chez Agasse, en 2 vol. in-8°.

Je joins à cette préface la lettre de M.ʳ Guyot, et des fragmens de deux lettres de Smith, l'une à M.ᵐᵉ la comtesse de Boufflers, au sujet de ma traduction de la *Théorie des Sentimens Moraux*, l'autre au sujet de celle-ci, dont je lui envoyai un des vingt exemplaires qu'on avait tirés à part lorsqu'on l'imprimait dans le journal de monsieur Ameilhon. Je le fais par déférence pour les éditeurs qui le desirent. Je présume que le lecteur aura, du moins, quelque plaisir à voir qu'un des philosophes qui méritait le mieux les titres de précepteur et de bienfaiteur du genre humain, faisait plus de cas de notre suffrage que de celui d'aucune nation.

Lettre de monsieur GUYOT.

Monsieur, c'est la lettre trop modeste, imprimée dans le Journal de Paris du 5 de ce mois, qui vous attire celle-ci, de la part d'un homme à qui ses intentions serviront d'excuse auprès de vous.

Votre traduction, monsieur, ne m'est un peu connue que par l'édition d'Yverdun. Un ami m'en remit, l'hiver dernier, quelques volumes, en me priant de vérifier divers morceaux qu'il trouvait obscurs, et qu'il soupçonnait d'être fautifs. Je les trouvai tels en effet; mais presque toutes les fautes me parurent appartenir évidemment à l'imprimeur, et n'auraient pas dû empêcher les critiques de rendre justice à la fidélité, l'élégance et la clarté de la traduction elle-même. C'est ce que je me suis fait un devoir de répéter dans les fréquentes occasions que j'ai eues, depuis lors, d'en entendre parler. Consulté par un libraire, sur l'offre qui lui était faite d'entreprendre une nouvelle traduction, et ensuite par un homme de lettres qui avait formé le même projet; j'ai donné pour conseil à l'un et à l'autre de s'en tenir à revoir celle qu'on a, comme ce qu'il y avait de mieux à faire. A l'occasion d'une critique inconsidérée qu'un anonyme, qui se pique d'exactitude, fit mettre dans le journal, le mois passé, j'ai fait voir à plusieurs personnes, que deux des fautes qu'il cite ne sont point dans l'édition d'Yverdun, et que, pour que l'autre ne soit pareillement qu'une faute d'impression, il suffit que l'imprimeur ait mis *de* pour *et*, et *par* au lieu de *pour*. J'avais alors le bonheur de posséder ici mon ami Mr *Stewart*, professeur de philosophie morale à Edimbourg, et nous avions oui dire l'un et l'autre, à un académicien, que la traduction imprimée à Paris était celle de M.^{r} l'abbé Morellet. Ayant su ensuite qu'elle était une copie de celle d'Yverdun; étonnés que l'auteur de celle-ci n'eût jamais été nommé, et ne concevant rien à ce que l'on disait d'une traduction manuscrite toujours célébrée et toujours obstinément refusée au public, nous nous crûmes fondés à soupçonner que celle qui est connue, était probablement une édition incorrecte de celle qu'on ne connait pas. D'autres circonstances vinrent à l'appui de ce soupçon. Mr Stewart le porta à Mr Smith, avec qui il était intimement lié; et ce n'est que depuis peu de jours que j'ai pu les désabuser, en rendant compte à Mr Stewart de votre lettre et du dessein que vous y annoncez. Permettez-moi, monsieur, de vous inviter à le suivre avec plus de confiance que vous ne paraissez en avoir. J'ai lieu de croire que ce vœu sera pareillement celui de Mr Smith; et comme je sais que toute correspondance le peine un peu, je me ferai un vrai plaisir de lui faire parvenir, par son ami, ce que vous aurez à lui dire. Je suis persuadé que votre traduction, revue par vous même, ne laissera subsister aucun sujet d'en desirer une autre. Les seules inexactitudes qui pourraient y rester encore, sont celles qui tiennent à certaines expressions particulières dont on peut méconnaître le vrai sens avec la plus grande connaissance de la langue, si l'on n'a pas vécu dans le pays, et conversé avec plusieurs classes d'habitans. Je prendrai la liberté de vous critiquer par exemple d'être, etc.

Quoique je sois fort éloigné, monsieur, de m'annoncer comme connaissant bien l'ouvrage de Mr Smith, c'est en Angleterre et en Ecosse que je l'ai lu, et avec assez d'attention et d'intérêt pour me rappeler que je n'y trouvai rien que je n'entendisse alors. Mais c'est tout ce que je puis dire, ne sachant que trop combien de choses un espace de quatre années efface de ma mémoire. Si néanmoins vous pensez que je puisse vous être de quelque utilité dans le cours de votre travail, je vous offre avec plaisir et sincérité le peu qui dépend de moi; vous voudriez bien, dans ce cas, m'indiquer le tems et le lieu où nous pourrions nous rencontrer le plus commodément pour vous, en m'adressant un mot chez Mr de Lessert, rue Cocq-Eron, n°. 58. J'ai l'honneur, etc.

18 novembre 1788.

Extrait d'une lettre de SMITH *à M*[e.] *la comtesse de* BOUFFLERS.

C'était une grande mortification pour moi de voir la manière dont mon livre (Théorie des Sentimens Moraux) avait été traduit dans la langue d'une nation où je n'ambitionne sûrement pas d'être estimé plus que je ne le mérite. Votre bonté généreuse m'a délivré de cette peine, et m'a rendu le plus grand service qu'on puisse rendre à un homme de lettres. Je me promets un grand plaisir à lire une traduction faite, parce que vous l'avez desiré. Si ce n'est pas être trop curieux, je serais bien aise de savoir le nom de la personne qui m'a fait l'honneur de me traduire.

(*Nota*. Cette traduction a été confrontée d'un bout à l'autre avec l'original par Mme de Boufflers, connue pour une femme de beaucoup d'esprit et de goût, et qui entendait et parlait fort bien l'anglais. Mr Turgot avait commencé une traduction du même ouvrage, et une lettre de Mr de la Rochefoucault à Smith, imprimée dans les œuvres posthumes de ce dernier, m'apprend qu'il abandonna celle qu'il faisait lorsque la mienne parut. J'ai lu avec plaisir celle que nous a donné depuis peu Mme de Condorcet, quoique cette dame ne dise rien de la mienne; et un homme obscur tel que moi doit se féliciter de ce que son admiration pour Smith lui est commune avec des personnes d'un grand mérite et d'une grande réputation.)

Extrait de la lettre que SMITH *m'a fait l'honneur de m'écrire.*

Monsieur, mon respectable ami, Mr Lumsden, m'a fait l'honneur de me remettre votre lettre avec votre excellente traduction de mon ouvrage dans le dernier séjour que j'ai fait à Londres, où j'ai été si occupé de différentes affaires, que je n'ai pas eu le tems ni le loisir de vous remercier de la grande faveur, ainsi que de l'honneur que vous m'avez fait. Je suis charmé de cette traduction, et vous m'avez rendu le plus grand service qu'on puisse rendre à un auteur, en faisant connaître mon livre à la nation de l'Europe dont je considère le plus le goût et le jugement. J'étais fort content de votre traduction de mon premier ouvrage; mais je le suis encore plus de la manière dont vous avez rendu ce dernier. Je puis vous dire, sans flatterie, que partout où j'ai jeté les yeux dessus, (car comme il n'y a que peu de jours que je suis parti de Londres, je n'ai pas encore eu le tems de la lire en entier) je l'ai trouvée, à tous égards, parfaitement égale à l'original.

Quelques jours après avoir quitté Londres, j'ai reçu une lettre d'un gentilhomme qui est à Bordeaux. Il s'appelle le comte de Nort, et il est colonel d'infanterie au service de France. Il me mande qu'il a traduit mon livre en français, et qu'il se propose de venir en Ecosse pour soumettre sa traduction à mon jugement avant de la publier. Je lui écrirai par le prochain courier que je suis si satisfait de la vôtre, et que je vous ai personnellement tant d'obligation, que je ne puis en encourager ni en favoriser aucune autre.

Cette lettre est datée d'Edimbourg, le 23 juillet 1782.

Textual Revisions

This edition incorporates numerous revisions. A record of them is in the 1788 annotated copy in the British Library, which appears to have served as the copytext. The changes include many but not all of the annotations, apparently made by Guyot, in the Edinburgh University Library copy of the 1781 Yverdon edition.

The Notes

This edition incorporates notes that Smith added to his later editions, and the translator also added more notes of his own. Notes that are mere citations are never identified as Smith's. Longer notes of Smith are generally so identified, as are longer notes of the translator. The translator's added notes are:

1:4 (I.7). Note on the word "habileté," for "skill."

1:44 (I.iv.7). Note explaining "farthing," without identification that it is by translator.

1:57–58 (I.v.6). The expression "threepence or fourpence a pound" leads to a brief note on the pound sterling.

1:181 (I.ix.17). Added reference of the translator, though not so identified, gives the precise reference to Montesquieu.

1:272 (I.x.c). Note explaining the term "general warrants."

1:342 (I.xi.e). Note explaining the term "quarter of wheat."

2:167–168 (II.iv.15). The note is to the passage ending: "If the legal rate of interest in Great Britain, for example, was fixed so high as eight or ten per cent., the greater part of the money which was to be lent, would be lent to prodigals and projectors, who alone would be willing to give this high interest." The translator, citing the 1790 French translation of Bentham, *Lettres... sur la liberté du taux de l'intérêt de l'argent*, gives Bentham's critique.

2:427–429 (IV.iii.c.17). This long footnote consists of additional reflections by the translator on the balance of trade.

3:175 (IV.vii.c.95). The translator notes that he would prefer to translate "adventurers" as "aventureurs" rather than "aventuriers."

3:338 (V.i.b.21). The translator rendered "courts of law" as "cours de la commune loi," and he adds a note to specify "celles qui jugent par le droit coutumier."

4:39 (V.i.g.30). This paragraph is divided into two. The second part, giving details on the establishment of the Reformation in various parts of Europe, refers the reader to Voltaire (vol. 19, pp. 264ff., of the edition of Beaumarchais).

4:87 (V.ii.c.11). Smith speaks of a public register of leases and of the possibility of establishing a practice whereby a party who informed against another would receive part of the fine, such a system serving to prevent collusion. The translator expresses astonishment that Smith would advocate rewarding "fausseté et perfidie."

Notices and Reviews

December 1800. Volume 1 is listed in the "Annonces" of the *Bibliothèque française* 1, no. 8 (frimaire an IX [December 1800]), 213, at a price of 4 f. 50 c. The entry has a note: "Cet ouvrage aura quatre volumes. Le prix de chaque volume, pour ceux qui souscriront ou qui prendront volume par volume, sera 3 fr. 50 c." All four volumes are listed in vol. 2, no. 4 (thermidor an IX [August 1801]) at a price of 16 f.

15 December 1800. Reviewed in *Le Publiciste*, 24 frimaire an IX [15 December 1800], 3–4. The quoted extracts in the review are from Blavet's preface and often differ markedly from it.

> *Recherches sur la nature et les causes de la richesse des Nations*, traduit de l'anglais d'Adam Smith, par le citoyen Blavet, 4 vol. in-8°. Prix de chaque vol. pour les souscriptions, 3 fr. 50 cent., ou 14 fr. pour l'ouvrage entier; & de 18 fr. pour ceux qui n'auront pas souscrit. A Paris, chez Laran, place du Panthéon, aux ci-devant écoles de droit, & chez le citoyen Martin, rue Neuve Saint-Augustin, n°. 931.
>
> L'ouvrage de Smith a fait une véritable révolution dans la science importante de *l'économie politique*. Avant lui, les auteurs & les administrateurs se traînoient péniblement sur les traces de Quesnay, de Forbonnais, & de *l'ami des hommes*; la langue qu'on employoit à l'expliquer étoit presqu'inconnue au

reste des hommes; semblable à la langue sacrée d'Egypte, entendue des seuls prêtres & apparemment tout aussi vide de sens. Les opérations administratives étoient décrites dans les livres d'une maniere si énigmatique & souvent chargées de tant de circonstances ou impossibles ou inutiles, qu'on voyoit que leurs auteurs n'avoient voulu que s'assurer la gloire de les connoître & jetter les autres dans le désespoir d'y réussir. Adam Smith fut le premier qui dissipa les ténèbres naturelles ou affectées de la science économique & la réduisit à des idées plus nettes & plus simples. "Il n'y a pas seulement de la droiture d'esprit, dit M. de Fontenelle, il y a une sorte de grandeur d'ame à dépouiller ainsi d'une fausse dignité la science qu'on professe." Il y a ici un intérêt de plus.

"Les états ne prosperent, dit le traducteur d'*Adam Smith*, & les peuples ne sont heureux, qu'autant que la science de l'*économie politique* éclaire & dirige ceux qui les gouvernent. Fondée sur les principes éternels de la justice, elle seule est le *palladium* de la liberté; elle seule peut garantir des empiettemens & des erreurs du pouvoir, en lui traçant la ligne qu'il ne doit pas franchir, en lui apprenant à discerner l'intérêt général de l'intérêt particulier qui en prend si souvent le masque, & en lui remettant sans cesse devant les yeux cette vérité capitale, que *le grand art de gouverner est de ne pas trop gouverner*".

La science de l'économie politique est un véritable besoin dans l'état. Avant Smith, elle n'étoit ni fort avancée, ni fort répandue.

L'ouvrage intitulé: *Recherches sur la nature et les causes de la richesse des nations*, est un des titres de gloire du siècle qui vient de finir, & doit faire époque dans son histoire.

On se rappelle la sensation qu'il produisit en France, lorsque la traduction de Roucher parut. Le moment étoit bien choisi; l'assemblée nationale s'occupoit des moyens de régénérer la fortune publique, & tous les esprits étoient dans l'effervesence de l'économie politique & de la liberté. On fut avide de puiser les connoissances nécessaires à ce but desirable dans un livre dont les Anglais, alors nos maîtres & nos modeles, faisoient un si grand cas. On le lut avec empressement, on l'apprit par cœur, on le cita comme autorité.... Et cependant la traduction, qui nous le faisoit connoître, étoit infidelle. Voici ce qu'en dit l'auteur de la nouvelle:

"Ce que le libraire Buisson nous a donné à Paris en 1790 pour une traduction de Smith, par Roucher, n'en est pas & ne pouvoit en être une. Roucher ne savoit pas l'anglais; & il est impossible de traduire un auteur dont on n'entend pas la langue. Sa traduction n'est qu'un travestissement de la mienne qu'il avoit toujours sur sa table.

"En conséquence du mystère où il fut obligé de s'envelopper, (pour dissimuler son vol) & du projet qu'il annonce dans sa préface de réunir l'élégance à la fidélité, il a pris à tâche de s'écarter de mon style, & trop souvent de la vérité. Cette affectation a dû lui coûter un travail très-pénible, & en pure perte; car plus il faisoit d'efforts pour déguiser son larcin, plus il s'éloignoit de l'esprit & du ton du philosophe anglais, dont le style, qu'il ne pouvoit connoître, est caractérisé spécialement par une extrême propriété d'expression, jointe à la clarté, à la précision & à la simplicité."

"Il est facile d'appercevoir la cause de cette différence. Roucher vouloit briller dans sa prose comme dans ses vers, & comptoit y réussir par le moyen d'un vernis de sa composition que sa qualité de traducteur lui défendoit d'employer.

["]Smith, au contraire, étoit fort supérieur à la foiblesse de dérober pour le compte de la vanité la plus petite dose de l'attention nécessaire à qui veut apprendre la science difficile & souverainement importante qu'il enseignoit. Il ne songeoit qu'à instruire; il savoit qu'on s'écarte de ce but-là, quand on a la démangeaison de se faire admirer par le luxe de l'esprit & de l'imagination toujours déplacé dans des matières aussi sérieuses. Il savoit, lui qui nous a si heureusement dévoilé l'origine de nos sentimens moraux, que de deux hommes, dont le génie commande l'admiration, celui qui ne s'en montre pas avide, en obtient davantage, & à plus juste titre, que celui qui court après["].

Il suit de ce que nous venons de dire que la traduction de Smith par Blavet est non-seulement plus fidelle que celle de Roucher, mais lui étoit antérieure, & lui a servi d'exemplaire. La justice nous oblige de la recommander, & l'intérêt de nos lecteurs les invitera à la préférer. L'auteur assure qu'il a mis plus de tems à la corriger qu'à la faire; & ce n'est qu'après plusieurs révisions qu'il s'est déterminé à la livrer à l'impression.

21 December 1800. Buisson, the publisher of the Roucher translation, replied to the above review in the next issue of *Le Publiciste*, 30 frimaire an IX [21 December 1800], 3–4:

Aux rédacteurs du Publiciste.
Paris, ce 25 frimaire

Citoyens, puisque dans votre feuille du 24 frimaire, vous avez donné place à une notice concernant l'édition nouvelle du grand ouvrage de Smith, traduit par le citoyen Blavet, & comme cette notice attaque une autre traduction, en outrageant le traducteur, vous ne pouvez refuser d'admettre sur le même terrein, la défense de l'une, la réponse pour l'autre.

Roucher n'est plus! la main du crime l'a enlevé aux terres & à la vertu. Il ne falloit peut-être que de la pudeur, pour respecter cette mémoire devenue sacrée. Après six ans, une voix s'élève pour accuser le littérateur d'ignorance, & l'homme vertueux de larcin. A ces mots, l'indignation est difficile à contenir; mais on va établir la vérité des faits: l'opinion publique fera justice du reste.

En 1789, au moment où la pensée universelle se portoit avec impétuosité vers l'étude des plus grands intérêts, Roucher fut invité à donner un aliment, en faisant de l'ouvrage de Smith, intitulé: *Recherches sur la nature et la cause de la richesse des Nations*, une traduction qu'il fût possible de lire. Quelques personnes savoient que cette entreprise avoit été ébauchée, dès 1780, par le citoyen Blavet.

Roucher qui connoissoit la langue anglaise, mais sans la parler, reprit l'étude de cette langue, & se livra au travail de la traduction avec une ardeur que secondoit sa facilité naturelle. Il s'entoura de secours sur la langue, de lumieres sur la matiere économique; & après vingt mois d'efforts, l'édition parut en quatre volumes, & fut dévorée. La pureté du style y rachetoit, aux yeux des lecteurs même frivoles, l'austérité de la matiere; service inappréciable qui propage l'esprit public, en agrandissant le domaine de la pensée avec les grâces du langage.

Bientôt il fallut songer à une *seconde édition*. Roucher la préparoit en faisant la guerre aux infidélités qui avoient pu lui échapper dans la premiere; il recueilloit tous les avis, il écoutoit toutes les critiques, & c'est à cette occupation qu'il a consacré, dans le fond des cachots de la tyrannie, les dix derniers mois d'une vie austere & pure. Condorcet (c'est peut-être assez dire) connoissoit & estimoit l'ouvrage; il avoit promis d'y joindre des notes, & il permit que son nom fût imprimé sur le frontispice; elles ont été commencées; la fin déplorable de cet illustre savant en a privé le public.

La seconde édition a été donnée en cinq volumes en l'an 3; & malgré le malheur des tems qui a comme paralysé la pensée & jetté sur les objets administratifs une sorte de réprobation, l'estime des lecteurs ne s'est pas démentie.

A la tête de sa préface, Roucher a dit: "On demandoit depuis long-tems une traduction FRANÇAISE de l'ouvrage de M. Smith". Il est plaisant que le citoyen Blavet, qui se pique de savoir l'anglais, ne sache pas assez sa langue maternelle pour avoir entendu l'épigramme si doucement exprimée. Il s'est permis d'imputer à Roucher la bassesse d'avoir voulu dissimuler au PUBLIC l'existence de sa traduction, antérieure de dix ans, d'en avoir fait le *larcin*, d'avoir, inexpert dans la langue anglaise, deviné Smith dans Blavet, en prenant à tâche, mais bien en pure perte, de s'écarter au style de celui-ci, & trop souvent de la vérité, "parce que Roucher, ajoute-t-il, vouloit briller dans sa prose comme dans ses vers, et comptoit y réussir par le moyen d'un vernis de sa composition".

Si l'accusation n'étoit pas si grave, si le nom & la cause de l'accusé étoient moins imposans, on seroit tenté de sourire à cette étrange diatribe, & aux termes dans lesquels elle est énoncée. O! que Roucher n'est-il là pour y répondre! il me semble l'entendre, comme certain personnage de Molière, dire avec son ingénieuse bonhommie. "Comment diantre, citoyen Blavet, voulez-vous qu'on fasse pour vous voler? Etes-vous un homme volable"?

Bientôt, sans doute, il faut nous attendre à le voir intenter un second procès de *larcin* à madame Condorcet, sans le secours de laquelle, on ne connoîtroit pas en France la *Théorie des sentimens moraux* de Smith, quoique le citoyen Blavet l'ait traduite en 1774.

Il y a de l'assurance de la part du même Blavet, à invoquer le témoignage de l'illustre Morel, jardinier de la nature, homme de génie, artiste distingué, élégant écrivain, & plus que tout cela philosophe pratique, ami de la vertu & de la vérité; il n'y a qu'une réponse à faire: "Morel n'a pas dit ce qu'il n'a pas pu dire".

Mais il faut s'arrêter, pour ne rien répondre à l'intérêt que Blavet ose témoigner pour les cendres d'un homme de bien, après avoir étalé les mouvemens de sa compassion "pour les pauvres gens de lottres que le besoin, dit-il réduit à faire de leurs talens un usage peu digne de leur profession". Il fait bien de dire qu'il se tairoit si Roucher vivoit!........ Mais n'est-ce pas aussi trop de prétention, après une telle insulte, de croire qu'il pourra échapper à l'indignation par le mépris, & au mépris par le ridicule!

Note des rédacteurs. Cette querelle doit finir ici pour nous & pour nos lecteurs. Si les parties ont encore quelque chose à se dire, nous ne devons plus nous charger d'être leurs truchemans.

December 1800–January 1801. Volume 1 is listed in *Journal général de la littérature de France*, nivose an IX [December 1800–January 1801], 3–4, without price:

> La traduction du citoyen *Blavet*, publiée en 1779 et 1780, et réimprimée à Paris en 1786, eut un succès assez général, malgré quelques défauts d'exactitude et de clarté. Aidé des observations de M. *Guyot*, de Genève, ami de *Smith*, le citoyen *Blavet* s'est appliqué pendant vingt années à revoir son ouvrage et à le perfectionner par une étude approfondie de la langue anglaise et de l'économie politique. Ce nouveau travail, qui lui a coûté plus de tems que le premier, mérite sans doute la confiance du public, et lui fait espérer une traduction digne de l'ouvrage de *Smith*, qui avait déjà accordé son approbation au premier essai du traducteur.
>
> Ce premier volume sera promptement suivi des autres.

March 1801. A notice appeared in the "Journal littéraire et bibliographique" section of the March 1801 issue of *Le spectateur du Nord, journal politique, littéraire et moral* (En Basse-Saxe), vol. 17, 83–84:

> RECHERCHES *sur la nature et les causes de la Richesse des Nations; traduit de l'anglais d*'Adam Smith, *par le cit.* Blavet, 4 *vol. in* 8°., *imprimés par* Laran, *sur du très-beau papier. Paris, An IX.*
>
> L'ouvrage d'Adam Smith, si justement célèbre, n'a plus besoin d'apologie: il est devenu un livre élémentaire pour tous ceux qui s'occupent des importantes questions d'économie publique. Les traductions françaises qui en ont paru jusqu'ici, laissaient beaucoup à désirer tant pour la clarté du style que pour l'intelligence du sujet. Celle que nous annonçons, est produite par un homme qui s'est non-seulement familiarisé avec l'idiôme des deux langues; mais encore avec les principes de la science qui est si habilement développée dans cet immortel ouvrage. A la clarté des expressions et du style, il a réuni dans cette traduction la méthode qui annonce une connaissance parfaite du sujet.

3 August 1801. Listed in *Journal typographique et bibliographique*, 4. année, 15 thermidor an IX [3 August 1801], 330, at a cost of 16 fr. and 22 fr. "par la poste." "Cette édition est imprimée avec beaucoup de soin et sur très-beau papier." The listing gives the publisher as Laran and Debray.

[December 1801?]. The *Annuaire de la librairie* for 1802, which covers publications of the year IX (that is, from 23 September 1800 to 27 September 1801), probably appeared at some point in December 1801. It lists Blavet's revised translation as published at a price of 16 fr. and 22 fr. franc de port (p. 216). The entry records a review in *Décade philosophique*, vol. 1, 2e tri., 8–11. That review, published in nos. 40 and 41, 10 and 20 prairial an III (29 May and 8 June 1795), is transcribed as part of the entry for the second edition of Roucher's translation, 1795. The listing in *Annuaire* also notes the review in *Mercure de France*, no. 9 (an IX, 1 brumaire [23 October 1800]), 166–183. The review at that spot does not list a particular edition and is in fact an unacknowledged reprint, though with some additions and deletions, of the review in *Décade philosophique*. That review, signed "F.," was probably by Victorin Fabre. The first two paragraphs of the earlier review are replaced with: "On annonce trois nouvelles traductions de cet important ouvrage. Cet honneur est très-mérité. Aucun livre n'est plus digne d'être souvent offert à la méditation de ceux qui gouvernent un vaste empire." In other words, although it is recorded in this entry for the Blavet translation, the essay claims to have been occasioned by announcements of three new translations. No such announcements have been identified. From the first part of the 1795 review, the *Mercure de France* piece omits the paragraph beginning "Cet instinct du mieux." From the second part of the 1795 review, it omits the paragraphs beginning: "Or, il faut en convenir"; "Quand les académies existaient encore"; "C'est l'opinion de Smith," including the long quote from Smith that is part of that paragraph; "Au reste, je m'écarte moins de Smith"; and the final paragraph. A few textual changes had to be made to create appropriate transitions, and in place of the final paragraph of the *Décade philosophique* review, the *Mercure de France* essay contains five new paragraphs (pp. 182–183). The first two of them, especially the second, state in effect that Smith is not a guide to policy for France, any more than he has been in Britain, where the government is far from having adopted his principles. The five new paragraphs are:

> On a déjà dit, et tous les lecteurs éclairés en conviendront, que le meilleur volume de Smith est le premier. Sa théorie de *la division du travail* est neuve, lumineuse et féconde en résultats. Il est vrai que, pour trouver cette théorie, Smith n'a eu besoin que de jeter les yeux autour de lui. La grande *division du travail* est, en Angleterre, la source *de l'opulence universelle*. Qui a bien *lu* Smith, voit l'Angleterre; et qui a vu l'Angleterre, comprend, sans peine, tout le systême de Smith.
>
> Malgré la juste renommée dont il jouit, le gouvernement anglais est très-loin d'en avoir adopté toutes les idées. Cette liberté indéfinie, que réclame l'auteur de la Richesse des nations, n'est point adoptée par le cabinet et le parlement britanniques. On nous blâme de négliger Smith; mais on peut faire, à quelques égards, le même reproche à l'Angleterre.
>
> La Richesse des nations est un ouvrage du premier ordre dans son genre, et c'est pour cela qu'on a cru devoir s'y arrêter.
>
> La *Théorie des sentiments moraux*, du même écrivain, est un ouvrage très-inférieur. Tout est positif et solide dans le premier; tout est vague et subtil dans le second, si vous exceptez quelques chapitres*.
>
> Smith était né dans l'Ecosse, comme Robertson et quelques autres hommes célèbres. Ce n'est point dans les rochers et les forêts de cette Calédonie, où l'on a placé le berceau d'Ossian, qu'il faut chercher aujourd'hui l'enthousiasme poétique. Thompson est le seul poète distingué qu'ait produit l'Ecosse moderne. Elle n'a vu naître que des historiens et des philosophes. Ses historiens même sont plus sages qu'éloquents; et ses philosophes, encore plus ingénieux que profonds. Mais cette gloire semblera préférable, peut-être, à un siécle dont les idées ne favorisent pas les arts d'imagination.

* *N. B.* Les meilleures observations de cette *Théorie des sentiments moraux* se trouvent dans les notes du poème des *Saisons*, par le C. *Saint-Lambert*; mais le poète est plus précis, plus juste et plus piquant; d'ailleurs ses notes ont précédé de plusieurs années l'ouvrage de Smith.

31 December 1801. Volume 1 is reviewed by "G." in *La Décade philosophique, littéraire et politique*, no. 10 (10 nivôse an X [31 December 1801]), 8–11; the reviewer is

not identified in Marc Regaldo, *Un milieu intellectuel: La* Décade philosophique *(1794–1807)* (Lille and Paris, 1976). Note that the review records three firms as publishers: Laran, Debray, and Fayolle.

RECHERCHES *sur la nature et les causes de la richesse des nations, traduit de l'anglais d*'Adam Smith, *par le C.* Blavet. Tome Ier. *A Paris, chez* Laran et Compag^e, *imprimeurs-libraires, place du Panthéon, aux ci-devant Écoles de droit;* Debray, *au palais du Tribunat, galeries de bois, et* Fayolle, *rue Honoré*.

Il n'est plus besoin de faire l'éloge de cet excellent ouvrage, ni d'en exposer le plan et la doctrine. Mais quoiqu'il soit aujourd'hui presque généralement connu en France, une bonne traduction française manquait cependant encore.

Le C. Blavet est l'auteur de la première. Elle parut d'abord en 1779 et 1780, dans le *Journal de l'agriculture, des arts et du commerce*, que rédigeait alors le C. Ameilhon. Elle fut réimprimée presqu'aussitôt à Yverdun, en six petits volumes in-12. Elle le fut une seconde fois à Paris, en 1788. Ces deux éditions furent faites sans la participation du traducteur. Elles sont remplies de fautes grossières, et cependant la haute opinion qu'on avait déjà de l'original, fit qu'elles furent promptement épuisées. [This statement is erroneous and contradicts what Blavet wrote in his preface. He spoke in the singular and was clearly referring to the 1788 Duplain edition. The 1781 Yverdon edition did not, in fact, sell quickly; see the entry for the 1786 reissue of those sheets.]

Jusqu'alors, le C. Blavet était resté couvert du manteau de l'anonyme. Il se fit connaître par une lettre insérée en décembre 1788, dans le journal de Paris. Il y parlait avec beaucoup de modestie de son travail, et avec un vif regret des fautes typographiques dont ces deux éditions étaient remplies. Cette lettre lui en attira une de M. Guyot de Neufchâtel, qui connaissait personnellement Smith, et était intimement lié avec M. Dugald-Stewarl [*sic*] un des meilleurs disciples de ce philosophe, le même qui a publié depuis un excellent précis de la vie et des écrits de son maître, que l'on trouve à la tête des Essais philosophiques de Smith, traduit par M. Prévôt, de Genève.

M. Guyot, qui possédait également les deux langues et toutes les connaissances qu'il faut avoir pour la parfaite intelligence du texte, instruisait le C. Blavet qu'il avait lu et confronté les deux éditions de sa traduction; qu'il avait démontré à plusieurs personnes que les fautes les plus fortes venaient de l'imprimeur; que quant à celles qui étaient de lui, il en attribuait la plus grande partie à ce qu'il n'avait pu deviner le sens de certaines expressions qu'on n'entend point si on n'a pas vécu en Angleterre; qu'enfin il avait dit à ceux qui se proposaient d'en entreprendre une nouvelle, qu'ils prendraient une peine inutile, parce qu'il suffirait de revoir celle du C. Blavet, à qui il offrait généreusement de l'aider dans ce travail.

Celui-ci profita avec empressement de cette offre; et c'est à cet homme aussi estimable qu'instruit, qu'il doit non-seulement un très-grand nombre de corrections qu'il a faites dans plus de la moitié de sa traduction, mais encore une grande quantité d'autres pour lesquelles il a suivi ses erremens, depuis que leur correspondance a été interrompue.

Smith lui-même, à qui il avait écrit en lui envoyant un exemplaire de la seconde édition, lui avait répondu, en 1782: "Je suis charmé, monsieur, de cette traduction, et vous m'avez rendu le plus grand service qu'on puisse rendre à un auteur en fesant connaître mon livre à la nation de l'Europe dont je considère le plus le goût et le jugement.... Je puis vous dire, sans flatterie, que partout où j'ai jeté les yeux sur votre traduction, je l'ai trouvée, à tous égards, parfaitement égale à l'original". Il ajoutait qu'un Français, colonel d'infanterie, lui avait mandé qu'il avait aussi traduit son livre, et qu'il se proposait de venir en Ecosse pour lui soumettre sa traduction; mais qu'il allait répondre: "Qu'il était si satisfait de celle de son premier traducteur, et qu'il lui avait personnellement tant d'obligation, qu'il ne pouvait en encourager, ni en favoriser aucune autre."

En rendant compte de ces faits, le C. Blavet ne peut se dispenser de parler de la traduction du malheureux Roucher, qui parut en 1790, traduction, dit-il, qui n'en est pas et n'en pouvait pas être une, puisque son auteur ne savait pas l'anglais, et qu'il n'avait travaillé que la première traduction sous les yeux. Pour ne se pas rencontrer sans cesse avec elle, il dut prendre à tâche d'exprimer partout avec effort et recherche ce qu'elle avait rendu avec simplicité et sans prétention. Il en résulta de nombreux contre-sens et une disconvenance continue entre le style et la matière de l'ouvrage.

Ce fait avancé par le C. Blavet, lui a été attesté par un intime et très-estimable ami de Roucher [identified in a note as Jean Marie Morel (1728–1810), author of *Théorie des Jardins*]. Il pourrait être confirmé par ceux qui détenus dans la même prison que l'auteur des Mois, l'y ont vu prendre tous les jours des leçons d'anglais, et s'efforcer de corriger les erreurs où il était tombé. "Heureux, dit celui qui l'avait précédé dans la carrière, et dont il eut l'injustice de ne pas même parler dans sa préface, heureux de l'illusion qui lui fit charmer l'ennui de sa captivité, en retouchant une mauvaise copie, vraiment irréformable...., et infiniment moins à blâmer pour une spéculation si fausse, à plus d'un égard, qu'à plaindre et à regretter, comme une des illustres victimes de la plus horrible tyrannie."

Le C. Blavet, convaincu qu'on ne tarderait pas à préférer sa traduction, dans l'état même d'imperfection où elle était d'abord, redoubla de zèle pour la purger des fautes qui la déparaient. Il a mis beaucoup plus de tems à la corriger qu'à la faire, et ce n'est qu'après plusieurs révisions qu'il la livre à l'impression.

Peu de traductions méritent autant de confiance. Son Auteur, aujourd'hui très-avancé en âge, a fait une longue étude de l'économie politique et de la langue anglaise. Il a retravaillé pendant près de vingt ans une version, qui dès sa naissance, avait, malgré ses défauts, obtenu les suffrages et d'un ami de Smith, et de Smith lui-même. Il a eu pour cela des secours puissans et une patience à toute épreuve. Retiré depuis plusieurs années à la campagne, il se borne à desirer que sa traduction rende aussi facile à bien comprendre la doctrine du sage et immortel Smith, qu'elle l'est pour ceux qui la puisent à la source. "Il arriverait, dit-il, à la fin de sa longue carrière, avec la satisfaction d'avoir été utile à son pays, non pas autant qu'il l'aurait voulu, mais autant qu'il pouvait l'être."

Nous croyons pouvoir lui présager que ce vœu civique et modeste sera rempli, et que les Français, qui lui devront désormais une copie fidelle d'un si excellent original, lui consacreront une partie du tribut de reconnaissance qui sera éternellement dû au Philosophe d'Edimbourg.

N.B. Le premier volume, qui paraît seul, sera promptement suivi des autres.

1801. Garnier, Preprint of Frontmatter (Paris: Agasse)

PUBLICATION OF the five-volume Garnier translation was delayed, but a few copies of the prefatory material were printed for distribution by Garnier.

Félix Faulcon (1758–1841), "membre du corps législatif," published a long article on Garnier's translation well in advance of its publication. In it, Faulcon notes that a few copies of the prefatory material were printed for Garnier to give to friends: "Nous ne parlerons ici que de la préface et de quelques pieces qui précedent la traduction, et dont l'auteur a fait tirer quelques exemplaires à part pour ses amis." (Faulcon's name is also given as Marie-Félix, and his death date is generally recorded as 1843; see *Dictionnaire de biographie française*. Some correspondence of Faulcon exists, but it has not been determined whether any concerns Garnier; see the inventory at the back of *Archives historiques du Poitou, 1939*, vol. 51).

Bibliographical Description

Recherches sur la nature et les causes de la richesse des nations, par Adam Smith. Traduction nouvelle, avec des notes et observations, par Germain Garnier, de l'Institut national.
A Paris, De l'imprimerie de Henry Agasse, rue des Poitevins, n°. 18. An IX.
8° 13.8 × 21.5 cm.

π^2 [–π1] a–h^8; *ii* ^{2}cxxvii [1]p.

i title; *ii* blank; ^2i–cxii Préface du traducteur (pp. ^2i–xxiii, Exposé sommaire de la doctrine de Smith, comparée avec celle des économistes français; pp. ^{2}xxiii–xlix, Méthode pour faciliter l'étude de l'ouvrage de Smith; pp. ^{2}xlix–lxxxvii, Parallèle entre la richesse de la France et celle de l'Angleterre, d'après les principes de Smith; pp. ^{2}lxxxvii–cxii, Post-Scriptum); ^2cxiii–cxxvii Notice sur la vie et les ouvrages de Smith; $^2cxxviii$ blank.

Location: University of Wisconsin, Madison.

This entry has been made on the basis of a partial photocopy and a conversation with Kelley Osborne in the Department of Rare Books and Special Collections, Memorial Library. This copy, untrimmed and in an unprinted wrapper whose original color is indeterminate, was transferred to the library from the Wisconsin Historical Society. Its earlier provenance is unknown.

Faulcon's Review

The essay by Faulcon appeared in *Gazette nationale ou le Moniteur universel*, no. 248 (8 prairial an IX [28 May 1801]), 1034–1035:

ECONOMIE POLITIQUE.

Smith est devenu comme l'autenr [*sic*] classique de tous ceux qui veulent cultiver l'étude de l'économie politique. Avant son immortel ouvrage sur *la Richesse des nations*, on n'avait fait qu'embrouiller ces matieres difficiles qu'aucun homme de génie n'avait encore essayé d'approfondir.

Smith cessa d'exister en 1790; depuis qu'il n'est plus, il n'est ni mince écolier, sorti tout récemment des bancs de l'école qui, sans connaître aucunement ni les hommes, ni les choses, n'ait cru avoir le droit et les moyens de créer des systêmes politiques, qui n'ait voulu les livrer à l'impression, qui n'ait cherché à en faire retentir les tribunes nationales.

S'il n'y eût eu que des phrases, le mal eût été tolérable peut-être; mais il est arrivé trop souvent qu'on s'est efforcé de réunir la pratique à la théorie, et long-tems encore, malgré la journée réparatrice du 18 *brumaire*, la France souffrira des résultats de ces funestes essais.

La vérité et la raison étant enfin de retour, après tant d'épreuves désastreuses à qui elles furent si étrangeres, c'est aujourd'hui plus que jamais qu'on doit sentir tout le prix des ouvrages de *Smith*; mais d'une part ses conceptions sont trop profondes pour être à la portée du commun des lecteurs, et de l'autre, il est impossible qu'il soit tout-à-fait exempt d'erreurs.

Il fallait donc qu'un nouveau traducteur enseignât en quelque sorte l'art de comprendre *Smith*, et de l'étudier avec fruit; il fallait qu'il expliquât quelques systêmes trop peu développés, et qu'il réfutât le petit nombre d'opinions qui peuvent être erronées; il fallait sur-tout qu'en essayant une pareille tâche, il se présentât avec un nom qui fût assez imposant pour donner du poids à ses idées, et pour lui permettre d'oser quelquefois contrarier le célebre publiciste qu'il allait traduire.

Ce qu'il fallait, s'est éminemment rencontré dans la personne de Germain Garnier qui, aujourd'hui, est préfet du département de Seine et Oise. Outre les qualités publiques et privées qui le rendent également cher et à la patrie et à ceux qu'il honore du titre d'ami, il s'est acquis, par des ouvrages politiques (1) aussi fortement pensés que bien écrits, des droits solides à l'estime et aux suffrages des lecteurs assez bien avisés pour faire moins consister le talent d'un écrivain dans la grosseur que dans le mérite des volumes qu'il met au jour.

La traduction de l'ouvrage d'Adam Smith, intitulé *Recherches sur la nature et les causes de la richesse des nations*, faite par le citoyen Garnier, est achevée depuis long tems, et elle sera accompagnée de notes si considérables sur les diverses matieres de l'économie politique, que le tout formera en quelque sorte un corps complet de cette science.

Des circonstances en ont retardé l'impression, mais elle est maintenant poussée avec activité, et les deux 1ers volumes ne tarderont pas à paraître. Nous ne parlerons ici que de la préface et de quelques pieces qui précedent la traduction, et dont l'auteur a fait tirer quelques exemplaires à part pour ses amis.

Cette préface, qui est suivie d'une vie intéressante de *Smith*, est pleine de vues soigneusement réfléchis, et toujours exprimées avec autant d'élégance que de vigueur et de précision.

Il y compare la doctrine de Smith avec celle des économistes français; après avoir payé à ceux-ci le tribut d'hommages qui est dû à des hommes non-moins distingués par l'étendue de leurs lumieres que par les excellentes intentions dont ils étaient animés, il démontre d'une façon lumineuse, combien le système simple et praticable de l'auteur anglais doit être préféré à de brillantes théories, illusions louables, mais vaines, des hommes de bien qui en conçurent l'idée.

Il publie ensuite une méthode propre à faciliter l'étude de Smith; elle sera infiniment utile à beaucoup de lecteurs qui, peu familiarisés encore avec les grandes spéculations, ont besoin d'un guide aussi éclairé.

Enfin il établit un parallele entre la richesse de la France et celle de l'Angleterre, et, vraiment patriote dans toute la pureté de cette belle dénomination, il se plaît à prouver que, malgré nos fautes, nos longs malheurs et l'opulence apparente de nos rivaux, tout l'avantage est de notre côté, et qu'il n'y a pas la moindre proportion entre leurs ressources et les nôtres, parce que tout est factice chez eux, et que chez nous tout est réel.

Je terminerai cet extrait par une citation (page LXXXII) qui fera connaître la maniere de l'auteur. Sa façon de voir sur la matiere importante qui en fait l'objet, pourra trouver des contradicteurs, mais elle sera sûrement applaudie par toux [sic] ceux qui cherchent de bonne foi la vérité, et qui franchement désireux de la prospérité nationale, ne sont accessibles ni aux séductions de l'intérêt personnel, ni à l'aveuglement de l'esprit de parti.

"C'est avec une activité dévorante que l'industrie française reprendra infailliblement au premier intervalle de paix, ce que la guerre et la révolution lui ont fait perdre, tandis que celle de ses voisins, surchargée de capitaux au-delà de ce qu'elle en peut contenir dans le cours naturel des choses, est au point où commencent le rallentissement et le déclin.

"Mais le plus grand écueil que la France ait à redouter, la plus dangéreuse illusion dont elle ait à se défendre, c'est de prétendre marcher sur la même route qu'à suivie l'Angleterre. L'orgueil national, la rivalité si ancienne entre les deux peuples, de vieux préjugés profondément enracinés, de fausses idées de gloire et de puissance, enfin ce desir ambitieux qui entraîne vers les entreprises les plus difficiles et qui donne un attrait aux succès les moins probables, porteront peut-être le gouvernement, et même les particuliers à tourner l'industrie et les capitaux vers la marine et le commerce étranger, tandis que l'ordre naturel et l'intérêt bien entendu, les appellent si puissamment à l'intérieur.

"C'est à la réparation des routes, à la restauration des monnaies, au rétablissement de tous les moyens de circulation intérieure, que le gouvernement doit consacrer tous les instrumens qui seront à sa disposition; c'est à l'amélioration des terres, aux manufactures et au commerce fondé sur la consommation nationale, que les particuliers devront par préférence employer tout le capital qu'ils pourront épargner.

"Que le marché intérieur, le plus avantageux de tous, sans nulle comparaison, soit ouvert de toutes parts et aggrandi dans tous les sens; que rien n'entrave ni ne retarde l'activité de ses mouvemens, et qu'aucune portion de travail ou de capital qui pourrait concourir à l'éteindre, ne soit de long-tems détournée à d'autres usages. Gardons-nous de délaisser une source inépuisable de richesses que la nature bienfesante [sic] a placée sous nos mains, pour courir après une chimere qui, pendant bien des années encore, fuira devant nos poursuites..... "

(1) Entr'autres, deux ouvrages, dont le premier a pour titre: De la propriété dans ses raports [sic] avec le droit politique, dont nous croyons que l'édition est épuisée; et le second est intitulé, Abrégé élémentaire des principes de l'économie politique, dont on trouve des exemplaires à Paris, chez H. Agasse, rue des Poitevins, n° 18, 1 vol. in-12, dont le prix est de 1 franc 80 centimes.

1801. English-Language Edition (Paris and Basel)

THIS ENGLISH-LANGUAGE EDITION was clearly brought to the attention of the French book trade in an effort to market the four-volume set to French libraries and to readers with a particular interest in economics. The notice printed below from the *Journal typographique* is for a four-volume set with a Paris and Strasbourg imprint, without mention of "Basil." It is possible that the copy that occasioned the notice had the Basel and Paris title page excised and replaced by one bearing only the Paris and Strasbourg imprint, but the volumes would otherwise almost certainly have been as described below. The inclusion of an already published English translation of Turgot's *Reflections* serves to mediate the English text and further suggests that this work was aimed at francophone readers. Indeed, it seems, according to the conclusion of the notice in the *Journal typographique*, that this edition had been awaited with impatience for two years, which is approximately the same delay experienced by the Garnier translation.

Bibliographical Description

An inquiry into the nature and causes of the wealth of nations. By Adam Smith, L. L. D. and F. R. S. of London and Edinburgh: one of the commissioners of His Majesty's Customs in Scotland; and formerly professor of moral philosophy in the University of Glasgow. Vol. I. [II. III. IV.]
Basil: Printed and sold by James Decker. Paris, sold by Levrault Freres, Quai Malaquai. 1801.
8° 19.7 × 12.1 cm.

I: π⁴ [*]–4*⁸ 5*² 1–25⁸ 26⁴ (–26₄); viii 68 406p.
i title; *ii* blank; *iii* Advertisement to the third edition; *iv* Advertisement to the fourth edition; *v*–viii Contents of the first volume; *1* divisional title: Reflections on the formation and distribution of riches. By Mr. Turgot, sometime Intendant of the Finances of France; *2* untitled statement on the Reflections of Turgot; *3*–68 text of Turgot; *1*–406 text of WN.

II: π⁴ (–π4) 1–21⁸ 22⁴; vi 344p.
i title; *ii* blank; *iii*–vi Contents of the second volume; *1*–344 text.

III: π² 1–22⁸ 23⁴ 24²; *iv* 358 [6]p.
i title; *ii* blank; *iii*–*iv* Contents of the third volume; *1*–358 text; *359*–*363* Appendix; *364* blank.

IV: π⁴ (–π4) 1–26⁸ 27⁴ 28¹; *vi* 374 [52]p.
i title; *ii* blank; *iii*–*v* Contents of the fourth volume; *vi* blank; *1*–374 text; *375*–*426* Index.

Locations: Kress.

Turgot Translation

An untitled statement (1:*iii*) describes the Turgot translation:

> *The following Reflections were first published in the* Ephémérides Economiques, *a French periodical work; as they are affirmed by the Marquis de* Condorcet, *the author's biographer, to be the germe from which Mr.* Adam Smith *formed his excellent treatise on the* Wealth of Nations, *it is hoped the curious reader will not be displeased to find them here in an English dress.*

Notices and Reviews

4 July 1801. A notice appeared in the *Journal typographique*, 4. année, no. 38 (15 messidor an IX [4 July 1801]), [297]:

> AN INQUIRY INTO THE NATURE *and Causes of the Wealth of Nations—* RECHERCHES SUR LA NATURE *et les Causes de la Richesse des Nations*; par ADAM SMITH, professeur de Morale et de Philosophie à l'Université de Glascow, etc., etc. Quatre vol. *in*-8°. imprimés avec soin et sur beau papier. Prix, 16 *francs*, et 21 fr. par la poste. Paris, *Levrault*, frères, impr.-libr., quai Malaquais, et à Strasbourg, même maison de Commerce.
>
> Ce savant ouvrage, dans lequel tous les principes de l'économie politique sont développés de la maniere la plus lumineuse, mérite d'être recherché par

tous les bibliothécaires, et principalement par tous ceux qui cultivent cette science. Cette nouvelle édition manquoit depuis deux ans et étoit attendue avec impatience.

1802. Garnier, Translation (Paris: Agasse)

COMTE GERMAIN GARNIER (1754–1821) completed his translation of WN in 1794. But just as Blavet could not persuade anyone to publish his revised translation, so Garnier had to wait some years to see his in print. Although translations by Blavet and Roucher were on the market by the time it was published in 1802, Garnier's new translation was, in all ways, the most desirable of the three. The earlier editions had begun to present WN as a canonical text by the addition of indexes and notes, but this edition went further by also including a long introductory essay on Smith, a frontispiece portrait of him, and an entire separate volume of notes.

Until the Revolution, Garnier was known as a poet. The Revolution politicized him, as it did Roucher, but Garnier supported the monarchy. Although he declined a post offered by Louis XVI in 1790, Garnier did participate in the political life of the time as a member of the *directoire* of the *département* of Paris. In 1792 he emigrated to Switzerland, to the canton of Vaud, where he devoted himself to the study of French and foreign literatures. He translated William Godwin's *Caleb Williams*, and he also wrote the *Abrégé des principes de l'économie politique*, based on Smith and published in 1796. The sale catalog of Garnier's library, *Catalogue des livres imprimés et manuscrits de la bibliothèque de feu M. le Marquis Germain Garnier* (1822), shows that he owned a copy of each of the earlier translations: La Haye (1778–1779), Blavet (1788), Roucher (1794), and Blavet (1800). For more on Garnier, see the extracts from the tributes to him that were included in the 1822 edition and are transcribed in the entry for that edition.

The Garnier translation was reprinted, with the same imprint, from a different setting of type. The pagination and signature collation is the same, except for the omission of the errata leaves. For a record of differences that make it possible to distinguish the two settings of type, see the entry for 1810.

Bibliographical Description

Recherches sur la nature et les causes de la richesse des nations; par Adam Smith. Traduction nouvelle, avec des notes et observations; par Germain Garnier, de l'Institut national [in vol. 1: Avec le portrait de Smith]. Tome premier. [second. troisième. quatrième. cinquième.]

A Paris, Chez H. Agasse, imprimeur-libraire, rue des Poitevins, n°. 18. An X.—1802.

8° 9.6 × 12.3 cm.

I: π^2 a–h^8 A–Z^8 (Z8+χ1); *iv* ^{2}cxxvii [1] 366 [4]p.

i half-title: Recherches sur la nature et les causes de la richesse des nations. Tome I. [II. III. IV. V.]; *ii* Décret concernant les Contrefacteurs, rendu le 19 juillet 1793, l'an 2 de la République, followed by a certification of H. Agasse, dated 25 ventôse an 10 [15 March 1802], that he has placed this work under the protection of the law; *iii* title; *iv* blank; ^{2}*i*–cxii Préface du traducteur (pp. ^{2}*i*–xxiii, Exposé sommaire de la doctrine de Smith, comparée avec celle des économistes français; pp. ^{2}xxiii–xlix, Méthode pour faciliter l'étude de l'ouvrage de Smith; pp. ^{2}xlix–lxxxvii, Parallèle entre la richesse de la France et celle de l'Angleterre, d'après les principes de Smith; pp. ^{2}lxxxvii–cxii, Post-Scriptum); ^{2}*cxiii*–cxxvii Notice sur la vie et les ouvrages de Smith; ^{2}*cxxviii* blank; *1*–2 Avertissement qui précède la troisième édition; *3*–4 Avertissement qui précède la quatrième édition; *5*–366 text; *367*–368 Table du tome premier; *369* Errata du tome premier; *370* blank. Frontispiece portrait of Smith inserted before title (B. L. Prevost sculp.).

II: π^2 A–2H^8; *iv* 493 [3]p.

i half-title; *ii* blank; *iii* title; *iv* blank; *1*–489 text; *490* blank; *491*–493 Table du tome second; *494* blank; *495* Errata du tome second; *496* blank.

III: π^2 A–2M^8 2N^2 (+χ1); *iv* 564 [2]p.

i half-title; *ii* blank; *iii* title; *iv* blank; *1*–562 text; *563*–564 Table du tome troisième; *565* Errata du tome troisième; *566* blank.

IV: π^2 A-2L^8 2M^6 (+χ1); *iv* 556 [2]p.

i half-title; *ii* blank; *iii* title; *iv* blank; *1*–554 text; *555*–556 Table du tome quatrième; *557* Errata du tome quatrième; *558* blank.

V: π^2 A–2N^8 2O^6 (+χ1); *iv* 588 [2]p.

i half-title; *ii* blank; *iii* title; *iv* blank; *1*–444 text of notes; *445*–451 Table des Monnaies, Poids et Mesures en usage en Angleterre, et dont il est fait mention dans le cours de cet ouvrage; *452* blank; *453*–456 Table des notes du traducteur; *457*–588 Table générale des matières; *589* Errata du tome cinquième; *590* blank.

RECHERCHES

SUR

LA NATURE ET LES CAUSES

DE

LA RICHESSE DES NATIONS;

Par ADAM SMITH.

TRADUCTION NOUVELLE,
AVEC DES NOTES ET OBSERVATIONS;

Par GERMAIN GARNIER,
DE L'INSTITUT NATIONAL.

AVEC LE PORTRAIT DE SMITH.

TOME PREMIER.

A PARIS,

CHEZ H. AGASSE, IMPRIMEUR-LIBRAIRE,
RUE DES POITEVINS, n°. 18.

AN X. — 1802.

First edition of Germain Garnier's translation (1802), with the translator's name emphasized through the use of italics.

Locations: Kress; New York Public Library (rebound); Indiana University Library (rebound, with ownership stamp of A. A. Balashev).

Translator's Comments

The "Post-Scriptum" (1:lxxxvii–cxii) begins:

> C'est en 1794 que j'ai écrit cette préface et la traduction qui va suivre. Proscrit et fugitif à cette époque, je cherchais à me consoler des malheurs de mon pays, en fixant mes pensées sur ses destinées futures. J'étais loin d'espérer qu'en si peu d'années il ferait des pas aussi rapides vers une forme de gouvernement propre à lui faire reprendre le rang qui lui appartient parmi les puissances de l'Europe. Ce qui s'est passé, dit et écrit depuis le moment où j'ai hasardé de comparer la situation respective de la France et de l'Angleterre, quant à l'opulence et aux ressources, n'a pu que donner plus de poids à mes suppositions, et confirmer mes conjectures sur tous les points.

The remainder of the "Post-Scriptum" goes on to discuss Garnier's comparisons of France and England.

The "Notice sur la vie et les ouvrages de Smith" (cxxvi–cxxvii) concludes:

> Dans la traduction que j'ai osé entreprendre de cette immortelle production, je n'ai eu d'autre ambition que de rendre avec fidélité et avec clarté le texte de l'auteur. Toute l'utilité, tout le plaisir qui peuvent résulter de la lecture d'un tel ouvrage, sont pour l'entendement seul; ainsi je me suis peu soucié des exigences de l'oreille. Sans m'occuper des grâces du langage ou de l'élégance des tournures, je n'ai soigné le style que sous un rapport, celui d'éviter l'obscurité ou l'ambiguité du sens. J'ai constamment préféré la tournure et l'expression qui remplissaient mieux ce but, au risque de tomber quelquefois dans des répétitions.
>
> Les notes, destinées seulement à faciliter l'intelligence du texte, se trouvent répandues dans le cours de l'ouvrage. Celles qui ont pour objet de commenter les principes de l'auteur, de confirmer ou réfuter quelques-unes de ses opinions, ont été rejetées à la fin de la traduction, et formeront un volume supplémentaire.

The Index

The "Table générale des matières, par ordre alphabétique" is an entirely new index, by subject, and it encompasses the additions of the translator. It also provides references to the works cited.

Translator's Footnotes

Garnier used the notes at the foot of the page in volumes 1–4 primarily to explain English terms. The footnotes to volume 1 are recorded here to show the pattern and to indicate the considerable extent of the notes, which are in keeping with the transformation of WN by Garnier.

1:18 (I.i.4). Explains what raw silk is (soies écrues).

1:25 (I.i.11). Explains the word "spinner" (tisserand).

1:36 (I.iii.chapter title). Explains the extended sense of the word "market."

1:39 (I.iii.3). Explains the meaning of the term "wear and tear" (déchet), and that the price includes it.

1:40 (I.iii.3). Explains where Calcutta is located.

1:49 (I.iv.6). Smith's note citing Pliny.

1:52 (I.iv.8). Identifies "Exchequer" (trésor public).

1:53 (I.iv.10). For "Troy pound," the reader is referred to the table of weights, measures, and money in volume 5.

1:54 (I.iv.10). One of the two notes, referencing a measure, refers the reader to the table of weights, measures, and money in volume 5; the other explains the meaning of "quarter" in the expression "twelve shillings the quarter."

1:55 (I.iv.10). A further note on money.

1:56 (I.iv.10). A cross-reference.

1:59 (I.v.chapter title). Explains that the term "commodities" should be taken in its extended sense.

1:69 (I.v.13). Explains the English method of citing laws.

1:77 (I.v.22). A cross-reference.

1:78 (I.v.24). Smith's note citing Pliny.

1:82 (I.v.29). Refers the reader to the table of weights, measures, and money.

1:84 (I.v.32). For the reason why gold in bullion is worth more than gold in coin, Garnier refers the reader to pages further on.

1:91 (I.v.40). Explains that "wear and tear" is, in terms of coinage, what one calls "frai." An additional note on this page is a cross-reference.

1:99–100 (I.vi.8). Explains the use of the term "rent" throughout the work.

1:103 (I.vi.13). Refers the reader to the place "hereafter" mentioned by Smith.

1:106. A cross-reference.

1:108. A cross-reference.

1:109. A cross-reference.

1:110. Two cross-references.

1:123. Two cross-references.

1:124. A cross-reference.

1:136 (I.viii.15). Garnier identifies the work by Cantillon to which Smith refers.

1:138 (I.viii.18). Explains the extended meaning of the term "master."

1:140 (I.viii.22). Prints Smith's note.

1:148. A cross-reference.

1:150. A cross-reference.

1:154 (I.viii.34). Explains the term "fiars."

1:156 (I.viii.34). Prints Smith's note.

1:158. A cross-reference.

1:159. A cross-reference.

1:163. A cross-reference.

1:165. A cross-reference.

1:172 (I.viii.49). Gives the title of the work of Messance to which Smith refers.

1:181. A cross-reference.

1:184 (I.ix.i). Prints Smith's reference.

1:189. A cross-reference.

1:191. A cross-reference.

1:198. A cross-reference.

1:204. Two cross-references.

1:205. A cross-reference.

1:207. A cross-reference.

1:208. A cross-reference.

1:212 (I.x.14). Two notes, each of which explains a monetary term.

1:228 (I.x.b.34). Explains the extended sense in which Smith uses the word "commerce."

1:239. A cross-reference.

1:240 (I.x.b.49). The note explains that the term "cottagers" comes from "cottage," which means "chaumière."

1:242 (I.x.b.50). Explains the meaning of the term "worsted."

1:244 (I.x.b.52). Explains the meaning of "house-rent." Also a cross-reference.

1:247 (I.x.c.6). Explains the meaning of "weaver."

1:251 (I.x.c.11). Provides information about "corporations."

1:257 (I.x.17). Prints Smith's reference to Madox Firma Burgi and identifies the note as by the author.

1:265. A cross-reference.

1:266. A cross-reference.

1:267. A cross-reference.

1:272 (I.x.c.34). Prints Smith's note and identifies it as by the author.

1:273 (I.x.c.34). Explains the meaning of the term "curate."

1:274. A cross-reference.

1:277–278 (I.x.c.39). A note on ancient Greek money.

1:280. A cross-reference.

1:290 (I.x.c.55). A further note on the citing of English acts.

1:292–293 (I.x.c.57). Explains the "court of King's Bench."

1:294–295 (I.x.c.59). Explains the term "general warrants."

1:298 (I.x.c.62). Explains the term "clerk of the market." Also a cross-reference.

1:301 (I.xi.a.c.). Explains the word "kelp."

1:302. A cross-reference.

1:307. A cross-reference.

1:308 (I.xi.b.5). Explains the term "turnpike roads."

1:312 (I.xi.b.10). Notes that the paraphrase "l'herbe des prés" is necessary here.

1:313 (I.xi.b.12). To Smith's mention of Cicero, Garnier adds a reference to *De Officiis*.

1:314 (I.xi.b.12). Explains a peck.

1:317 (I.xi.b.17). Explains a farthing.

1:327 (I.xi.b.32). Explains what muskavada sugar is. Also prints Smith's reference to *Voyages d'un Philosophe*, by Poivre.

1:330 (I.xi.b.33). Explains what is meant by "Indian corn."

1:331 (I.xi.b.33). Prints Smith's reference to Douglas's *Summary*.

1:333 (I.xi.b.37). Gives the corresponding French measurement for an acre.

1:358. A cross-reference.

1:363. A cross-reference.

Translator's Notes in Volume 5

In a few instances the title of the note in this volume's table of contents differs from the title at the head of the note in the text. The title in the text has been used here.

Note I. Jusqu'à quel point le Gouvernement doit se mêler de l'enseignement (1–10).

Note II. De la monnaie des peuples anciens (11–55).

Note III. Des anciennes monnaies françaises (55–64).

Note IV. Sur la valeur de l'argent, dans les tems anciens (64–82).

Note V. Quel métal est régulateur des prix? (83–89).

Note VI. De l'influence qu'exercent l'une sur l'autre les diverses monnaies d'un même pays (89–95).

Note VII. Sur le prix nominal des matières d'or et d'argent (95–100).

Note VIII. De la proportion de valeur entre l'or et l'argent dans les monnaies françaises (100–102).

Note IX. Du titre des monnaies françaises (102–106).

Note X. Comment l'état actuel de nos monnaies influe sur les prix (107–110).

Note XI. Des secrets en agriculture (110–111).

Note XII. Sur le taux de l'intérêt, chez les Romains (111–114).

Note XIII. Sur la mendicité et les secours aux pauvres (115–124).

Note XIV. Sur la Russie (124–129).

Note XV. Du produit des mines d'or et d'argent (130–137).

Note XVI. Du prix des denrées au dix-septième siècle (137–143).

Note XVII. Des projets de banques fondées sur le crédit hypothécaire (143–151).

Note XVIII. Continuation de l'histoire de la banque d'Angleterre (151–168).

Note XIX. Sur les billets de banque au dessous de 5 liv. (168–169).

Note XX. Sur les diverses sortes de travail plus ou moins profitables à la société (169–201).

Note XXI. Des erreurs de Montesquieu en économie politique (202–204).

Note XXII. Du taux légal de l'intérêt de l'argent (204–208).

Note XXIII. Si un droit de monnayage augmente la valeur de la monnaie (208–211).

Note XXIV. Sur la banque d'Amsterdam (212–214).

Note XXV. Sur l'étendue du commerce extérieur de l'Angleterre (214–233).

Note XXVI. Des frais et profits du monnayage en France (234–239).

Note XXVII. Sur l'économie dans les dépenses publiques (239–246).

Note XXVIII. Sur la production, la fabrication et le commerce des laines en Angleterre (247–257).

Note XXIX. Sur le système des économistes (258–283).

Note XXX. De ce que la guerre dernière a coûté à la population de la France (284–286).

Note XXXI. Des effets de l'enthousiasme sur les armées (287–289).

Note XXXII. Des pouvoirs législatif et judiciaire, et de leurs rapports avec la Propriété (290–315).

Note XXXIII. Sur l'administration de la justice civile (315–323).

Note XXXIV. Comment doivent être acquittés les frais de fabrication de la monnaie (323–335).

Note XXXV. Sur la poste aux lettres (336–339).

Note XXXVI. Sur la taxe des routes (340–344).

Note XXXVII. Continuation de l'histoire de la compagnie des Indes (345–384).

Note XXXVIII. Sur l'impôt et sur ses effets. Quelle est la classe qui le supporte en dernière analyse (384–400).

Note XXXIX. Sur les emprunts viagers (400–401).

Note XL. Continuation de l'histoire des finances de l'Angleterre (401–422).

Note XLI. Sur les emprunts publics, et leur relation avec le mode de l'impôt (422–440).

Note XLII et dernière. De l'union de l'Irlande (440–444).

Notices and Reviews

29 October 1800. Before this edition was published, a letter about it appeared in the *Gazette nationale, ou le Moniteur universel*, no. 37 (7 brumaire an IX [29 October 1800]), 144, signed "G. G., membre de l'institut"—obviously Germain Garnier. The letter is addressed: "Au citoyen Agasse, propriétaire du Moniteur. — *Du 3 brumaire an 9.*"

> Par quelle fatalité, citoyen, l'immortel ouvrage de Smith, sur *la richesse des Nations*, ne peut-il passer dans notre langue que défiguré par une foule de contresens qui le rendent inintelligible? Après deux essais fort malheureux, trois nouvelles traductions nous sont annoncées dans le n° IX du Mercure de France. Sur deux pages de citations faites par l'auteur de l'extrait, je remarque deux énormes contresens. Le premier est à la page 169 de ce numéro du Mercure. "Remarquez, dit le nouveau traducteur, de combien de choses jouit le plus simple artisan ou le journalier laboureur, dans un pays riche et civilisé; et vous avouerez que *le nombre des hommes à qui leur industrie, quelque faible qu'elle soit, a procuré cette foule de jouissances, est inaccessible au Calcul.*"
>
> L'auteur a dit toute autre chose; il a observé que le nombre d'hommes qui ont plus ou moins concouru, par leur industrie, à procurer cette foule de jouissances, est incalculable. Le raisonnement seul suffit pour indiquer ce dernier sens. Le nombre des hommes qui recueillent le fruit de l'industrie générale de la société n'est pas incalculable; car c'est la société toute entière sans exception, et les états de population en donnent le montant; mais ce qui ne peut vraiment se calculer, est la quantité d'hommes, tant nationaux qu'étrangers, qui ont contribué, plus ou moins, à produire les divers objets de jouissance introduits dans une société très-civilisée, et mis à la portée de la classe même la moins aisée.
>
> Il y a un autre contresens, page 176, "Tout homme, tant qu'il ne viole pas les droits de la justice, doit être parfaitement libre de travailler à ses intérêts,

comme il lui plaît, et d'*associer* son industrie et son capital au capital et à l'industrie de tout autre individu, ou de toute classe d'individus."

Que fait là ce mot, *associer*? Il ne s'agit nullement dans l'original de *société*, ce qui ne donnerait aucun sens, mais bien de *concurrence*. Par opposition au systême de monopole que l'auteur ne cesse de combattre, tout homme doit être libre d'exercer son industrie ou de faire valoir son capital, comme bon lui semble, en concurrence avec tout autre individu, ou toute classe d'hommes que ce soit. Voilà ce qu'a dit l'auteur.

Le livre de Smith est un ouvrage purement didactique; le seul mérite d'un traducteur est ici la fidélité et l'exactitude; le plus grand écueil à éviter, c'est la recherche et la prétention à l'élégance. On ne peut intéresser le lecteur qu'en s'adressant à son jugement; ainsi c'est à l'avantage d'être clair qu'il faut tout sacrifier.

Vous avez commencé à imprimer une traduction que j'ai faite autrefois de l'ouvrage de Smith, et que vous avez entre les mains depuis quatre ans. En la donnant au public, je ne crains pas de répondre que du moins on y trouvera par-tout la pensée de l'auteur, et j'avertis d'avance que si j'ai soigné le style, c'est sous le seul rapport de l'exactitude et de la clarté.

Je vous salue avec estime et amitié,

G. G., *membre de l'institut.*

November–December 1801. The Garnier translation, though perhaps not yet published, was reviewed in *Magasin encyclopédique, ou Journal des sciences, des lettres et des arts* 7, no. 6 ([November–December] 1801), 412–414. This journal was edited by Aubin-Louis Millin (1759–1818). The reviewer, who signed the article with the initials A.J.D.B., has not been identified. Evidence suggests that this piece was part of an advance campaign of publicity rather than a review. For example, we know from the verso of the half-title to volume 1 that publication was not before 15 March 1802, the date of the certification of the publisher. The review also notes that the work "paroit en ce moment," not that it has appeared. Further, the review states that Garnier moved the digressions, an obvious mistake. Garnier did mention in his "Méthode pour faciliter l'étude de l'ouvrage de Smith" that these digressions interfered with the thread of the work, but he did not actually move them elsewhere.

RECHERCHES *sur la nature et les causes de la richesse des nations; par Adam* SMITH. *Traduction nouvelle, avec des notes et des observations; par Germain* GARNIER, *de l'Institut national, avec le portrait de Smith*, 5 vol. in-8.°. A Paris, chez *H. AGASSE*, imprimeur-libraire, rue des Poitevins, n.° 18.

Cet ouvrage qui nous a appris que l'économie politique étoit une science, qui est devenue le guide de l'homme d'état, et le bréviaire de l'administrateur, a eu cinq éditions en Angleterre, et trois traductions en France; celle qui paroit en ce moment, a sur les deux autres, le mérite d'une plus grande exactitude; et surtout l'avantage d'avoir trouvé dans le traducteur, des connoissances très-étendues sur les matières économiques qui sont dévelopées dans l'ouvrage original. L'évidence des principes et l'enchaînement des conséquences donnent, à la doctrine de Smith, un caractère de simplicité et de vérité qu'on trouve difficilement dans les ouvrages de ce genre. Cette simplicité ne s'aperçoit que par la méditation, comme l'ensemble de *l'Esprit des lois*. Ce n'est que par la méditation qu'on parvient à triompher de ce défaut de méthode, de cette négligence de formes didactiques qu'on reproche, avec fondement, aux auteurs anglais, et dont Smith n'est pas exempt. Pour y remédier, pour rendre l'étude de cette science plus facile, le C. Garnier a déplacé quelques traits particuliers qui interrompoient la marche des leçons par des digressions qui en embarrassoient le fil. Telles sont celles *sur les variations de la valeur des métaux précieux pendant les quatre derniers siécles; celles sur les banques de circulation et les papiers monnoies; celles sur les banques de dépôt, et, en particulier, sur celle d'Amsterdam; celles sur le commerce des grains et sur la législation de ce commerce; celles sur les avantages d'un droit de seigneuriage à la fabrication des monnoies*. Ces déplacemens font, des deux premiers livres de la *Richesse des nations*, un ouvrage complet que le traducteur divise en trois parties. Les autres livres peuvent être lus tels qu'ils ont été composés, et être regardés comme des traités séparés qui servent cependant à confirmer, à développer la doctrine de l'auteur. Dans un parallèle entre la richesse de la France et celle de l'Angleterre, d'après les principes de Smith, le C. Garnier trouve que l'Angleterre, par sa situation physique, par l'étendue de son commerce, par l'énormité de son capital, doit paroître jouir d'une supériorité de richesse qui en impose, malgré l'énormité de sa dette nationale; mais il craint que cette opulence apparente n'entraîne l'activité industrielle des Français à suivre une route qui peut l'égarer. "Le plus grand écueil que la France ait à redouter, c'est l'exemple en matière économique. L'orgueil national, la rivalité si ancienne entre les deux peuples, de vieux préjugés profondément enracinés, de fausses idées de puissance et de gloire, enfin ce desir ambitieux qui entraîne vers les entreprises les plus difficiles, et qui donne un attrait aux succès les moins probables, porteront peut-être le gouvernement, et même les particuliers, à diriger l'industrie et les capitaux vers le commerce étranger, tandis que l'ordre bien entendu et l'intérêt réel, les appellent si puissamment à l'intérieur." Le traducteur de Smith a ajouté à son travail un volume d'observations et de notes, qu'on peut regarder comme le complément de l'ouvrage anglais.

25 March 1802. The edition was reviewed in *Gazette nationale, ou le Moniteur universel*, no. 184 (4 germinal an X [25 March 1802]), 737–738:

Recherches sur la nature et les causes de la richesse des nations, par Adam Smith; traduction nouvelle, avec un grand nombre de notes et d'observations, par Germain Garnier, de l'Institut national; cinq forts vol. in-8°, avec le portrait de Smith. Prix, 25 fr.

A Paris, chez H. Agasse, imprimeur-libraire, rue des Poitevins, n° 18.

Cette nouvelle traduction aurait paru depuis long-tems, si des circonstances qui sont personnelles au libraire, n'en avaient pas retardé l'impression. Il y a plus de cinq ans que le manuscrit lui en a été remis par le citoyen Garnier, qui, depuis deux ans qu'il est préfet du département de Seine-et-Oise, n'aurait pas eu le loisir de s'occuper d'un travail aussi considérable. On peut juger de son étendue par l'état des pieces qui sont jointes à la traduction, et qui établissent une différence si remarquable entr'elle, et celles qui ont été publiées jusques à ce jour.

Le citoyen Garnier a composé en tête de l'ouvrage de Smith une préface qui contient 1° un exposé sommaire de la doctrine de Smith, comparée avec celle des économistes français; 2° une méthode pour faciliter l'étude de Smith; 3° un parallelle [sic] entre la richesse de la France et celle de l'Angleterre, d'après les principes de l'auteur anglais.

La préface est suivie d'une notice sur la vie et les œuvres de Smith.

La traduction remplit le surplus du premier volume, et la totalité des tomes 2, 3 et 4. Pour l'intelligence du texte, le citoyen Garnier a répandu dans le cours de l'ouvrage un grand nombre de notes.

Dans le tome second, pages 177 et suivantes, est une note d'observations relative aux tables de Smith sur le prix du blé en Angleterre, depuis 1202 jusqu'en 1750. A la suite de cette note, le traducteur a placé le tableau du prix du septier de blé (mesure de Paris), dans les 13e, 14e, 15e, 16e et 17e siecles, et dans le 18e siecle jusques et compris l'année 1788.

Le 5me volume est tout entier du cit. Garnier: il est composé 1° de 42 notes d'un grand intérêt, formant ensemble plus de 450 pages; 2° d'une table des monnaies, poids et mesures de l'Angleterre, avec leur évaluation en monnaie, poids et mesure [sic] de France, tant de l'ancienne division que du nouveau système; 3° d'une table générale et raisonnée des matieres par ordre alphabétique. Cette table, qui n'est point celle de l'auteur, indique l'ordre dans lequel on doit lire les divers articles d'un même mot, disséminés sans méthode dans le corps de l'ouvrage.

Ne présentant ici que la simple nomenclature des diverses parties du travail du cit. Garnier, nous les ferons connaître plus particuliérement sous le rapport de l'importance des matieres, du talent et du style.

March–April 1802. All five volumes are listed in *Bibliothèque française* 2, no. 12 (germinal an X [April 1802]), at a price of 25 fr.

March–April 1802. The five volumes are listed in *Journal général de la littérature de France*, germinal an X [March–April 1802], 113–114, at a price of 25 fr., with the following note:

> La publication de cet intéressant ouvrage a été retardée depuis plus de cinq ans. On jugera de son importance par la note des pièces qui sont jointes à la traduction, et qui la rendent préférable à toutes celles qui ont déjà paru jusqu'ici.
>
> La préface mise à la tête de l'ouvrage contient, 1.) un exposé sommaire de la doctrine de *Smith*, comparée avec celle des économistes français; 2.) une méthode pour faciliter l'étude de *Smith*; 3.) un parallèle entre la richesse de la France et celle d'Angleterre, d'après les principes de l'auteur anglais. Cette préface est suivie d'une notice sur la vie et les œuvres de *Smith*.
>
> Le reste du premier volume, le second, le troisième et le quatrième, contiennent la traduction, accompagnée d'un grand nombre de notes.
>
> Le 3e [*sic*] volume appartient tout entier au cit. *Garnier*. Il est composé, 1.) de 42 notes formant plus de 450 pages; 2.) d'une table des monnaies, poids et mesures de l'Angleterre, avec leur évaluation en monnaie poids et mesures de France, tant de l'ancien que du nouveau système; 3.) d'une table générale et raisonnée des matières par ordre alphabétique. Cette table indique l'ordre dans lequel on doit lire les divers articles relatifs à un même mot, et qui se trouvent disséminés sant [*sic*] méthode dans le corps de l'ouvrage.

5 April 1802. All five volumes are listed in *Journal typographique et bibliographique*, no. 26 (15 germinal an X [5 April 1802]), [201], at a price of 25 fr. "sans le franc de port."

> Le cit. *Garnier* a composé en tête de l'ouvrage de *Smith* une préface qui contient; 1°. un exposé sommaire de la doctrine de *Smith*, comparée avec celle des Economistes français; 2°. une méthode pour faciliter l'étude de *Smith*; 3°. un parallèle entre la richesse de la France et celle de l'Angleterre, d'après les principes de l'Auteur anglais. La préface est suivie d'une notice sur la vie et les œuvres de *Smith*.
>
> La traduction remplit le surplus du premier volume et la totalité des tomes II, III, et IV. Pour l'intelligence du texte le cit. *Garnier* a répandu dans le cours de l'ouvrage un grand nombre de notes.
>
> Le Ve. volume est tout entier du cit. *Garnier*: il est composé, 1°. de quarante-deux notes d'un grand intérêt, formant ensemble plus de 450 pages; 2°. d'une table des monnoies, poids et mesures de l'Angleterre, avec leur évaluation en monnoies, poids et mesures de France, tant de l'ancienne division que du nouveau système. L'impression en est très-soignée, et sort des presses de *H. Agasse*.

22 April 1802. A notice appeared in *Le clef du cabinet des souverains*, no. 1910 (2 floréal an X [22 April 1802]), 8:

> *Recherches* sur la nature et les causes de la richesse des nations, par Adam Smith; traduction nouvelle, avec un grand nombre de notes et d'observations, par Germain Garnier, de l'Institut national, cinq forts vol. in-8°. avec le portrait de Smith: prix 25 fr. à Paris, chez H. Agasse, imprimeur-libraire, rue des Poitevins, n°. 18.
>
> Le citoyen Garnier a composé en tête de l'ouvrage de Smith une préface qui contient un exposé sommaire de la doctrine de Smith, comparée avec celle des économistes français; une méthode pour faciliter l'étude de Smith; un parallèle entre la richesse de la France et celle de l'Angleterre, d'après les principes de l'auteur anglais.
>
> La préface est suivie d'une notice sur la vie et les œuvres de Smith.
>
> La traduction remplit le surplus du premier volume et la totalité des tomes 2, 3 et 4. Pour l'intelligence du texte, le citoyen Garnier a répandu dans le cours de l'ouvrage un grand nombre de notes.

30 April 1802. Reviewed in *Gazette nationale, ou le Moniteur universel*, no. 220 (10 floréal an X [30 April 1802]), 891–892. The review is signed "Roussel," perhaps Pierre Joseph Alexis Roussel (1759–1815).

LITTÉRATURE. — ÉCONOMIE-POLITIQUE.

Recherches sur la nature et les causes de la Richesse des Nations; par Adam Smith; traduction nouvelle, avec des notes et des observations, par Germain Garnier, de l'Institut national, avec le portrait de Smith, 5 vol. in-8°. (An 10). — Prix 25 fr.

A Paris, chez H. Agasse, imprimeur-libraire, rue des Poitevins, n° 18.

Tout le monde sait en général que cet ouvrage de Smith est la plus savante et la plus profonde analyse qui ait été jamais faite de la marche et du développement des sociétés humaines, et des causes qui les conduisent plus ou moins rapidement à la prospérité. On sent, à la seule énonciation de son titre, combien il doit intéresser toutes les classes d'hommes, et sur-tout ceux qui les gouvernent, et qui se sont chargés de leur bonheur. Cependant, il en est peu qui connaissent à fond cette belle production du génie de Smith. Ce n'est point dans une traduction incorrecte, faite avec une connaissance imparfaite de la langue anglaise, et un esprit étranger aux matieres qu'a discutées Smith, qu'on peut se faire une idée exacte de cette série de principes lumineux et de raisonnemens justes, par le moyen de laquelle cet écrivain conduit son lecteur aux vérités les plus utiles et les plus importantes. Il ne s'agit pas ici d'élégance, de force ou d'éclat de style, d'une image plus ou moins bien rendue, d'un sentiment plus ou moins heureusement exprimé; le traducteur, qui à cet égard a tous les avantages, avoue lui-même les avoir souvent sacrifiés à la clarté, le premier mérite d'un ouvrage philosophique, consacré à l'instruction, dans lequel un mot mal entendu peut, en rompant la chaîne des idées, conduire à des notions incohérentes et fausses.

Nous ne craignons point d'affirmer que cet ouvrage de Smith, monument de la plus rare sagacité et de l'esprit le juste et le plus étendu, ne sera connu parmi nous, comme il mérite de l'être, que de la date de cette nouvelle traduction, qu'on doit au citoyen Garnier, et qui ne pouvait être convenablement faite que par un homme qui, à un talent distingué et à des connaissances très-variées, joignît celles qui forment spécialement le fond de l'ouvrage de Smith, c'est-à-dire de l'*économie politique*. C'est ainsi que le traducteur désigne ce que plusieurs écrivains ont cru pouvoir appeler *économie publique;* il pense que cette dernière épithete, qui s'applique bien aux dépenses d'un Etat, à la morale et aux mœurs du peuple, serait une expression impropre, si on l'employait pour caractériser *un systéme* [sic] *de conduite ou des réglemens propres à une société*; car le mot *politique dérive du mot grec* polis, *ville ou république*.

Pour que le public pût tirer de l'ouvrage immortel de Smith tous les fruits qu'il doit produire, il fallait que ses principes nous fussent transmis par un écrivain tel que l'auteur *de la Propriété dans ses rapports avec le droit politique*, de l'*Abrégé élémentaire des Principes de l'économie politique*, et d'une foule de morceaux aussi profonds qu'élégamment écrits sur cette science, et insérés dans les papiers publics; par un homme sur-tout accoutumé à faire tous les jours, pour le bonheur des administrés confiés à ses soins éclairés, l'application de ses vastes connaissances en administration; car, pour bien faire connaître un ouvrage de doctrine qu'on traduit, il ne suffit pas d'entendre le sens de l'auteur, il est nécessaire encore que le traducteur se trouve presque au niveau de ce dernier par une foule de notions méditées et approfondies avec soin, jointes à un esprit pénétrant et juste, qui lui montre la certitude d'un principe et lui en fasse embrasser toutes les conséquences. Ces avantages, qui se rencontrent dans le traducteur de Smith, l'ont mis à même de modifier souvent les idées de cet écrivain, de leur donner la rectitude ou la clarté qui leur manque, de redresser des assertions fondées sur de faux renseignemens, et c'est ce que le citoyen Garnier a fait dans des notes aussi instructives qu'intéressantes, qui pourraient à elles seules former un ouvrage important, et qui composent tout le cinquieme volume de celui que nous annonçons: elles peuvent être considérées comme le complément nécessaire de la doctrine de Smith; et en donnant de celle-ci une idée telle qu'on peut la donner ici, du vaste ensemble de notions dont elle est composée, nous tâcherons de faire connaître aussi les notes qui l'éclaircissent et la complettent.

C'est à quoi peut efficacement concourir la préface que le traducteur a mise à la tête de sa traduction de Smith: 1° il y expose sommairement la doctrine de ce philosophe, comparée avec celle des économistes français; 2° il y présente une méthode pour faciliter l'étude de l'ouvrage de Smith; 3° il y fait un parallele entre la richesse de la France et celle de l'Angleterre, d'après les principes du même auteur.

On avait, selon le citoyen Garnier, vers la fin du 17e siecle, comparé les avantages de l'agriculture et du commerce; mais ce ne fut qu'au milieu du 18e qu'on vit paraître un système complet sur la formation et la distribution des richesses. Le docteur Quesnay peut être regardé comme le fondateur d'une école célebre, à laquelle s'attacherent des hommes distingués par de rares talens et de vastes connaissances. Ils crurent voir que toutes les richesses sortaient d'une source unique, de la terre, et qu'il n'y avait de travail véritablement productif que celui qui est appliqué à la culture de la terre. Le traducteur de Smith, en admettant ce principe comme incontestable, n'est point étonné du peu de succès qu'a eu leur doctrine, "parce qu'elle ne s'accorde nullement avec la situation morale des sociétés, ni avec celle des individus; parce qu'elle est continuellement repoussée par l'autorité de l'expérience et par l'infaillible instinct de l'intérêt privé; parce qu'il lui manque enfin la sanction indispensable de toutes les vérités, l'utilité." Car, dit-il, parce que la culture de la terre produit des objets qui n'eussent point existé sans elle, s'ensuit-il que cette premiere espece de travail sera dans tous les tems plus profitable à la société que le travail des manufactures et du commerce? Ce qui constitue véritablement une richesse, dit le citoyen Garnier, ce qui en détermine la valeur, c'est le besoin du consommateur qui la demande. Il n'existe point de richesse proprement dite, ni de valeur absolue. Ces deux mots *richesse* et *valeur* ne sont que les mots co-relatifs de ceux-ci, *consommation* et *demande*; même ce qui est propre à nourrir l'homme, n'est point une *richesse* dans un pays inhabité et inaccessible au commerce. Vainement l'agriculture y multiplierait ses produits; tout ce qui dépasserait les besoins de ceux qui se livraient à ce travail, rentrerait dans la classe des objets sans valeur.

Distinguer le travail des ouvriers de l'agriculture d'avec celui des autres ouvriers, paraît au citoyen Garnier une abstraction oiseuse, puisque les produits des uns ne seraient presque d'aucun usage sans les produits des autres. Du lin n'aurait pas plus de valeur qu'une ortie ou tout autre végétal vil et commun, si une foule de travaux successifs ne le rendait propre à la consommation. C'est dans le sein de la terre que commencent les richesses, dit le citoyen Garnier; c'est le travail qui les acheve.

La théorie des économistes les a conduits nécessairement à établir que l'impôt directement perçu sur le revenu net du propriétaire foncier, serait l'impôt le plus conforme à la raison et à la justice, et le moins onéreux aux contribuables; mais le cit. Garnier pense, avec raison, que cette théorie laisse de côté plusieurs considérations morales qui devaient y entrer; qu'elle n'est point adaptée à la nature de l'homme, à qui il faut déguiser les fardeaux qu'on lui impose, en mettant pour lui une jouissance à côté d'un devoir, et c'est ce qu'opère l'impôt indirect. On le paye en dépensant. *On dépense avec plaisir, mais il faut un effort pour payer une dette: l'impôt s'attachant à la chose consommable, c'est au milieu de la profusion des repas que se paient les droits sur le vin, le sel et les divers comestibles.* Ils se paient en détail, d'une maniere insensible, dans le moment précis où l'on est le plus en état de les payer, ce qui fait que le contribuable n'est jamais au dépourvu. Le cit. Garnier va plus loin, il est persuadé que, si l'impôt indirect est mesuré de maniere qu'il n'aille pas jusqu'à décourager la consommation, il peut agir comme un stimulant universel sur la partie active et industrieuse de la société, qui alors redouble d'efforts pour n'être pas forcée de renoncer à des jouissances que l'habitude lui a presque rendues nécessaires.

Un observateur plus profond et plus habile que les *économistes* français, en appercevant dans le *travail* le principe créateur des richesses, a posé les fondemens de la vraie doctrine de l'économie politique; cet observateur est Smith, il a analysé la puissance de cet agent, et montré les causes qui la produisent et qui l'accroissent. Ces causes résidant dans la volonté et dans l'intelligence de l'homme, la doctrine de Smith devient une science morale, pratique et susceptible d'une perfection qui n'a pour bornes que celles de l'industrie humaine, au lieu d'être une science purement spéculative, telle qu'elle était dans la maniere de voir des *économistes*. Le fond de la doctrine de Smith peut s'exposer en peu de mots, et c'est ce que fait, le citoyen Garnier, dans sa préface. En nous réservant d'en faire connaître un peu plus les développemens, nous ne pouvons mieux faire que de présenter ici l'apperçu qu'en donne le citoyen Garnier.

"La puissance avec laquelle une nation produit toutes ses richesses, c'est son travail.

"Les produits de cette puissance seront d'autant plus grands, qu'elle recevra plus d'accroissement.

"Or elle peut s'accroître de deux manieres: en *énergie* et en *étendue*.

"Le travail gagne en énergie quand la même quantité de travail fournit de plus grands produits. La division des parties d'un même ouvrage en autant de tâches distinctes, l'invention des machines propres à abréger et faciliter la main-d'œuvre, sont les deux moyens principaux par lesquels le travail acquiert de l'*énergie*, et qui perfectionnent ses facultés productives [sic].

"Le travail gagne en *étendue*, quand le nombre des travailleurs augmente dans la proportion avec celui des consommateurs. Cette augmentation résulte de l'accroissement des capitaux, et du genre d'emploi vers lequel ils sont dirigés.

"Pour que le travail puisse accroître dans l'une et l'autre de ces dimensions, et arriver progressivement au *maximum* d'énergie et d'étendue qu'il peut atteindre dans une nation, vu la situation, la nature et la quantité du territoire qu'elle possede, qu'ont à faire les administrateurs qui la gouvernent? La division des parties d'un même ouvrage, l'invention et le perfectionnement des machines; ces deux grands moyens d'augmenter l'énergie du travail, avancent en raison de l'*étendue du marché*..... Que le Gouvernement apporte donc tous ses soins à agrandir le marché. Des routes sures et commodes, un bon système des monnaies, la garantie de l'exécution fidele des contrats, sont des mesures indispensables, mais toujours efficaces, pour parvenir à ce but. . . .

"L'accumulation graduelle des capitaux est un effet nécessaire de l'amélioration des facultés productives du travail, et elle contribue encore, comme cause, à une amélioration ultérieure dans ces facultés; mais à mesure qu'elle grossit, elle fait encore augmenter le travail dans une autre dimension, celle de *l'étendue*, en multipliant le nombre des travailleurs ou la quantité du travail national. Cette multiplication dans le nombre des bras employés parmi les nationaux, sera en raison de la nature d'emploi à laquelle les capitaux seront destinés.

"Sous ce second rapport de l'augmentation des produits du travail, la tâche du Gouvernement est bien plus facile. Ici il n'a point à agir; il lui suffit de ne pas nuire. On ne lui demande que de protéger la liberté naturelle de l'industrie, de lui laisser ouverts tous les canaux dans lesquels sa propre pente pourra l'entraîner, de l'abandonner à son impulsion, et de ne pas prétendre à diriger ses efforts dans un sens plutôt que dans un autre, attendu que l'instinct infaillible qui lui sert de guide, l'intérêt privé, a cent fois plus d'aptitude que tous les législateurs, pour bien juger de la route la plus avantageuse à tenir. Que le Gouvernement renonce donc aux systèmes de prohibitions et d'encouragemens; qu'il laisse à la plus libre concurrence, et l'exercice du travail et l'emploi des capitaux."

La simplicité de cette doctrine, qui porte un caractere d'évidence, ne s'apperçoivent pas d'abord facilement, et demandent de l'étude et de la méditation, par le défaut de méthode dans l'auteur, qui a négligé, comme la plupart des écrivains anglais, ces formes didactiques qui soulagent la mémoire et guident l'intelligence. Le traducteur indique, dans le second article de sa préface, les moyens d'étudier Smith avec autant de fruit que de facilité. Le fil des leçons de ce dernier est souvent interrompu par de longues digressions, à la vérité très-intéressantes, très-instructives, qui en confirmant sa doctrine, donnant des notions précieuses sur beaucoup d'objets importans, font perdre ou obscurcissent la filiation de ses idées. Le traducteur observe que toute la doctrine de Smith sur la formation, la multiplication et distribution des richesses est renfermée dans ses deux premiers livres, et que les trois autres doivent être considérés comme des traités séparés qui peuvent être lus à part. Il considére donc les deux premiers livres comme un ouvrage complet qu'il divise en trois parties. La premiere a rapport aux valeurs en particulier et contient leur définition, leurs lois, l'analyse des élémens qui constituent une valeur et les rapports que des valeurs de diverses origines ont entr'elles; la seconde traite de la masse générale des richesses, qu'il divise en plusieurs classes, selon leur destination ou la fonction qu'elles remplissent; et la troisieme expose la maniere dont s'operent la multiplication et la distribution des richesses.

Nous nous abstenons de présenter ici le tableau raccourci que fait le traducteur de la doctrine de Smith, confirmé dans les deux premiers livres. Beaucoup de nos lecteurs, faute d'être assez familiarisés avec les principes et avec les expressions techniques de l'auteur anglais, trouveraient peut-être de la difficulté à la comprendre. Mais nous leur conseillons d'y revenir après avoir fait une lecture approfondie de Smith. Après avoir parcouru les beaux développemens de sa théorie, ils en saisiront et retiendront mieux les vérités fondamentales rapprochées par le citoyen Garnier.

Nous pensons de même à l'égard du parallele savant que le traducteur fait entre la richesse de la France et celle de l'Angleterre, et par lequel il termine sa préface. Comme il se sert des principes mêmes de Smith pour faire voir les illusions du système commercial et financier des anglais, et réfuter les écrivains qui l'ont préconisé et pris souvent de la bouffisure pour de la consistance, on ne peut lire avec un certain fruit ce parallele, qu'après s'être bien pénétré des idées de l'auteur anglais. Ainsi, à la différence des autres préfaces, celle-ci doit se lire après avoir lu le livre; c'est un édifice dont le frontispice sera la derniere partie à voir.

[See the next item for a continuation of this review.]

28 June 1802. The review from 30 April continues in *Gazette nationale, ou le Moniteur universel*, no. 279 (9 messidor an X [28 June 1802]), 1146–1147:

Suite de l'extrait *des recherches sur la nature et les causes de la richesse des nations*; par Adam Smith; traduction nouvelle, avec des notes et observations, par Germain Garnier, de l'Institut national.

Lorsque nous avons annoncé (n° 220) le sublime ouvrage de Smith, nous avons tâché de faire sentir quelles sont les lumieres précieuses que cet écrivain philosophe a répandues sur les objets les plus importans de l'organisation sociale, en nous montrant dans le *travail*, animés par l'intérêt, le principe actif de la richesse, en indiquant les causes qui peuvent multiplier ses résultats, et les obstacles qui peuvent diminuer son énergie. Nous avons dit aussi les raisons qu'a le public de se féliciter qu'un tel ouvrage ait été traduit par un homme aussi instruit dans la langue de l'auteur que profondément versé dans les matieres qu'il traite. Il nous reste à donner une idée des développemens que Smith a donnés à son principe fondamental, et des savantes notes du traducteur qui les modifient, les éclaircissent ou les rectifient.

Il semble que Smith ait voulu introduire le lecteur dans la carriere qu'il doit lui faire parcourir, en lui exposant le tableau des effets merveilleux de *la division du travail*, quoique, selon la remarque de son traducteur, il eût dû commencer par traiter auparavant des *valeurs*; ce qui aurait été plus conforme à l'ordre naturel des idées qui devaient entrer dans son ouvrage. L'attrait qui appartient aux vérités simples et palpables, sur-tout lorsqu'elles montrent des rapports piquans et neufs dans des objets qu'on a habituellement sous les yeux, sans avoir jamais pensé à les y voir, a paru sans doute à Smith propre à faire entreprendre une lecture qui demande souvent une attention profonde.

Pour faire voir jusqu'à quel point l'adresse, l'habileté et l'intelligence, qui dérivent de *la division du travail*, multiplient ses produits, il présente les effets de celle-ci dans une manufacture de la plus petite importance, dans le métier de l'épinglier. Un homme qui ne serait pas façonné à ce genre d'ouvrage, quelqu'adroit qu'il fût, pourrait peut-être à peine faire une épingle dans toute sa journée; et certainement, il n'en ferait pas une vingtaine. Mais, dans l'état actuel des choses, le métier d'épinglier se divise en un grand nombre de branches dont la plupart constituent des métiers particuliers.

"Un ouvrier tire le fil à la bobille, un autre le *dresse*, un troisieme *coupe la dressée*, un quatrieme *empointe*, un cinquieme est employé à émoudre le bout qui doit recevoir la *tête*. Cette tête est elle-même l'objet de deux ou trois opérations séparées; la *frapper* est une besogne particuliere; *blanchir* les épingles en est une autre. C'est même un métier distinct et séparé que de *piquer* les papiers et d'y *bouter* les épingles; enfin, l'important travail de faire une épingle est divisé en dix-huit opérations distinctes, ou environ, qui, dans certaines fabriques, sont remplies par autant de mains différentes, quoique, dans d'autres, le même ouvrier en remplisse deux ou trois." C'est par ce moyen qu'un ouvrier qui, dans sa journée, n'eût pas, sans cela, fait vingt épingles, est parvenu à en faire 4800. Dans tout autre art et manufacture, la *division du travail* y donne lieu à un plus grand produit, et cet avantage paraît avoir donné naissance à la séparation des divers emplois et métiers; chacun en fait mieux ce qu'il fait uniquement et toujours. Aussi cette séparation est-elle plus étendue chez les nations qui jouissent du plus haut degré d'industrie, et ce qui, dans une société grossiere, serait l'ouvrage d'un seul homme, devient, dans une société plus avancée, la besogne de plusieurs.

L'augmentation de la quantité d'ouvrage qui résulte de la division du travail, est due à un accroissement de dextérité dans chaque ouvrier, des mouvemens sans cesse répétés devenant nécessairement plus faciles et plus prompts; à l'épargne du tems, qui se perd quand on passe d'une espece d'ouvrage à une autre; et à l'invention d'un grand nombre de machines, qui mettent un homme en état de remplir la tâche de plusieurs. Il semble à Smith que l'invention des machines est due originairement à la *division du travail*, parce que, quand l'attention d'un homme est dirigée vers un objet unique, il cherche et trouve la méthode la plus courte et la plus facile de l'atteindre. Cependant Smith avoue que les découvertes qui ont perfectionné les machines, ne sont pas toutes dues aux hommes destinés à en faire personnellement usage; elles sont aussi l'ouvrage des ouvriers en machines, et des spéculations de ceux qu'on nomme *savans ou théoriciens, dont la profession est de ne rien faire et de tout observer*. Car, dit Smith, dans l'avancement des sociétés, les connaissances philosophiques deviennent, comme tout autre emploi, la seule occupation d'une classe particuliere de citoyens. Cette occupation est aussi subdivisée en plusieurs branches, et cette *subdivision de travail*, en philosophie comme en toute autre chose, tend à accroître l'habileté et à épargner du tems.

Ce passage de Smith donne lieu au traducteur d'examiner, dans sa premiere note, une question importante par elle-même, et qui le devient davantage par les circonstances, celle de savoir *jusqu'à quel point le Gouvernement doit se mêler de l'enseignement*. Il la résoud conformément aux principes de Smith, qui, dans un autre endroit de son livre, présente les bourses des colleges, les fondations d'écoles, et autres établissemens destinés à procurer gratuitement une instruction un peu étendue, comme une cause de dégradation pour certaines professions honorables, en y multipliant les sujets au-delà des besoins de la société; et ici le traducteur ajoute à la doctrine de Smith l'éclat et la force que le talent peut prêter à la vérité. Il fait voir qu'à mesure que les sociétés prosperent, c'est-à-dire qu'elles augmentent en industrie, en commerce, en population, en crédit et en puissance, les professions tendent de plus en plus à se séparer, parce qu'elles ont plus de besoins à satisfaire, et que le tems dont chacune d'elles a à disposer, acquiert plus de valeur. Il ne s'agit pas, selon le traducteur, de fermer l'accès des sciences à une classe de citoyens, ni d'élever, comme dans l'ancienne Egypte et dans l'Indoustan, une barriere éternelle entre les diverses professions. Cette législation violente, dit-il, a été plus loin que la nature. Mais ce n'est pas la suivre non plus que de présenter aux pauvres un appât séduisant, capable de les détourner des métiers qu'ils seraient naturellement portés à embrasser. Ainsi, la culture des sciences et des arts doit, comme celle de tous les autres, être abandonnée à son impulsion naturelle.

Ainsi, selon Smith, la grande multiplication des produits de tous les différens arts et métiers qui résulte de la *division du travail*, est ce qui, dans une société bien gouvernée, donne lieu à cette opulence générale qui se répand jusque dans les dernieres classes du peuple. Dans un pays civilisé et florissant, on a de la peine à calculer le nombre des gens dont l'industrie a concouru à former le mobilier du dernier des manœuvres. Cette *division du travail* n'a point été le fruit d'une sagesse humaine qui se soit proposé cette opulence générale pour but: elle a été la suite nécessaire, mais lente et graduelle de ce penchant naturel à tous les hommes de faire des trocs et des échanges, c'est-à-dire du desir d'améliorer sa condition, en se procurant les choses dont on manque par le superflu de celles qu'on a. Ce n'est que par traité, par troc, et par achat, que nous obtenons des autres les objets dont nous avons besoin. Ce n'est pas, dit Smith, de la bienveillance du boucher, du boulanger que nous attendons notre diner, mais de leur propre intérêt. Nous ne nous adressons pas à leur humanité, mais à leur égoïsme; et ce n'est jamais de nos besoins que nous leur parlons, c'est toujours de leur avantage. Il n'y a qu'un mendiant qui puisse se résoudre à dépendre de la bienveillance d'autrui. La certitude de pouvoir troquer le produit de son travail, qui excede sa propre consommation, contre un pareil superflu du produit du travail des autres, encourage chaque homme à se donner à une occupation particuliere, dont l'adresse, acquise par l'exercice répété du même travail, multiplie les résultats.

La *division du travail* se proportionne à l'étendue du *marché*. Si celui-ci est trop petit, personne n'est encouragé à se livrer à une seule occupation, faute d'y trouver à échanger le superflu du produit de son travail. Un portefaix ne pourrait pas trouver ailleurs que dans une grande ville de l'emploi. Un village, dit Smith, est une sphere trop étroite pour lui; les côtes de la mer et les rivieres navigables procurant un marché plus étendu, c'est près de ces côtes et de ces rivieres que l'industrie de tout genre a commencé à se subdiviser, et à faire des progrès. Dans les colonies de l'Amérique septentrionale, les plantations ont constamment suivi les côtes de la mer, ou les bords des rivieres navigables. L'histoire ancienne nous présente les nations qui habitaient autour des côtes de la Méditerranée comme les premiers civilisées. L'agriculture et les manufactures datent de la plus haute antiquité dans le Bengale et dans quelques provinces de la Chine, arrosées par de grands fleuves qui se partagent en plusieurs canaux.

Dans les premiers tems, après l'établissement de *la division du travail*, les échanges qui se faisaient en nature, durent souvent éprouver des difficultés. Comme chacun des contractans pouvait n'avoir pas besoin actuellement des objets qu'ils s'offraient réciproquement, il durent penser à se procurer un signe des valeurs qui pût avoir un cours plus général, et que plus de gens fussent disposés à recevoir en échange du produit de leur industrie. Dans l'état grossier de la société, le bétail fut l'instrument ordinaire du commerce, quoique ce dût être un des moins commodes. L'armure de Diomede, selon Homere, ne coûtait que neuf bœufs; mais celle de Glacus en valait cent. En Abissinie le sel est l'instrument ordinaire des échanges, etc.; mais les métaux offraient trop d'avantages pour n'être pas préférés; le fer, par les Spartiates; le cuivre, par les premiers Romains, l'or et l'argent par les peuples riches et commerçans. Des barres de ces métaux faisaient fonction de monnaie. L'embarras de les peser, et l'embarras encore plus grand de les essayer, firent recourir à l'usage d'une empreinte publique, et donnerent lieu à l'institution du coin, qui certifie la bonté ou le degré du fin, ainsi que le poids du métal. Originairement, à ce qu'il paraît, les dénominations des pieces de monnaie exprimaient leur poids ou la quantité de métal qu'elles contenaient. Au tems de Servius-Tullius, qui le premier fit battre monnaie à Rome, *l'as* romain ou la livre contenait le poids d'une livre romaine de bon cuivre.

Smith, parlant plusieurs fois dans son ouvrage des monnaies grecques et romaines, d'après l'opinion générale des historiens, égarés eux-mêmes par des monumens altérés ou erronés, le traducteur a tâché de répandre quelque lumiere sur ce chaos de l'antiquité, où toute la patience et la sagacité des recherches historiques, dit-il ne sauraient suffire, si la critique de l'histoire n'est secourue et dirigée par celle de l'économie politique. C'est par le moyen de ce fil qu'il a parcouru ce dédale ténébreux. Ses notes sur cette matiere et sur les monnaies en général, qui ne sont pas susceptibles d'extrait, offrent plus que du savoir: on y trouvera l'esprit philosophique qui le juge. Quand on les aura lues, on sera moins étonné de ce que l'histoire raconte du luxe fabuleux des anciens; et elles font voir que si, chez eux, les fortunes se présentent quelquefois sous une forme colossale, la somme totale des richesses y était infiniment moindre que chez les modernes.

C'est par le moyen de la monnaie que, chez tous les peuples civilisés, les marchandises de toute espece se vendent et s'achetent. Smith distingue leur prix *réel* de leur prix *nominal*. Le prix *réel* de chaque chose, c'est la peine de l'acquérir. L'argent nous épargne cette peine; il contient la valeur d'une certaine quantité de travail; car le travail a été le premier prix, la monnaie payée par l'achat primitif de toutes choses. Celui qui a de l'argent peut donc commander tout le travail que cet argent représente, et la richesse consiste dans le pouvoir d'en commander beaucoup. Mais l'or et l'argent, comme toute autre marchandise, varient dans leur valeur, à raison de leur abondance ou de leur rareté, de la fécondité ou de la stérilité des mines. Le travail ne variant jamais dans sa valeur propre, il est la seule mesure réelle et définitive qu'on puisse employer pour apprécier et comparer la valeur de toutes les marchandises. Il est leur prix *réel*, l'argent n'est que leur prix *nominal*.

Le prix de chaque marchandise se compose de trois parties constituantes, qui sont: les *salaires*, les *profits* des fonds et la *rente*. Dans le prix du blé, par exemple, une partie paye la rente du propriétaire; une autre, les salaires ou l'entretien des ouvriers et des bêtes de labour; et la troisieme, le profit du fermier. La totalité du prix de chaque marchandise doit toujours, en derniere analyse, se résoudre en quelqu'une de ces parties ou en toutes trois; ainsi *salaire, profit* et *rente* sont les trois sources primitives de tout revenu, ainsi bien que de toute valeur échangeable. Quand ils appartiennent à différentes personnes, il est facile de les distinguer; mais on les confond souvent, quand ils appartiennent à la même personne; un jardinier qui cultive de ses mains son propre jardin, réunit à la fois, dans sa personne, les trois différens caracteres de propriétaire, de fermier et d'ouvrier.

Smith distingue aussi le *prix naturel* des marchandises, de leur *prix de marché*. Ce qu'il faut pour payer, selon le *taux* ordinaire dans chaque pays, pour préparer et conduire une marchandise au marché, est son *prix naturel*.

Le *prix du marché* est celui auquel une marchandise se vend actuellement. Il peut être ou au-dessus ou au-dessous ou au niveau du *prix naturel*. Le *prix du marché* est déterminé par la proportion qui existe entre la quantité de marchandise qui se trouve actuellement au marché, et le nombre de ceux qui la demandent. S'il y a plus de demandes que de marchandises, le *prix du marché* hausse; il baisse s'il y a plus de marchandises que de demandes. Si elles se contre-balancent et sont égales, le *prix du marché* est le même que le *prix naturel*. Il faut voir, dans l'ouvrage de Smith, les causes qui font varier ces prix, celles sur-tout qui les font dévier de leur marche naturelle, telles que le monopole des compagnies commerçantes, les priviléges exclusifs des corporations, les statuts d'apprentissage et toutes les lois qui restreignent le concurrence à un plus petit nombre de personnes que l'état naturel des choses ne comporterait. De telles lois tendent à tenir le *prix du marché* de quelques marchandises particulieres au-dessus du *prix naturel*, et les renchérissemens de ce genre durent aussi long-tems que les réglemens de police qui les ont amenés.

[See the next item for a continuation of this review.]

15 July 1802. The review from 30 April and 28 June continues in *Gazette nationale, ou le Moniteur universel*, no. 296 (26 messidor an X [15 July 1802]), [1215]–1216:

Suite de l'extrait des recherches sur la nature et les causes de la richesse des nations; par Adam Smith; traduction nouvelle, avec des notes et observations, par Germain Garnier, de l'Institut national. (*Voyez le n°279 du Moniteur.*)

Nous avons parlé dans l'article précédent des fluctuations que le *prix du marché* peut éprouver. Elles affectent plus les *salaires* et les *profits* que la *rente*. Smith examine ensuite l'influence réciproque que ces différentes parties constituantes du prix des marchandises exercent l'une sur l'autre. Lorsque la propriété des terres est établie, le propriétaire demande une part dans chaque produit; et sa rente est la premiere déduction à faire sur le produit du travail appliqué à la terre. Rarement la personne qui laboure la terre, possede de quoi s'entretenir jusqu'à ce qu'elle recueille la moisson. Ordinairement sa subsistance lui est avancée sur le capital d'un maître ou fermier, qui n'emploirait pas ce capital s'il ne devait pas lui rentrer avec un profit, qui forme un autre article de déduction sur le produit du travail appliqué à la terre.

Dans les ouvrages d'arts et de fabrique, le travail est sujet à une déduction en faveur du profit. La plus grande partie des ouvriers ont besoin d'un maître qui leur avance les matieres de leur ouvrage, ainsi que leurs salaires et subsistance jusqu'à ce que cet ouvrage soit tout-à-fait fini. Le maître a une portion de la valeur que leur travail ajoute à la matiere à laquelle il est appliqué pour se ressaisir de ses avances avec un profit. Leur intérêt n'est pas le même; les ouvriers veulent gagner le plus, et les maîtres donner le moins possible. Mais ce débat se termine toujours à l'avantage des maîtres, parce qu'ils sont en plus petit nombre, et peuvent par-là se concerter plus facilement, et sur-tout parce qu'ils ont l'argent de leur côté. Cependant, comme il faut de toute nécessité qu'un homme vive de son travail, les salaires ne peuvent pas descendre plus bas que ce qu'il faut à un pauvre ouvrier pour subsister lui et les enfans nécessaires pour le maintien de la population.

Il est néanmoins des circonstances favorables qui mettent les ouvriers dans le cas de hausser leurs salaires; c'est lorsque la demande de travail augmente, et que la rareté relative de bras occasionne parmi les maîtres une concurrence qui les réduit à enchérir l'un sur l'autre.

La demande qu'on fait de ceux qui vivent de salaires ne peut augmenter, qu'autant que les fonds destinés à les payer s'accroissent; et cet accroissement des capitaux est l'accroissement de la richesse nationale: ce n'est pas l'étendue actuelle de celle-ci, mais son progrès continuel qui donne lieu à une hausse dans les salaires du travail. Ainsi ce n'est pas dans les pays les plus riches que les salaires sont le plus haut, c'est dans les pays les plus florissans, ou dans ceux qui marchent le plus vite vers l'opulence, comme dans l'Amérique septentrionale qui, quoique moins riche que l'Angleterre, est plus florissante, parce qu'elle marche avec plus de rapidité vers l'acquisition de nouvelles richesses.

L'indice de cette prospérité d'un pays est toujours l'augmentation du nombre de ses habitans. A la Chine, depuis long-tems parvenue à la mesure d'opulence que la nature de ses lois et de ses institutions lui permet d'atteindre, les salaires sont au plus bas possible: la pauvreté des dernieres classes du peuple passe tout ce qu'on peut dire des nations les plus misérables; une charogne, un chat pourri y est recherché aussi avidement que le serait ailleurs la viande la plus saine. Cependant la population et l'agriculture n'y décroissent pas. D'ailleurs, si le mariage n'y est pas encouragé, comme en Amérique, par le profit qu'on retire des enfans, il l'est, dit Smith, par la permission de les détruire. Delà cet écrivain conclut, qu'à la Chine l'opulence n'avance plus, et qu'elle y est dans un état *stationnaire*, et qu'elle est *croissante* en Amérique.

Smith combat l'opinion que, dans les années d'abondance, les ouvriers travaillent moins que dans les années de cherté, et il s'appuie du témoignage de M. Massance [*sic*], qui a vu la quantité et la valeur de différentes manufactures augmenter dans les années abondantes, et diminuer dans les années contraires.

Quant aux profits des capitaux, leur hausse et leur baisse dépendent, comme celle des salaires, de l'état croissant ou décroissant de la richesse nationale; mais l'action de ces causes sur les uns et sur les autres n'est pas la même. L'accroissement des capitaux qui fait hausser les salaires, fait baisser les profits. Ceux-ci diminuent nécessairement lorsqu'un grand nombre de riches négocians versent leurs capitaux dans un même genre de commerce, et la même concurrence doit produire le même effet dans tous les autres.

Quoiqu'il soit peut-être impossible de déterminer avec quelque précision quels sont ou quels ont été les profits moyens des capitaux, selon Smith, on peut cependant s'en faire quelque idée d'après l'intérêt de l'argent; car on peut établir pour maxime que, par-tout où l'on peut faire beaucoup de profits par le moyen de l'argent, on est disposé à acheter chérement la faculté de s'en servir. On trouvera, dans Smith, le détail des circonstances qui font hausser et baisser le prix donné pour l'usage de l'argent ou l'intérêt. Il a occasion de rappeler les lettres de Cicéron, d'après lesquelles il paraît que le vertueux Brutus prêtait son argent, en Chypre, à 45 pour cent. Comme il semble croire que cette usure énorme était alors à Rome le taux ordinaire de l'intérêt, le traducteur, dans une note historique, très-curieuse sur cette matiere, fait voir, par le témoignage même de Cicéron, que le taux légal de l'intérêt était d'un pour cent par mois, et que l'usure de Brutus révolta Cicéron *qui n'était pas, à ce qu'il semble, fort délicat sur l'article de l'argent*. Au surplus, Smith dit que le taux de l'intérêt peut hausser par l'effet des vices de la loi, comme lorsqu'elle ne protege pas l'exécution des contrats; alors elle met les emprunteurs presque sur le même pied que les banqueroutiers; l'intérêt hausse de même lorsque la loi défend toute espece d'intérêt, parce que le prêteur cherche à s'indemniser du péril de la contravention.

Dans une société où les choses seraient abandonnées à leur cours naturel, les avantages des divers emplois du travail et des capitaux tendent à se mettre au niveau; car s'il y avait un de ces emplois qui offrît plus d'avantages que les autres, il attirerait bientôt une telle concurrence que cette supériorité disparaîtrait à la fin. Cependant les salaires et les profits présentent de grandes différences dans tous les pays de l'Europe, suivant les divers emplois du travail et des capitaux. Elles tiennent, selon Smith, à l'agrément ou désagrément des emplois en eux-mêmes; à la facilité et au bon marché avec lesquels on peut les apprendre, ou à la difficulté et à la dépense qu'ils exigent pour cela; à l'occupation constante qu'ils procurent, ou aux interruptions auxquelles ils sont exposés; au plus ou moins de confiance dont il faut que soient investis ceux qui les exercent; enfin à la probabilité ou improbabilité de réussir.

Mais les inégalités qu'offrent les divers emplois du travail et des capitaux, et qui sont la suite de la police qui domine en Europe, sont encore bien plus importantes. Smith s'attache sur-tout à faire voir les funestes effets des lois de corporation et des statuts d'apprentissage qui, en Angleterre, gênent la libre circulation du travail d'un emploi à un autre dans le même lieu; les priviléges exclusifs des corporations la gênent d'un lieu à un autre, même dans le même emploi; ce qui fait que, tandis que des ouvriers gagnent de gros salaires dans une manufacture, ceux d'un autre sont obligés de se contenter de la simple subsistance, ou manquent d'occupation. Dans ce dernier cas, ils sont réduits à se mettre à la charge de la paroisse, qui est obligée de nourrir ses pauvres. Le traducteur, dans une note sur la mendicité qu'il regarde comme une plaie hideuse et presqu'incurable du corps politique dans les sociétés modernes, présente *la taxe des pauvres* en Angleterre comme un moyen "qui, bien loin de guérir ou d'arrêter le mal pour lequel elle a été créée, est forcée au contraire de suivre elle-même les progrès effrayans qu'elle lui fait faire." Ses vues sur ce point important pour le Gouvernement, sont celles d'un administrateur qui remonte à la source des choses, qui ne s'arrête point aux apparences, et sait se mettre au-dessus des impressions communes.

Smith, après avoir traité des causes qui haussent ou baissent les salaires du travail et les profits des capitaux, s'occupe de la *rente*, considérée comme le prix payé pour l'usage de la terre. Elle entre dans la composition du prix des marchandises; elle varie selon la fertilité de la terre et selon sa situation. A l'exception des sols auxquels des productions spéciales donnent un grand prix, comme celles de certains vignobles, la rente des terres cultivées pour produire la nourriture commune des hommes, regle la rente des autres terres. Cette nourriture est, en Europe, le blé; en Asie, c'est le riz. Ce qui sert immédiatement à la nourriture de l'homme paraît à Smith le seul des produits de la terre qui fournisse toujours de quoi payer une rente au propriétaire. Les autres genres de produits peuvent quelquefois en rapporter une, et quelquefois ne le peuvent pas. Il faut voir, dans l'ouvrage de Smith, le détail des circonstances qui font varier ces choses. Les produits qui peuvent quelquefois rapporter une rente et quelquefois ne le peuvent pas, selon l'état où se trouvent les sociétés, sont les matieres propres au vêtement, au logement, à la décoration, etc. La demande de ces produits ou leur valeur augmente en raison de l'augmentation des subsistances, c'est-à-dire de l'amélioration de l'agriculture. Smith expose les variations qu'éprouve la proportion entre les valeurs respectives de ces deux especes de produits. Nous ne le suivrons pas dans une longue, mais très-intéressante digression sur les variations de la valeur des métaux précieux pendant les quatre derniers siecles, où il combat l'opinion qui suppose que cette valeur va en décroissant. Quant à la *rente*, il résulte de ses discussions que toute amélioration dans l'état de la société tend à la faire monter, c'est-à-dire à augmenter la richesse du propriétaire.

Tel est le sommaire des principes et des objets que Smith présente dans le premier livre de son ouvrage. Il est terminé par des observations du traducteur sur des tables du prix des grains rapportées par Smith; observations propres à diriger en lisant ou en dressant cette sorte de compilations, si nécessaires pour ceux qui s'occupent d'économie politique.

Smith examine, dans le second livre, la nature des fonds, leur accumulation et leur emploi. Le mot *fonds* signifie ici, comme le fait remarquer le traducteur, tout amas quelconque des produits de la terre ou du travail des manufactures. On y trouvera d'abord l'exposition des différentes parties dans lesquelles se divise naturellement le fonds accumulé d'un individu, ainsi que celui d'une grande société. Il ne peut point y avoir de division du travail sans fonds accumulé; et dans ce fonds, on distingue la partie qui doit servir immédiatement à la consommation, et celle dont on se propose de tirer un revenu: celle-ci s'appelle *capital*. Ce capital, pour rendre un revenu ou profit, doit être employé à faire croître des denrées, à les manufacturer ou à les acheter pour les revendre avec profit. Le capital d'un marchand ne produit un revenu qu'autant qu'il sort continuellement de ses mains sous une forme, pour y rentrer sous une autre. Smith appelle un tel capital, *circulant*. Il y a des *capitaux fixes*: ce sont ceux qui sont employés à améliorer des terres, à acheter des machines et des instrumens de métiers. La proportion qui doit être entre le *capital circulant* et le *capital fixe*, varie suivant les différentes professions.

La *capital circulant* se compose d'objets propres à la consommation de matieres à manufacturer, d'ouvrage fait, et de l'*argent* qui est nécessaire à la circulation de ces choses. Comme l'argent n'est qu'un instrument de commerce, ainsi que tous les autres instrumens de métier, il n'entre pour rien dans le revenu de la société; il sert seulement à distribuer à chacun la portion de revenu qui lui revient.

Le *papier*, substitué à la monnaie d'or et d'argent, est un instrument de commerce moins dispendieux et tout aussi commode. Il y a plusieurs sortes de *papier-monnaie*: les billets circulans des banques et des banquiers paraît à Smith la plus propre à remplir le but du commerce. Smith expose les heureux effets que les compagnies de banque ont produits en Ecosse, les inconvéniens qui suivent la trop grande émission du papier, et les regles à suivre dans cette sorte d'opérations. L'idée de multiplier le papier-monnaie presque sans bornes, fut la base du système de Law, ou de ce qu'on appela le *système du Mississipi*, le projet de banque et d'agiotage, dit Smith, le plus extravagant qui ait jamais paru au monde. La plus grande banque de circulation qui soit en Europe, c'est la banque d'Angleterre. On en trouvera, dans Smith, une histoire que son traducteur a continuée dans une note.

Smith, en examinant la maniere dont le fonds accumulé pour en faire un capital peut être employé, distingue le *travail productif* et le *travail non productif*. Le premier est celui qui produit une valeur, de quelque nature qu'elle soit. La dénomination de *non productif* est ici prise dans un sens différent de celui que lui ont donné les économistes français. Smith l'applique, par exemple, au travail des domestiques, dont les services ne laissent après eux aucune trace, aucune valeur; il l'applique même au travail des classes les plus respectables de la société, sans en excepter celui du souverain; à plus forte raison, met-il dans ce rang beaucoup de professions graves et de professions frivoles, telles que celles des ecclésiastiques, des gens de loi, des médecins, des gens de lettres, des comédiens, des farceurs, des musiciens, des chanteurs, des danseurs, etc.

Les fonds accumulé pour en faire un capital, peut être employé par la personne à qui il appartient, ou il peut être prêté à un tiers. Smith, en exposant la maniere dont il opere dans ce dernier cas, réfute Locke, Law et Montesquieu, qui croyaient que l'augmentation dans la quantité de l'or et de l'argent occasionnée par la découverte de l'Amérique, était la cause qui avait fait baisser le taux de l'intérêt dans la majeure partie de l'Europe. Il fait voir qu'à mesure que les fonds de la société s'accroissent par le travail, la quantité de fonds à prêter devient plus grande, et que par conséquent *l'intérêt* ou le prix qu'il faut payer pour en faire usage, va nécessairement en diminuant.

Smith termine son second livre par l'exposé des effets que les différens emplois des capitaux produisent immédiatement sur la quantité d'industrie nationale qu'ils mettent en activité, et sur la quantité du produit annuel des terres et du travail de la société. On peut, selon Smith, employer un capital de quatre manieres différentes, 1° à fournir à la société le produit brut nécessaire pour son usage et sa consommation annuelle; 2° à manufacturer et préparer ce produit brut; 3° à transporter ce produit brut ou manufacturé des endroits où il abonde à ceux où il manque; 4° à le diviser et le répandre en petites portions assorties, aux besoins journaliers des consommateurs. Ces quatre manieres d'employer un capital comprennent l'agriculture, l'exploitation des mines et pêcheries, les manufactures et fabriques, le commerce en gros et le commerce en détail.

Aucun capital, selon Smith, ne met en activité plus de travail productif que celui qui est employé à l'agriculture. Après le capital employé à l'agriculture, c'est celui qu'absorbent les manufactures. Celui qu'emploie le commerce d'exportation, est celui des trois qui produit le moins d'effet. Tout commerce en gros peut se réduire à trois différentes especes; au commerce *intérieur*, au commerce *étranger de consommation*, et au commerce *de transport*, que Montesquieu appelle commerce *d'économie*. Le commerce *intérieur* achete dans un endroit du pays pour revendre dans un autre endroit du même pays; le commerce *étranger de consommation* achete des marchandises étrangeres pour la consommation intérieure: *enfin*, le commerce de *transport* se fait en commerçant entre deux pays étrangers, ou en transportant à l'un le superflu de l'autre. De ces trois especes de commerce, les deux derniers, selon Smith, sont ceux qui donnent le moins d'encouragement au travail productif d'un pays; et c'est pour ces derniers genres de commerce que depuis plus d'un siecle se font tant de guerres aussi dispendieuses que sanglantes.

Ces vérites, que Smith développe de la maniere la plus claire par des raisonnemens et par des exemples, reçoivent un nouveau jour des notes du cit. Garnier. Il est indispensable de les lire, parce que, s'il y en a qui confirment les principes de Smith, il y en a d'autres qui les contredisent ou les modifient.

Telles sont la note 14e sur les progrès de la Russie en industrie et en opulence; la 17e sur les projets de banques fondées sur le crédit hypothécaire; la 20e, sur les diverses sortes de travail plus ou moins profitables à la société, où le traducteur restreint beaucoup la classe des gens que Smith appelle *non productifs*; la 22e où l'on fait voir que l'intérêt de l'argent ne doit point être assimilé au prix des denrées, parce que, si celui-ci ne peut être assujeti à aucun réglement, étant le résultat d'une convention volontaire, il y a des cas où l'intérêt, n'ayant pas été stipulé entre les parties, il doit être fixé par la loi. Dans la note 21e, le traducteur réfute plusieurs erreurs de Montesquieu, en économie politique, et montre que le plus beau génie peut s'égarer quand il traite des objets qui lui sont étrangers.

[See the next item for a continuation of this review.]

19 July 1802. Roussel's review, which began with the issue of 30 April and continued in the issues of 28 June and 15 July, is completed in *Gazette nationale, ou le Moniteur universel*, no. 300 (30 messidor an X [19 July 1802]), 1230–1231:

FIN de l'extrait des recherches sur la nature et les causes de la richesse des nations; par Adam Smith. Traduction nouvelle, avec des notes et observations par Germain Garnier, de l'Institut national. (Voyez les n°s 279 et 296 du *Moniteur*.)

Smith, après avoir montré l'influence que les différens emplois des capitaux ont sur l'industrie nationale, et sur la quantité du produit annuel des terres et du travail de la société, expose, dans le troisieme livre, la marche différente des progrès de l'opulence chez les différentes nations.

Si les choses étaient abandonnées à leur cours naturel, les capitaux se porteraient d'abord vers l'agriculture, qui seule peut remplir les premiers besoins, qui seule peut fournir les moyens indispensables de subsistance. Cet emploi des capitaux les tient toujours sous les yeux de leur possesseur; et paraît le plus exempt des vicissitudes des événemens. Les charmes de la campagne d'ailleurs et l'idée d'une vie tranquille portent assez généralement les hommes vers la culture de la terre, qui nécessairement a précédé l'amélioration des villes, puisque celles-ci ne subsistent que du superflu du produit de la campagne. Mais celle-ci, à son tour, par l'effet de la division du travail, tire les plus grands avantages des produits des villes; de sorte qu'elles sont dans une dépendance réciproque pour leur bien-être commun. Ainsi, les capitaux se dirigent premiérement vers la culture des terres, et ensuite vers les manufactures. Mais la partie des produits bruts et des produits manufacturés, qui n'est pas en demande dans les lieux qui les ont fait naître, doit être nécessairement transportée au dehors pour y être échangée contre quelque chose qui soit demandée au-dedans. *Le commerce de transport* tient donc le troisieme rang dans la marche naturelle d'une société.

Dans ce même livre, Smith fait un tableau historique de la décadence de l'agriculture, pendant et après l'invasion de l'Empire romain par les nations scythiques et germaniques. Il afflige; mais on commence à respirer, lorsqu'il expose la maniere dont les campagnes et les villes sortirent de l'oppression, et comment le commerce des villes a contribué à l'amélioration des campagnes. C'est un des beaux morceaux de l'ouvrage de Smith.

Il discute, dans le 4e livre, les systêmes d'économie politique. Cette science, qui se propose de procurer de grands moyens de bien-être au peuple, et de grands moyens de puissance au souverain, a donné lieu à des systêmes différens: on peut appeler l'un *le systême du commerce*, et l'autre *le systême de l'agriculture*.

Comme l'argent sert d'instrument de commerce et de mesure des valeurs, on a pensé qu'avoir de l'argent c'était être *riche*, et qu'en manquer c'était être *pauvre*. A cet égard les peuples ont raisonné comme les particuliers. Les Espagnols, dans la découverte de l'Amérique, ne s'informaient que des lieux où il y avait de l'or. Le moine Plancarpin, envoyé vers l'un des fils de Gengiskan, dit que les Tartares lui demandaient s'il y avait beaucoup de bœufs et de moutons en France. Les bœufs et les moutons faisaient la fonction de monnaie chez eux. Selon Smith, le grand logicien Locke n'avait, de l'argent, une idée guere plus juste que les Espagnols et les Tartares.

D'après la fausse idée que les nations se sont faite de l'argent, elles ont cru que leur soin principal devait être de l'accumuler dans leur pays, et de l'empêcher d'en sortir; mais les prohibitions étant illusoires et sans effet pour retenir l'argent, on pensa que le meilleur moyen de l'attirer était de se procurer *une balance* favorable du commerce, c'est-à-dire de faire en sorte que la valeur des exportations l'emportât sur celle des importations. Cette *balance* est devenue le pivot des principales opérations des Gouvernemens, il est curieux et important de voir comment Smith démontre la fausseté des idées qu'on s'est faites sur cet objet, et des conséquences qu'on en a tirées, ainsi que l'absurdité des réglemens faits pour mettre des entraves à l'importation des marchandises étrangères, et donner de l'encouragement aux exportations. Il y fait voir que, dans tous ces réglemens, l'intérêt du peuple est sacrifié à celui des marchands; il y expose aussi les causes de la prospérité des nouvelles colonies, et le retardement qu'apportent dans leur progrès les compagnies exclusives. Au surplus, il pense que les avantages que l'Europe a retirés de la découverte de l'Amérique et de celle d'un passage aux Indes par le Cap-de-Bonne Espérance, consistent principalement à avoir ouvert de nouveaux marchés aux produits de l'industrie européanne.

On trouvera aussi dans ce quatrieme livre une digression importante sur les banques de dépôt, et en particulier sur celle d'Amsterdam; et une qui ne l'est pas moins, sur le commerce des blés. Smith qui s'éleve par-tout contre les bornes mises à la liberté du commerce, ne les supporte pas davantage dans celle du commerce des blés.

Quant aux traités de commerce, il pense que ceux qui ont pour objet de favoriser une nation à l'exclusion des autres, sont très-désavantageux aux habitans du pays qui accorde cette faveur.

Il termine le quatrieme livre par l'examen des *systêmes agricoles*, ou de ces systêmes d'économie politique qui considerent le produit de la terre comme la seule ou la principale source du revenu ou de la richesse nationale. Sa critique du système de ceux qu'on a appellés en France *économistes*, porte principalement sur la dénomination de *stérile*, qu'ils ont donnée à la classe des artisans, manufacturiers et marchands. La note 29ᵉ du traducteur fait voir que le mot *stérile*, dans le sens des économistes, ne signifie pas *nul*, et que par-là ils n'ont prétendu que désigner la différence naturelle qui se trouve entre le travail de l'agriculteur et celui de l'artisan; et en effet, il y en a une, puisqu'il y a création dans le travail du premier et qu'il n'y a que changement de forme dans celui du second. Le premier, outre le remboursement des salaires et des profits, donne un *produit net*, qui revient à ce que Smith appelle *rente du propriétaire*, et l'autre ne produit que le remboursement de ce que l'ouvrier a pu consommer.

Il faut lire cette note du citoyen Garnier pour avoir une idée précise du système de Smith et de celui des économistes. Selon lui, ils ne différent pas autant qu'on pourrait le croire; ils s'accordent sur les mêmes principes, ils se terminent par le même résultat, qui est la liberté du travail et de tous les genres d'industrie, mais ce qui leur donne un air de disparité, selon le citoyen Garnier, c'est que les économistes ont envisagé l'économie politique d'une maniere abstraite, *absolue*, comme si le genre-humain ne faisait qu'une seule nation, et que Smith l'a considérée d'une maniere *relative*, c'est-à-dire, par rapport à un pays particulier. Mais, comme le dit très-bien le traducteur: "les spéculations philosophiques n'ont de valeur que par l'application qu'on en peut faire à la vie active, et sans cette propriété, elles ne seraient que de vaines rêveries. Smith voulut fonder sa doctrine sur des principes moins abstraits, et plus analogues à la constitution des sociétés humaines. S'il était incontestable que, dans les âges anciens comme dans les modernes, le commerce et les manufactures avaient porté au plus haut degré d'opulence et de grandeur des nations presque sans territoire, il fallait s'attacher principalement à rechercher la puissance qui donnait aux manufactures plus de perfection, au commerce plus d'activité et d'étendue. Smith trouva que cette puissance c'était le travail. Il divisa sa théorie en deux parties. Dans la premiere, il rechercha les causes qui perfectionnent le travail et augmentent ses facultés productives; dans la seconde, il rechercha les causes qui mettent en activité une plus grande quantité de travail, et examina l'origine des capitaux, etc.... La terre, dans ce système, ne fut plus considérée elle-même que comme une manufacture, dans laquelle toutefois la nature travaillait de concert avec l'homme, etc."

Ce quatrieme livre de l'ouvrage de Smith a donné lieu à plusieurs autres notes du traducteur, qui ne sont pas moins instructives. Voyez la note 23, *si un droit de monnayage augmente la valeur de la monnaie*; les suivantes, *sur la banque d'Amsterdam, sur le commerce extérieur de l'Angleterre, des frais et des profits du monnayage en France, sur l'économie dans les dépenses publiques, sur la production, la fabrication et le commerce des laines en Angleterre*. Dans les premieres, il contredit Smith, qui semble supposer qu'un droit de monnayage augmente la valeur de la monnaie; dans les autres, il confirme les principes de cet écrivain, sur-tout relativement à la *balance* du commerce, dont les Anglais sont si enrichés. Elles donnent d'ailleurs une idée de leur commerce extérieur, et sur-tout de leur commerce des laines.

Le cinquième livre de l'ouvrage de Smith traite du *revenu du souverain ou de la république*. Dans les sociétés civilisées, il faut un revenu public, puisqu'il y a des dépenses publiques qui sont indispensables. Telles sont celles qu'exigent la défense commune, l'administration de la justice, les travaux et établissemens publics, ceux qui sont propres à faciliter le commerce de la société, les institutions pour l'éducation de la jeunesse, etc. Chacun de ces objets est discuté avec une profondeur de recherches étonnante. En examinant comment les nations, dans chaque période de la civilisation, pourvoyent à la défense commune, il fait voir que par l'effet de la *division du travail*, elles ont été conduites à l'établissement des corps permanens de troupes, et que ces corps, par une suite de cette division du travail, l'ont toujours emporté sur les troupes nationales; ce qui lui paraît attesté par tout le cours de l'histoire. Quant aux institutions pour l'éducation de la jeunesse, il pense que les traitemens fixes, donnés aux maîtres, en détruisant la concurrence, anéantissent le principal ressort des talens; ce qui n'avait pas lieu chez les Grecs, qui ne manquerent pas de grands maîtres, quoique l'Etat n'en payât aucun. Cependant la *didactron*, c'est-à-dire le prix des leçons d'*Isocrate*, ne montait à gueres moins de 80 ou 100 mille francs par an. Il y a lieu de croire que les *Gorgias* et les *Hippias* gagnaient encore davantage par le luxe et le faste qu'ils étalaient.

Le revenu, au moyen duquel le souverain fait face aux dépenses publiques, peut avoir plusieurs sources; mais la principale sont les impôts. Smith examine, avec la sagacité qui le caractérise, les impôts qui affectent les rentes, les profits et les salaires, ceux qu'on a voulu faire porter indistinctement sur toutes les especes de revenus, tels que les impôts de capitation et les impôts sur les objets de consommation. Dans cet examen, il fixe ce qui est nécessaire, utile ou onéreux à la société. Il est favorable aux impôts sur les objets de consommation.

Il indique ensuite comment le souverain est amené à contracter des dettes. Le défaut d'économie, en tems de paix, en est le principe; mais leur extension, qui finit par être monstrueuse, est sur-tout due à la facilité qu'il trouve d'emprunter dans les pays riches et florissans par le commerce. Smith montre l'abîme affreux que l'abus des emprunts a creusé successivement chez presque toutes les nations de l'Europe, et sur-tout en Angleterre, où la multiplicité des emprunts, et des impôts établis pour en payer les intérêts ou les éteindre, mais sur lesquels on anticipe toujours, forment un dédale inextricable. Qui croirait qu'un auteur (Pinto, *Traité de la circulation et du crédit*) a porté le délire jusqu'à représenter les *fonds publics* des nations endettées, et sur-tout ceux de l'Angleterre, comme l'accumulation d'un grand capital ajoute aux autres capitaux du pays? On se doute bien que Smith n'a pas beaucoup de peine à dissiper de pareils rêves. Cependant à cet égard, les idées du traducteur semblent un peu dévier de celles de Smith; il paraît croire qu'une dette publique n'est pas sans quelque effet avantageux, mais non pas par la raison alléguée par Pinto. Voyez sa note 41e *sur les emprunts publics et leur relation avec le mode de l'impôt*; note pleine de vues profondes sur cet objet.

Les autres notes du traducteur sur ce cinquieme et dernier livre de l'ouvrage de Smith, présentent le même mérite et le même intérêt; et achevent de répandre la lumiere sur les points les plus importans d'administration et d'économie politique. Telles sont les notes sur l'*administration de la justice civile*, dont il voudrait qu'on bannît l'éloquence vénale et insidieuse des orateurs; sur *les frais de fabrication de la monnaie*; sur *la poste aux lettres*; sur *la taxe des routes*; sur *l'impôt et ses effets*, où il prouve, par les principes mêmes de Smith, qu'il porte en derniere analyse sur la classe des propriétaires fonciers; sur *les emprunts viagers*; note propre à fixer l'idée des Gouvernemens sur cet objet important. Deux notes très instructives présentent, l'une une *continuation de l'histoire de la compagnie des Indes*, et l'autre une *continuation de l'histoire des finances d'Angleterre*.

La note 32e, sur *les pouvoirs législatif et judiciaire, et leurs rapports avec la propriété*, tend à faire regarder la propriété territoriale comme la seule source du droit politique. Quelque ingénieux et profond que soit ce que le traducteur dit à l'appui de son principe; quelque vrai que celui-ci paraisse, considéré par rapport à des sociétés naissantes, peut-être trouvera-t-on que l'extension qu'il lui donne, ne convient plus à l'état actuel des nations civilisées, où le commerce et l'industrie ont tellement mobilisé les diverses especes de propriétés que l'une représente exactement l'autre, et où les talens même sont devenus une propriété dont la valeur n'est pas inférieure à celle des autres.

On a prodigieusement exagéré la perte d'hommes que la derniere guerre a fait éprouver à la France. On en trouvera une juste évaluation dans la note 30e du traducteur. Dans la note suivante, il modifie l'opinion de Smith, qui, d'après son principe de la *division du travail*, attribue les succès guerriers à l'aptitude des soldats, acquise par l'exercice et l'habitude des armes. Le citoyen Garnier pense que les succès constans des Français ne peuvent s'expliquer que par l'*enthousiasme*. "Cette passion indéfinissable, qui est sans bornes parce qu'elle est sans objet, qui s'enivre de ses rêves, qui s'exalte de la confusion même de ses idées, et qui se forge dans le vague de l'avenir toutes les chimeres que peut enfanter l'imagination en délire, est une source continuelle de prodiges, et fait d'une armée entiere une armée de *Curtius*, brûlant de se sacrifier pour la cause qu'ils ont embrassée." En effet, l'enthousiasme est un état extraordinaire de l'ame, qui, comme la manie, produit un développement singulier des forces vitales, soit pour agir, soit pour souffrir. Ceux qui ont médité sur l'économie animale peuvent dire combien il faut d'hommes pour en contenir un qui est en délire. Cependant, nous croyons qu'on peut aussi faire entrer dans cette explication des succès des Français les qualités qui leur sont propres, car chaque peuple a les siennes. L'agilité et une certaine impétuosité peuvent beaucoup dans les combats, sur-tout si une nouvelle tactique et une nouvelle maniere de combattre concourent à leur donner toute leur valeur.

A l'inappréciable service que le citoyen Garnier a rendu au public par sa traduction de l'ouvrage de Smith, et par les notes qui en développent ou modifient les principes, il a joint tous les accessoires qui peuvent en étendre l'utilité, et en rendre l'usage plus commode. Telle est une table analytique et raisonnée qui met promptement sous les yeux, les objets sur lesquels on veut s'éclairer, et qui indique l'ordre dans lequel on doit les voir, pour les voir avec fruit. Il est à désirer que ce travail précieux de Smith et du citoyen Garnier, devienne le manuel de ceux qui s'occupent d'économie politique, et sur-tout des administrateurs. ROUSSEL

17 September 1802. Reviewed in *La Décade philosophique, littéraire et politique*, no. 36 (30 fructidor an X [17 September 1802]), 518–531. The author is Martial Borye Desrenaudes (1750–1825), one-time private secretary to Talleyrand and a member of the Tribunat.

ÉCONOMIE PUBLIQUE.

RECHERCHES sur la nature et les causes de la richesse des nations par ADAM SMITH. *Traduction nouvelle avec des notes et observations, par* GERMAIN GARNIER, *de l'Institut national. Cinq volumes in-8°, avec le portrait de Smith. A Paris, chez* H. AGASSE, *imprimeur-libr., rue des Poitevins, n°18. Prix, 25 fr., et 33 fr., franc de port. An* 10.—1802.

La traduction que le C. Garnier, préfet du département de Seine et Oise, vient de publier de l'immortel ouvrage de Smith, *sur la nature et les causes de la richesse des nations*, était annoncée depuis bien long-tems: elle a pleinement justifié l'impatience que l'on avait de la connaître. Deux traductions françaises avaient paru avant la sienne, celle de *Blavet* et celle de *Roucher*: mais l'une et l'autre, la dernière surtout, dénaturaient étrangement un si bel ouvrage. Cela de Blavet était sans doute moins imparfaite, d'après les changemens qu'elle a éprouvés dans la dernière édition de 1800: cependant des fautes essentielles s'y rencontrent encore, et il ne faut pas même pénétrer bien avant pour en découvrir. A la première ligne du premier chapitre du livre Ier (tom I, p. 7) on lit: "La division du travail semble avoir été la principale cause du perfectionnement *des facultés qui le produisent.*" L'auteur anglais a voulu dire, *des facultés productives du travail*; c-est-à-dire, *de la puissance productive* dont le travail est doué: mais *les facultés qui produisent le travail*, est un membre de phrase qui ne peut présenter qu'un sens faux, ou plutôt qui n'en présente distinctement aucun. Il est malheureux d'être arrêté par un tel *non-sens* dès la première phrase de Smith.—A la page 25, on lit: *amour propre,* au lieu de, *intérêt personnel (Self-love).*—A la p. 47, *les bords d'une pièce de monnaie,* au lieu de, *la tranche.*—A la page 54, *Calicut,* au lieu de *Calcutta.*—A la page 98, un *gentilhomme,* au lieu de, un *propriétaire rural.*—A la p. 154, *industrieuse,* au lieu de *laborieuse.*—A la p. 251, *vicaire,* au lieu de *curé.*—Au tome II, p. 95, s'il arrive une guerre malheureuse où l'ennemi *s'empare du capital,* au lieu de, se *rendre maître de la capitale.*—Au tom. III, page 16, *M. l'abbé de Bassinghem, conseiller commissaire,* au lieu de *M. Abot de Bazinghen, conseiller en la cour des monnaies.*—Au tom. IV, p. 127, à Hambourg, chaque habitant est tenu de payer à l'Etat 4 *pour cent de son capital,* au lieu de, ¼ *pour cent,* etc., etc.—Un bien plus grand nombre de citations du même genre pourraient être rapportées ici, sans compter quelques passages tronqués et des phrases obscures; mais nous nous abstenons de pousser plus loin cette triste comparaison: trop d'autres titres assurent la supériorité au travail du C. Garnier sur celui de ses devanciers, sans qu'il soit nécessaire d'appuyer sur de telles erreurs. Remarquons, toutefois, combien, pour ceux qui étaient réduits à lire Smith dans ces traductions si incorrectes, il devait résulter d'embarras et de difficultés. Qui sait même, si plusieurs, voyant son ouvrage à un tel point altéré, n'osant s'en prendre ni à Smith, ni à ses traducteurs, et s'imputant tout le tort à eux-mêmes, n'ont pas fini par abandonner une lecture qu'ils jugeaient ne pas être faite pour eux; et si le philosophe anglais n'a pas ainsi perdu des lecteurs qui, ayant l'esprit assez bien fait pour ne pas comprendre ce qui était incompréhensible, se montraient, par cela même, si dignes de l'entendre et de l'apprécier?

De pareils vices, au reste, dans la traduction d'un tel ouvrage, ne doivent pas étonner. Pour parvenir à les éviter tous, il ne fallait pas seulement savoir parfaitement la langue anglaise, ce qui est d'abord plus rare qu'on ne pense; il fallait aussi être initié dans la langue de la science économique, et surtout s'être bien familiarisé avec la langue particulière de l'auteur qui, dans une science presque nouvelle ayant, soit de nouvelles idées à rendre, soit des nuances délicates et long-tems inaperçues à faire discerner, s'est vu fréquemment obligé d'étendre ou de restreindre le sens de plusieurs mots anciens, et n'a pu donner le secret tout entier de ces nouvelles valeurs, qu'à ceux qui ont fait une étude profonde de l'ensemble de sa doctrine. Or le C. Garnier réunissait au plus haut point tous ces avantages.

Déjà le public avait distingué sa traduction pure et élégante de *William Caleb*, ce roman si justement célèbre. On connaissait aussi ses travaux sur la science économique; entr'autres un ouvrage non moins fortement écrit que philosophiquement pensé, sur *la propriété considérée dans ses rapports avec le droit politique*, lequel parut en 1792: et il avait publié depuis, en 1796, un *Abrégé élémentaire des principes de l'économie politique*, dans lequel se trouvait fondu et ordonné le système de Smith, dont toutefois il s'écartait sur quelques points. Il était donc également familiarisé avec la langue anglaise, avec celle de la science et avec celle de Smith. Déjà, dans la préface de son *Abrégé élémentaire*, il n'avait pas craint de dire, en parlant de la *richesse des nations: C'est un ouvrage que nous ne possédons pas encore dans notre langue.* Les deux traductions étaient alors fort connues, et même assez anciennes: mais le C. Garnier en sentait trop vivement les défauts, pour pouvoir se résoudre à y reconnaître Smith. C'était presque s'engager à nous le donner au jour: et c'est à ses longs et importans travaux que nous devons aujourd'hui de jouir dans toute sa pureté de ce grand ouvrage du professeur de Glasgow.

Cela seul serait, sans doute, un service précieux rendu à la nation. Le C. Garnier n'a pas cru devoir se borner là; il a fait précéder sa traduction par une préface de 112 pages, qui à elle seule est un ouvrage très-bien fait et d'une utilité réelle pour ceux-là même qui ont le plus étudié et le mieux compris la théorie du philosophe anglais.

Cette préface est divisée en trois parties. Dans la première, le C. Garnier détermine avec clarté, mais sans trop de développemens, la différence entre la doctrine des économistes, en tant qu'ils regardent la terre comme la source des richesses, et celle de Smith qui les fait toutes dériver du travail. La théorie des économistes lui paraît, au point où ils se placent, à l'abri de toute atteinte: il pense qu'on ne peut attaquer la plupart de leurs observations ni la plupart de leurs conséquences, exceptant toutefois celle par laquelle ils arrivent, à ne vouloir admettre que l'impôt *unique* et direct. Il trouve que Smith a vu tout aussi juste, et en même tems bien plus loin qu'eux en utilité publique, lorsqu'il a considéré le travail si non comme source, du moins comme puissance créatrice de toute richesse, et qu'il n'a plus eu dès-lors qu'à rechercher les causes qui peuvent accroître la fécondité de cette puissance. De-là, d'après la doctrine de son auteur, non-seulement il absout l'impôt indirect, mais il réclame en sa faveur, et contre l'impôt unique, des élémens essentiels, négligés à tort ou méconnus par les économistes.

Dans la seconde partie de sa préface, il rend un service bien plus important encore. Il y expose, suivant les règles de l'analyse, la méthode la plus naturelle de lire et d'étudier l'ouvrage de Smith. On ne peut disconvenir, en effet que cet auteur, entraîné par son génie ainsi que par son sujet qui s'agrandissait à chaque pas devant lui, voulant sans doute ne rien laisser ni à côté ni en arrière, ne se soit fréquemment écarté de sa route, bien sûr d'y revenir ensuite; mais si dans ses savantes digressions il ne s'égare jamais, il peut quelquefois égarer ses lecteurs.

Le C. Garnier, qui ne s'est pas cru permis de rien intervertir dans la traduction, a jugé pourtant qu'il serait utile d'indiquer dans sa préface d'heureuses transpositions que le lecteur pourrait adopter. En suivant la marche qu'il y trace, c'est toujours avec Smith qu'on voyage; mais le voyage devient moins fatigant: chaque objet s'y voit à sa véritable place; chaque observation se lie à celle qui la précède; enfin tout le chemin parcouru se retient sans effort, et ne laisse aucune confusion dans l'esprit. C'est une idée heureuse du C. Garnier: elle ne pouvait être plus heureusement exécutée.

Dans la troisième partie il présente et développe, d'après les principes de Smith, le parallèle entre la richesse actuelle de la France et celle de l'Angleterre, dans quelque sens qu'on explique le mot *richesse*. Ce parallèle très-curieux, très-bien fait, et le moins conjectural possible, donne des résultats fort éloignés des exagérations auxquelles on s'est laissé fréquemment entraîner, soit dans un sens, soit dans un autre: il mérite d'être lu avec une attention particulière, depuis surtout que des aveux remarquables, faits dans ces derniers tems au parlement d'Angleterre, ont pleinement confirmé plusieurs élémens de ce calcul qui auraient pu ne paraître d'abord que des hypothèses.

Le C. Garnier, dans les quatre volumes de sa traduction, n'a point placé de notes, qui soient du moins d'une certaine étendue: seulement il indique de loin en loin, au bas de la page, des renvois utiles, ou donne en très-peu de mots quelques explications indispensables; mais il a réservé un volume tout entier à des dissertations savantes dont l'objet est de développer, d'éclaircir ou même quelquefois de réfuter Smith. Ce sont, pour la plupart, des discussions très-approfondies et nécessaires, dont quelques-unes ont exigé d'immenses recherches, et qui peuvent par-là épargner bien des fatigues au lecteur. Lorsque le poëte Roucher publia sa traduction si fautive de ce même ouvrage de Smith, l'éditeur annonça qu'il paraîtrait incessamment à la suite un volume de notes par *Condorcet*. Cette annonce seule soutint l'ouvrage; mais c'était bien peu de tems avant la révolution; et les nombreux travaux auxquels se livra ce philosophe depuis cette époque, ne lui laissèrent pas le loisir d'acquitter l'engagement auquel il s'était soumis. Nous pensions que le public ne pouvait être mieux dédommagé d'une telle perte que par le travail du C. Garnier.

Comme la plupart de ces notes sont des traités complets, rédigés toutefois avec une précision qui en rend l'analyse fort difficile, nous ne pouvons en parler avec tout le détail qu'elles mériteraient. Cependant quelques réflexions sur l'importance de plusieurs d'entr'elles doivent nécessairement trouver ici leur place.

L'auteur anglais, qui écrivait il y a environ trente ans, a donné l'histoire raisonnée des diverses institutions financières et commerciales qui se liaient à son sujet. Le C. Garnier a continué ces diverses histoires depuis l'époque où Smith les a laissées. On trouve dans son cinquième volume l'*Histoire des finances d'Angleterre* avec l'état actuel de sa dette publique, et un examen critique des diverses mesures successivement adoptées par M. Pitt pour le service et l'extinction de cette dette; l'*Histoire du commerce extérieur de l'Angleterre*, où l'on examine si la grande extension de ce commerce est un signe de prospérité intérieure; l'*Histoire de la banque d'Angleterre*, où l'on expose l'influence que la suspension de l'échange de ses billets a sur la valeur de ces mêmes billets, sur celle des monnaies, des matières d'or et d'argent, et des denrées en circulation; l'*Histoire de la compagnie des Indes*, avec des réflexions sur la nature et l'importance de ce commerce pour toutes les nations en général, et sur la manière de le faire qui s'accorderait le mieux avec l'intérêt universel des peuples. Ces diverses histoires, si intéressantes par leur objet, sont traitées avec tout le mérite d'exactitude dans les faits, de calcul, de précision, de clarté et même d'élégance, qu'on peut desirer.

Quel que soit le respect du C. Garnier pour son auteur, il n'a garde de le croire exempt de toute erreur. Quelquefois il rétablit la vérité de certains faits sur lesquels Smith avait été trompé; d'autres fois il ne craint pas d'attaquer quelques points de sa doctrine; mais c'est, le plus souvent, au profit de cette doctrine même. C'est ainsi qu'il s'attache à prouver contre Smith que la distinction entre le travail *productif* et le travail *non productif*, qui joue un grand rôle dans son ouvrage, est à la fois fausse et inutile; et que, par là, bien loin de nuire au système du philosophe anglais, il en rattache plus fortement toutes les conséquences à son principe fondamental. Dans la doctrine de Smith, ainsi épurée et simplifiée, tout travail utile est également *productif;* et la richesse s'accroît toujours et uniquement de tout ce que l'économie peut soustraire à la consommation.

L'histoire des métaux précieux depuis les tems les plus reculés; la valeur nominale ainsi que la valeur intrinsèque des différentes monnaies chez les Grecs, chez les Romains et chez les peuples du moyen âge; les diverses questions relatives à cette partie si abstraite de l'économie politique qu'on pourrait appeler la *métaphysique* des monnaies; les routes, les postes, la mendicité, l'instruction publique, l'administration de la justice, les droits politiques, l'intérêt de l'argent, les diverses natures d'impôt, leur rapport avec les emprunts publics, etc., et plusieurs autres sujets non moins importans, sont la matière d'autant de notes où brille une saine logique unie à une grande érudition.

Nous appelons particulièrement l'attention du lecteur sur la note 17, relative aux projets de banques fondées sur le crédit hypothécaire, autrement dites *territoriales*. Smith parle de ce genre de banques, de leurs vices, de leurs dangers: il rappelle à cette occasion la banque d'Ecosse, la banque de Law. Le C. Garnier traite de nouveau le même sujet, et y porte bien plus avant la lumière; il approfondit la différence essentielle entre les *papiers promesses* et les papiers de banque. Les papiers ne peuvent absolument faire l'office de monnaie, qu'autant qu'il existe un moyen non douteux de les convertir en métal à l'instant même, au premier mouvement de la volonté du porteur. L'assurance de les convertir un jour ne suffit pas. Toute banque qui n'est fondée que sur une telle garantie, porte donc en soi un principe de ruine plus ou moins prochaine. Smith l'avait prouvé; mais nous croyons que Garnier le démontre.

Nous n'oublierons point de faire observer que ce cinquième volume est terminé par une table de près de mille articles. Il est peu d'ouvrages où l'on se croie tenu de remarquer le mérite d'une table: c'est qu'elle n'est souvent que le produit d'un travail purement mécanique, et un moyen de reconnaître promptement dans quel ordre, combien de fois et à quelle occasion le même mot a été répété. Or ce genre d'utilité est bien peu de chose: ici, la table est un ouvrage raisonné, méthodique, un vrai dictionnaire d'économie politique, où un mot est rappelé et traité, non pour en obtenir en quelque sorte le dénombrement, et suivant l'ordre numérique des pages et des volumes, mais comme faisant partie de la science et suivant l'ordre analytique des idées qu'il rappelle; de telle sorte que chaque mot avec ses indications diverses présente un abrégé très-élémentaire, mais complet, de toute la doctrine qui s'y rapporte. Une telle table est à la fois un grand travail et un grand bienfait.

Nous pourrions terminer ici nos réflexions sur l'ouvrage du C. Garnier, puisqu'il ne peut entrer dans notre plan de faire une analyse détaillée de toutes les parties dont il se compose: cependant nous nous permettrons d'en ajouter quelques-unes relatives à la doctrine des économistes.

Le C. Garnier expose dans sa préface, ainsi que nous l'avons déjà observé, la différence entre leur système et celui de Smith: mais là il ne paraît considérer de part et d'autre que la différente indication de l'origine des richesses. Il en voit dériver l'inflexible théorie des économistes sur l'impôt, laquelle il s'attache particulièrement à combattre. Il s'arrête-là: il ne croit devoir ni approfondir davantage leur principe, ni remonter plus haut, ni en suivre plus loin les conséquences. Toutefois, en marchant toujours sur les traces de Smith, il a plus d'une occasion de revenir sur ce même sujet, qui était loin d'être épuisé.

On le voit dans ses notes expliquer favorablement, et même adopter le langage des économistes, sur la distinction entre les travaux de la campagne et ceux des manufactures, dont les premiers, suivant eux, sont seuls productifs d'un *produit net*, c'est-à-dire, d'un produit excédant toutes les avances faites pour l'obtenir, (par la raison sans doute que la nature qui concourt ici avec l'homme, ne demande pas de salaire) et dont les autres, regardés par eux, sous ce rapport seulement, comme *stériles*, ne représentent, disent-ils, dans la valeur qu'ils ajoutent au produit brut, que la valeur de ce qui a été consommé ou censé consommé pendant la durée du travail.

Smith repousse cette distinction, dans le sens du moins qu'elle présente à son esprit, et il s'appuye tour à tour pour la combattre de faits et de raisonnemens qu'il faut étudier dans l'ouvrage même, en les comparant aux réponses que leur oppose le C. Garnier.

Au reste, le savant traducteur ne consentant qu'à regret à cette divergence d'opinions, veut en fixer avec plus de précision la cause première, et, après avoir rappelé de nouveau *en quoi* diffèrent les deux doctrines, faire connaître plus distinctement *pourquoi* elles diffèrent. En remontant aux premiers raisonnemens d'où partent les deux systèmes, il croit voir clairement que tant de discordances rapprochées de tant d'accord, ne peuvent provenir que du différent point de vue sous lequel les économistes et Smith ont toujours voulu envisager leur sujet: les premiers, cherchant à approfondir les principes de la science d'une manière *abstraite* et *absolue*, comme si le genre humain n'était qu'une nation, et formant, à cette hauteur, une théorie vaste et lumineuse, mais qui, à l'application, a dû souvent ne paraître que spéculative: Smith au contraire, analysant les principes de cette même science, d'une manière *relative*; voyant le genre humain tel qu'il est, divisé en plusieurs nations, et s'étudiant à connaître les causes de la disparité de richesses de nation à nation, dans le résultat de leurs échanges réciproques. C'est de-là que le C. Garnier voit sortir toutes les différences de doctrine, plus apparentes dès-lors que réelles, entre les économistes et Smith. Nous invitons à lire très-attentivement à ce sujet, la note 27 et le chapitre de l'ouvrage de Smith auquel elle se rapporte.

L'auteur anglais se trouve conduit par le cours naturel des questions qu'il traite, à traiter celle-ci tant de fois proposée: *Quelle est en dernière analyse la classe de la société qui supporte l'impôt quelconque?* Les économistes n'ont point balancé. Tout se tient dans leur système; et une des premières conséquences qu'ils tirent de leur principe fondamental, est que tous les impôts, de quelque manière qu'ils soient assis et prélevés, tombent en définitif sur le revenu de la terre. En conséquence qui suit immédiatement celle-là, est que, pour éviter une inutile surcharge de frais, les impôts doivent tous être assis sur ce revenu.

Smith reconnaît que cette théorie est ingénieuse: mais non-seulement il en rejette les conséquences, il n'hésite point à déclarer que le principe est faux: il est bien vrai qu'il ne cherche pas à en démontrer la fausseté; il paraît même mettre assez peu d'importance à cela. Il se borne à énoncer (L. V, c. 2), les impôts qui tombent sur le revenu de la terre, et ceux ensuite qui, selon lui, tombent sur les autres sources de revenu. Il ne croit pas à la vérité que l'impôt pèse toujours uniquement là ou il a été assis; mais il semble encore moins disposé à croire qu'il aille porter son fardeau exclusivement sur les propriétaires des terres.

Le C. Garnier montre ici une opinion absolument contraire à celle manifestée par Smith. Il paraît convaincu que, non pas dans le moment, mais au bout de quelque tems, la totalité des impôts quelconques est supportée uniquement par la classe des propriétaires fonciers. Il ne se croit pourtant point en opposition véritable avec son auteur; car il s'attache à établir par beaucoup de rapprochemens tirés de l'ouvrage même de Smith, que si la doctrine des économistes, sur ce point, est nominativement repoussée par lui, elle n'en est pas moins la conséquence de ses principes. Au reste, ainsi que nous l'avons déjà dit, le C. Garnier se garde de conclure avec les économistes, qu'il faille toujours placer l'impôt là où en dernière analyse il aboutit. Il trouve l'avantage de diminution de frais résultant de ce système, bien plus que compensé par ses graves inconvéniens; et de plus, il reconnaît dans l'impôt indirect ou de consommation, s'il est sagement établi, un double principe d'économie et d'accroissement de travail favorable à l'augmentation de la richesse générale.

Voilà sans doute bien des opinions diverses sur une question. Ce ne sont pourtant pas les seules. Il en est une différente encore, et qui présente même en sa faveur un titre imposant; c'est celle du C. Canard, dans ses *Principes d'économie politique*, ouvrage qui a remporté le prix à l'Institut, le 15 nivôse an 9. L'Institut avait proposé pour sujet cette même question, conçue en ces termes: *Est-il vrai que dans un pays agricole, tout espèce d'impôt retombe sur les propriétaires fonciers?* Or le résultat de l'ouvrage couronné n'est ni celui des économistes, ni celui de Smith, ni celui de Garnier. Le C. Canard, par suite de ses raisonnemens, arrive, ou du moins se trouve arrivé au résultat suivant: Que l'impôt, loin de retomber tout entier sur les propriétaires de terres, lorsqu'il est prélevé sur les consommations, même alors qu'il est assis sur le revenu net, se répartit proportionnellement tant sur le fermier que sur les consommateurs; que cette répartition s'opère de même dans toute l'étendue de la branche imposée, à quelque endroit de cette branche que l'impôt soit placé; qu'en outre, la charge de l'impôt (qu'il distingue de l'impôt lui-même) va bien plus loin: que par un effet de retranchemens de dépenses et de déplacemens d'hommes, elle se répand aussi sur les branches non imposées; et qu'enfin, quel que soit l'impôt, sa charge pèse à la longue sur toutes les sources de revenu, et atteint même les consommateurs qui paraissaient le plus à l'abri de ses atteintes.

Qui ne croirait qu'une telle diversité dans la manière d'envisager et de résoudre une question, laquelle, au premier aperçu, semble tenir à tout le système économique, doit amener ou suppose de bien grandes différences d'opinion sur les autres parties de cette science? Il est pourtant vrai que les économistes, que Smith, que le C. Garnier, et même l'auteur couronné à l'Institut, s'accordent sur presque toutes: sur les effets prodigieux de la division du travail; sur l'influence des capitaux; sur la nécessité d'agrandir les marchés; sur l'effet de la circulation de l'argent; sur la plupart des causes d'accroissement ou de décroissement des richesses; sur les colonies; sur les vices et l'injustice de certains impôts; sur les encouragemens; sur les prohibitions; sur les entraves mises aux exportations et aux importations; sur le régime réglementaire imposé au commerce et à l'industrie; sur la vanité de l'importance qu'on attribue à la balance du commerce, etc. Un pareil résultat, dont la cause ne peut être trop méditée, semblerait appeler ici bien des réflexions. Bornons-nous à deux.—La première, c'est qu'il faut que les discordances dont on a fait tant de bruit se soient pas aussi graves qu'on a pu le croire, puisqu'elles n'empêchent pas un tel accord. La seconde, c'est que ceux qui pour avoir été blessés de quelques assertions tranchantes des économistes se sont hâtés, sans autre examen, de rejeter au loin toute leur doctrine, doivent sentir le besoin de revenir sur la rapidité d'une telle conséquence, lorsqu'ils voient que la justesse et même l'évidence de cette doctrine sur tant de points a été si hautement professée par ceux-là même qui l'ont attaquée sur quelques autres avec le plus de force et de talent.

Finissons: l'importance de la science économique est sentie chaque jour davantage, à mesure qu'on éclaire avec plus de soin la théorie par les faits. Elle n'importe pas seulement à ceux qui gouvernent; elle est d'une utilité sensible pour tous les états, pour tous les individus; et le nombre de ses applications est indéfini. Plusieurs questions qu'elle traite restent encore indécises; mais ce champ de l'opinion se resserre de plus en plus, et la vérité ainsi que la fécondité de ses principes sur tout le reste, sont aujourd'hui bien reconnus par tous ceux du moins qui savent réfléchir et observer. Il est donc impossible qu'une telle science ne soit pas désormais cultivée et approfondie, par la raison surtout qu'on s'y livre avec d'autant plus d'ardeur, que l'on y fait plus de progrès. Il est impossible dès-lors que l'ouvrage de Smith ne soit pas de jour en jour plus étudié, plus médité. On peut bien en critiquer la méthode; on peut y découvrir quelques erreurs, quelques contradictions même; mais ce n'en est pas moins sur cette matière l'ouvrage le plus profond, le plus vaste, le plus riche de vérités démontrées dont plusieurs ne l'ont été complettement que par lui. Il a le caractère des ouvrages faits de génie; c'est que ceux qui le lisent pour la trentième fois y découvrent encore quelques traits de lumière qui leur avait échappé.

Et comme il est hors de doute que la traduction que vient de nous donner le C. Garnier est, sans aucune comparaison, la meilleure et même la seule fidelle que nous ayons; comme aussi le recueil des notes qui forment le cinquième volume de cette traduction présente le plus beau complément de la doctrine de Smith, et que partout où le traducteur n'y ajoute pas une nouvelle richesse il y porte une lumière nouvelle, on est en droit d'affirmer que non-seulement en France on ne croira plus pouvoir lire désormais Smith traduit que dans l'ouvrage du C. Garnier, mais que partout ailleurs, dans l'étude que l'on fera de l'ouvrage du philosophe anglais, on n'en séparera point les travaux de celui qui, ne se bornant pas à le traduire parfaitement en français, a su si bien, par les idées lumineuses et les savans développemens dont il l'a enrichi, se montrer digne de s'associer à sa gloire.

Par le Cit. M. Desrenaudes.

1806. Roucher, Reissue of Revised Translation (Paris: Bertrand)

WHEREAS BUISSON'S 1790–1791 edition of Roucher's translation found immediate popularity and warranted publication of his revised translation in 1794, this reissue in 1806, with a new title page, of the sheets of 1794 shows that the revised edition had yet to sell out. The reason was not so much a lack of interest in WN as the existence of competing editions, one of which, Garnier's, was clearly superior to the others.

Bibliographical Description

Recherches sur la nature et les causes de la richesse des nations, traduites de l'anglais d'Adam Smith; par J.-A. Roucher. Nouvelle édition. Tome premier. [second. troisième. quatrième. cinquième.]

A Paris, Chez Arthus Bertrand, libraire, acquéreur du fonds de Buisson, rue Hautefeuille, N°. 23. 1806.

8° 19.1 × 12.1 cm.

I: π² *⁴ A–2D⁸ 2E⁴ (–2E4); vi ²vi 438p.
i half-title; *ii* blank; *iii* title; *iv* blank; *v* dedication: A la mémoire de Du Paty, signed Roucher; *vi* blank; ²*i*–vi Avertissement du traducteur; *1*–436 text; 437–438 Table des chapitres contenus dans le premier volume.

II: π² A–2H⁸ (–2H8); *iv* 494p.
i title; *ii* blank; *iii* title; *iv* blank; *1*–490 text; 491–494 Table des chapitres contenus dans le second volume.

III: π² A–2Q⁸; *iv* 624p.
i title; *ii* blank; *iii* title; *iv* blank; *1*–622 text; 623–624 Table des chapitres contenus dans le troisième volume.

IV: π² A–2B⁸ 2C⁶; *iv* 411 [1]p.
i title; *ii* blank; *iii* title; *iv* blank; *1*–407 text; 408–411 Table des chapitres contenus dans le quatrième volume; *412* blank.

V: π² A–Z⁸ 2A² (–2A1); *iv* 370p.
i title; *ii* blank; *iii* title; *iv* blank; *1*–203 text; 204 Table des chapitres contenus dans le cinquième volume; 205–370 Table générale et analytique des matières contenues dans les cinq volumes de la Richesse des Nations.

Locations: Kress.

1808. Guer, Commentary in Tableaux comparatifs *(Paris)*

CONTRARY TO its title page, this work does not truly offer an exposition of the principles of Adam Smith, but it is included here because of that statement. The author is Julien-Hyacinthe Marnières, marquis de Guer (ca. 1740–1816), who wrote a number of works on economics.

Bibliographical Description

Tableaux comparatifs du revenu général de l'Angleterre et de celui de la France, précédés de l'exposition des principes d'Adam Smith, et suivis d'un plan d'encouragement pour l'agriculture et le commerce, et d'un plan d'imposition. Par M. de Guer, *Recherches sur le produit réel des possessions et du commerce des Anglais dans l'Inde et à la Chine*, par le même auteur.
Ces deux ouvrages se trouvent: A Paris, Chez Madame Veuve Nyon, rue du Jardinet, et chez tous les marchands de nouveautés. 1808.

8° 19.9 × 12.1 cm.

π² 1–8⁸ 9⁴; *iv* 156p.

i half-title: Tableaux comparatifs du revenu général de l'Angleterre, et de celui de la France; *ii* blank; *iii* title; *iv* errata; *1*–156 text. At foot of 156: De l'Imprimerie de Nicolas (Vaucluse) et Boutonet, rue Neuve-St.-Augustin; n°. 5.

Location: Kress.

Commentary on WN

The text that most draws on WN begins on page *1* (notes have been renumbered consecutively):

L'Angleterre s'est enrichie en perfectionnant son agriculture et son commerce d'industrie; la gouvernement lève un revenu énorme, et le lève avec facilité. Les Anglais se sont assuré ces avantages en fondant leurs plans d'encouragement et d'imposition sur la connaissance des différentes branches du revenu général de leur nation, et en se règlant pour acquérir ces connaissances sur les principes d'Adam Smith, je vais exposer ces principes, et on verra qu'il suffisait d'en tracer la série avec clarté, pour en démontrer l'évidence et l'utilité.

Je donnerai le tableau du revenu national des Anglais; j'en présenterai un semblable pour la France, et nous connaîtrons enfin notre grande supériorité de richesse et les moyens de l'accroître.

PRINCIPES D'ADAM SMITH.

La terre, le travail et les fonds d'avance sont les trois sources de la richesse des nations.

Parmi les productions spontanées de la terre, il n'y en a presqu'aucune qui puisse servir à nos besoins[1], et cette première source de richesse est stérile, si le travail ne la feconde pas.

Le travail se divise en deux classes, le travail de culture et le travail d'industrie.

Le premier force la terre à donner une multitude de productions, mais la plupart des denrées que l'agriculteur récolte, ne peuvent servir encore à aucun de nos besoins, et n'acquièrent d'utilité réelle que par un nouveau travail.

L'industrie achève l'ouvrage ébauché par le cultivateur; elle reçoit de lui des matières premières, elle les transforme en marchandises utiles, et souvent en marchandises précieuses; elle les met sous la main du consommateur, et ce travail leur donne une valeur nouvelle qui surpasse quelquefois à un dégré prodigieux leur valeur première.

La somme des salaires pour les divers genres de travail ou d'occupations, forme un revenu très-supérieur à celui des propriétés territoriales[2].

Le fonds d'avance consiste dans les bestiaux, les outils et les machines pour tous les travaux, les matières premières, les marchandises en magasin; celles que le tems a accumulées dans les mains des particuliers qui s'en servent, les navires, les maisons, les canaux, les ponts, les ports, tous les genres de construction dont l'utilité se perpétue d'âge en âge, et il faut y ajouter les moyens de circulation qui en forment une des parties les plus importantes.

Ce fonds est le capital acquis par les nations; c'est le résultat de toutes leurs économies depuis qu'elles existent. Sa valeur, chez les peuples civilisés, surpasse la richesse territoriale, et la somme de revenu qu'il produit, surpasse encore davantage le montant du revenu des propriétés foncières[3].

Si c'est le travail qui féconde le sol, c'est le fonds d'avance qui met le travail en activité, en fournissant à celui qui cultive, à celui qui fabrique, à celui qui transporte, à celui qui détaille, les alimens, les outils, les instrumens, les matières premières et les facilités de transport dont ils ont besoin.

Mais pour que l'ouvrier ait à sa disposition ces alimens, ces outils, ces matières premières; pour que les marchandises fabriquées arrivent dans les différentes mains où elles doivent passer avant de parvenir aux consommateurs, il ne suffit pas qu'elles existent dans le fonds d'avance, il faut qu'elles soient mises en circulation; *ce sont donc en derniere analyse*, les moyens de circulation qui fécondent toutes les autres sources de la richesse nationale.

La somme des revenus de tous les particuliers, de quelque source qu'ils proviennent forme le revenu général de la nation.

Le revenu d'un particulier provient souvent de plusieurs sources différentes. Celui du propriétaire-cultivateur est composé de la rente de la terre, des profits de son fonds d'avance, et des salaires de son travail; celui d'un négociant dérive des profits de ses fonds ou de son crédit, et du salaire de son travail de cabinet: le plus simple artisan vit du produit de son petit capital et du prix de son travail.

L'emploi du revenu général est de fournir aux consommations de tous les particuliers en denrées ou marchandises de première nécessité, de commodité ou de luxe, aux dépenses de l'état et à l'accroissement du fonds d'avance.

Le revenu de l'état est une dixme à un taux plus ou moins élevé, qui doit être perçue sur toutes les parties du revenu général.

Voilà les principes qui, en Angleterre, servent de base à tous les plans d'encouragemens ou d'impositions[4].

L'art d'analyser et celui des classer les idées, forment la base de toutes les sciences; ce sont les seuls moyens d'acquérir une grande étendue de connoissances sans les confondre, et de les avoir toutes à ses ordres au moment du besoin; c'est là le service qu'Adam Smith nous a rendu; c'est là ce qu'il a fait pour la science de l'économie politique.

(1) Les fruits et quelques racines sont les seuls dons de la nature qu'on puisse recueillir sans les acheter par le travail.

(2) Le docteur Beeke dans son ouvrage sur l'*income tax* ne porte, le revenu des terres qu'à 776 millions, en y comprenant les dixmes, et prouve que les salaires du travail s'élèvent à 2477 millions.

(3) Dans les estimations du revenu de l'Angleterre, de M. Pitt et du docteur Beeke, les profits que donnent les capitaux sont portés au double du revenu des terres.

(4) Le développement de ces principes et leur application forment l'ouvrage d'Adam Smith; il compose cinq volumes; mais il ne seroit pas très-difficile de le rendre infiniment plus utile, et de le réduire à un seul volume, en élaguant les répétitions et les idées étrangères au plan de l'auteur, et en corrigeant le style beaucoup trop diffus et les erreurs que le progrès des connoissances permet aujourd'hui d'appercevoir dans le travail de ce grand homme.

[1810 or later]. Garnier, Reprint of Translation (Paris: Agasse)

AN EDITION of Garnier's translation, dated 1802, appeared in that year, but there is also another edition, printed from a different setting of type, that is likewise dated 1802, even though it almost certainly came out years later. In it, all of the errata of the earlier edition have been corrected, and the evidence indicates that it was the publisher's own counterfeit or "concealed" edition, dated 1802 to avoid complying with the law entitled "Regulation of the Printing and Book Trades." Put into effect on 5 February 1810, the law required prepublication censorship of all works, whether new publications or new printings. To gain approval, a publisher had to deposit five copies of the printed work at the prefecture of police. In effect, the publisher had to invest in typesetting and printing without any guarantee of being able to publish—essentially the same situation that publishers faced in 1776. (See Carla Hesse, *Publishing and Cultural Politics in Revolutionary Paris, 1789–1810* [Berkeley, 1991], 230–231.) Under these circumstances, the publisher who wished to bring out a new edition of a multivolume work had particularly strong motivation to disguise it by giving it the original publication date. Although logic supports this scenario, only extensive bibliographical study of numerous works can confirm whether the regulation actually had the effect suggested here.

LIVRE I, CHAPITRE XI.

possibles, deviendrait successivement de plus en plus cher.

Mais, d'un autre côté, si l'approvisionnement de ce métal venait à augmenter à peu près dans la même proportion que la demande, il continuerait alors à acheter ou à obtenir en échange la même ou approchant la même quantité de blé, et le prix moyen du blé en argent resterait toujours à peu près le même, malgré toutes les améliorations qui auraient pu se faire.

Ces trois différens cas épuisent, à ce qu'il semble, toutes les combinaisons d'événemens qui puissent s'offrir à cet égard dans le cours des progrès de l'amélioration générale; et si nous pouvons en juger par ce qui s'est passé tant en France que dans la Grande-Bretagne, pendant le cours des quatre siècles qui ont précédé celui-ci, il semblerait que chacune de ces trois combinaisons différentes aurait eu lieu dans le marché de l'Europe, et à peu près dans le même ordre dans lequel je viens de les établir.

Volume 2, page 5, of the 1802 Garnier translation.

LIVRE I, CHAPITRE XI.

possibles, deviendrait successivement de plus en plus cher.

Mais, d'un autre côté, si l'approvisionnement de ce métal venait à augmenter à peu près dans la même proportion que la demande, il continuerait alors à acheter ou à obtenir en échange la même ou approchant la même quantité de blé, et le prix moyen du blé en argent resterait toujours à peu près le même, malgré toutes les améliorations qui auraient pu se faire.

Ces trois différens cas épuisent, à ce qu'il semble, toutes les combinaisons d'événemens qui puissent s'offrir à cet égard dans le cours des progrès de l'amélioration générale; et si nous pouvons en juger par ce qui s'est passé tant en France que dans la Grande-Bretagne, pendant le cours des quatre siècles qui ont précédé celui-ci, il semblerait que chacune de ces trois combinaisons différentes aurait eu lieu dans le marché de l'Europe, et à peu près dans le même ordre dans lequel je viens de les établir.

Volume 2, page 5, of the counterfeit edition [1810?] of Garnier's translation.

Garnier knew of this "concealed" edition, for a "2ᵉ tirage" is recorded in the sale catalog of his library, *Catalogue des livres imprimés et manuscrits de la bibliothèque de feu M. le Marquis Germain Garnier* (Paris, 1822). That a copy was in Garnier's library and is recorded as "2ᵉ tirage" is evidence that this edition was brought out by Agasse.

Bibliographical Description

Recherches sur la nature et les causes de la richesse des nations; par Adam Smith. Traduction nouvelle, avec des notes et observations; par Germain Garnier, de l'Institut national [in vol. 1: Avec le portrait de Smith]. Tome premier. [second. troisième. quatrième. cinquième.]

A Paris, Chez H. Agasse, imprimeur-libraire, rue des Poitevins, nº. 18. An X.— 1802.

8° 9.6 × 12.3 cm.

I: π² a–h⁸ A–Z⁸; *iv* ²cxxvii [1] 366 [2]p.

i: half-title: Recherches sur la nature et les causes de la richesse des nations. Tome I. [II. III. IV. V.]; *ii*: Décret concernant les Contrefacteurs, rendu le 19 juillet 1793, l'an 2 de la République, followed by a certification of H. Agasse, dated 25 ventôse an 10 [15 March 1802], that he has placed this work under the protection of the law; *iii* title; *iv* blank; ²*i*–cxii Préface du traducteur (pp. ²*i*–xxiii, Exposé sommaire de la doctrine de Smith, comparée avec celle des économistes français; pp. ²xxiii–xlix, Méthode pour faciliter l'étude de l'ouvrage de Smith; pp. ²xlix–lxxxvii, Parallèle entre la richesse de la France et celle de l'Angleterre, d'après les principes de Smith; pp. ²lxxxvii–cxii, Post-Scriptum); ²*cxiii*–cxxvii Notice sur la vie et les ouvrages de Smith; ²*cxxviii* blank; *1–2* Avertissement qui précède la troisième édition; *3–4* Avertissement qui précède la quatrième édition; *5*–366 text; *367–368* Table du tome premier. Frontispiece portrait of Smith inserted before title (B. L. Prevost sculp.).

II: π² A–2H⁸; *iv* 493 [1]p.

i: half-title; *ii* blank; *iii* title; *iv* blank; *1–489* text; *490* blank; *491–493* Table du tome second; *494* blank.

III: π² A–2M⁸ 2N²; *iv* 564p.

i: half-title; *ii* blank; *iii* title; *iv* blank; *1–562* text; *563–564* Table du tome troisième.

IV: π² A–2L⁸ 2M⁶; *iv* 556p.

i: half-title; *ii* blank; *iii* title; *iv* blank; *1–554* text; *555–556* Table du tome quatrième.

V: π² A–2N⁸ 2O⁶; *iv* 588p.

i: half-title; *ii* blank; *iii* title; *iv* blank; *1*–*444* text of notes; *445*–*451* Table des Monnaies, Poids et Mesures en usage en Angleterre, et dont il est fait mention dans le cours de cet ouvrage; *452* blank; *453*–*456* Table des notes du traducteur; *457*–*588* Table générale des matières.

Location: Kress.

Features Distinguishing the Two Editions

Vol. 1 (with errata list): throughout most of the preliminaries, including p. ²xxxiv, line 7, and p. ²xlix, line 2, the numeral 3 is rounded at the top and extends beneath the line.

Vol. 1 (with errata corrected): throughout most of the preliminaries, including p. ²xxxiv, line 7, and p. ²xlix, line 2, the numeral 3 is straight at the top and does not extend beneath the line.

Vol. 2 (with errata list): short rule at foot of p. 5.

Vol. 2 (with errata corrected): no rule at foot of p. 5.

Vol. 3 (with errata list): p. 426, lines 14 and 24, have the reading: Monde.

Vol. 3 (with errata corrected): p. 426, lines 14 and 24, have the reading: monde.

Vol. 4 (with errata list): p. 432, last line ends: Dannemarck.

Vol. 4 (with errata corrected): p. 432, last line ends: Danemarck.

Vol. 4 (with errata list): p. 556, line 9 ends: propriétaire.....299.

Vol. 4 (with errata corrected): p. 556, line 9 ends: propriétaire. 299.

Vol. 5 (with errata list): p. 462, line 4 has reading: disète.

Vol. 5 (with errata corrected): p. 462, line 4 has reading: disette.

1818. Sénovert, Manuscript Commentary

ÉTIENNE DE SÉNOVERT (1753–1831), who translated or edited French editions of Sir James Steuart and John Law, prepared this commentary on WN—a critical one—in the expectation that it would be published in 1818. The title page of the manuscript carries the Didot imprint, the date 1818, and even, in red, instructions to the typesetter. No evidence exists that the work ever appeared in print. On Sénovert, see A. Birembaut, "Un économiste oublié, Etienne-François de Sénovert (1753–1831)," *Annales historiques de la Révolution française* 29 (1957), 153–158. The manuscript is in a secretarial hand, with corrections and additions inserted in another hand, presumably Sénovert's.

Sénovert indicates in his introductory statement, transcribed below, that he particularly wished to counteract Smith's message that governmental regulation is always in error. He saw that message as contrary to public tranquillity.

Bibliographical Description

Notes sur les Recherches de la nature & des causes de la richesse des nations d'Adam Smith. Par M.^{r} de S*** ci-devant Capitaine au corps Royal du Génie, Ch^{ev}. de L'O.R. & M. de S^t. Louis, Général-Major au service de S. M. l'Empereur de Russie, Directeur de l'Institut Impérial des Ingénieurs des voyes de communication, chevalier de l'ordre de S^t. Vladimir 3e. classe.
Paris De l'Imprimerie de Pierre Didot l'ainé &c 1818.
2° 21 × 17 cm.

306 leaves; *612*p.
1 half-title; *2* in red: Autre titre: Notes &c. d'Adam Smith (pour faire suite aux traductions de cet ouvrage par MM. G. Garnier & Blavet) Par M.^{r} de S** &c; *3* title; *4* blank; *5–24* untitled introductory statement; *25–591* text; *592* blank; *593–612* Table des Notes Contenues dans ce Volume. Portrait (of the author?) inserted at front.
Location: Kress.

Untitled Introductory Statement

Sénovert's notes have been renumbered consecutively.

Nous possédons deux bonnes traductions de l'Ouvrage d'Adam Smith, sur *la nature et les Causes de la richesse des Nations*. L'Abbé Blavet s'en occupa des premiers, et la dernière Edition qu'il donna en 1801,[1] avait été retouchée avec assez de soin pour lui mériter les remerciemens de l'Auteur. Nous devons la Seconde traduction à M.ʳ Germain Garnier membre de l'institut. Celle-ci, qui parut en 1802[2] est recommandable par sa clarté et son exactitude. Il y a joint un Volume supplémentaire de notes instructives sur des faits importans ou des points de Doctrine qui lui ont paru susceptibles de plus grands développemens.

Quelques années auparavant, on avoit annoncé avec beaucoup d'emphase une nouvelle traduction avec des Notes de M.ʳ de Condorcet. Le traducteur avait de l'esprit et du talent mais il était sans mission pour ce genre de travail; il le publia avec peu de succès et les Notes n'ont jamais paru. On ne doit guere regretter les Commentaires d'une traduction infidèle, faite par un homme qui ne s'était jamais occupé de ces matières. Les notes économiques publiées en diverses occasions par M.ʳ de Condorcet en sont la meilleure preuve. J'en excepterai quelques petits mémoires sur les monnaies, qui, reposant sur des Connaissances positives, étaient plus conformes au caractère de son talent.

J'avais lu Smith à diverses fois; assez souvent pour me convaincre que fort peu de personnes y avaient donné une attention suffisante. Peu d'ouvrages sont autant cités que le sien, je n'hésite cependant pas à avancer qu'on trouverait à peine trente personnes en état d'en rendre un Compte satisfaisant. Je demande qu'il me soit permis de prendre rang dans la première dixaine de ces lecteurs attentifs, avec la conviction que les autres places seront peu disputées.

Les premiers Ouvrages de Smith lui ont fait une réputation dont le dernier a profité; non que celui-ci soit sans mérite assurément. Mais je ne crois pas qu'il suffise pour faire un bon livre, de jetter quelques idées saines, quelques apperçus ingénieux, dans un fatras de faits peu intéressans, de dissertations déplacées et de digressions sans plans, sans liaisons, sans méthode, où quelques traits d'une vive lumière percent de tems à autre ce cahos, pour vous laisser dans les regrèts d'une obscurité plus profonde.

On a cru devoir comparer Smith avec James Steuard qui avait publié dix ans auparavant sa *recherches des principes de l'Economie Politique, ou essai sur la Science de la police intérieure des Nations libres*. Quoique traitant des mêmes matières, ces deux Ecrivains ne se ressemblent ni dans le plan, ni dans la marche des idées, ni dans la méthode, ni dans la manière de voir les choses. Le plan tracé par Steuard est correct: il le remplit complettement et s'en écarte le moins possible. Aucun Ouvrage Anglais n'est composé avec autant de Méthode que le sien. Le fil qui le conduit est historique; son but est de montrer comment les peuples de l'Europe asservis au joug de la féodalité sont parvenus à la liberté individuelle; la part que l'industrie a eue à cet évènement et quelles en ont été les conséquences. D'après cette façon de voir ce ne sont ni ses goûts, ni son humeur, ni sa profession, ni sa secte qui ont pu influencer son Jugemen toujours sain, toujours impartial. D'un bout à l'autre de son Ouvrage, il règne une bonne foi remarquable. S'il découvre quelque part un inconvénient, il le signale et propose les moyens qui selon lui pourraient les faire cesser. C'est en quoi il est un guide plus généralement utile, plus sûr, plus solide que Smith. Quant au Style Steuard est décidément inférieur au Professeur Ecossais. C'est je crois la seule fois de sa Vie qu'il ait écrit. Jacobite et homme de sa Patrie, Dix-huit années d'exil l'avaient rendu presque Etranger à sa langue maternelle. Didactique dans ses raisonnemens, souvent diffus, sa logique est dénuée d'agrémens et il faut beaucoup de raison pour s'accomoder de la sienne. J'ai plus de droite encore de faire les honneurs de la traduction française qui ne sauvant aucun des défauts de l'original y a ajouté ceux d'une Copie faite par une main peu exercée. Je crus faire une Œuvre patriotique en mettant cet Ouvrage à la portée de nos premiers législateurs: il est permis de douter que beaucoup d'entr'eux en ayent connu le titre.

Comme un état ne saurait prospérer sans agriculture, sans manufactures, sans commerce, des Ecrivains méthodistes ont supposé qu'il y avait trois systêmes presque exclusifs, dans chacun desquels deux de ces branches d'administration devaient être sacrifiées à la troisième. Les Economistes, comme de raison, ont eu l'agriculture dans leur lot, M^r. de Colbert les Manufactures dans le sien, et enfin Steuard, je ne sais pourquoi, a été gratifié du troisième. Rien n'est moins exact; il se prononce également contre toute espèce d'exagération et cette Opinion assez généralement répandue ne prouve rien, sinon que Steuard a été encore moins lu, moins étudié que Smith.

Un grand défaut à mon avis dans les Ouvrages composés à la manière de Smith, c'est d'être peu utiles. L'Analyse délicate et subtile d'un point d'économie Politique doit plaire aux Amateurs de cette science tandis qu'elle sera d'un foible secours pour l'administrateur qui voudrait y chercher les règles de sa conduite.

Un défaut plus essentiel, c'est d'être dangereux pour un grand nombre de lecteurs. Il est impossible de lire Smith sans y puiser un dégoût immodéré des loix réglementaires qui existent, de quelque espèce qu'elles soyent; un vif desir de réformation et le sentiment intime de pouvoir faire mieux. C'est le cachet de presque tous les Ouvrages philosophiques ou soi-disant tels, de la fin du 18eme siècle et qui ont précédé la révolution française: événement, il faut le dire, qui les a perdus de réputation par l'essai qu'on a fait de leurs maximes. Ce défaut est ici d'autant plus choquant, que trouvant fort mauvais. Smith se compromet rarement au point d'indiquer ce qu'il faudrait mettre à la place de ce qu'il rejette. Une maison mal distribuée peut n'être pas toujours commode, mais on y est mieux logé que sous ses décombres.

Les plus zélés réformateurs, je parle de ceux qui l'ont été de bonne foi, n'ont pas fait attention que pour élever un palais sur le sol d'une chaumière; il faut commencer par détruire celle-ci, et rester au grand air au hazard que le palais soit achevé.

On remarque que les personnes profondément versées dans la Connaissance des loix, loin de les mépriser comme fait la multitude, n'en considèrent l'ensemble qu'avec un sentiment religieux et avec respect; qu'elles ne portent à leur perfectionnement qu'une main timide. L'ignorance, la paresse et la présomption rémuée nous conduisent autrement. Par ignorance on ne sent pas le mérite d'un système compliqué; par paresse on ne l'étudie pas; Par présomption on se croit capable de faire mieux.

C'est encore une perfidie de l'amour propre qui nous porte à croire qu'il est facile de remplacer par des loix extrêmement simples et des réglemens peu nombreux, une législation qui embrasse tous les rapports d'une société ancienne et compliquée. Si ces réformateurs partisans d'une simplicité illusoire ont jamais jetté un coup d'œil en arrière, qu'auront-ils pensé à la vue de leurs conceptions accumulées? Ils avaient rejeté tout ce qu'ils ne savaient ni ne voulaient savoir; ils ont fini par se perdre dans le cahos de leurs propres œuvres[3].

Pour revenir à Smith, ses partisans veulent bien convenir du défaut de Méthode que frappe les yeux les moins exercés; conviendront-ils aussi volontiers qu'il a completement oublié le sujet général qu'il se proposait de traiter, au point de n'en avoir fait que l'accessoire d'un Ouvrage dont le titre est manqué à quelques chapitres près et des observations éparses et clairsemées. Il eut été mieux de dire: *Recherches sur la nature des causes qui s'opposent à l'accroissement des richesses en Angleterre*. Ce léger changement rendrait à ce livre l'unité d'intention et de composition dont il manque absolument.

Malgré ce dernier résultat d'une lecture attentive, il n'en est pas moins certains qu'on trouve dans les détails beaucoup de choses d'un grand intérêt, qui m'ont paru propres à servir de texte ou de prétexte à des notes variées. Celles de Mr Germain Garnier ou qui se trouvent éparses dans plusieurs Ouvrages, celles qu'on a souvent annoncées, tout semble indiquer que le livre de Smith a besoin d'explications, d'extension, de corrections; car ses plus chauds partisans ne prétendent pas sans doute que tout y soit également digne d'admiration; et que son humeur ne l'ait quelquefois fait dévier de la route de la vérité. Ces considérations m'ont fait entreprendre ce travail avec l'espoir de rendre plus utile, la lecture d'un ouvrage assez célèbre pour qu'il ne soit plus permis à une certaine classe de lecteurs de ne le connaître pas.

Si ces notes eussent été destinées à accompagner le texte, page à page, je me serais renfermé dans un cadre plus étroit, tandis que marchant pour ainsi dire séparement j'ai pu prendre de grandes libertés; et, à propos d'une phrase de Smith, m'écarter plus ou moins du sujet principal. J'aurais donc pu être plus court mais aussi j'aurais pu être beaucoup plus long. On doit me savoir quelque gré des limites que je me suis imposées à moi-même. Je m'abandonne—sur ce point comme sur la reste—au jugement du public qui m'absoudra s'il trouve son compte à ces excursions.

Sans passion et sans intérêt je n'ai écrit pour aucun ordre de choses, sinon pour celui qui peut maintenir la tranquilité; pour aucune classe de personnes préférablement à d'autres. Je n'ai rien à attendre de ceux qui auraient à se louer de moi ni à craindre de ceux qui croiraient avoir à se plaindre de mes censures. Je n'ai point éprouvé la triste nécessité de taire une vérité ni d'avancer un mensonge; et si dans tout le cours de l'Ouvrage on trouve un seul sentiment un peu prononcé, c'est la haine du charlatanisme. Je le hais en effet aussitôt que ses ridicules m'amusent plus. C'est dans ces dispositions hostiles que j'ai parlé de la secte des Economistes, tout en rendant justice à beaucoup de gens de bien dont l'adhésion à ce système est un délit de plus à lui reprocher.

En marchant côte-à-côte de Smith, en le suivant chapitre à chapitre je n'ai eu aucun besoin de faire preuve de méthode, tout en lui reprochant d'en manquer. Je n'avais à disposer que de quelques intervalles d'un tems que je dois à des occupations suivies ce genre de travail s'y prêtait à merveilles. Si je suis souvent raisonnable, et toujours clair, j'aurais rempli les seuls devoirs qui pouvaient m'être imposés; car je ne me crois pas obligé de demander grâce pour n'avoir pas mieux écrit sur un sujet où la répétition des mêmes mots, des mêmes idées, des mêmes tournures, est l'écueil inévitable du style.

J'ai eu l'attention [sic] de transcrire fidèlement les passages qui ont donné lieu à mes remarques. On peut donc en lire un grand nombre sans recourir au texte. Il serait mieux cependant, qu'on eut sous les yeux l'une ou l'autre traduction dont j'indique avec soin les pages. J'ai dû mes mettre à l'abri du reproche d'avoir isolé une phrase pour en détourner le sens.

Toute personne qui se livre de bonne foi à un travail sans gloire et sans utilité personnelle a pour motif de se rendre utile aux autres. J'avoue que je ne suis pas Etranger à ce sentiment. Nous touchons à une de ces époques singulières et rares, quoique périodiques, de l'espèce humaine, où il semble que l'émulation des nations et des souverains va changer d'objet. On parait làs de la guerre, de ses fureurs, de ses résultats. Beaucoup d'idées qui dominaient nos pères n'ont plus de prise sur nous; et à notre tour nous allons tenter de nouvelles institutions qui par la force irrésistible de l'imitation ne tarderont pas à se répandre, et inspireront longtems un vif intérêt, jusqu'à ce qu'il plaise nos neveux de faire autrement. Les peuples songent à guérir de leurs blessures et surtout à établir de nouveaux rapports entr'eux et le souverain, dont ils consentent à n'être plus qu'une portion. Qui sait? Peut-être s'appercevront-ils un jour combien on leur fait payer cher les honneurs de la co-souveraineté. Du moins doit-on tenir pour certain que lorsque l'équilibre de la paix viendrait à se rompre, les guerres en devenant nationales n'en seront que plus furieuses et plus destructives. Mais tant que la Providence nous préservera de ce malheur, il ne sera question en attendant que de constitutions, de Commerce, de Manufactures, de réglemens, de projets et de tout l'attirail de l'administration, il n'est pas douteux que le grand nombre d'administrateurs appelés pour la première fois à ces fonctions ne se hâtent de puiser aux sources les plus célèbres; puissent-ils se pénétrer du danger des lectures trop précipitées et être bien convaincus qu'il n'en est pas de l'Economie Politique comme des Elémens de Géometrie, pour lesquels Euclide suffit depuis deux mille ans—à notre instruction comme à nos besoins.

(1) 4. Vol. in 8°. Paris, de l'imprimerie de Laran et Cie

(2) 5. Vol. in 8°. Paris chez H. Agasse.

(3) Un M.ʳ Biondonneau [?] avait imaginé de tenir boutique ouverte de ces loix à tout prix, et un Cabinet de lecture où, pour six sous, on pouvait en lire, à satiété. Il est heureux pour la propriétaire qu'on n'ait pas vu que son magasin fesoit épigramme contre cette frénésie législatrice. Je ne sais si cet établissement subsiste encore.

1822. Commentary in L. A. Say, Considérations *(Paris)*

LOUIS AUGUSTE SAY composed this volume of essays on political economy without the involvement of his famous brother Jean-Baptiste. Indeed, the *Avertissement*, written by Louis at the instance of Jean-Baptiste, states that his brother had not seen this work in advance ("M. Jean-Baptiste Say...m'a prié de déclarer qu'il n'a pas connu l'ouvrage avant le public..."). The volume is listed, without price, in *Bibliographie de la France*, 6 April 1822.

Bibliographical Description

Considérations sur l'industrie et la législation, sous le rapport de leur influence sur la richesse des états, et examen critique des principaux ouvrages qui ont paru sur l'économie politique; par Louis Say (de Nantes). [motto:] Du choc des opinions jaillit la vérité.
Paris, J.-P. Aillaud, libraire-editeur, Quai Voltaire, n°. 21. 1822.
8° 20.9 × 12.7

π^4 1–26^8 (–26$_8$); *viii* 413 [1]p.

i half-title: Considérations sur l'industrie et la législation; *ii* advertisement: Autres ouvrages qui se trouvent chez J.-P. Aillaud; *iii* title; *iv* blank; *v–vi* A mon frère, signed Louis Say, and dated: Nantes, le 26 mars 1822; *vii* Avertissement; *viii* blank; *1*–407 text; 408–411 Table des chapitres et des sections; 412–*414* errata.

Locations: Kress; Harvard (Widener).

Critique of WN

WN is, of course, one of the principal works that Say critiqued. The Garnier translation served as his source text. The highly critical essay, which composes all of chapter 3 ("Examen de l'ouvrage d'Adam Smith, ayant pour titre: *Recherches sur la nature et les causes de la richesse des nations*, 1776; traduction de M. G. Garnier," pp. 24–111) is too long to transcribe here, but the last two paragraphs make clear Say's views:

> Parmi ces auteurs, l'un d'eux [J.-B. Say] me tient de près par les liens du sang et ceux de l'amitié; et il m'a semblé que c'était seulement dans les parties de son traité d'économie politique où il adoptait les erreurs de principes et la nomenclature vicieuse d'Adam Smith, qu'il s'écartait des règles qui doivent guider ceux qui s'occupent de recherches relatives aux véritables causes de la richesse des états.
>
> En résumé, nous devons être d'opinion que l'ouvrage de Smith renferme des parties extrêmement intéressantes et une multitude de documens précieux; mais qu'il contient une théorie qui, loin d'avoir avancé la science, a beaucoup nui à ses progrès, en introduisant dans son langage une nomenclature très-vicieuse: son système, purement mercantile, consiste à n'estimer les choses qu'à la manière des marchands, c'est-à-dire, non par leur valeur intrinsèque, leur degré d'utilité propre, mais d'après ce que leur vente peut procurer à celui qui les vend. En suivant ce système, on peut bien parvenir à l'accroissement d'un certain nombre de fortunes individuelles parmi les manufacturiers et les commerçans; mais la masse de la nation doit rester pauvre. Une grande partie des idées de Smith a été adoptée, en Angleterre, dans la direction des affaires publiques et privées, et la situation de ce pays prouve, mieux que tout le reste, le vice du système mercantile qu'il a développé. Le mécontentement des classes les plus nombreuses fait craindre à chaque instant un bouleversement général.

1822. Garnier, Reprint of Translation, with Revised Notes (Paris: Agasse)

THIS EDITION is a line-for-line reprint of the Garnier translation that, although dated 1802, was probably printed in 1810 or later. A few spelling changes were made; for example, the word "tems" appears to have been consistently changed to "temps." But not all changes were made in the direction of modernization: in 4:122, line 16, "jusqu'à" is changed to "jusques à"; and the spelling "agens" is continued in 4:124, line 16.

Garnier completed work on this edition just before he died. He dropped most of the notes from the earlier editions, but he added so many new ones that two volumes are now required for them—half the number of volumes devoted to the translation. Thus, Garnier thoroughly brought over this English work into French.

The edition is listed, without price, in *Bibliographie de la France*, 19 October 1822.

Bibliographical Description

Recherches sur la nature et les causes de la richesse des nations; par Adam Smith. Seconde édition, avec des notes et observations nouvelles; par le marquis Garnier, pair de France, associé libre de l'Académie des inscriptions et belles-lettres. Tome premier. [second. troisième. quatrième. cinquième. sixième.]
A Paris, Chez Mme veuve Agasse, imprimeur-libraire, rue des Poitevins, n° 6. 1822.
8° 21.7 × 13.2 cm.

I: π^2 $^2\pi^8$ $^3\pi^4$ a–i^8 k^6 A–Z^8; *iv* XXIV ^{2}clvi 368p.
i half-title; *ii* blank; *iii* title; *iv* blank; *I*–XXIV Avertissement de l'éditeur; ^2i–cxlii Préface du traducteur (^2i–xlii, Un précis des divers Systèmes d'économie politique qui ont été suivis par les Gouvernements; ^{2}xliii–lxxxviii, Exposé sommaire de la doctrine de Smith, comparée avec celle des économistes français; ^{2}lxxxviii–cxlii Méthode pour faciliter l'étude de l'ouvrage de Smith); ^{2}*cxliii*–clvi Notice sur la vie et les ouvrages de Smith; *1*–*2* Avertissement qui précède la troisième édition; *3*–*4* Avertissement qui précède la quatrième édition; *5*–366 text; *367*–*368* Table du tome premier. Frontispiece portrait of Smith inserted before title (B. L. Prevost sculp.).

II: π^2 A–2H^8 (–2H8); *iv* 493 [1]p.
i half-title; *ii* blank; *iii* title; *iv* blank; *1*–489 text; *490* blank; *491*–*493* Table du tome second; *494* blank.

III: π^2 A–2M^8 2N^2; *iv* 564p.
i half-title; *ii* blank; *iii* title; *iv* blank; *1*–562 text; *563*–*564* Table du tome troisième.

IV: π^2 A–2L^8 2M^6; *iv* 556p.
i half-title; *ii* blank; *iii* title; *iv* blank; *1*–554 text; *555*–*556* Table du tome quatrième.

V: π^2 A–2T^8 (–2T8); *iv* 670p.
i half-title; *ii* blank; *iii* title; *iv* blank; *1*–665 text of notes; *666* blank; *667*–*670* Table du tome cinquième.

VI: π^2 A–2M^8 2N^6; *iv* 572p.
i half-title; *ii* blank; *iii* title; *iv* blank; *1*–430 text of notes; *431*–*437* Table des monnaies, poids et mesures en usage en Angleterre, et dont il est fait mention dans le cours de cet ouvrage; *438*–*440* Table des notes du traducteur contenus dans le sixième volume; *441*–572 Table général des matières, par ordre alphabétique.

Locations: Kress; Harvard (Widener, partially rebound).

Publisher's Preface

The Avertissement de l'éditeur begins with an explanation of the delay in bringing out a new edition (pp. *I*–II):

Nous avions depuis long-temps l'intention de publier une nouvelle édition des Recherches sur la Richesse des Nations; le succès de cet important ouvrage avait justifié toutes nos espérances, et il ne s'en trouvait plus d'exemplaires dans le commerce: la nouvelle édition devant être entièrement conforme à la précédente, elle aurait dû paraître plutôt; mais on appréciera le motif qui en a retardé la publication. Ce motif était la promesse que nous avait faite M. le marquis Garnier, de donner plus de prix encore à cette nouvelle édition, en refondant entièrement les Notes, et en leur donnant une extension beaucoup plus considérable: cette promesse s'est heureusement réalisée.

En effet, M. Garnier, malgré ses importans travaux au Conseil du Roi et à la Chambre des Pairs, s'occupait depuis plusieurs années à perfectionner son ouvrage: c'est un tribut qu'il aimait à rendre au célèbre A. Smith, objet constant de son admiration: c'était une nouvelle occasion de se livrer à l'étude favorite de toute sa vie, celle de l'économie politique. Nous sera-t-il permis de le dire, c'était aussi pour nous un gage de l'amitié dont il nous honorait, et dont il voulait nous donner une preuve nouvelle. Il venait d'achever et de mettre la dernière main à son travail, au moment même où la mort est venue le frapper si inopinément, le 4 octobre 1821, dans la soixante-septième année de son âge.

The preface goes on to quote from tributes to Garnier, one delivered by Arnail-François de Jaucourt (1757–1852) in the Chambre des Pairs, and another by Bon-Joseph Dacier (1742–1833) in the Académie royale des inscriptions et belles-lettres. Dacier said of the French translation (pp. XIII–XVI):

"Possédant à fond le sujet, M. Garnier ne pouvait manquer de le présenter aux lecteurs français dans toute sa pureté originelle; ses propres méditations devaient aussi lui faire apercevoir dans l'ensemble de l'ouvrage, des points à éclaircir, des doutes à examiner, des théories à confirmer ou à réfuter, par les progrès même de la science et de l'observation. M. Garnier remplit cette tâche avec un soin et un talent qui, en France, ont associé pour toujours son nom et son zèle à ceux du célèbre professeur d'Édimbourg. On étudie en effet, avec le même fruit, le discours dans lequel M. Garnier, comparant la doctrine de Smith avec celle des économistes français, arrive à cette distinction fondamentale, que, selon les uns, l'économie politique serait une *science naturelle* spéculant sur la connaissance des lois qui régissent l'objet dont elle s'occupe, et selon Smith, au contraire, une *science morale* tendant à améliorer cet objet même, et à le porter au plus haut point de perfection dont il est susceptible. Il y ajoute une méthode sûre pour en faciliter l'étude; et par une suite de sa volonté constante à rapporter à sa patrie tous les fruits de ses laborieuses recherches, il établit un parallèle entre la richesse de la France et celle de l'Angleterre, en prenant pour moyen d'appréciation les principes mêmes du philosophe anglais; et il en tire ce résultat, que le produit annuel des terres et du travail réunis, était alors, pour l'Angleterre comparée à la France, comme deux sont à trois, ou plus exactement, vingt à trente-un. C'est à l'année 1794 qu'il rapporte ce curieux résultat; et déjà de plus grands avantages encore se montraient à lui dans un avenir très-prochain. Confiant dans le génie de la France, il la voyait triomphante des guerres extérieures, ainsi que des dissensions intestines, s'avancer incessamment vers toutes les supériorités; et traçant, trente années d'avance, le tableau prophétique, mais fidèle, de nos prospérités, il annonçait pour notre temps, l'industrie française reprenant infailliblement, à l'ombre de la paix, ce que la guerre et la révolution lui avaient fait perdre; l'ordre naturel et l'intérêt bien entendu, délivrés à jamais d'une fausse ambition ou d'une puérile et trompeuse rivalité, appelant tous les moyens de la France vers son commerce intérieur; le Gouvernement secondant par son active influence cet élan spontané, et favorisant à la fois l'agrandissement et l'amélioration de l'agriculture, du commerce et des manufactures; enfin la France ne contrariant plus la nature, qui s'est montrée si libérale envers elle, et s'élevant ainsi au degré d'opulence et de prospérité auquel l'appelle sa destinée.

"Tels étaient les pronostics de M. Garnier en 1794; et le génie de la France n'a trompé ni ses vœux ni ses espérances. Il a pu voir lui-même tant de prodiges se réaliser, et l'agriculture et l'industrie, émules et non rivales, associer de bonne foi leurs capitaux et leurs efforts pour la gloire et le bonheur de la patrie.

"C'est, du moins en grande partie, aux travaux de M. Garnier et aux utiles préceptes qu'il a semés, avec une utile profusion, dans ses ouvrages, que la France doit les améliorations dont elle jouit déjà, et celles qu'en suivant ces préceptes, elle a le droit d'espérer du mouvement général imprimé par de grands événemens à l'industrie européenne. Pour ne rien omettre de ce qu'il croit utile à son pays, à de profonds développemens de théories importantes, il ajoute encore dans des Notes dont la plupart peuvent être regardées comme de très-bons Mémoires, des considérations sur des sujets accessoires du sujet général de l'ouvrage, tels que l'influence du Gouvernement sur l'enseignement public, les banques fondées sur le crédit hypothécaire, sur les emprunts publics, et plus spécialement sur les monnaies.

"L'histoire des monnaies chez les peuples anciens pouvait, en effet, fournir à l'économie politique un grand nombre de faits très-propres à éclairer quelques-unes de ses théories, en devançant en quelque sorte un certain ordre de résultats que la statistique, véritable et seul agent fidèle d'observation, pourra successivement et avec le temps procurer à cette science. Sous ce rapport, l'évaluation comparative et rigoureusement exacte des monnaies anciennes et des monnaies actuellement courantes, était le seul principe d'où ces résultats pouvaient êtres déduits...."

The preface contains more information on the translation (pp. XXIII–XXIV):

On vient de lire dans cet extrait de la Notice de M. Dacier, dans quels termes il parle des Notes dont M. le marquis Garnier avait enrichi la première édition de sa traduction de Smith: il ne nous reste plus qu'à entretenir le lecteur des Notres nouvelles qu'il a jugées nécessaires pour compléter cette seconde édition.

Il s'est appliqué particulièrement dans une grande partie d'entre elles, à réfuter ou à combattre quelques-uns des écrivains modernes, nationaux ou étrangers, qui se sont fait remarquer en critiquant les principes de Smith ou en établissant des doctrines opposées. On verra dans la nouvelle Préface qu'il a faite pour cette édition, sous quel aspect nouveau il a envisagé ce qu'il appelait *la branche importante de la science sociale*, et dans quels développemens lumineux il est entré à cet égard, lorsqu'il compare les principes des Économistes français aux théories d'Adam Smith, en ayant soin toutefois de reconnaître le mérite et l'utilité des écrits des économistes français, en même temps qu'il revendiquait pour l'illustre professeur d'Édimbourg toute la gloire que ce dernier s'est si justement acquise.

On peut être étonné que dans une matière où l'on ne croit d'abord rencontrer qu'une discussion froide sur l'économie politique, les relations commerciales et les idées spéculatives, le savant traducteur de Smith ait souvent trouvé l'occasion d'allier à la fois une lucidité parfaite, une très-grande élévation de style, quelquefois une rare énergie, et toujours un choix heureux d'expressions. Il suffirait de citer à l'appui de cette assertion presque toute *sa nouvelle Préface*, une grande partie de ses Notes, et particulièrement celles où il traite de *la mendicité;* des *causes de l'inégalité politique;* des *colonies;* de *la compagnie des Indes;* etc. etc.

La réputation de cet ouvrage est désormais assurée; elle consacre à jamais les noms de Smith et de Garnier, pour l'honneur commun de l'Angleterre et de la France. Nous espérons que le lecteur reconnaîtra que nous avons apporté à la nouvelle édition que nous en donnons, tous les soins que méritait un livre fait pour occuper une place si distinguée dans les sciences et dans la littérature.

Translator's Notes

On what the notes reveal about Garnier as an economist, see Yves Breton, "Germain Garnier, l'économiste et l'homme politique," in *La Pensée économique pendant la Révolution française*, Actes du Colloque International de Vizille, 6–8 September 1989, ed. Gilbert Faccarello and Philippe Steiner (Grenoble, 1990), 141–150.

VOLUME 5

Note I. Du travail considéré comme source primitive des richesses (*1*–13).

Note II. Sur l'état de civilisation et d'opulence de l'Égypte dans les temps de la plus haute antiquité (13–27).

Note III. Sur les plus anciennes monnaies connues, en or et en argent (28–62).

Note IV. Sur les 400 sicles payés par Abraham (63–75).

Note V. Sur l'empreinte de la monnaie (75–89).

Note VI. Sur la *livre* de Charlemagne (90–96).

Note VII. Des sols de 12 et de 40 deniers (96–101).

Note VIII. Sur la réduction de l'*as* romain (102–117).

Note IX. Sur ce que le travail est la mesure naturelle des valeurs.—Réponse aux objections faites contre cette proposition (117–139).

Note X. Sur la valeur échangeable (140–151).

Note XI. Sur la valeur de l'argent avant et depuis la découverte de l'Amérique (152–184).

Note XII. Sur la hausse successive du prix nominal des choses en France depuis l'institution de la livre de Charlemagne (184–193).

Note XIII. Sur la valeur réelle du blé et sur son prix en argent (193–237).

Note XIV. Sur le prix réel des choses, opposé à leur prix nominal ou en argent (238–249).

Note XV. Sur le sesterce et la monnaie de cuivre des Romains (249–258).

Note XVI. Sur l'influence respective qu'exercent l'une sur l'autre les monnaies de métal différent. Quelle est celle de ces monnaies sur laquelle se règle le prix nominal? (258–272).

Note XVII. Sur le droit de seigneuriage en France (273–278).

Note XVIII. Sur les parties constituantes du prix des marchandises (279–285).

Note XIX. Sur le prix *naturel* des marchandises et sur leur prix *courant*. Du rapport entre l'*offre* et la *demande*. Ce que c'est que *rareté* et *abondance* (285–339).

Note XX. Sur les salaires du travail (339–359).

Note XXI. Sur le système qui considère l'accroissement de la population comme cause de la hausse des salaires et de la baisse des profits (360–372).

Note XXII. Sur la population et le principe qui la régit (372–386).

Note XXIII. Sur l'intérêt de l'argent prêté (386–408).

Note XXIV. Sur l'évaluation de la drachme attique et du denier romain (408–417).

Note XXV. Sur les secours aux pauvres et sur la mendicité (417–441).

Note XXVI. Sur la nature du contrat qui a lieu entre le propriétaire foncier et le fermier ou entrepreneur de la culture (441–447).

Note XXVII. Sur les profits du capital du fermier (447–458).

Note XXVIII. Sur la propriété qu'a la terre végétale de rendre toujours un revenu au propriétaire (459–465).

Note XXIX. Sur la valeur relative du blé et de la viande à Rome, sous la république et sous les empereurs (465–467).

Note XXX. Sur l'importation des blés étrangers (467–473).

Note XXXI. Sur les remises dont jouissaient, à Rome, les classes indigentes du peuple, dans l'achat de leur blé (473–478).

Note XXXII. Sur les effets qu'éprouverait la richesse du propriétaire foncier en cas d'un changement dans la subsistance générale du peuple (479–488).

Note XXXIII. Sur le revenu des bois (489–494).

Note XXXIV. Sur le luxe de la table et sur ses effets (495–516).

Note XXXV. Sur la manière dont se règle le prix du produit des mines et carrières (516–521).

Note XXXVI. Sur la valeur de l'argent aux treizième et quatorzième siècles (522–545).

Note XXXVII. Sur le prix en argent des marchandises, et comment, en général, il se règle sur le prix du blé en argent (545–554).

Note XXXVIII. Sur la cherté des marchandises, considérée dans un sens absolu (555–559).

Note XXXIX. Sur la cherté du blé dans les pays pauvres qui l'importent (559–565).

Note XL. Sur le prix des denrées et l'accroissement des dépenses domestiques depuis deux siècles (565–583).

Note XLI. Sur les principes d'après lesquels se règlent, 1° les quantités respectives d'or et d'argent qui viennent annuellement de la mine au marché général des nations; 2° la proportion de valeur entre ces deux métaux.—Application de ces principes aux faits historiques, tant anciens que modernes (583–665).

VOLUME 6

Note XLII. Sur les machines employées dans les manufactures (1–13).

Note XLIII. Sur l'accord qui règne entre l'intérêt particulier du propriétaire foncier et l'intérêt général de la société (13–30).

Note XLIV. Sur les causes qui donnent lieu au progrès et à l'accumulation des richesses; sur la relation qui existe entre la consommation et la production; sur le luxe des particuliers et les dépenses de guerre; sur les bornes où s'arrête l'accroissement du capital productif (30–74).

Note XLV. Sur le capital circulant et le capital fixe de la société (74–79).

Note XLVI. Sur la distinction entre le revenu *brut* et le revenue *net* d'une nation; sur la richesse publique et les valeurs dont elle se compose (79–96).

Note XLVII. Sur la banque d'Angleterre (97–105).

Note XLVIII. Sur les projets de banques fondées sur un crédit hypothécaire (106–119).

Note XLIX. Sur la distinction faite entre un travail productif et un travail non-productif (120–140).

Note L. Sur l'épargne faite par les particuliers; sa cause et ses effets (140–159).

Note LI. Sur le sens à donner au mot *capital* (159–163).

Note LII. Sur les différens degrés d'encouragement qui donne au travail du pays un capital employé dans le commerce en gros, d'après le genre de commerce dans lequel ce capital est employé (164–173).

Note LIII. Sur l'exportation du produit qui excède la consommation intérieure (173–176).

Note LIV. Sur la division du territoire entre un nombre plus ou moins grand de propriétaires (177–186).

Note LV. Sur le change (186–193).

Note LVI. Sur les réglemens qui tendent à prohiber ou à restreindre l'importation du blé étranger dans les pays qui peuvent en produire assez pour leur consommation (194–223).

Note LVII. Sur les gratifications à l'exportation du blé (224–227).

Note LVIII. Sur l'importation des fers (227–242).

Note LIX. Sur les colonies (243–253).

Note LX. Sur la doctrine des économistes (254–274).

Note LXI. Sur les causes de l'inégalité politique entre les habitans du même pays (274–292).

Note LXII. Sur la production, la fabrication et le commerce des laines en Angleterre (292–309).

Note LXIII. Sur le produit de la poste aux lettres (309–317).

Note LXIV. Sur les compagnies en *société de fonds*, et principalement sur la Banque de France (317–339).

Note LXV. Sur le commerce des Indes (339–387).

Note LXVI. Sur les parties du revenu public qui consistent en rente territoriale (388–392).

Note LXVII. Des parties du revenu public qui consistent en bénéfices de commerce ou profits de capitaux (392–396).

Note LXVIII. Sur le revenu national de la France (396–403).

Note LXIX. Sur le système d'impôts suivi en France (403–410).

Note LXX. Sur la fixité de l'impôt foncier (411–415).

Note LXXI. Sur la dîme (416–419).

Note LXXII. Sur les effets d'un impôt directement assis sur les salaires (420–430).

1843. Garnier, Reprint of Translation, with Notes by Others (Paris: Guillaumin)

THIS TWO-VOLUME EDITION of the Garnier translation, with revisions to the text of the translation (see Adolphe Blanqui's preface) and with commentary from numerous economists, transformed the French translation of WN into a work for scholars, a foundation piece of the science of economics in France. Indeed, the first volume, though published as volume 5 of the Collection des principaux économistes, actually was the first volume of the series to appear. The expressions used by Blanqui in his preface also make clear that economics is now seen as a science, with a technical language all its own.

The Garnier translation composed volumes 5 and 6 of the Collection des principaux économistes. Volume 5 was listed in the *Bibliographie de la France*, 3 December 1842; volume 6 appeared there 28 October 1843. The price for both volumes was given as 20 francs. Volume 1 of the series was listed on 1 April 1843. The 28 October listing noted that volume 2 of the series would appear at the beginning of 1844 and volumes 3 and 4 in November and December 1843. In fact, volumes 3 and 4 were not listed until 13 April 1844.

Bibliographical Description

Recherches sur la nature et les causes de la richesse des nations par Adam Smith, traduction du Comte Germain Garnier entièrement revue et corrigée et précédée d'une notice biographique par M. Blanqui, membre de l'Institut; avec les commentaires de Buchanan, G. Garnier, Mac Culloch, Malthus, J. Mill, Ricardo, Sismondi; augmentée de notes inédites de Jean-Baptiste Say, et d'eclaircissements historiques par M. Blanqui Tome premier. [second.]
Paris Chez Guillaumin, Libraire, éditeur du Dictionnaire du commerce et des marchandises, et de la Collection des principaux économistes. Galerie de la Bourse, 5, Panoramas. 1843.
4° 24.1 × 14.5 cm.

I: a–b^4 c–f^8 1–32^8 33^4; lxxix [1] 520p.

i half-title: Recherches sur la nature et les causes de la richesse des nations; *ii* printer's imprint: Imprimerie de Hennuyer et Turpin, rue Lemercier, 24. Batignolles; *iii* title; *iv* blank; *v*–viii Préface de cette nouvelle édition, signed Blanqui and dated: Paris, 18 novembre 1842; *ix*–xxiv Notice sur la vie et les travaux d'Adam Smith, signed Blanqui; *xxv*–lxxix Préface de Garnier contenant: 1° Un précis des divers systèmes d'économie politique qui ont été suivis par les gouvernements.—2° Un

exposé sommaire de la doctrine de Smith, comparée avec celle des économistes français.—3° Une méthode pour faciliter l'étude de l'ouvrage de Smith; *lxxx* blank; *1*–518 text; *519*–520 Table des matières.
Note: Inserted between pp. *ii*–*iii* is a portrait of Smith engraved by Bosselman, Imp. de Drouart.

II: π² 1–44⁸ 45⁶; *iv* 714 [2] ²8p.

i half-title: Recherches sur la nature et les causes de la richesse des nations; *ii* printer's imprint: Imprimerie de Hennuyer et Turpin, rue Lemercier, 24. Batignolles; *iii* title; *iv* blank; *1*–672 text; *673*–674; Table des matières; *675*–714 Table générale alphabétique des matières; *715*–*716* Extrait du catalogue de la librairie de Guillaumin; ²*1*–8 advertisement for the Collection des principaux économistes.
Note: Inserted in NYPL copy is an advertisement for *Le droit commercial* by G. Massé.

Locations: Kress; New York Public Library (rebound); Princeton (rebound).

Blanqui's Preface

The economist Adolphe Blanqui composed a new preface for this edition (pp. v–viii), dated 18 November 1842:

Le grand ouvrage d'Adam Smith est resté le livre classique par excellence en économie politique. C'est par celui-là qu'il faut commencer l'étude de la science, qui peut-être s'y trouve tout entière encore, malgré les nombreux écrits dont les auteurs se vantent de l'avoir renouvelée de fond en comble. Mais la traduction qu'en a publiée M. le comte Garnier au commencement de ce siècle, quoique très-supérieure à celles de Blavet et de Roucher, n'était plus à la hauteur des progrès qu'a faits l'art de traduire dans ces derniers temps. Elle n'était même plus au niveau de la science, dont le vocabulaire s'est enrichi et rectifié tout à la fois, depuis que l'enseignement public a permis d'en discuter les termes et d'en fixer la valeur. Notre célèbre économiste J. B. Say a pris une grande part à cette réforme du langage économique; M. de Sismondi y a beaucoup contribué aussi, et le petit livre de Malthus *sur les définitions* en économie politique a mis en regard les opinions de tous ces maîtres, y compris les siennes. La langue de la science peut donc être considérée aujourd'hui comme fixée, et ses termes comme suffisamment définis; mais ils ne l'étaient pas encore lorsque M. le sénateur Garnier entreprit sa traduction d'Adam Smith.

Il suffit de jeter un regard rapide sur les précédentes éditions pour s'en apercevoir. Le savant traducteur a souvent donné aux mots un sens que la science leur refuse; quelquefois il a rendu une expression technique par un équivalent vulgaire; plus souvent il a remplacé par de vagues périphrases des locutions énergiques et précises qui eussent imprimé une allure plus vive à son sujet. Nous avons lieu de penser que cette traduction a dû être faite par des personnes étrangères à la science économique, et revue par l'honorable écrivain qui en a assumé la responsabilité. La gravité de ses ouvrages et leur spécialité ne permettent pas de supposer qu'il eût laissé échapper les nombreuses erreurs que nous avons fait disparaître dans son édition d'Adam Smith, s'il eût traduit lui-même ce beau livre. Toutefois, la traduction que nous donnons après lui n'est autre que la sienne, mais revue et corrigée avec un soin minutieux sur le texte anglais de l'édition *princeps* in-4°, et d'après celles de MM. Buchanan et Mac Culloch. Cette traduction a même été revue deux fois: la première par mon malheureux ami, M. Eugène Buret, qu'une mort prématurée vient de ravir à la science, et la seconde par moi-même après lui: nous avons apporté un soin extrême à la définition des mots *stock, currency, circulating medium, legal tender* et une foule d'autres, d'origine anglaise, qui n'avaient pas encore été nettement traduits dans notre langue, du moins avec le sens économique qui s'y rattache. Aussi j'espère que cette nouvelle édition donnera une idée plus exacte de la manière de l'illustre professeur de Glasgow, et qu'elle contribuera à propager de plus en plus en France l'étude du grand ouvrage que nous reproduisons. Plus on approfondit l'économie politique, plus on reconnaît la supériorité du rare génie qui en a jeté les fondements en Europe. Nous avons joint pour la première fois aux *Recherches sur la nature et les causes de la Richesse des nations*, les notes des principaux commentateurs qui en ont développé ou contesté les principes, nommément celles de M. Buchanan, de M. Mac Culloch, de Malthus, de Ricardo, de M. de Sismondi, de Jeremy Bentham. M. Horace Say a bien voulu nous communiquer quelques notes inédites que son illustre père avait rédigées sur le livre de Smith; enfin nous avons cru devoir ajouter nous-mêmes quelques éclaircissements historiques, quand les commentateurs nous ont manqué, pour lier la chaîne des temps et pour continuer jusqu'à nos jours la partie historique sur laquelle reposent les raisonnements de l'auteur. La nouvelle édition d'Adam Smith est une véritable édition *cum notis variorum*; non pas que tout ce que les commentateurs ont écrit à propos d'Adam Smith y figure en entier, le commentaire eût été plus long que le livre; mais rien d'essentiel n'y est omis, et nous avons fait dans M. Mac Culloch même un choix discret et sévère. Les amis de la science nous sauront quelque gré, nous l'espérons du moins, d'avoir reproduit avec plus d'étendue les notes remarquables dont Buchanan a enrichi son édition de Smith, devenue si rare en Angleterre, que l'unique exemplaire existant à Paris a coûté 200 francs à la bibliothèque de l'Institut. Cette seule addition au texte des *Recherches* suffirait pour donner un intérêt particulier à l'édition que nous publions; mais plusieurs lecteurs attacheront plus de prix encore aux notes historiques, telles que celles qui concernent la banque d'Angleterre et la Compagnie des Indes, dont la situation est exposée depuis 1776 jusqu'à nos jours.

Au moyen de ces commentaires nombreux et variés, quelquefois plus curieux et plus instructifs que le texte, la lecture d'Adam Smith est devenue indispensable à tous les hommes qui s'occupent en France d'économie sociale, et le nombre s'en accroît tous les jours. Il nous a paru également que ce serait élever au grand économiste un monument digne de lui que d'entourer son ouvrage du cortège des écrivains les plus dignes de figurer à sa suite. Appelé depuis dix années à l'honneur de succéder à J. B. Say dans la chaire du Conservatoire des arts et métiers, j'ai reconnu par la pratique de l'enseignement et aux difficultés qu'éprouvent les personnes qui commencent l'étude de l'économie politique, combien il serait utile pour elles d'avoir un guide sûr à consulter. La nouvelle édition d'Adam Smith leur sera d'un secours infini. Je n'ai pas cru devoir en détacher les notes de Garnier; mais au lieu de les rejeter à la fin des volumes, je les ai fait figurer par longs extraits en regard des passages auxquels elles se rapportent. Rien ne manquera donc à cet ensemble de doctrines, que les progrès de l'art typographique nous ont permis de réunir en deux volumes, et qui seront toujours le point de départ des études économiques en Europe. La traduction de Garnier était précédée d'une préface dans laquelle l'économiste français a cru devoir envisager à sa manière les théories de Smith, auxquelles il compare celles des économistes qui l'ont précédé. Quoique cette préface renferme beaucoup de propositions très-susceptibles d'être contestées selon nous, nous l'avons laissée subsister. Les nombreuses notes des divers commentateurs, éparses dans le texte, suffiront pour rétablir les vrais principes.

Blanqui's Introduction to the Life and Works of Smith

Blanqui's introduction (pp. IX–XXIV) places WN in the context of the early history of political economy in France (pp. XVI–XVII):

A l'apparition des *Recherches sur les causes de la Richesse des Nations*, la France était sous le charme de l'école *physiocrate*, et quoique le chef de la secte, Quesnay, fût déjà mort, ses successeurs, plus clairs et plus complets qu'il ne l'avait été lui-même, propageaient ses doctrines avec une ardeur religieuse. Mercier de La Rivière, le marquis de Mirabeau, Dupont de Nemours, et vingt autres appartenaient cette église libérale, qui trouva bientôt dans Turgot un ministre assez puissant pour faire exécuter ses commandements. Aussi le livre d'Adam Smith n'eut-il qu'un retentissement très-borné en France. Tout le monde vivait sous l'empire de la *Formule universelle*, développée en plusieurs volumes par l'*Ami des hommes*. Des milliers de livres avaient paru pour attaquer avec une égale ardeur ces dogmes mystérieux du *produit net*, en vertu desquels l'école *économiste* classait les producteurs suivant de nouvelles méthodes, et plaçait au premier rang d'entre eux les propriétaires fonciers. Adam Smith renversa d'un trait de plume cet ingénieux échafaudage, en rendant au travail les prérogatives éternelles qui lui appartiennent dans l'intérêt des sociétés. C'est là son plus beau titre de gloire, et quoique les *Traités politiques* de Hume, qui avaient paru en 1752, aient dû lui suggérer quelques-unes de ses idées sur ces hautes questions, il n'y eut qu'un cri d'admiration, en Angleterre, à l'apparition des *Recherches sur les causes de la Richesse*, comme si nul autre livre important n'eût été publié avant celui-là[1].

1. La première édition des *Recherches* a paru en 1776, en deux volumes in-4°. L'auteur a fait quelques transpositions et quelques changements dans la seconde, qui est devenue le point de départ de toutes les autres, sauf quelques corrections de peu d'importance à la quatrième édition, publiée en 1784.

Blanqui concludes with a look at WN in the context of the contemporary world economy (pp. XXII–XXIV):

Tous les éléments de la richesse, sauf la terre, ont donc éprouvé de grandes modifications depuis la publication du livre de Smith. L'Europe d'aujourd'hui n'a presque plus rien de commun avec l'Europe de son temps. En 1776, l'industrie du coton, la filature mécanique, la machine à vapeur, les chemins de fer, n'existaient réellement point. Nous avons porté, en France, le dernier coup à tous les préjugés de caste et à la propriété féodale. L'Amérique du Sud est émancipée, convulsivement sans doute et stérilement jusqu'à présent; mais le voile qui couvrait ce vaste continent est tout entier levé. Nos bateaux à vapeur ont repris la vieille route de l'Inde abandonnée depuis la grande querelle des Vénitiens et des Portugais. Que dis-je? Venise elle-même n'est plus, la Grèce est affranchie, l'Égypte se réveille; tout est changé depuis l'œuvre de Smith, et néanmoins cette œuvre demeure immortelle. Elle peut se résumer en deux mots: la paix et le travail. C'est par ce double chemin que l'humanité a pris son essor que rien n'arrêtera désormais. La gloire de Smith est de l'avoir tracé, d'en avoir démontré la supériorité sur tous les autres. C'est sur la nature aujourd'hui, grâce à lui, que les grands peuples aiment à faire des conquêtes. C'est l'esprit de son livre qui a prévalu aux États-Unis et qui a couvert ce pays de villes, de canaux et de défrichements. C'est l'oubli de ses préceptes qui l'infeste à présent de banqueroutes et de sinistres. Sur quelque point du globe que l'on tourne les yeux, la fortune sourit aux nations qui se montrent fidèles à la sagesse économique; la misère désole les contrées où cette sagesse est méconnue. Adam Smith a eu l'honneur insigne d'être le plus habile interprète de cette sagesse collective, œuvre du temps et du génie, qu'on appelle la science économique. Quelques progrès que la science fasse à l'avenir, le philosophe de Glasgow en sera toujours considéré comme le fondateur, et son livre sera toujours lu avec fruit, même quand il en aura paru de meilleurs.

Notes

The notes to Book I of WN are recorded here in page order. Each note generally has attached to it the name of the individual who wrote it or from whom it is drawn. There are also unsigned notes of various sorts. Some are mere cross-references; some translate an English term; some put forth the idea of one of the authors here cited. The notes to other parts of WN have not been recorded.

1–2: MacCulloch [John Ramsay McCulloch]
2: Sismondi [J.-C.-L. de Sismondi]
3: A.B. [Adolphe Blanqui] (2)
4: A.B.
4: Buchanan [David Buchanan]
5: A.B.
6: A.B.
8: A.B.
9: A.B.
9–10: A.B.
10–11: MacCulloch
12: A.B.
14: A.B.
14–16: Garnier [Germain Garnier]
16: Garnier
16: A.B.
17: Buchanan
22: MacCulloch
22: Garnier
23: A.B.
24: MacCulloch
25: A.B.
26: A.B.
27: A.B.
29: MacCulloch
30–31: Garnier
31: unsigned
32: A.B.
33: unsigned

34: unsigned (3)
34: A.B. (2)
35: unsigned
35–36: A.B.
36: MacCulloch
36–37: J.-B. Say
37: unsigned (2)
37: unpublished note by J.-B. Say
38: MacCulloch
39: MacCulloch
43: Ricardo [David Ricardo]
43: unsigned
45–46: Buchanan
49: unsigned (2)
49–50: Storch [Heinrich Storch]
51: MacCulloch
53: MacCulloch
54: unpublished note by J.-B. Say
55: unsigned
55: MacCulloch
56–58: Storch
58: MacCulloch
59–61: Buchanan
61: A.B.
62–63: J.-B. Say
63: MacCulloch
63: unsigned
67–68: unsigned
68: unpublished note by J.-B. Say

69: unsigned
70: unsigned
71: unsigned
72: unsigned
73: A.B.
73: unsigned (3)
74: A.B.
79–80: Buchanan
80: Buchanan
81: unsigned (2)
81: Buchanan
83: A.B.
85: A.B.
86: MacCulloch
87–88: Buchanan
88: Sismondi
89: unsigned
89–91: Malthus [Thomas Malthus]
91–93: Storch
93: Smith
94: unsigned
94: MacCulloch
95–96: Buchanan
96: A.B.
97–98: Malthus
98: Buchanan
99: Buchanan
100: A.B. (2)
100: unsigned
101–102: Buchanan
103: MacCulloch
103: unsigned

103–104: Buchanan
104: MacCulloch
105: MacCulloch (2)
105: usigned
106: MacCulloch
106: Smith
107: A.B.
108: A.B.
108: unsigned
108–109: A.B.
109: A.B.
110: A.B.
111: unsigned
112: A.B.
112: unsigned
115: unsigned
118: Sismondi
119: unpublished note by J.-B. Say
120: unsigned
122: A.B.
123: A.B.
124: MacCulloch
125: unsigned
126: unsigned
130: unsigned
131–133: Hodgskins [Thomas Hodgskin]
134: A.B.
134: unsigned (2)
135: unsigned
136: unsigned (3)
137: unsigned
138: J.-B. Say
139: unsigned (2)
144: MacCulloch
146: MacCulloch (2)
148–149: P. Scrope [George Poulett Scrope]
151: A.B.
152–153: A.B.

153: unsigned
154: unsigned (2)
154: MacCulloch
155: unsigned
155: MacCulloch
156: unsigned
158: unsigned
159: MacCulloch
160: unsigned (2)
161–162: MacCulloch
163: Smith
165: MacCulloch
167–168: unsigned
168: unsigned (2)
168: MacCulloch
169: unsigned
169: A.B.
172: Smith
172: Garnier
172: MacCulloch
173: unsigned
173: MacCulloch
175: Garnier
176: unsigned
178: unsigned
181: unsigned
182: MacCulloch
182: unsigned
182–183: unsigned
184: unsigned
184: MacCulloch
185: MacCulloch
186: MacCulloch
186: unsigned (2)
186–187: A.B.
188: MacCulloch
188: unsigned
189: unsigned
191: unsigned
192: unsigned

194: unsigned
195: unsigned
196: unsigned
201: unsigned
202: unsigned
202: MacCulloch
204: unsigned
206: A.B.
213: unsigned
214–216: Garnier
219: MacCulloch
220: unsigned
223: unsigned
226: Buchanan
228: unsigned (2)
229–230: Garnier
231: 3 unsigned
234: unsigned (2)
235: unsigned (2)
238: unsigned
239: Buchanan
239–242: Garnier
244–246: Garnier
246: MacCulloch
247: MacCulloch
251: unsigned
252: unsigned (2)
253: unsigned
254: unsigned
255: unsigned
257: unsigned
258: unsigned
259: unsigned (2)
259: MacCulloch
262: unsigned
263–264: MacCulloch
265: unsigned
266: MacCulloch (2)
267: Smith
268: unsigned (2)

- 269–271: MacCulloch
- 272: Garnier
- 273: Buchanan
- 274: Buchanan (2)
- 274: unsigned
- 275: unsigned
- 276: Buchanan
- 277: Buchanan
- 278–279: Buchanan, with a note to the note, signed A.B., on 278
- 279–281: Garnier
- 284: unsigned (2)
- 288: Buchanan
- 289: unsigned
- 290: unsigned
- 292: Buchanan
- 294: Buchanan
- 295–296: Buchanan
- 297: A.B.
- 298: unsigned
- 299: Buchanan
- 299: A.B.
- 299–300: Buchanan
- 300: MacCulloch
- 301: unsigned (3)
- 302: unsigned
- 308: Buchanan
- 310: unsigned (2)
- 313: unsigned
- 314: unsigned
- 315: unsigned
- 316: unsigned
- 318: unsigned (2)
- 318–319: MacCulloch
- 319: A.B.
- 320: Buchanan
- 321: unsigned
- 321: Buchanan
- 322: MacCulloch
- 323: unsigned
- 323: Buchanan
- 324: Buchanan, with a note to the note, signed A.B.
- 327–333: Observations de Garnier sur les tables précédentes, dated May 1821

INDEX

A. J. D. B., 184-85

Adams, John, 36

Agasse, Henri, publisher, xlix, lvi, lviii, 169, 175, 183-84, 223, 226

Agasse, veuve, 234-38

Aillaud, J.-P., publisher, 233

Ameilhon, Hubert-Pascal, xxxviii, xxxix, 25, 27-34, 53, 154

Annales patriotiques et littéraires de la France, 91-92

Année littéraire et politique, 93

Annonces de bibliographie moderne, ou Catalogue raisonné et analytique des livres nouveaux, 99

Annuaire de la librairie, 165

B., A. J. D., 184-85

Balashev, A. A., 178

Beccaria, Cesare, marchese di, xxxiii

Bentham, Jeremy, lxii, 160, 244

Bertrand, Arthus, publisher, 131, 219

Bibliographie de la France, 233, 235, 242

Bibliothèque de l'homme public, xlix-l, 80-85

Bibliothèque française, 160, 186

BL***, abbé, see Blavet, Jean Louis, abbé

Blanqui, Jérome Adolphe, lxi-lxii, 242-49

Blavet, Jean-Louis, abbé, xxviii-xxxii, xxxvii-xxxix, l, lv-lvi, 2, 13, 24-26, 31-32, 36, 40, 53, 57-58, 60-61, 78-81, 117, 134, 136, 150, 152-59, 167-68, 228

Boufflers, Marie Charlotte Hippolyte, comtesse de, 156-58

Boutonet, see Nicolas (Vaucluse) et Boutonet

Brienne, see Loménie de Brienne

Bruys des Gardes, Philibert, 58

Buchanan, David, lxii, 244, 247-49

Buisson, F., publisher, xlvi-li, 80-81, 85, 131, 155, 219

Buret, Eugène, 244

Cabinet de lecture, 233

Catalogue hébdomadaire, 54, 61

Chamfort, Sébastien-Roch-Nicolas, 3, 95

Chardon et compagnie, booksellers, Marseille, 129

Chartier, Roger, xxiv-xxvi

Christian VII, king of Denmark, xxxii, 17

Chronique de Paris, 84-85, 93-94, 97, 112-13

Clef du cabinet des souverains, 188

Collection des principaux économistes, lxii, 242

Comité d'instruction publique, 150

Commissaires observateurs, 87

Condorcet, Marie-Jean-Antoine-Nicolas de Caritat, marquis de, xlvii-xlviii, 80, 85, 87, 97, 120, 174, 229

Condorcet, Marie Louise Sophie de Grouchy, marquise de, 158

Convention nationale, lv, 152

Craufurd, George, xxxvi

D.C.D.V., see Volney, Constantin François de Chassebœuf, comte de

D., J., Prince, liii, 128-29

Dacier, Bon-Joseph, 236

Dalrymple, John, xxx, 2

De Felice, F. B., see Felice, F. B. de

Debrai, publisher, lv, 152, 167

Debray, publisher, see Debrai

Debure, publisher, 54

Décade philosophique, littéraire et politique, 138-50, 165-69, 210-219

Decker, James, publisher, 173

Deffand, Mme, see Du Deffand, Marie de Vichy, Chamrond, marquise

Delaguette, veuve, printer, 88

Démeunier, Jean-Nicolas, 42

Desaint, bookseller, xxii

Desrenaudes, Martial Borye, 210-219

Didot, printer, 228

Du Deffand, Marie de Vichy, Chamrond, marquise, 2

Du Pan, Mallet, M (Jacques), see Mallet Du Pan, M (Jacques)

Dumas, Philippe, 119-20

Dupaty, Charles Marguerite Jean Baptiste Mercier, xlviii, liii, 85, 88-89, 97, 119, 128, 132

Duplain, Pierre J., publisher, xlii-xlvi, xlix, 57-61, 78-79, 154

Encyclopédie méthodique, xli, 40-53

Ephémerides économiques, 174

F., 138

Fabre, Victorin, 138

Fauche, Abraham Louis, dit Fauche-Borel, publisher, liii-liv, 127-29

Fauche, F., see Fauche, Abraham Louis, dit Fauche-Borel

Fauche-Borel, see Fauche, Abraham Louis, dit Fauche-Borel

Faulcon, Félix, lvii, lix-lx, 169-70

Fayolle, publisher, lv, 152, 167

Felice, F. B. de, publisher, xxxix, 34, 37

Ferguson, Adam, 17

Feuille de correspondance du libraire, 115-16

Flick, Jean-Jacques, Basel publisher, 17

Fortia d'Urban, Agricole Joseph François Xavier Pierre Esprit Simon Paul Antoine, marquis de, lii, 117, 119-23

Foucault, Michel, lxiii

Fragment sur les colonies en général, 16-20

Freville, Anne-François-Joachim, xxxv

G., 166

Gailhard, Charles Antoine Marie André, 119

Garat, Dominique Joseph, 87

Garnier, Germain, comte, lvi, lxii, 17, 152, 169, 175-76, 178-84, 186, 223, 226, 229, 233-42, 247-49

Gazette de France, 61

Gazette littéraire de l'Europe, xxxiii

Gazette de littérature, des sciences et des arts, 70

Gazette nationale, ou le Moniteur universelle, lvii, lix, 83, 85, 95-99, 114-15, 137-38, 185-86, 188-210

Genette, Gérard, xxv-xxvi

Gerle, Prague bookseller, xl, 37

Goguel, translator of Steuart, xxxiii-xxxiv, xxxviii

Gosse, Pierre, bookseller, xxxv, xxxix

Grivel, Guillaume, 51

Gueffier, Pierre-François, bookseller, xxxiii-xxxiv

Guer, Julien-Hyacinthe Marnières, marquis de, 220

Guillaumin, publisher, lxii, 242

‹‹[252]››

INDEX

Guyot, Abraham, lv, 150, 154-59, 167-68

Helvétius, Anne Catherine, xlvi

Hennuyer et Turpin, printers, 242

Hodgskin, Thomas, lxii, 248

Horne-Tooke, John, 72, 74

Jaucourt, Arnail-François de, 236

Journal de l'agriculture, du commerce, des arts et des finances, xxxi, xxxvi-xxxvii, xxxix, 13, 24-34, 39, 78, 117, 154, 167

Journal de la ville, 92

Journal de Paris, 61-62, 70-79, 94-95, 98, 105

Journal des économistes, lxii

Journal des savants, xxix, 13-16, 62

Journal des sçavans, see *Journal des savants*

Journal encyclopédique, xxix, 4-13, 62-69, 83-84, 92, 99-105

Journal encyclopédique ou universel (Bouillon), 105-12

Journal général de France, 97-98

Journal général de la littérature de France, 164, 187

Journal politique de Bruxelles, 75

Journal historique et litteraire, xli, 56

Journal typographique et bibliographique, 165, 173-75, 187

Lacombe, Jacques, publisher, 14

Laran, publisher, lv, 150, 152, 167

La Rochefoucauld-Liancourt, François-Alexandre-Frédéric, duc de, 158

Law, John, 92, 105, 228

Le Chapelier, Isaac-René Guy, 80

Legrand, J. L., publisher, 116

Leo, see Wosse & Leo

Lessert, de, 158

Levrault frères, publisher, 173

Loménie de Brienne, Etienne Charles, 2

M, abbé, see Morellet, André

M***, 20

M***, abbé, see Morellet, André

M.C.D.V., see Volney, Constantin François de Chassebœuf, comte de

M.D.C.D.V., see Volney, Constantin François de Chassebœuf, comte de

MacCulloch, John Ramsay, lxii, 244, 247-49

Magasin encyclopédique, ou Journal des sciences, des lettres et des arts, 184-85

Mallet Du Pan, M (Jacques), 74-77

Malthus, Thomas Robert, lxii, 244, 247

McKenzie, D. F., xxiv-xxv

Martin, bookseller, 152

Mercure de France, 69-70, 72, 75-76, 84, 95, 138, 165-66

Mercure politique, 75

Métra, François, 1

Millin, Aubin-Louis, 184-85

Moniteur universel, see *Gazette nationale, ou le Moniteur universel*

Morel, Jean Marie, 154, 164, 168

Morellet, André, xxviii-xxxiii, xxxviii-xxxix, 1-3, 71, 77-79, 96

Nantes. Bureau de commerce, 88

Navaillac, marquis de, 58

Nicolas (Vaucluse) et Boutonet, printers, 221

Niel, Jean-Joseph, publisher, li-liii, 117, 124-27

Nort, Nicolas-Agnès-François, comte du, xxxii, 39-40

Nouvelle législation française ou recueil des loix, 124-27

Nyon, veuve, 220

Ostervald, Frédéric Samuel, xxxix
Owners of copies of translations
  Adams, John, 36
  Balashev, A. A., 178
  Bruys des Gardes, Philibert, 58
  Gailhard, Charles Antoine Marie André, 119
  Navaillac, marquis de, 58
Panckoucke, Charles-Joseph, publisher, xli, lvi, 41
Permission simple, xxx, 57-58
Petty, William, marquis of Lansdowne, 71
Peyssonel, Charles de, 80
Pinet, Daniel, bookseller, xl
Poinçot, publisher, xl-xli, xlix, 36, 53, 56
Prevost, B. L., 176, 226
Prevost, Pierre, 167
Prince, J. D., liii, 128-29
Publiciste, 152, 160-64

Recherches très-utiles sur les affaires présentes, et les causes de la richesse des nations, 79-80
Reverdil, Élie Salomon François, xxxii, 16-20
Rey, Marc-Michel, publisher, 14
Ricardo, David, lxii, 244, 247
Rothschild, Emma, lix
Roucher, Jean-Antoine, xlvi, 80, 81, 85, 89, 119-20, 123, 127, 131-37, 155, 161-64, 168, 219
Rousseau, Pierre, 4
Roussel, Pierre Joseph Alexis, 188-210
Royer, Jean-François, publisher, li

S***, see Sénovert, Etienne-François de
Say, Horace, 244
Say, Jean-Baptiste, lvii, 233, 244, 247-48
Say, Louis-Auguste, 233
Scrope, George Poulett, lxii, 248
Sénovert, Etienne-François de, lx, 228-33
Sens, archbishop of, see Loménie de Brienne
Simpson, Thomas, 123
Sismondi, Jean Charles Léonard Simonde de, lxii, 244, 247
Smith, Adam, letter to Blavet, 158-59
Smith, Adam, *Théorie des sentimens moraux*, xxi, 156-58
Smith, Adam, *Wealth of Nations*
  Danish translation, xxxiv
  English editions on the Continent:
    1791 (Basel), 116-17
    1801 (Basel and Paris), 173-75
  French manuscript translations:
    Morellet's translation, xxviii-xxxiii, xxxix, 1-3, 77-79, 96
    Nort's translation, xxxii, 39-40
  French published translations:
    1778-79 (La Haye), xxxi, xxxv, 20-24
    1779-80 (*Journal de l'agriculture*), xxxi, xxxvi-xxxix, 24-32, 39, 78, 117, 154, 167
    1781 (Paris offprint), xxxviii-xxxix, 32-34
    1781 (Yverdon), xxxix-xl, lv, 34-40, 53-54, 78, 150, 154
    1786 (Paris reissue of 1781 Yverdon), xl-xli, 40, 53-57
    1788 (Paris), xlii-xlvi, 57-79, 154
    1789 (Amsterdam reissue of 1778-1779 La Haye), xl, 79-80
    1790-91 (Paris), xlvi-li, 85-116, 155
    1791-1792 (Avignon), li-liii, 117-27
    1792 (Neuchâtel), liii-liv, 127-29
    1794 (Paris), liv, 130-50
    1800-1801 (Paris), lv-lvi, 150-69
    1801 (preprint of frontmatter of 1802 edition), 169-73

1802 (Paris), lvi-lx, 175-219
1806 (Paris), 219
1802 [1810?] (Paris), lvii-lviii, 223-27
1822 (Paris), lx-lxi, 234-41
1843 (Paris), lxi-lxii, 242-49
French commentaries in book form:
Guer (1806), 220-23
Sénovert (unpublished, 1818), 228-33
Say (1822), 233-34
French extracts or summaries:
1778 (Lausanne and Bern extract), xxxii, 16-20
1784-1788 (extracts in *Encyclopédie méthodique*), xli, 40-53
1790 (summary in *Bibliothèque de l'homme public*), xlix-l, 80-85
French reviews of the English edition:
1776 *(Journal encyclopédique ou universel)*, 4-13
1777 *(Journal des savants)*, 13-16
German translation, xxxiv
Société typographique de Neuchâtel, xxxix-xl

Société typographique, Lausanne, 18
Spectateur national, 92-93, 113-14
Spectateur du Nord, journal politique, littéraire et moral, 165
Steuart, Sir James, xxxiii-xxxiv, xxxviii-xxxix, 96, 228-29
Stewart, Dugald, lv, 36, 154, 157, 167
Storch, Heinrich Friedrich von, lxii, 247
Tableau raisonné de l'histoire littéraire du dix-huitieme siècle, 39

Taieb, Paulette, xxiv, 41
Tourneisen, J. J., publisher, 116
Turgot, Anne Robert Jacques, baron de Laulne, xxix-xxx, 1-3, 158, 173-74

Volney, Constantin François de Chasseboeuf, comte de, xlii, liii, 3, 70-77, 87-88

Walpole, Horace, 2
Wosse & Leo, bookseller, liii, 129

Xenophon, lii, 117, 119-20

Young, Arthur, xxxiii, xxxv, 87-88

*Set in the types of Pierre Simon Fournier.
Design and typography by
Jerry Kelly.*